新 编
世界5星级酒店
总经理工作实用全书

张 浩 主编

海潮出版社

图书在版编目（CIP）数据

新编世界 5 星级酒店总经理工作实用全书／张浩主编
. -- 北京：海潮出版社，2015.10
ISBN 978 - 7 - 5157 - 0853 - 9

Ⅰ . ①新… Ⅱ . ①张… Ⅲ . ①饭店—企业管理 Ⅳ .
①F719.2

中国版本图书馆 CIP 数据核字（2015）第 215888 号

书　　　名：**新编世界 5 星级酒店总经理工作实用全书**
作　　者：张　浩
责任编辑：王晓霞
封面设计：小马奔腾
出版发行：海潮出版社
社　　址：北京市西三环中路 19 号
邮政编码：100841
电　　话：（010）66969738（发行）　66969737（编辑）　66969746（邮购）
经　　销：全国新华书店
印刷装订：北京中印联印务有限公司
开　　本：710mm×1000mm　1/16
印　　张：28
字　　数：550 千字
版　　次：2016 年 5 月第 1 版
印　　次：2016 年 5 月第 1 次印刷
ISBN　978 - 7 - 5157 - 0853 - 9
定　　价：49.80 元

（如有印刷、装订错误，请寄本社发行部调换）

目　　录

第一章　星级酒店规范化管理概论

第一节　星级酒店概述

一、星级酒店的含义与种类

1. 星级酒店的含义

星级酒店是提供旅客餐饮、住宿、娱乐的设施，是顾客的第二个家。星级酒店是一种特殊的企业，它出售商品、时间、空间、服务、设施。但从根本上讲，星级酒店只销售一种产品，那就是服务。星级酒店的目标是向顾客提供最佳的服务，其根本经营宗旨是让宾客感到舒适和便利。

现代化的星级酒店应具备以下条件：

①现代化的、设备完善的高级建筑物；

②设有各式餐厅，提供高档餐饮；

③完善的娱乐设施和健身设施；

④更高水准的服务。

2. 星级酒店的种类

星级酒店的种类很多，根据其所在地点、规模、设备、性质、经营方式等的不同，可分为如下几大类。

第一，按用途，星级酒店可分为商业星级酒店、住宅星级酒店、度假星级酒店。

①商业星级酒店是指建于城市之内的星级酒店。它设有带浴室的单人房、双人房、套房；有直通国内所有地区及国际上所有国家和地区的直通电话、电传、计算机和网络设备；有中央空调、闭路电视及消防系统；各种类型的餐厅和宴会场所、会议场所及娱乐设施；提供24小时送餐服务、24小时洗衣服务等。

②住宅星级酒店是为长住客人而建的，它除拥有商业星级酒店的一般设备外，房间里还有厨房和办公设备，以及供小孩游戏的设施，使住客能充分享受家庭之乐。

③度假星级酒店是为旅游度假者而建的。它一般建在交通方便的风景名胜区，如海边、名山、温泉附近。这些地方一般拥有良好的沙滩和游泳场；有良好的滑雪、溜冰场；有高尔夫球场和运动场。人们可在这里游泳、晒太阳、滑雪、溜冰、骑马、打球、划艇、玩风帆，尽情享受度假之乐。

第二，按停留目的，星级酒店可分为终站式星级酒店和过渡式星级酒店。

①终站式星级酒店是旅客要到的目的地星级酒店。一般是旅客度假旅程中主要的目的站。

②过渡式星级酒店是为过路旅客提供的一种星级酒店。旅客在这种星级酒店暂住一天或数天后即离去。

第三，按星级酒店特点，星级酒店可分为选择性星级酒店、机场星级酒店、公路星级酒店或汽车星级酒店。

①选择性星级酒店。这种星级酒店有特别的意义，星级酒店主人对旅客有特别的选择权利：有的只接待男客，有的只接待女客，有的因宗教或种族不同而选择相应的住客。

②机场星级酒店。由于现代航空事业的高度发展，乘机的客人越来越多，但由于某种原因，如飞机故障、气候变化，飞机不能按时起飞，或客人只是转机，不想进入城区等，造成旅客在机场滞留。机场星级酒店是为了适应这些旅客暂住的需要而建立的。

③公路星级酒店或汽车星级酒店。在一些公路发达的国家，游客利用汽车旅行非常普遍。为了适应他们的需要，人们在一些主要公路或岔路口边兴建起星级酒店，为之提供食宿及停车场所。

第四，按拥有权及管理方式，星级酒店可分为独立经营星级酒店、合作经营星级酒店和连锁经营星级酒店。

①独立经营星级酒店是个人独资或政府投资并委任经理独立经营的星级酒店。

②合作经营星级酒店是由两个以上投资者合作兴建并联合经营的星级酒店，所得利润除还本付息外，按双方或几方投资额或协议进行分配。

③连锁经营星级酒店是一个总公司以同一个商标、相同的风格或水准在不同国家和地区经营的星级酒店。

第五，按星级酒店规模，星级酒店可分为小型星级酒店、中型星级酒店、大型星级酒店。

一般来说，星级酒店的规模是以房间数或床位数来区分的。如房间不足 200

个的称为小型星级酒店；有 200～699 个房间的称为中型星级酒店；有 700 个以上房间的称为大型星级酒店。

第六，按计价方式，星级酒店可分为欧式计价星级酒店、欧陆式计价星级酒店、美式计价星级酒店、修正美式计价星级酒店、百慕达计价星级酒店。

①欧式计价星级酒店的收费以房间租费为准，不包括餐饮费用。

②欧陆式计价星级酒店的房租包括欧陆式早餐。

③美式计价星级酒店的房租包括早、午、晚三餐餐费。

④修正美式计价星级酒店的房租包括早、午或晚两餐餐费。

⑤百慕达计价星级酒店的房租包括美式早餐。

二、星级酒店的等级

目前国际上在划分星级酒店等级上还没有统一的规定，但有些标准是众所公认的，如清洁、设施、家具品质及维修保养、服务水平与豪华程度等。世界各国和地区在划分星级酒店等级上都有自己的标准。如，欧洲的星级酒店有四个等级。其四星级星级酒店通常有餐厅及酒吧；三星级星级酒店可能有餐厅和酒吧；二星级星级酒店大多数没有餐厅和酒吧；一星级星级酒店没有餐厅，但有欧陆式早餐供应。

三、星级酒店管理的含义与特点

1. 星级酒店管理的含义

星级酒店管理是指在一定生产方式条件下，遵循客观经济规律的要求，依照一定的原则、程序和方法，对星级酒店的人力、物力、财力及其经营活动过程进行有效的计划、组织、指挥、监督和协调，以保证星级酒店经营活动的顺利进行，达到以最少的劳动耗费取得最大的经济效益的过程。

星级酒店管理是管理者为了实现星级酒店既定的经营目标，在接待服务过程中所进行的计划、组织、指挥、控制、调节等管理活动的总称。

2. 星级酒店管理的特点

星级酒店管理是为了实现最佳目标，通过计划、组织、控制等手段，协调组织机构内的人员及其他资源，以期达到高效率运作的一项综合性活动。管理到位是星级酒店管理绩效的重要体现。整个星级酒店、整个管理层都希望通过实施有效的管理手段去实现组织的目标，完成既定的工作任务。但也有可能事与愿违，究其原因，与管理没有到位有着密切的关系。

四、星级酒店的管理层级

星级酒店的管理层级一般呈金字塔形，从塔底到塔顶，由宽到窄。越往上，管理难度越大，管理的幅度越小。现在国内比较常见的星级酒店管理是直线职能制管理，在该管理体制中，任何一级领导、管理人员、服务员都要明确自己的业务范围、工作职责及本人应该具有的工作技能和知识。星级酒店一般分为四个层级。

1. 服务员——操作层

星级酒店要为客人提供高质量的服务，必须通过服务员的工作来体现。因此，服务员的素质、个人形象、礼仪、礼貌、语言交际能力、应变能力、服务技能和服务技巧等，是星级酒店提高服务质量的重要条件。因此，服务员要根据岗位责任制的规定，明确自己的职责范围、服务程序、服务质量标准和应该具备的服务技能及理论知识。服务员向主管（领班）负责。

2. 主管（领班）——督导层

主管（领班）主要负责安排日常工作，监督本班组服务员的工作，随时检查其服务是否符合本星级酒店的质量标准。作为主管（领班），还要随时协助本班服务员做好工作或是亲自代班服务。在服务高峰或服务员缺少的情况下，领班要亲自参加服务工作，因此领班必须具有较高的服务技能和服务技巧，是本班服务员的榜样，否则就没有领导本班服务员的权威。主管对部门经理负责，领班对主管负责。

3. 部门经理——管理层

部门经理主要负责本部门人员的工作分工、组织、指挥和监督。同时，还要负责制订本部门的工作计划，向上级汇报本部门的工作，确定本部门的经营方针和服务标准，以求获得最大的经济效益。部门经理不仅要有组织管理能力、经营能力、培训能力，熟悉掌握部门的服务标准、服务程序，同时还要具有实际工作经验，并具有一定的服务技能。部门经理对总经理负责。

4. 总经理——决策层

星级酒店总经理主要负责制定企业的经营方针，确定和寻找星级酒店的市场和发展目标，同时对星级酒店的经营战略、管理手段和服务质量标准等重大业务问题做出决策。此外，还要选择、培训高素质的管理人员，负责指导公关宣传和对外的业务联系，不断提高星级酒店的美誉度和知名度。总经理对董事会负责。

五、星级酒店管理的原则

星级酒店是面向社会的服务行业，要完成对客服务工作，需要各个岗位、各个部门的密切合作。这就需要有统一的管理原则来维护星级酒店的运作。

1. 对直接领导负责的原则

每个员工只有一个直接领导，只对自己的直接领导负责。由直接领导来安排、检查和督导属下的工作，形成一个一级管一级的垂直领导方式。每个员工只接受一个领导的指令，下级不越级反映，上级不越权指挥，各安职守，各尽其责。

2. 二线为一线部门服务的原则

一线部门处于对客服务的前沿，他们视满足客人的需求为己任，客人的需求就是命令。为了保证对客服务的质量，二线部门要树立大局意识、服务意识，保障一线部门的工作顺利进行。

3. 授权的原则

为了提高管理效率，调动下属的积极性，上级不要大事小事都揽在自己手上，要学会授权。要授权给那些有责任心、工作能力强的下属，要相信他们的能力。

4. 时间管理原则

星级酒店业的特点决定了其任何一项服务活动都是有时间要求的。一是对客服务有时间标准，二是星级酒店内部的运行也有时间规定。这就要求管理人员要牢固树立"时间就是金钱"的观念。

5. 沟通协调原则

星级酒店管理中的沟通协调十分重要，强调加强上下级之间、部门之间、部门内部的有效沟通、主动沟通，保证沟通顺畅。

6. 目标原则

对于管理者来说，目标是一种追求，也是一种压力。实现目标是对每个管理人员的要求。

第二节　星级酒店的设计与美化

一、星级酒店的设计

星级酒店的设计既要新颖，有吸引力，又要有实用价值。除客房外，还要有足够的公共空间，即供客人活动的公共场所，使客人有休息、娱乐的地方。

星级酒店的各种设备、用品种类繁多，下面仅就一般原则对星级酒店客房的设计做一简单介绍。

1. 设计原则

①采光要好。

②色调要协调。

③排水要通畅，排水管、下水道的直径要大。

④动力部分要能节能，即节约水、电、气、油等。

⑤施工时采用第一流的工艺及原料。

⑥家具要美观、耐用、舒适，露天的金属家具要不易生锈。

⑦要有中央消防系统、空调系统、电视系统、音响系统和电话、输电线管、供冷热水管等。

⑧隔音效果要好，安全设施齐备。

⑨有公共卫生间。

⑩有足够的仓库。

2. 客房设计标准

（1）房间标准

①五星级：房间一般为 26 平方米，卫生间一般为 10 平方米，卫生间与浴室最好分开，浴盆可调节冷热水，可淋可浴。

②四星级：房间一般为 20 平方米，卫生间一般为 6 平方米。

③三星级：房间一般为 18 平方米，卫生间一般为 4.5 平方米。

（2）布草标准

每张床配备床单的比例为 1∶14，浴巾、面巾、方巾、地巾的比例一般比床单的比例多些。

（3）其他标准

①卫生间有大玻璃镜、电须刨插座、大理石面（日本的星级酒店多用塑胶板复合台面）洗漱台、盆。

②高质量的弹簧床，床架下有滚轮。

③床头柜有收音机、灯光、电视机、叫醒、请勿打扰等控制开关。

④茶几应是大理石面或防火塑胶板复合台面，配两张沙发椅或扶手椅。

⑤塑胶复合板面写字台，防磨行李架（台）。

⑥冰柜及小酒吧。

⑦衣柜和大玻璃化妆镜。

⑧床头灯、落地灯、台灯、夜灯。

⑨三层窗帘，由外向里依次为窗纱、窗布。

⑩卫生桶。

二、星级酒店的美化

星级酒店管理者不仅要懂管理，还要有一定的艺术修养。要对星级酒店进行精心的设计和美化，使它成为一个完美的艺术之宫，使宾客入住时有一种美的享受。

1. 星级酒店环境的美化

星级酒店环境是指星级酒店范围内的室内室外，特别是公共场所。星级酒店环境可用常绿植物、花卉进行美化，使之有生命感、清新感。园林建设要有独特的风格，自然风光和人工创造需融为一体，富有自然美妙之情趣。

2. 星级酒店陈列的艺术品

星级酒店陈列的艺术品以古玩或仿古艺术品为主，一般有仿古木雕、石雕、漆雕、陶塑、书画等。所陈列的艺术品要尽量显示出其名贵、典雅的品位。

3. 星级酒店内的指示牌

星级酒店内各种指示牌的用材、设计必须十分讲究，一般用黄铜较为高雅。在用材及设计风格上要注意统一。

4. 星级酒店的印刷品

星级酒店的印刷品，如菜谱、星级酒店指南、星级酒店介绍、请勿打扰牌、收款单等，一切供客用的印刷品的文字都要用中、英文，设计要美观大方，印刷要讲究。

5. 星级酒店工作人员的制服

不同的工种用不同的式样和颜色加以区别，服装的颜色、式样及选料要体现出民族特点，要美观大方、便于工作，使宾客感到有一种美感。

第三节　星级酒店产品特性

一、酒店客房方面特性

酒店的商品（客房）特点是这种产品的数量固定，无法临时增加，而且当天必须卖出，不能留到第二天。因建筑费用非常高，地点又不能移动，从订房到住宿经过时间较长，中间容易发生变化，等到客人迁入才算正式成交，也必须要住过后才能体会到它的价值。同行业集中于一处，竞争非常激烈，所以容易受到比较和批评，服务稍差即容易失去顾客，营业之好坏由地理条件、房间数之多少决定大半。所以酒店事前之建筑规划必须慎重，再加上科学的推销方法，赶上时代的潮流，促使营业的繁荣，从而达到充分利用酒店商品的特性。

二、酒店餐饮方面特性

酒店中另一项重要的商品就是餐膳与饮料。目前大型酒店的餐饮营收相对酒店整个收入来说，占了很重要的百分比，酒店餐饮生意好可以带动客房生意，客房的旅客也可帮助餐厅的营业，二者可说是相辅相成的。

餐厅出售的餐膳与饮料要品质好，菜肴的调味必须要让顾客满意，调酒员调酒的技术必须要一流。除了以上条件外，服务人员的服务态度是否良好，也非常重要，餐饮商品是让顾客吃喝进腹内，回去的顾客并不能带走什么，只能带回满意的感觉与下次惠顾的意愿。尤其在今日餐饮食品业的竞争越来越激烈，酒店餐厅的管理与服务人员，必须兢兢业业才能把餐饮生意做好。

第五节　星级酒店服务观念和服务意识

一、树立正确的服务观念

1. 树立一切从宾客出发的观念

星级酒店是服务性行业，它主要向宾客提供服务商品。酒店员工应该有正确全面的服务观念。服务观念的树立，对搞好酒店经营管理，提高服务质量，取得双重效益都有极大的意义。

一位经济学家曾经说过："市场经济就是消费者至上的经济，市场经济带来了产品的竞争、销售的竞争，要想在竞争中取胜，就要牢固树立适应市场需要，一切为宾客着想，一切从宾客出发的观念。"

现代的许多酒店、饭店为了吸引更多的客人，想方设法增加各种便利客人的服务项目，力求完美周到。在美国，一些酒店为了满足越来越多的宾客希望不受吸烟危害的要求，专门划出部分楼层客房设为禁烟客房，并对禁烟客房彻底装修，更换全部地毯、墙纸、窗帘及床上用品，以招徕不吸烟或不能忍受别人吸烟的宾客入住。由于妇女经济地位的改善，如何吸引女客人，成为不少酒店经营者关注的问题。

例如，雅加达和新加坡的希尔顿酒店对女客人实行特别安全措施，尽量将女客人安排在靠近电梯的房间，如她们的房间较为僻静，酒店安排专人送她们回房。此外，鲜花、化妆用品、女睡衣、浴衣、女性杂志都是必备的；又如，在澳大利亚和斯里兰卡的希尔顿酒店，女客人还能获得优惠的购物卡以在酒店购物。

面对现实，越来越多的酒店意识到或是领悟到：宾客至上。

2. 更新服务观念是提高酒店服务质量的保证

由于一些人缺乏对服务工作的正确了解和认识，曲解了社会分工中人与人之间的关系，当然也就缺乏应有的敬业乐业精神。而如果以这种缺乏敬业乐业主体意识的精神状态投入工作，只能是凑合敷衍了事，而且还容易产生自我疑虑和自我轻视的意识。同时，也存在着另一种思想：或是认为服务员的服务是单向付出，宾客旅居酒店是有求于我；或是认为，同样是人，为什么一方是尽情享受而另一方却是尽力服务，心理不平衡，因而对工作抱着一种怨气，总想发泄，或是态度蛮横，摆出一副店大欺客的样子。结果是酒店人员素质下降，酒店服务工作被动，服务意识淡漠。以这种状况从事酒店服务工作，质量可想而知。因此，对于广大星级酒店从业人员来说，更新服务观念是提高酒店服务质量的保证。

二、要有良好的服务意识

1. 如何认识服务意识

意识是人类所固有的一种特性，它是人的头脑对于客观世界的一种反映，是感觉、思维等各种心理活动过程的总和。存在决定意识，意识又反作用于存在。意识是通过感觉、经过思维而形成的，思维是人类特有的反映现实的高级形式。服务意识是通过对服务的感觉、认识、思维而形成的。它是与酒店精神、职业道德、价值观念和文化修养等密切地联系在一起的。

酒店精神、职业道德、价值观念、文化修养等决定着服务意识。酒店员工有什么样的服务意识，就有什么样的服务。有好的服务意识，当然提供的就是优质服务，而差的服务意识，当然提供的就是劣质的服务。因此，服务意识关系着服务水准、服务质量。酒店若要使自己立于常胜之地，就必须培植良好的服务意识。

2. 服务第一的意识——宾客至上

"宾客至上"可以说是星级酒店服务行业的普遍共识。但这一共识有时却缺乏可操作性。这一意识如何具体化到一个酒店中来才能成为全体员工共同的可操作的行为准则呢？有的酒店经过专门研讨，最终归结为"竭诚尽力为宾客提供最美好的消费感受"。这样，就为"宾客至上，服务第一"的行业口号填充了具体运作的标准，既有原则性，又体现了灵活性。细细分析，可以看出，这种归结是一切服务规范程序方式所必须遵循的基本的、而且是唯一的原则。在特定场合，只要符合这一条，就可以变通既定的规范程式，从而显出对人服务的灵活性。同时，决定了酒店所提供产品具有独一性，即无论酒店的服务有多少项目，服务时间有多长，服务人员变换有多少次，对于客人而言，这只是一个产品。因而每一个环节，每一时刻若稍出差错，就不可能给客人提供"最美好的消费感受"。这就要求酒店的每一位员工都必须时刻自觉地切换思考问题的角度，变"我想怎样"为"客人会怎样认为"。这样的归结应该说从很大程度上保证了每一位到酒店的宾客自其进入酒店员工的视野就成了酒店员工心目中的"上帝"。

即使是遇到一些故意挑剔的客人，酒店员工也一定要有强烈的"角色"意识，遵循"客人永远是对的"服务准则，摆正关系，清醒地认识自己所扮演的角色，绝对维护客人的利益和满足他们的合理正当要求，哪怕需要克服许多困难。因为从某种意义上讲，维护了客人的利益，实际也就是维护了酒店的利益。酒店员工必须在这种特定场合放下"个人尊严"，自觉地站在客人的立场上，设身处地，换位思考。

3. 一视同仁的意识——来者都是客

酒店为宾客服务是指为所有来酒店旅居的宾客，不管宾客各自的背景、地位、经济状况、外观衣着有何不同，遵循价值规律，在交换的双方，地位是平等的。对酒店方来说，热情微笑殷勤周到的服务正是和宾客互相平等的必要条件，做不到这一点，酒店就是怠慢了宾客，平衡的天平就会发生倾斜。再者，在人格上，宾客之间、酒店员工和宾客之间也都是平等的。对每位宾客的尊重，对每位宾客提供优质服务正是这种平等观念的外化表现形式。

对于酒店服务人员来说，必须牢牢记住：只要宾客按规定取得了在酒店旅居的使用权，就应该一视同仁地为宾客提供应有的服务。

4. 如何做好礼仪礼貌服务

酒店从业人员如何才能做好礼仪礼貌服务呢？

①理解宾客。服务是给人提供方便，是在人与人之间形成的。服务不仅与提供者有关，而且与接受者也有关。宾客的地位、身份、修养和心情如何？怎样做好礼仪礼貌服务？关键是正确判断宾客，要有一颗理解宾客的心。只有具备了这种意识，才是做好礼仪礼貌服务工作的起点。具有体谅宾客情况的心情，是良好的酒店精神、职业道德及文化修养的重要表现。

②注意服务细节，提供优质礼仪礼貌服务。酒店工作人员每天做着重复的，甚至是简单的礼仪礼貌服务工作，但要重视，要留神，要认真，要严谨，要注意细微之处。对服务人员来说，这种服务是经常的、甚至是繁杂而琐碎的。但对客人来说，可能是第一次感受，甚至是唯一的一次感受。因此，酒店工作人员，要认真细致地做好每一个人的礼仪礼貌服务工作，要认真细致地做好礼仪礼貌服务工作的每一件事，使宾客感到这种接待服务是一种美好的经历和享受。

③增加文化内涵，提高礼仪礼貌服务水准。礼仪礼貌服务工作，不只是迎来送往，送茶递巾，而且是要通过各种形式、各种方法的服务增加文化内涵，使服务含有文化的附加值，使宾客不仅享受了优良的礼仪礼貌服务，同时也享受礼仪礼貌服务文化。

第二章　星级酒店月度报告与记录表格

第一节　给总经理的人事报告（各类人事报表）

一、人力资源计划表

人力资源计划表

	计划期间	计划期		
	××××－××××年	××××年	××××年	××××年
①必要人数				
②计划期初定员（预测）				
③退休人数				
④调离人数				
③＋④				
需要补充录有人数				

二、人员需求估计表

人员需求估计表

需要理由		主管人员				职员					工员					合计
项目	说明	高层	中层	基层	小计	× ×	× ×	× ×	× ×	小计	× ×	× ×	× ×	× ×	小计	
因业务扩展																
因补充离职																
因组织变更																

减少者用"—"符号表示

三、人员统计报表

人员统计报表

年　　　月

部　　　门	月初人数	月末人数	调进	百分率	调出	百分率	备注
总经室							
人力资源							
计财部							
营销部							
客务部							
餐饮部							
工程部							
行政部							
保安部							
商场部							
小计							
在册不在岗							
所属公司							
合计							

四、临时工人员统计报表

临时工人员统计报表

年　　月

部　门	月初人数	月末人数	备　注	部　门	月初人数	月末人数	备　注
餐饮部				计财部			
西厨							
西餐							
中餐				小计			
中厨							
管事部				前厅部			
员工餐厅				行李房			
卡拉 OK				小计			
多功能厅							
仓库				工程部			
				小计			
小计							
管家部				保安部			
公卫				小计			
洗衣房							
楼层							
制服房							
出租车队							
				总计			
小计							
行政部							
行政车队							
小计							

五、员工出勤日报表

员工出勤日报表

　　月　　　日

办公室人员								
单位	编制人数	本日实到	迟到人数	病假	事假	公假	旷职	原因不明
合计								
本日到离职人数	报到人数							
	离职人数							
	停薪留职							

　　　　总经理　　　　　　审核　　　　　填表

第二节　给总经理的财务报表

一、月度损益总表

月度损益总表

名称：　　月份：　　货币单位：　　兑换率：　　年　月　日

项　　目	上月业绩		本月情况		本月预测	

二、客房经营情况明细表

客房经营情况明细表

客房经营项目	上月业绩		本月情况		本月预测	
营业收入：						
合计：						
营业税金						
工资及福利：						
合计：						
营业费用：						
合计：						
客房经营毛利						

三、餐饮经营情况明细表

餐饮经营情况明细表

餐饮经营项目	上月情况		本月情况		本月预测	
营业收入：						
合计：						
营业税金						
营业成本：						
合计：						
工资及福利：						
合计：						
营业费用：						
合计：						
餐饮经营毛利						

四、商场经营情况明细表

商场经营情况明细表

商场经营项目	上月情况		本月情况		本月预测	
营业收入：						
合计：						
营业税金：						
营业成本：						
工资及福利：						
合计：						
营业费用：						
合计：						
商品经营毛利						

五、出租车队经营情况明细表

出租车队经营明细表

出租车队经营项目	上月情况		本月情况		本月预测	
营业收入:						
合计:						
营业税金:						
工资及福利:						
合计:						
营业费用:						
合计:						
出租车队经营毛利						

六、其他部门经营情况明细表

其他部门经营情况明细表

其他部门经营项目	上月情况		本月情况		本月预测	
营业收入：						
合计：						
营业税金：						
营业成本：						
工资及福利：						
合计：						
营业费用：						
合计：						
其他部门收益						

七、市场推广费用明细表

市场推广费用明细表

市场推广费用项目	上月情况		本月情况		本月预测	
工资及福利：						
合计：						
市场推广费用：						
合计：						

八、能源及维修费用明细表

能源及维修费用明细表

能源及维修费用项目	上月情况		本月情况		本月预测	
工资及福利：						
合计：						
能源及维修费用：						
合计：						

九、行政管理费用明细表

行政管理费用明细表

行政管理费用项目	上月情况		本月情况		本月预测	
工资及福利：						
合计：						
行政管理费用：						
合计：						
备注						

十、星级酒店前厅部交款表

交款表

收银点：＿＿＿＿＿　　日期：＿＿＿＿＿　　班次：＿＿＿＿＿

票价	人民币		外汇券		港币		备注
	数量	金额	数量	金额	数量	金额	
1000 元							
500 元							
100 元							
50 元							
20 元							
10 元							
5 元							
2 元							
1 元							
0.5 元							
0.2 元							
0.1 元							
合计							

交款人：　　　　　　　收款人：

十一、星级酒店盘点表

星级酒店盘点表

仓别：　　　　类别：　　　　　　　　盘点日期：　　年　月

编号	品名	规格	堆放	单位	上月库存数		本月购进		本月发出		仓库		
					数量	金额	数量	金额	数量	金额	数量	单价	金额

十二、星级酒店商场部销货收款单

星级酒店商场部销货收款单

_____岗　　　　　　　　年　月　日

品名规格	单位	数量	单价	总金额	收款员

十三、星级酒店商务中心收入控制表

星级酒店商务中心收入控制表

日期：　　　　　　　　　　　　　　　　　　　　页数：

单据号码	房间号码	客人姓名	收入项目						合计	备注
			打字	复印	传真	电传	电报	其他		
	合计									

商务中心主管：_____　　编制人：_____

第三节　　给总经理的业务记录表格

一、应聘人员登记表

应聘人员登记表

应聘职位：

姓名		性别		出生年月		出生地		
籍贯	省（自治区）　　市　县			文化程度				近期一寸免冠彩照
民族		政治面目		健康状况		身高		
有无专长				外语程度		婚否		
家庭详细地址	省（自治区）　　市　区（县）			路　　号幢　　号				

身份证号		电话号码		邮政编码	

	起止年月	学校	专业	证明人
本人学历				

工　作　简　历			
起止年月	在何地区、何单位、何部门	任何职	证明人

培训情况（脱产培训）		
起止时间	培训单位	受训内容

何时获得何种职称	
何时获得何种奖励	

	与本人关系	姓名	年龄	工作单位及职务
家庭成员及主要社会关系				

备注	

注：1. 本表必须由本人亲自填写；

　　2. 本表必须用钢笔或圆珠笔填写。

二、面谈记录表

面谈记录表

姓名		应征项目				
用表提要	请主持面谈人员，就适当之格内划✓，无法判断时，请免打✓。					
评分项目		配分				
		5	4	3	2	1
仪容　礼貌　精神态度　整洁　衣着		极佳	佳	平实	略差	极差
体格、健康		极佳	佳	普通	稍差	极差
领悟、反应		特强	优秀	平平	稍慢	极劣
对其工作各方面及有关事项之了解		充分了解	很了解	尚了解	部分了解	极少了解
所具经历与本公司的配合程度		极配合	配合	尚配合	未尽配合	未能配合
前来本公司服务的意志		极坚定	坚定	普通	犹疑	极低
外文能力	区分	极佳	好	平平	略通	不懂
	英文					
	日文					
总评	□拟予试用　　　　　　面谈人： □列入考虑 □不予考虑　　　日期：　　月　　日					

三、面谈考评用表

面谈考评用表

考评项目	评定尺度	计分	备考
仪容、态度	14　12　10　8　6		
一般常识	14　12　10　8　6		
专业常识	14　12　10　8　6		
创造、创新力	14　12　10　8　6		
诚实、协调	14　12　10　8　6		
领导能力	14　12　10　8　6		
表　达　力	14　12　10　8　6		
人品、性格	14　12　10　8　6		
总　　　计	14　12　10　8　6		
综合评语	评语分为 A、B、C 三等，每等又可以分为上下两级		$0 \sim 64 \rightarrow A$ $65 \sim 95 \rightarrow B$ $96 \sim 112 \rightarrow C$

四、面试评估表

面试评估表

项目	面试次数及评分			
	第一次面试		第二次面试	
	评分	评语	评分	评语
长相				
表达能力				
反应能力				
礼貌				
性格				
外观				
皮肤				
行走				
普通话				
部门经理意见				
人事培训审核意见				

五、面试成绩评定表

面试成绩评定表

考号		姓名		性别		年龄	
报考职位				所属部门			
面试内容	A	分数	B	分数	C		分数
仪表	端庄整洁	5	一般	3	不整		1
表达能力							
工作态度							
进取心							
实际经验							
稳定性							
反应性							
评定部分							
评语及录用建议							
主试人	（签字）　　　日期：　　年 月 日						

注：各项面试内容的评定结果在应得分数上画"○"即可。

六、到职通知

到职通知

姓名			性别		籍贯			
出生	年 月 日	年龄			血型		□已婚	□未婚
学历				身份证 号　码				
现住址							电话	
永久住址							电话	
经 历	公司名称		担任职务		起		讫	年　资

任职单位		人事承办签章	人事主管签章	该员报到手续大致办妥谨此派向贵单位报到，请依"职前介绍表"逐项给予解释说明，并妥善保管本资料。此致 　　　　　贵主管
担任职务				
职　级	等　级			
到　职	年 月 日			

七、任职同意书

任职同意书

立同意书人　　今同意在本企业担任　　一职，坚决遵循企业规章办事规则，如任职期间违反企业规定及有关规章规则，愿受企业合理处分，若因侵占公司财物、货款或疏忽使企业蒙受财务或信誉损失，愿受法律制裁或适当处分。

此　致

＿＿＿＿＿＿＿＿企业

同意人：

年　月　日

八、任命通知书

任命通知书

各部室：

因工作需要，经酒店研究决定任命＿＿＿＿＿先生/女士为＿＿＿＿＿，本任命将于　　年　月　日起生效。

特此通知。

人力资源部

（盖　章）

日期：　年　月　日

九、聘任书

聘任书

聘字第　　号

兹聘　　　　　为本公司　　　部职称：

聘用期间：

自　　年　　月　　日起

至　　年　　月　　日止

此　聘

×××公司

总经理：

年　　月　　日发

十、人事通知单

人事通知单

兹派_____等员工为本公司_____此令，并核定薪资自　　年　　月　　日起生效。

姓名	职称	等级	薪点	倍数	薪金金额

总经理：　　　　　　　　　　　年　月　日

十一、兼职员工工作契约书

兼职员工工作契约书

甲方：　　　企业

　　乙方：　　　住址：　　　身份证号码：

1. 甲方自　　年　　月　　日起录用乙方为兼职员工，并依人事管理规章及甲方所订之规则办理。

2. 甲乙双方经共同协议并取得同意时，乙方须遵守上列第一项之规定。

3. 雇用期间：自　年　月　日起至　年　月　日止。

4. 契约期满时，双方希望继续维持契约关系时，则须另行订立新契约。

5. 勤务时间：上午　时　分至下午　时　分止。

6. 休息时间：自　时　分至　时　分止。

7. 薪资：时薪、日薪。

8. 奖金：采取不定额（视工作绩效表现）发放。

9. 异动：若因业务上执行之必要时，可予以调整。

10. 年度有薪休假：服务年资满一年以上者为 6 日，每服务满一年时，则增加 1 日，但以增加至 20 日为限。

　　甲方：　　　（签章）　　　乙方：　　　（签章）

　　　　　　　　　　　　　　　　年　月　日

十二、计时员工、临时工雇用契约书

计时员工、临时工雇用契约书

姓名		出生日期	年 月 日
地址			
工作条件契约			
雇用期间	年 月 日起至 年 月 日止		
工作单位		工作内容	
工作时间	上/下午 时 分起 上/下午 时止（休息 分）		
休息日及工作日	休息日 为 1. 每周星期（ ） 工作日 为 2. 每周星期（ ）		
休假	1. 年度有薪休假 全年坚持工作：按法定支付 在本单位 1 年以内年度没有有薪休假 2. 其他休假 夏季特别休假（2 日）：无薪		
工 资	※不支付家属津贴和住宅补助		
其他	1. 工作时间、休息日每月均可能变动 2. 奖金（津贴）根据年度方针每年支付 2 次（6 月、12 月） 3. 工资通过银行转账支付 4. 支付工资时扣除各项费用（餐费） 5. 此表所规定事项，暂定为就业规则 6. 双方若无异议，雇用契约自动更新		
年 月 日 公司名称： 地址： 电话： 经理或人事负责人姓名 （印）			
正式员工： 地址： 电话：			
临时工： 地址： 电话：			

十三、新员工工资正定级申请表

新员工工资正定级申请表

（本表由直接主管填写）

姓名		工号		学历		入公司时间	
毕业院校		专业			毕业时间		
入公司的招聘类型			□社会招聘		□应届毕业生招聘		
原工作单位 （社招人号填）			在原单位的职务				
入公司后的 培训经历							
在部门见习的主要工作内容及工作绩效							
主要工作技能及表现程度							

直接主管签字：

十四、新员工甄试比较表

新员工甄试比较表

甄试职位		应征人数	人	初选合格	人	面试日期　月　日至　月　日				
	姓名	学历	年龄	工作经验 相关／合计	专业知识	态度	仪表	语言能力	其他	口试人员意见
甄试结果										
面试人员签章										

十五、人员保证记录表

人员保证记录表

职别	姓名	保证人记录					为人保证记录		
		公司	公司	公务员保	同事保	其他保证人	1	2	3

十六、新员工甄选报告表

新员工甄选报告表

甄选职位		应聘人数		人	初试合格		人	面试合格		人
复试合格		人	需要名额		人	合格比率	初试 %，面试 %，录用 %			

甄试结果比较		说明	预定	实际
	具体条件			
		待遇		
录用人员名单				

十七、员工辞职通知书

员工辞职通知书

致：（部门经理）

本人因＿＿＿＿＿＿＿＿＿＿＿＿＿＿＿＿＿＿＿＿＿＿＿＿＿＿＿＿

意欲于即日起一个月后辞去现职务，本人最后到职日期为　　年　　月　　日。

申请人：

日　　期：

致人力资源部：

本人同意我部员工＿＿＿＿＿＿提出的辞职申请，离职约见日期为　　年

月　　日。

注：该员工于　　年　　月　　日进酒店工作，曾参加　　培训。

＿＿＿＿＿部经理：＿＿＿＿＿

日　期　：＿＿＿＿＿

人力资源部处理结果：

离职约见已于＿＿＿＿＿月＿＿＿＿＿日进行，离职原因：＿＿＿＿＿

＿＿＿＿＿＿＿＿＿＿＿＿＿＿＿＿＿

经办人：＿＿＿＿＿

日　期：＿＿＿＿＿

本人已办理（领取）：

　　□离职手续　　　　　　　　□在职押金

　　　　　　　　　　　　　　　　　员工签字：_____

　　　　　　　　　　　　　　　　　日　　期：_____

十八、员工辞退通知书

员工辞退通知书

致：　　　女士/先生

　　由于您_____

_____的行为已违反了您曾签署的《劳动合同书》/酒店颁布的《员工奖惩条例》中的第　　条第　　款之规定，经酒店研究决定将您辞退/开除，此决定于　　年　　月　　日开始生效。请您于　　年　　月　　日到人力资源部办理相关手续。如逾期不到，人力资源部将按有关规定自动办理相关手续。

　　　　　　　　　　　　　　　　　人力资源部

　　　　　　　　　　　　　　　　　（盖章）

　　　　　　　　　　　　　　日期：　　年　　月　　日

十九、重要办公用品登记卡

重要办公用品登记卡

管理部门：总经理办公室

使用部门：＿＿＿＿＿＿

名　称：			编号：					
规　格：			厂名或牌名：					
构　造：			附属设备：					
存放地点：			耐用年限：					
原　价：			增加价值：					
日　期	摘　要	凭证号数	单位	数量	增加	减损	结存
年　月　日							
年　月　日							
年　月　日							
年　月　日							
年　月　日							
年　月　日							
年　月　日							
年　月　日							
年　月　日							
年　月　日							
年　月　日							
年　月　日							

二十、离职通知书

离职通知书

年　　月　　日

姓名		部门		岗位		工牌号	
离职性质		□辞职		□辞退		□开除	
离职日期							
＿＿＿＿＿＿部＿＿＿＿＿＿先生/女士经批准已同意其离职，请贵部按酒店有关规定为其办理离店手续。							
人力资源总监签署							

二十一、员工请假单

员工请假单

姓名：　　　　　员工号码：　　　　　职位：　　　　　职务部门：

请假类别：　　□休假（或事假）　　　　□公　假
　　　　　　　□病　假　　　　　　　　□其　他（请说明）
　　　　　　　□事　假

请假时间_____　_____　_____
自 年 月 日 时　　至 年 月 日 时　　总共请假 天 小时

医生证明
注意：请病假超过一天需检附医师证明
　　此证明上列姓名员工会（或将）自　　年　月　　日至　　年 月
日接受医疗，此期间该员工确（或将）无法上班工作。
病名：
主治医师签名：　　　　　　医院：　　　　　日期：

此栏由主管部门填写

□准　　　　　　　　　　　主管签字：
□不　准（请说明理由）　　职位：　　　　　日期：

二十二、请假记录表

请假记录表

日期		假别	天数						备　　注
月	日		事假	病假	公假	婚假	丧假	产假	

二十三、特别休假请假单

特别休假请假单

申请日期：　　　　　　　　年　月　日

所属单位	部组班	职称		姓名		厂长
期间	自　年　月　日　星期				共　天	主管
	至　年　月　日　星期					
职务代理人					盖章	
报到或到职日期　年　月　日　有效年资　年				审核意见		组长
全年特别休假日数			天			
已请特别休假日数			天	人事主任	人事经办	班长
本次申请日数			天			
尚剩休假日数			天			

注：本年度复职人员需注明复职日期。

二十四、人事主管假期申请表

假期申请表

致：经理部

由：＿＿＿＿＿部　姓名＿＿＿＿工号＿＿＿日期＿＿＿＿

　　部门＿＿＿＿＿职位＿＿＿＿参加工作时间＿＿年＿＿月

假期种类：

□年假　　　□探亲假　　□产假　　　□婚假

□事假　　　□计划生育假　□补假　　□其他

探亲由往：＿＿＿＿＿＿＿＿＿＿＿＿＿＿＿＿＿＿＿＿

请假时间：

由＿＿＿年＿＿＿月＿＿＿日至＿＿＿年＿＿＿月＿＿＿日止，共＿＿＿天。

说明：＿＿＿＿＿＿＿＿＿＿＿＿＿＿＿＿＿＿＿＿＿＿＿＿

审批：

部门意见：＿＿＿＿＿＿＿＿＿＿＿＿＿＿＿＿＿＿＿＿＿

＿＿＿＿＿签章　　日期＿＿＿＿

人事部意见：＿＿＿＿＿＿＿＿＿＿＿＿＿＿＿＿＿＿＿

＿＿＿＿＿签章　　日期＿＿＿＿

总经理意见：＿＿＿＿＿＿＿＿＿＿＿＿＿＿＿＿＿＿＿

＿＿＿＿＿签章　　日期＿＿＿＿

备注：＿＿＿＿＿＿＿＿＿＿＿＿＿＿＿＿＿＿＿＿＿＿＿＿

二十五、员工调入审批表

员工调入审批表

姓名		性别		年龄		民族		文化程度	
有何特长									
工作经历		何时在何处工作				职　位		证明人	
受过何种处罚或奖励									
主要社会关系		与本人关系	姓名		在何地做何工作			职位	
人力资源部意见									
总经理意见									
人力资源部盖章						日期		年　月　日	

二十六、人事变更报告单

人事变更报告单

日期：　　年　　月　　日　　　　　　　　　　　第　页

姓名	人员编号	变动说明	资料变更	变更日期	备注

人事主管：　　　　　　　　　　　　填表人：

二十七、薪资通知单

薪资通知单

会计科　　　　　　　　　　　填单：　年 月 日

通 知 事 项		停 薪 通 知
□初任核薪 □调职（不调薪） □试用期满（调薪） □调职（调薪）	原　总　薪	□该员旷工三天，自然免职。 □该员试用不合通知停职。 □该员已提出辞呈奉准。 □该员已奉准离职。

以上生效日：　年 月 日						截止计薪口：　年 月 日			
奉核准职薪						姓名		姻婚	□已 □未
等级						新任		原任	
本薪	职务津贴	生活津贴	技术津贴	外勤津贴	其他 合计	单位	职称	单位	职称

批示：　　　　　　　单位
　　　　　　　　　主管：　　　　　人事：

二十八、薪资记录表

薪资记录表

日期		职务等级	薪资金额	日期		职务等级	薪资金额	日期		职务等级	薪资金额
月	日			月	日			月	日		

二十九、员工奖励通知单

员工奖励通知单

第　号

姓　名		部门		岗位		工牌号	
受奖原因							
部门意见							
奖励依据	依照《员工奖惩条例》第　　条之规定，决定对　　部员工　　同志给予嘉奖。						
奖励结果							
人力资源总监意见							
总经理意　见							
人力资源部盖章							
日期	年　　月　　日						

注：本表一式三联，第一联送受嘉奖员工本人，第二联送财务部，第三联留人力
　　资源部存档。

三十、纪律处分通知单

纪律处分通知单

编号：_____　日期：_____

姓名		工作证号		职位		所属部门	

所犯过失：
　　□擅自旷工
　　□屡次迟到
　　□工作时打瞌睡
　　□故意不服从上级或拒绝接受正当命令
　　□故意不以适当方法工作
发生日期：
　　□屡次逃避工作
　　□工作时间在公司赌博
　　□行为不检点

处分：
　　□谴责　　□停职　　由×年×月×日至×年×月×日
　　　　　　　　　共　　　日
　　　　　　　注意：如果有重犯将受撤职处分

撤职生效日期：×年×月×日
　　　　　　　请于撤职生效日期前往人事部报到
备注：

三十一、职员奖惩月报表

职员奖惩月报表

受奖惩者			奖惩方式	奖惩原因	奖惩日期
性别	姓名	服务部门			

填表说明：

①各单位依照权责划分办法在授权范围内对所属职员有奖惩时，应于每月终汇填本表两份，分送总管理处人事处及主管单位备查，当月内如无奖惩事项，亦应填送此表，并于奖惩原因栏内注明"无奖惩"字样；

②奖惩方式栏应按单位主管核定之奖惩办法填入，如"书面嘉奖"、"记功一次"、"书面申诫"、"记过一次"等；

③奖惩原因一栏叙述宜简明扼要，注意时间、地点、事物及有关人员之责任等；

④本表由各单位依式自行印制备用，纸张大小一律以 J3 为准。

单位主管：____　主办人员：____　制表：____　____年____月____日填

三十二、员工加班报告单

员工加班报告单

部别单位：　　　　　　　　　　　日期　　年　　月　　日

卡号	职称	姓名	加班时间			备注
			起　～　讫		合计	
			～		小时	
			～		小时	
			～		小时	
			～		小时	
			～		小时	
			～		小时	
			～		小时	
			～		小时	
			～		小时	
			～		小时	
			～		小时	
			～		小时	
			～		小时	

部别经理　　　　　　单位主管　　　　　组长（领班）

三十三、员工业余进修申请表

员工业余进修申请表

填表日期：　　　年　　月　　日

姓名		年龄		部门		岗位		工牌号	
原有学历			技术职称						
进修学历	请在□内打√： □大专　　　　□大本　　　　□研究生 □硕士　　　　□博士								
进修方式	□夜大　　　　□函授　　　　□自学考试								
进修方式	□一年　　　　□二年　　　　□三年　　　　□四年 □更长时间								
毕业后将 获　得	□国家承认学历　　□省、部级承认学历　　□行业承认学历								
备注									
人力资源部 意　见			日期	年　月　日			盖　章		

注：1. 此表经申请人填写后送人力资源部盖章；
　　2. 此表一式二份，第一联由人力资源部留存，第二联由申请人留存。

三十四、员工晋升审批表

员工晋升审批表

年　　月　　日

姓名		性别		年龄		部门		岗位	
工牌号		文化程度			技术职称				
有何特长									
在本酒店 工作经历		起止时间	在何部门何种岗位工作						
受过何种奖励 或处罚									
班组评估									
部门经理 评　估									
人力资源部 意　见									
总经理 签　署									
备　注									

三十五、员工工资调整表

员工工资调整表

部门：　　　　　　　　　　　年　　月　　日填　　NO.

职位	姓名	性别	年龄	学历	服务年限	本年考绩		每月薪资	按调整		处理意见	核定	
						分数	等级		调整额	调整后月薪		职位	月份

董事长：　　　总经理：　　　经理：　　　主管：　　　制表：

本表反映员工工资的调整情况。将工资与员工的服务年限、工作成绩考核等挂钩，能更好地激励员工在这些方面努力。

三十六、员工工资调整事由表

员工工资调整事由表

年 月 日 　　　　　　　编号：

工作部门					
职称		姓名	原工资	调整事由	调整后工资

生效日期： 　　　年 月 日

经手人		批示		单位主管	

本表详细记录了每个员工工资变动的原因。以便主管部门了解情况，也便于职工查阅。

三十七、员工奖金合计表

员工奖金合计表

月份

姓　　名	营业奖金计点	营业额奖金额	利润奖金计点	利润奖金金额	奖金合计
合计					

三十八、主管人员奖金核定表

主管人员奖金核定表

月份

姓名	职别	省料率	省料奖金	效率	效率奖金	不良率	良品率奖金	奖金合计
	主管							

本表根据主管人员所管核的部门的省料率、效率及良品率来计算其所应得的奖金。

三十九、职员工伤医药费申请单

职员工伤医药费申请单

姓名： 部门： 职位： 申请日期： 年 月 日

伤害名称		人事部门审核
本次申请金额(元)		
已补助(报销)累计数(元)		
本次批准金额(元)		
受伤日期		
依据文号		

财务主管：_____ 部门主管：_____ 申请人：_____

四十、职员家属生活补助申请表

职员家属生活补助申请表

职员姓名	家属姓名	关系	职业	年龄	拟补助金额（元）	备注（理由）

主管：_____ 审核：_____ 经办人：_____

四十一、员工培训考核表

员工培训考核表

培训名称：　　　　　　　　　　　　　　本表登记各课程成绩

单位	职别	姓名							
平均									

　　　　　　　　　　　　　　　　　　　　　　　　　　记录者：

四十二、员工培训报告书

员工培训报告书

培训名称及编号		参加人员姓名	
培训时间		培训地点	
培训方式		使用资料	
导师姓名及简介		主办单位	

培训后的检讨	培训人员意见	受训心得（值得应用于本公司的建议）
		对下次派员工参加本训练课程的建议事项
	主办单位意见	

总经理：　　　　　　经（副）理：　　　　主办单位：

副总经理：　　　　　厂（副）理：

四十三、部门培训人员提名表

部门培训人员提名表

部门/班组		培训主题	

注意：该表需按通知日期送交培训部

编号	工种	姓名	授课日程安排			评估
			月份	日期/星期	时间	
1						
2						
3						
4						
5						
6						
7						
8						
9						
10						
11						
12						
13						
14						
15						
备注：						
部门培训主管			报送日期		月　日　年	

四十四、部门培训需求分析表

部门培训需求分析表

部门	班组	月份

岗位标准			工作现状			差距（培训内容）
职责范围	能力水平	行为规范	知识	技能	态度	
1. 2. 3. 4. 5. 6. 7. 8.						
1. 2. 3. 4. 5. 6. 7. 8.						
1. 2. 3. 4. 5. 6. 7. 8.						

培训主管：　　　　　日期：

四十五、员工培训计划表

员工培训计划表

编号_____

工号	培训类别										备考
	培训名称										
	姓名	工作类别									

批准_____　审核_____　拟订_____

四十六、年度培训计划汇总表

年度培训计划汇总表

部门	班次	人数	时间	费用（元）	备注
经办	主管		教育培训部		

表号：　　　　　规格：

四十七、新员工培训成绩评核表

新员工培训成绩评核表

填表日期：　　　年　　月　　日　　　　　　　　编号：

姓名		专长		学历	
培训期间		培训项目		培训部门	
一、新进人员对所施予培训工作项目了解程度如何？					
二、对新进人员专门知识（包括技术、语文）评核。					
三、新进人员对各项规章、制度了解情况。					
四、新进人员提出改善意见评核，以实例说明。					
五、分析新进人员工作专长，判断其适合工作为何，列举理由说明。					
六、辅导人员评语					

总经理　　　　　　　经理　　　　　　　评核者

四十八、员工培训记录表

员工培训记录表

部门：　　　　　　　　　　　　　　　　　年度：

姓名	1			2			3			费用合计
	培训名称	期间	费用	培训名称	期间	费用	培训名称	期间	费用	

四十九、在职训练费用申请表

在职训练费用申请表

课程名称：　　　　　　　　　　申请日期：　　年　月　日

单位	姓名	人员代号	□讲授科目 □教材名称	时数 字数 （千字）	钟点费 教材费	总计 （元）	盖（签）章
会计部		教育训练部				单位	

五十、员工培训总结表

员工培训总结表

部门：_____部_____单位　　　　　　　年　月　日

课程名称			课程编号	
项目	举办日期	培训时数	参加人数	
计划				
实际				
培训费用	项目	预算金额	实际金额	异常说明
	讲师费			
	教材费			
	其他			
	合计			
培训的检讨及呈核	学员意见	签名：		
	讲师意见	签名：		
	教育培训部意见	签名：		

经办：

五十一、员工培训实施情况报告书

员工培训实施情况报告书

部门	培训项目	培训次数	培训人数	培训时间	培训费用	备注
	预定					
	实际					
	预定					
	实际					
	预定					
	实际					
	预定					
	实际					
	预定					
	实际					
	预定					
	实际					
	预定					
	实际					
	预定					
	实际					

表号：　　规格：　　单位：　　教育培训部：　　会计部：

第三章　星级酒店人力资源部规范管理

第一节　星级酒店人力资源管理的含义和特点

一、星级酒店人力资源管理的含义

饭店人力资源管理是包括传统的人事行政管理、员工的激励与管理和潜能开发利用的一种全面管理。

二、星级酒店人力资源管理的特点

1. 它是一种动态的、较为全面的管理

饭店人力资源管理不仅包括了根据饭店的整体目标为饭店提供和选拔合适人才等人事管理的职能，而且还包括如何来创造一个良好的工作环境，调动员工的工作积极性，指导员工工作，改善员工的工作环境和生活条件，发展员工潜在的各项能力等。这就要求总经理在饭店的经营过程中，注重"软件"应用，即重视员工的心理，关注员工的情绪，了解员工的思想，合理地利用饭店人力资源管理活动，激发员工的工作积极性。

2. 它是一种全方位全员性的管理

饭店人力资源的开发与管理，既是一项日常的、表层的，同时又是长期的、渐进的、深入的管理。不仅要对饭店中各类人员进行全员培训与考核，把每一位员工都看成是宝贵的资源，并发挥其应有的作用，无论服务员、工程技术人员或是管理人员，都有长短期的开发能力计划，以达到胜任本职工作和提高素质的目的，而且包括饭店全体管理人员对下属进行有效的管理与督导。而要有效，就不能局限在对下属一般意义上的相知，而必须在更广深的层面上下功夫。这样，饭店人力资源管理就不仅仅是饭店人力资源部门独家的业务工作，而且应该是饭店全体管理人员的必须和日常的工作，尽管侧重点和着眼点或许有所不同。因此，饭店的每个管理人员都应该了解和掌握人力资源管理的理论、方法以及人力资源管理的职能，开发利用人的才能，选用人才，是合理组织人的重要工作。

3. 它是一种系统性、综合性的管理

饭店人力资源管理既然是一种全方位全员性的管理，就不可能由哪一个部门或哪一位管理者来孤立地实施，而必须将其作为系统工程来认识和运作。该系统由录用系统、培训系统、使用系统、奖惩系统、离退系统等围绕着总系统目标进行运转的数个子系统组成。同时，还应看到其有综合性的特点。在管理制度、管理体制和管理方法上，要善于兼收并蓄、取长补短，既要结合我们的国情和人员素质的实际情况，又要积极借鉴国际上许多饭店先进的管理经验，如行为科学、管理心理学的科学内容；既要提倡人才的合理流动，又要从经济效益角度促使业务骨干保持相对稳定等。在管理思想、管理目标、管理内容等方面，必须采取一系列措施，而且这些措施本身要配套，要相辅相成，不能顾此失彼。也就是说，不搞单一的管理，而要配合运用各种制度和方法进行综合管理。

4. 它是一种科学化的管理

现代饭店人力资源管理是一项复杂的、综合性的系统工程，其运作方式和手段如果以曾在某些单位久为实行的"五个一工程"（一张报纸、一杯浓茶、一支香烟、一部电话、一叠报表）为蓝本，显见是远远不能适应的了。应该逐步实现标准化、程序化、制度化和定量化。

①标准化。是指按照饭店岗位制定的有关工作的数量、质量、时间、态度的书面文件。

②程序化。是指按照项目制定的有关管理步骤的规定。它对管理或工作的过程进行科学的分段，规定各阶段工作的先后顺序和每个阶段的工作内容、要达到的标准、责任者及完成时间，它是各项目管理或生产活动客观规律的反映和要求。程序化可以使饭店人力资源管理工作井然有序，按程序办事，按照管理业务的内在联系建立科学的信息流程。

③制度化。是指饭店人力资源管理工作应建立严格的规章制度，使饭店员工的招聘、录用、培训、考核、奖惩、选拔、调动、退休以及潜能的开发利用等都有章可循，无论整体运行还是各个环节都规范化。

④定量化。是指饭店员工有合理的定员与定额。考核系统有科学的数量依据等。定额制订或修改要经常进行测试和统计分析，考核系统可利用人员功能测评和对积极性状态等进行统计分类，综合评价，搞好定量分析。

第二节　管理员工的领导艺术

一、领导者应具备的素质

1. 思想道德素质

思想道德素质是星级酒店领导者必须具备的基本素质之一。星级酒店领导者的思想道德素质主要包括工作责任心、积极性；以身作则的品质；积极进取、奋发向上的精神；宽宏大量、不计前嫌的胸怀；公道正派的作风等。

思想道德素质在日常管理中十分重要，因为不少领导者在处理事务时，常会不经意地暴露出原则性不强的缺点，致使下属不服气，影响企业的凝聚力。如客房部经理处理员工偷拿客房易耗品的违纪事件，如果正赶上经理情绪不佳，他可能扣罚当事者的奖金，给予口头警告，还要在部内公布；而如果他正逢喜事，就可能只是轻描淡写地口头上教育几句便没事了。领导者本人并不觉得这样做有什么不对，但内部员工心中却积压了"经理处事不公"的怨言。

2. 心理素质

星级酒店领导者的心理素质通常包括果断处事等方面的能力以及敢说敢为、性格开朗等品质。

3. 业务素质

星级酒店领导者的业务素质是做好本职工作的重要基础，业务素质主要包括以下几个方面：

（1）组织规划能力

可以凭借组织规划能力组织下属，使之如同一支高效率的军队，把众多的琐事、杂事安排得井井有条。

（2）思维决策能力

领导者须有十分清晰、灵敏、果断的思维决策能力。从总经理的全局计划到领班面临班组内突发事件的处理，都需要这样的能力。

（3）观察、分析、判断能力

在星级酒店多如牛毛的服务与管理事务中，不可避免地会出现一些麻烦或矛盾。因此星级酒店领导者还必须时常扮演"侦察员"的角色，在琐碎事情中明察秋毫，进行正反两个方面的分析，迅速做出正确的判断。

（4）识才、选才、用才、育才的能力

人力资源是星级酒店内最重要的资源，星级酒店的竞争最终表现为人才的竞争。

市场经济为星级酒店大大拓宽了选人、用人的渠道，各部门经理也在这方面拥有较多的权力，因此，识才、选才、用才、育才必须成为中层以上管理人员的一项重要能力。

（5）应变能力

领导者在星级酒店中的地位决定了他在对下属的管理过程中经常会碰上各种突发事件，而其中很多突发事件又往往需要当场解决，或者至少需要当场表态，并提出解决问题的步骤与措施。因此，应变能力是领导者取得理想管理效果的基本能力之一。

（6）善解人意正面诱导的能力

领导者能否带领下属实现本组织的目标，在很大程度上取决于领导与下属之间的关系。领导者要想获得下属的信赖和支持，就必须首先理解下属，即使在下属出现错误时也不要以权压人，最好的办法是启发他们认识错误，进行正面诱导，帮助他们纠正错误。

二、领导者应具备的观念

1. 服务观念

服务观念的树立应该是每个领导者的头等大事。服务观念不仅反映在制定与执行规范、程序上，而且反映在员工的举手投足之中。服务员的一举一动固然反映了他们服务观念的强弱，然而，员工的服务观念又受源于领导者的服务观念，对服务质量起着决定性作用的是领导者特别是总经理的服务观念。

2. 质量观念

星级酒店服务不同于工厂产品，它有工厂产品所不具有的很多特性，如生产与消费的同时性等。一般说来，一项服务如发生质量问题，很难像工厂产品那样进行调换或返修。所以，星级酒店对服务质量绝不能马虎。

领导者的质量观念一刻不能淡薄，必须时时、处处、事事留意下属的服务情况，以确保服务质量。

3. 效益观念

星级酒店的基本任务之一是保持最大的销售额，提高经济效益。

星级酒店的每个领导者都要积极为星级酒店开拓财源，如提高客房出租率、设计特色餐饮产品、开展多种经营、构思促销方案等；还要积极降低成本与损耗，发动员工在能源、采购、劳动力安排等方面积极出谋划策。

4. 整体观念

领导者应在下属中提倡团队精神，不但要加强班组和部门内部的合作和协调，还要加强部门间的配合与协作。

5. 民主观念

星级酒店经营本质上是人对人的直接服务，员工的心情决定他们的行为，而他们的行为又决定星级酒店的经营收入，所以员工的心情也可以看作是星级酒店的一种资源。领导者头脑中多些民主观念，员工在工作中就会多些好心情，积极性便可得到提高。

三、领导者的主要工作

1. 计划管理

领导者须对未来的工作做出计划。不同层次的领导者有不同的计划管理内容，涉及的面也不尽相同。最高决策者更多研究的是星级酒店的总体性计划。这类计划事关星级酒店大局，举足轻重，因此要求具有很强的准确性、合理性与可操作性。各部门经理的计划管理是以总体性计划为依据，并结合本部门具体情况进行的。部门计划必须与总体计划保持一致，同时须考虑与其他部门计划的协调。基层领导者的计划管理着重于实务操作，计划的时间跨度较小，如对于某项接待活动的人力与物品安排、准备工作和监督检查工作等。

领导者如不重视计划管理，他所管辖的区域与范围必然是一片混乱，最终不得不把主要精力花在处理各种各样的矛盾上。

2. 组织管理

同计划管理一样，由于不同的领导者在星级酒店中所处的地位不同、职责不同，因此组织管理的复杂程度也就不尽相同。星级酒店总经理的组织管理主要表现在确定星级酒店的整体组织结构，设置部门与岗位，明确各部门与岗位的责、权、利及彼此关系，制定规章制度，建立信息流通渠道，调配各种资源等方面。而最基层领导的组织管理工作则主要表现在每一项具体业务上。

组织管理是星级酒店实现工作计划的必要手段，每个领导者都应对此投入相当的精力和时间。

3. 沟通管理

星级酒店领导者的沟通管理包括内部沟通与外部沟通两个方面。内部沟通的对象主要是下属和其他部门；外部沟通的对象主要是宾客、旅行社等。沟通的主要形式是信息传递与反馈。

星级酒店是一个城市、地区乃至国家的窗口，每天有不可计数的信息出入这个窗口，其中有不少信息对星级酒店的经营管理有价值，它们是领导者制订计划与决策的重要参考依据。领导者须通过各种渠道，将有价值的信息以最快的速度传递到有关部门或人员。

4. 督导管理

在星级酒店业里，通常把指挥与指导管理称为督导管理，指挥就是向下属发布命令和指示，指导则是告诉下属应当如何做。

领导者尽管拥有权威，但也不应滥用权威向下属瞎指挥。为使自己的命令具有科学性，领导必须精通业务，熟悉实际情况，平时多到现场接触一线员工，虚心听取下属的意见，观察下属的工作。如果下属对自己的想法有异议，应认真、冷静地听取。在一线工作的员工常有许多值得学习和借鉴的经验，这些经验对于科学指挥具有重要意义。

只对员工下达命令是不够的，还应对他们进行适当的指导与诱导。指导，就是告诉员工如何才能做得更正确、更有效，带有一定的示范性；诱导，则是用劝说和鼓动的方式使员工主动工作。

5. 协调管理

星级酒店机构庞大，人员众多，协调管理的任务相当繁重。

协调管理有内外之分。部门之间经常发生利益冲突或意见相左；员工之间很可能产生意见分歧；领导者与被领导者接触点多，矛盾更会时常发生。领导者须通过谈心、调查、激励以及制度和纪律制约等手段，协调关系，消除矛盾，化阻力为动力。至于外部矛盾，可能更多、更复杂，宾客投诉是比较典型的矛盾，星级酒店同社区、各公司企业之间的矛盾往往起因于利益冲突或误会。

内部矛盾的解决主要依靠领导者的协调，来自上一级领导者的协调常会奏奇效。外部矛盾则主要依靠星级酒店领导者与公关人员的协调。

协调不能只针对已存在的矛盾与冲突，为使所有部门、员工不偏离星级酒店总目标，和谐地围绕着总目标努力工作，协调管理是必不可少的。

6. 控制管理

控制管理贯穿于星级酒店经营管理以及每一项活动的全过程。确定工作标准，并培训有关员工掌握标准，为事前控制；工作过程中管理者在现场进行控制，一旦发现偏差就及时纠正或弥补，使服务始终符合标准，这是过程控制，也称现场控制；事后，领导者对活动结果予以考核，搜集各种信息，以便决定是否需要修改标准，或加强培训，或更换员工，这是事后控制，也称反馈控制。

7. 人事管理

人事管理也是每个领导者的基本工作之一。星级酒店领导者的一个错误认识就是认为人事管理是人事部门单方面的工作，与其他部门无关。按国际星级酒店业惯例，各业务部门与人事部门应共同负责人事管理工作。星级酒店大都采用经济责任制管理办法，对各部门下放了一部分权力，其中包括员工的任免、奖惩、安排、调动、考核与工资定级等，这样便从制度上保障了各部门的管理者直接参与人事管理。另外，领导者还应承担本部门员工的专业技能培训工作。

8. 资产管理

资产是星级酒店赖以经营，获取利润的基础，从某种意义上讲，星级酒店经营管理就是资产经营管理，因此，对资产实施管理应是星级酒店每个领导者的基本工作之一。

实施资产管理时，领导者须对国家关于旅游涉外星级酒店星级评定的标准与设施设备评分标准做到了如指掌；对本星级酒店的设施和设备情况心中有数；知道哪些设施和设备需要添置、更新或维修，星级酒店有哪些关于设施和设备的采购、维修与保养制度，星级酒店内后勤保障部门的工作效率与人员素质状况；还必须了解相应的服务要求和本星级酒店的实际服务水平等情况。

每个领导者都必须清楚自己所管辖范围内的实际资产状况以及有关经营、管理和服务等方面对资产管理的具体要求。

9. 财务管理

星级酒店实行经济责任制后，很多部门都订立了营业收入计划、利润计划以及成本计划，要经常核算各类费用的收入与支出，所以领导者必须精通财务知识，参与财务管理。

四、调动员工的积极性

1. 员工的需要

（1）劳动需要

①员工希望有一个较为稳定的理想的工作，要求选择与自己的能力、体力、智力相适应的能够胜任的工作岗位。

②一般要求劳动环境无害，安全措施可靠。

③一般要求劳动较复杂有趣，不单调。

（2）物质需要

最低要求为吃、住基本上有所保障。

（3）文化需要

①一般要求得到中等文化技术教育，要求有参加在职或脱产学习的机会。

②一般要求如文艺体育的欣赏与表演。

（4）社会性需要

①集体关系和政治进步的需要，一般要求为同事关系和上下级关系的和谐，相互信任。

②发挥才能的需要，一般要求胜任自己的工作，并且工作出色。

③尊重和荣誉的需要，一般要求希望得到同事尊重和领导的重视；希望得到服务对象的尊重。

2. 调动员工的积极性

（1）掌握员工的情绪和工作表现

员工的工作积极性不同，有时是因为对工作有某些不满之处，或个人碰到不顺心的事情。而这些心理状态又会从他们的情绪上流露出来，在工作中表现出来。因此，要经常分析员工的情绪和工作表现，以便及时了解情况，把消极因素化为积极因素。

（2）实行民主管理

民主管理可以让员工体会到自己是企业的主人，这样能够发挥员工的主人翁精神，提高工作积极性。

（3）开展优质服务竞赛

劳动竞赛是企业调动员工积极性的措施之一。竞赛可以造成一种心理压力，形成你追我赶的局面。开展优质服务竞赛可以培养员工的主人翁精神、集体主义精神，可以满足他们对尊重和荣誉的社会性需要。

（4）工资和奖金激励

工资可以作为调动积极性的手段来运用。合理的工资制度有利于调动员工的工作积极性，有利于贯彻"按劳分配，多劳多得"的社会主义分配原则。奖金是对工作出色者的一种物质鼓励，也是调动积极性的手段。奖金问题的关键是奖励得当，使奖金真正起到促进工作的作用。

（5）关心员工的生活福利

关心员工生活，也是调动员工积极性的方法之一。员工的家庭、婚姻、生活等问题处理不好对其情绪影响很大，直接影响到他们的工作积极性。星级酒店服务业从业人员相当部分是青年职工，管理人员应注意关心青年员工的婚姻、住房等问题，办好职工食堂、托儿所，兴建职工宿舍等职工福利事业，解决员工的后顾之忧，调动他们的积极性。

（6）实行目标管理

目标管理，就是通过上下级共同制定企业的经营目标，使人人从中受到激励，发动全体员工共同为企业总目标的实现而努力。

第三节　员工的招聘与培训

一、员工的内部招聘和外部招聘

1. 员工的内部招聘

由于酒店经营管理环境变化而对原先设置的部门进行重新组合，即饭店的组织结构进行调整，或是饭店各部门岗位需要增加人员，或是某些职位出现空缺时，应当首先考虑在现有的饭店从业人员中调剂解决，或是在饭店内按照有关标准考核提拔。调剂提拔解决不了的再进行外部招收。

其招聘标准为：

（1）根据酒店人员编制需要面向社会统一招聘。招聘工作应遵照公开招收、公开竞争、公开考试、择优录用的原则。

（2）招聘条件主要包括：

①各主要工种人数、总人数。

②职业道德要求。

③所学专业、文化程度、外语要求。

④实际工作技能和工作经验。

⑤年龄。

⑥身体素质要求。

⑦其他方面的条件。

（3）人员招聘一般应经过笔试和面试，在招聘中应坚持德、智、体全面发展的原则。

管理能力在酒店中的具体体现主要有以下方面：

①能够学习、领会和运用组织管理原理，制定有效的规章制度来保证相应的饭店组织机构发挥作用，并能不断地加以补充完善。

②善于搞好人际关系，容易与人相处，即有效地利用自己的言行影响和激发其他员工，善于做鼓动激励工作。

③能够及时发现问题和综合分析问题，具有勤思、多谋、勇敢、善断的决策能力。

④能够妥善协调来自各方面的问题和矛盾，有较强的应变能力和处置突发事件的能力。

⑤熟悉饭店经营管理的过程和环节，并能实现有效的控制。

⑥不但能精于饭店员工的定位使用，而且重视人力资源的不断开发和使用。通盘考虑有针对性的培养员工和有计划的选拔，帮助员工提高工作效率和管理能力。

2. 员工的外部招聘

饭店员工的招聘与录用工作首先考虑到的是员工的来源。员工的来源与途径直接影响到所招收员工的素质与饭店经营运转的效益，员工的来源在总体上可以划分为饭店外部和饭店内部。如果现有员工不能补充空职，饭店需要考虑从社会上招聘员工。实际上，饭店的大部分员工都需要从社会上招聘。饭店员工外部招聘的主要渠道有：

（1）大中专毕业生

大中专毕业生是饭店业招聘的重要对象。随着我国教育水平和规模的提高，每年都有大批各类院校的毕业生走向社会。而旅游院校在这些年来，更是有了长足的发展。相当一部分学生通过四年、三年或两年的系统学习，基本上掌握了饭店经营管理的业务知识，并通过学习初步具备了服务及管理的技能，具有专业知识较强、接受新事物能力较快、个人素质较高等特点。以我国目前饭店业从事管理工作并具有专业知识和学历的队伍状况看，不尽如人意。而随着社会经济的发展，越来越多的饭店意识到改善饭店员工队伍结构，提高员工素质，招聘与录用大中专毕业生的重要性。因此，从这些毕业生中，招收饭店所需专业对口人员，是解决饭店各类人员，特别是管理人员和专业技术人员缺乏的重要途径之一。

随着毕业生分配制度的改革，用人单位与学生见面双向选择已成定势。为了招聘到合适的人选，饭店有必要通过广告和邮寄宣传材料等媒体和到学校进行现场演讲答疑以及组织学生到饭店实地参观等形式，加大宣传力度和扩大知名度，以利于加深双向了解，以便为招聘录用的顺利进行奠定基础。

（2）外事服务培训生及同行业调整

外事服务学校的学生一般都是自报学校、自选专业，对饭店工作感兴趣，情绪相对稳定，受过专业培训，身体灵活，反应迅速，对于饭店业务已基本入门，外语基本功较好，基础较为扎实，进店后能很快适应环境，充分发挥作用。这些学生由于年轻，求知欲望强，成才快，招聘录用他们，是保证员工队伍稳定和提高服务质量、提高员工素质的有效途径。其中的一部分人经过实际锻炼，有可能成为饭店管理人员的后备力量。

同行业在职各类人员的正常调转，也是饭店招聘录用员工的重要途径。一般主要是招录相关层次的技术人员和管理人员。这部分人一般都具有较为系统的理论，或较为精湛的技术以及丰富的实践经验，能够很快进入角色，并带来新的行之有效的管理方法和手段，给饭店带来新气象。但这部分人一般较为挑剔，各方面的要求，诸如工资福利、住房、待遇、职能权限等较多，有时不易满足。

（3）其他人员

①军队转业或复员军人。这些人身体素质好，有严格的纪律性，办事利落果断，完成工作任务不打折扣。但其培训任务较重。

②城镇待业青年。其中主要是没有升学的高、初中毕业生，以及由于中途退学等原因而形成的社会青年。这些人员的结构比较复杂，年龄和个人素质参差不齐，差异较大。这就给招聘录用工作带来相当的难度，需要花费较大气力进行个别测试，以保证质量。

二、招聘录用的形式和程序

1. 招聘与录用的形式

（1）通过劳务市场招聘。目前各地为促进人才合理流动，相继成立了劳务市场，这样就为用人单位与求职人员的双向选择提供了便利条件。同时还可利用各种方兴未艾的人才交流会直接与求职者见面。这种形式见效快、中间环节少，对招聘应聘双方都有利。

（2）定向招收。即饭店与职业培训学校共同协商，共同面试，招收定向培训生。这些培训生按照国家教育部门安排的统一考试、择优录取的原则进行招生。在校期间严格按照教学大纲和饭店的特殊需求进行培训，由饭店支付一定的培训费用和提供必要的实习场所，以及技能操作的必备条件。学生毕业时，达到饭店招聘条件方可录用。通过这种形式招收的人员比较整齐，质量较高，专业知识和动手能力较强，并学习了一定的管理理论，发展潜力较大，能够很快适应工作需要，这是饭店招聘录用的主要形式。

（3）利用多种媒体广告招聘。如利用广播、电视、报纸、杂志等进行招聘宣传。在当前用人机制灵活，各行各业招聘广告几乎是铺天盖地的情况下，为了使招聘有效和成功，饭店的招聘广告必须下一番功夫，争取有独到之处，尽量做到措辞严谨，形象设计别开生面，内容清晰详尽引人注目。制定有效的招聘广告时，应该注意：

①题材要新颖，具有吸引力，能引起看、阅兴趣。

②广告内容要务实、真诚，不要带有欺骗性。

③广告内容要清晰翔实，应简要说明工作地点、内容、发展前景、应聘条

件、待遇、有无特殊要求、招聘方式、时间等。

④广告内容的侧重点要突出，广告中饭店的整体形象固然要适当表述展现，但重点应放在工作及要求条件的介绍方面。因为这毕竟有别于市场营销之类的广告。

⑤招聘广告在使用之前，最好能在饭店内部一定范围请各层次员工代表审看、审读，以集思广益，加强广告的效果。

2. 招聘与录用的程序

（1）招聘与录用主管人员应具备的素质

①诚恳正直。招聘与录用的过程，实际也是树立饭店形象的公关过程。主管人员既然是饭店招聘的全权代表，应聘人员对饭店的第一印象主要是通过招聘人员来予以认识和印证的。招聘主管人员担负了负责录用员工和沟通饭店与应聘人员之间联系的双重任务。因此，作为招聘主管人员在与应聘人员的接触当中，无论最后结果如何，都应做到精神饱满、举止得体。在态度上应和蔼、热情、耐心，给人以亲切、礼貌的感觉。营造一种宽松、和谐的氛围，使应聘人员无论是否会被录用，都对饭店留下良好的印象。

②要有敬业精神。招聘主管人员出于工作的需要，不但要注意知识的学习和积累，而且要有高标准，不断加以丰富。这就需要对担负的工作有正确的理解并真心热爱，有敬业精神。对于饭店的任务、目标、地位、范围、经营等管理方向、特色等都应有较为全面的了解。并且应掌握一定的心理学、社会学、管理学知识，对金融、历史、地理、风土人情等有不同程度的了解，这些都有助于招聘工作的顺利进行。

③要有流畅的语言表达能力。在招聘工作中，当然应该照章办理和按既定计划行事，但也应当有一定的灵活性和创造性。对应聘人员的要求要敏感，反应快，具有较强的交际能力、适应能力以及记忆能力等，具有适应工作的相应的技能技巧，通过测试客观公正地评判每一位应聘者，克服主观偏见，不以貌取人。通过自己的努力，不断为饭店选拔和录用合格的员工。

（2）招聘与录用的程序

①确定招聘计划方案。在对工作岗位设计、工作分析的基础上，依据工作规程和职位说明书，饭店人事部门在对各部门的人力需求情况，以及所需员工的工作层次、能力要求、数量等情况汇总后，制订出饭店人力资源需求和供应预测计划，以确定饭店需要多少人？饭店需要什么样的人？并确定具体的用人标准和任用人员的种类及数量，以确保饭店所需员工的数量和质量。制定具体的用人标准直接关系到未来员工的素质，必须考虑到众多因素，切实可行。

②确定招聘的对象、来源和途径。饭店人事部门根据各部门人力需求的计划，在对各部门定编定员的基础上，经审核后，认定各部门所需增补员工配备的

数量和工作层次。所需增补配备员工的具体工种和职位必须明确，并确定招聘员工是内部还是外部聘用，是用刊登广告的方式还是饭店员工推荐的方式或是同步进行，是一般高中毕业以上学历者都可应聘还是有更高的特殊要求，等等。

③初步面谈。初步面谈是饭店方与应聘人员第一次直接接触，也是饭店通过直观印象在招聘过程中对应聘人员的第一次筛选。通过这种双向接触，饭店招聘人员按照饭店既定的用人标准，对于应聘人员的身材、身高、容貌等仪表、风度外观形象和语言表达能力等有了初步印象。并且经过沟通，对于应聘人员的学习和工作经历以及应聘人员对饭店的工作环境、工作时间、职位安排使用和福利待遇等要求也有了大致的了解。

④审核材料。经过初步面谈并认为基本合格后，则要进一步对应聘人员的有关材料进行审核和综合分析。如要求应聘人员交付履历表、学历证明文书及其副本等个人资料，并填写应聘申请表。

⑤正式面谈。正式面谈与测试是饭店员工招聘过程中很重要的步骤。正式面谈的意义在于通过面对面的全面接触，深刻了解应聘者及所申请工作的情况，从而尽量达到工作与人的最佳组合。对于饭店来说，实际就是对于应聘者申请录用与否的决断准备。

⑥面谈结果的处理与体检。正式面谈结束后，应立即将各种记录汇集整理，结合背景资料，作出综合判断决定是否录用。如果是饭店中层和高层职位的应聘者，应由饭店中、高层领导再次或多次与之面谈后再行定夺。

对于初步确定的录用人员，还要进行体格检查。饭店是服务行业，直接面对客人服务，因此，健康的体魄是胜任工作的基本条件之一。而防止患有传染性疾病的人员直接从事服务性工作，则更是饭店义不容辞的责任。

⑦员工的录用。当审核确定无误和体检合格之后，基本确定了员工的录用。饭店要为新录用的员工发放录用通知。为示郑重，录用通知应以书面为宜。其设计和内容的繁简视饭店的具体情况而定，一般应独具匠心、不落俗套，从中反映出饭店的品位和诚意。有时候，一份设计精美、内容清晰的录用通知书，会给无论有无工作经验的员工都留下深刻的印象。

为使新员工减轻在新的工作环境中产生的不安和压力，尽快进入角色，适应工作要求，饭店应以各种方式让其熟悉大到饭店的基本情况，例如组织机构、部门设置、主要管理人员等；小到关于工作时间、就餐的方法、工资支付形式、工服的发放和仪表的要求等。宁可向其头脑中"灌满"新事物，然后慢慢"消化"，也不要让其感到无人理会，无所事事。同时，要向新员工介绍他的工作岗位和具体的工作内容，并将新员工介绍给一起工作的同事。这些介绍可以结合带领新员工在饭店各处参观，熟悉内部和周边环境等一并进行，也可结合观看有关方面的录像和集中提问答疑等进行。有条件的，应尽快将员工手册发至新员工手中。

三、员工培训的内容和方法

1. 员工培训的内容

（1）法律知识培训。餐馆和酒吧服务员应拒绝再给快要醉的客人售酒。在一些诉讼案件中，酒吧、餐馆成为被告，是由于客人醉酒后离开酒吧，发生了汽车交通事故，这叫第三者责任。出售含酒精饮料的餐馆服务员应懂得，在什么情况下不应再给顾客售酒了。按照法律，酒类经营者不得向明显醉酒的顾客再出售酒精饮料，或鼓励顾客过度饮酒。由此可见，为了维护酒店正常经营，必须对酒店员工进行有关法律知识的培训。

（2）礼仪培训。对酒店业来讲，员工的礼仪极为重要。经过严格礼仪培训的员工在服务中往往能够使客人更加满意，从而增加客人的回头率。

（3）保安培训。由于酒店内的抢劫、偷窃案不断发生，酒店管理部门现已特别强调保安培训。它已同安全培训结合起来，成为一门独立的培训项目。安全因素是酒店业竞争的第一要素，各酒店都建立起公司级的安全委员会来制定安全规则，协调安全工作。加强保安工作，固然需要改善设施，但更主要的是增强员工的保安意识，掌握保安的基本技能和方法。

前台服务员核实客人的姓名和房号后才发钥匙。客人留在客房门上或服务台上的钥匙要立即收起，以免被人取走。保安人员巡逻时要检查每间客房的门锁，看到门半开时，要立即给该客房打电话，如没人接，就进房检查，确保安全情况，并在每日活动表上做记载。

对客房清洁工的要求是：

①如客房已租出而客人不在房内时，应关上房门，在把手处挂上提示卡。

②如客房空时，清洁房间时应把房门敞开。

③清洁工不能动用房内的收音机和电视机。

④服务员遇到麻烦的客人时，要避免同客人争吵。

⑤当受到威胁时，应尽量忍耐，别充好汉。事故如发生在酒店其他地方，可以退却并通知保安人员，避免事态的发展，万不得已才能自卫。

所有这些，都应该通过保安培训，使员工全面理解和掌握。

2. 员工培训的方法

①由专业教师讲课，系统地讲授专业基础理论知识、业务知识和操作技能，提高专业人员的理论水平和实践能力。

②酒店内部业务骨干介绍经验。

③组织员工到优秀酒店参观学习，实地观摩。

四、员工培训的形式和程序

1. 员工培训的形式

①长期脱产培训，主要培养有发展前途的业务骨干，使之成为合格的管理人员。

②短期脱产培训，主要适用于上岗培训或某些专业性强的技术培训。

③半脱产培训，主要是专业培训，系统学习酒店基础经营管理知识。

④业余培训，鼓励员工积极参加各种与本职工作有关的培训，并承认相应的学历。

2. 员工培训的程序

员工培训要按计划、分批分阶段、按不同的工种和岗位需要进行，要结合实际，注重实用性，逐步提高员工队伍素质。

酒店培训工作的计划和实施，一般可以分为五个步骤。

（1）确定培训需求

①把目前员工的工作状况与应该达到的工作标准相对照，如果发现差距，就可以确定需要培训。这一类的培训包括新员工的岗前培训，岗上员工因为工作岗位发生变化而进行的培训，由于产品或服务标准发生变化，引起服务要求变化而进行的培训，有关新设备新技术使用的培训，外语培训，等等。

②针对客人投诉、员工抱怨或工作检查所发现的问题进行培训。

（2）制订培训计划

当酒店或某一部门确定了培训需求后，就要根据酒店或本部门的具体情况，例如工作情况、业务情况，员工的变动情况等，进一步确定培训需求的轻重缓急，制订出培训计划。培训计划应该包括以下内容：

①培训对象。

②培训内容。

③培训目的或要求达到的标准。

④培训的方法。

⑤培训的计划时间和每一项目培训的实际时间。

⑥教员。

⑦培训经费的预算。

　　培训计划可以是一年期的，也可以是半年期的，或短期的，甚至是临时的，但每一个培训计划都应该交一份副本给人事部或培训部存档，作为酒店自上而下检查各部门培训进度、服务质量及管理工作的依据。

　　业务部门制订培训计划时，应该注意使培训内容或培训项目尽量具体一些，这样，培训效果会更好些。

　　（3）做好培训的准备工作

　　培训计划制订后，人事培训部门应该按时做好培训的准备工作，即针对不同的培训对象和不同的培训任务，准备好不同的培训材料、培训场地、培训设备，确定和联系好老师。

　　（4）具体实施培训

　　培训的方法，可简单地概括为：告诉你如何做，做给你看，跟着我做，检查纠正你。知识和技术的学习与记忆，是通过人的五种基本感觉来实现的。因此，在培训的过程中，应该尽量同时调动培训对象的多种感觉来进行学习，既看、又听、又讲、还要动手；某些操作还要品其香、尝其味。

　　作为接受培训者，最重要的就是要熟知自己岗位的工作规范和操作规程，知道自己的岗位应该做什么，应该如何做，做的时候有哪些注意事项，并能够基本准确地付之实施。

　　（5）培训评估

　　每次培训之后，都应该对本次培训作出评估，评估之后，应该写出"培训活动报告表"，与培训考核成绩表一起交人事培训部存档；如果是各部门的培训，则各部门也应该保留一份"培训活动报告表"及一份考核成绩，作为掌握员工培训情况，分配工作，技术定级，确定工资等级，工资调动或晋升等的一种依据。

第四节　员工心理分析与管理

一、员工需求心理分析与管理

1. 员工需求心理理论

　　最具代表性的需求心理理论就是著名心理学家马斯洛的需求层次理论。该理论不仅广泛应用于分析顾客心理，也同样适用于酒店员工需求心理的研究。深入地剖析员工需求心理有助于提高酒店的人力资源管理水平。

（1）生理需求

生理需求是马斯洛需求层次理论中第一层次的需求。员工在酒店里工作，生理需求是不言而喻的。酒店应着重关注与员工日常生活息息相关的几个方面：

①员工餐厅。员工每天至少有一次在食堂用餐。员工餐厅应窗明几净，餐厅工作人员应着规定服装，并严格按程序和规范提供服务。所供应菜肴要求在色、香、味、形等方面达到一定质量，菜点应丰富多彩，争取一周之内不重复，食品卫生须有严格的标准，逢年过节要体现节日气氛。

②员工宿舍。员工住宿条件对其在酒店工作的精神面貌有直接的关系，酒店应把逐步改善员工的居住环境列为重要工作。

③员工浴室和卫生间。为员工提供舒适、清洁、怡人的浴室不仅是保持服务质量的必需，也是关心员工、满足其正常生理需求的必要。

（2）安全需求

安全需求在马斯洛的需求层次理论中属于第二个层次。员工虽然很熟悉酒店环境，他们不大可能产生初来乍到的客人那样的不安全感，但他们的安全需求依然存在，主要表现在以下几个方面：

①新员工的恐惧感。他们人地生疏，又不熟悉服务规范，遇到外国客人更是不敢开口，如果尚在试用期内，还可能担心试用不合格随时遭到辞退。

②对严格的制度担惊受怕。年轻的员工从学校进入酒店，读到《员工手册》中的诸多规定不免产生害怕心理，怕违纪，怕除名。从其他系统转到酒店工作的员工，由于前后两个环境反差较大，一时不能适应，也容易产生不安全感。

③女员工对酒店环境的不安全感。由于习俗观念的影响，许多家长对女儿到涉外酒店工作不放心。

④酒店工作分三班，员工害怕半夜单独回家或者上班。

⑤有些工种过于劳累或单调，有些甚至有危险性。

员工存在上述心理是很容易理解的，酒店领导应在措施上、制度上、组织上尽早让员工熟悉环境、熟悉规范和程序，尽可能消除导致不安全感的一切因素，并且从思想上、工作上、生活上对员工多加关心，多予指点，经常与员工家长或家属保持联系，以取得他们的支持和配合。酒店还应加强劳动安全教育，采取有效保护措施，有条件的酒店应设置医务室，并为半夜上下班的员工解决住宿场所。

（3）社交需求

员工的社交需求是指员工渴望在酒店里获得友情，希望与同事精诚合作，和睦相处，害怕孤独，受到歧视，并盼望成为某个组织的成员。

组织各种集体活动是满足员工社交需求的最普遍而且最有效的手段。酒店内比较多见的活动有：各类比赛、交流、观摩等活动；联谊活动，如跳舞、服装模特儿表演；书法、摄影、收藏等展览；读书活动等。

员工具有社交需求，这对于酒店管理是件好事，因为酒店通过满足他们热望交友的需求，可达到增强企业凝聚力的重要作用。

（4）尊重需求

在对客人服务中酒店强调"客人是上帝"，这显然是对员工说的，即在对客人服务中员工应尊重客人，但服务业的性质决定了酒店不能用规定的形式要求客人尊重员工，让客人把员工当上帝看待。

然而，员工是有尊重需求的。但是，在酒店里工作的员工显然不能与客人"平起平坐"，不能要求客人尊重自己，这是员工在酒店内的角色地位所决定的，但这并不意味着员工要求获得尊重是不合理的，不应给予满足。员工的尊重需求应在以下几个方面得到满足：

①领导对员工的尊重。管理者的职能之一就是为员工服务，因此领导应视员工为上帝，尊重他们。

领导尊重员工只停留在表面上是远远不够的，更应该在工作及生活中尊重员工的人格、知识、才能和劳动。在酒店内，不管职位有多高，所有人的人格是绝对平等的，上级有权批评下级，但必须有依据；反之，上级应该接受下级的监督与评议。上级即使有充分的理由批评下级，甚至处罚下级，也必须注意态度和方式，不能有侮辱或谩骂行为发生。

领导尊重员工还表现为：领导应该承认自己在某些方面不如员工，虚心向有专业知识和技术的员工讨教，并感谢员工们为酒店付出的辛勤劳动。

②员工之间的相互尊重。酒店应在员工中间提倡相互尊重的风气。年长者应尊重青年人的机灵、活泼和热情，青年人则应尊重年长者的老成、稳重和经验，人各有所长，都有值得他人尊重的长处。

③来自客人的尊重。尽管酒店不能明文要求客人尊重员工，但员工娴熟的服务技能和良好的服务态度往往能赢得客人的尊重。

诚然，客人中确有一些人不懂得尊重员工，他们动辄叫喊，怨声不断，一个个电话弄得员工团团转，到最后还要嘀咕几句。员工不应过多计较少数客人的这种行为。

（5）自我实现需求

这是一个人最高层次的需求。拿破仑曾有句名言：不想当将军的士兵不是好士兵。用到酒店管理中来，则可以说：不想当总经理的员工不是好员工。目前处在总经理位置上的确有不少人是从服务员做起的。他们通过不懈的努力，排除种种困难，终于到达酒店管理金字塔的塔顶，这正是他们自我设计与自我实现的结果。

酒店员工中青年人居多，他们中有许多人胸怀大志，不甘现状，愿为社会多作贡献，这种奋发向上的精神正是社会前进的动力，也是酒店发展的动力，是星级酒店的一笔弥足珍贵的财富，应爱惜之，保护之。

经常开展一些评比或竞赛，有利于员工的自我实现。名闻遐迩的北京饭店将各种技能比赛搞得如火如荼，极大地提高了酒店的服务质量。

2. 员工需求心理在人力资源管理中的应用

这里拟从需求心理的角度，讨论酒店在人力资源管理中应注意做好的几项员工需求管理工作。

（1）员工生活管理

很难想象，自己的饮食起居都成问题的员工能够数年如一日地向宾客提供主动、热情、温馨的服务。一旦员工的后顾之忧解除了，生活质量改善了，他们的工作劲头便有望稳定地保持在一个较高的水平上。

在我国酒店业提出学习西方管理经验时，往往偏重于将他们的管理制度、营销策略、公关手段"拿过来"，却忽视了他们关心员工生活的管理理念和方法。实际上，海外酒店成功的人力资源管理中不乏对员工的生活福利予以极大关注的典型例子。

（2）感情化管理

感情化管理和严格管理并非水火不相容。严格管理的核心是"法治"，即各级管理人员严格按制度和规范办事，坚持以标准化、制度化、程序化的原则实施管理。严格管理是酒店得以正常运转的基础。

但是，严格管理不等于无感情管理，在严格管理中必须融入感情化管理。在不折不扣执行制度的同时，不忘记对员工动之以情，晓之以理。

感情化管理讲究人情味，讲究对下属要有爱心。管理者业余时间里与下属一起谈天说地，评书论戏，甚至下棋、打牌、踢球，都是感情化管理的重要组成内容。

酒店的感情化管理主要表现在：

①管理者脸上常带笑容。有些酒店从业人员提出：微笑服务来自于微笑管理。因为管理者对员工主动地微笑意味着管理者平易近人、平等待人的管理风格。管理者的微笑还有助于培养员工的服务角色意识，可随时提醒员工对宾客提供微笑服务。管理者的微笑同时又向员工展示其理解、宽容和感谢的内心世界，减少与消除了上下级之间的矛盾。在著名的《喜来登十诫》中有这样一条："当你的下属出现差错时，不要像爆竹一样，一点火便炸开来。因为他们的错误，也许正是你没有给予适当指导的结果。"当下属在工作中发生疏漏时，管理者切忌疾言厉色，更不应在公开场合失态，大动肝火，或者冷嘲热讽，挖苦对方。管理者的微笑可增强员工的勇气和信心，减轻受监督的压力。管理者的微笑又具有非同一般的鼓动力，它是对员工劳动的认可和赞赏，又是一种勉励，员工从中能获

得鼓舞与激励。

微笑不等于不严格，不等于一团和气。在管理者中提倡既严格执行制度，掌握原则，又要实行微笑管理。严而无笑或笑而不严都是不可取的。这两者的结合表现在如下一些方面：

A. 真心关怀员工。为员工解决住房、用餐等后顾之忧是关怀员工的一个方面。对待犯错误的员工同样应给予各种适当的关怀。某酒店一位年轻厨师私自从厨房内拿走一些排骨，这事让领导知道了，酒店照章办事，给那位厨师作了处理。在了解事因的过程中领导得悉该厨师因老母长期卧病住院，经济上发生了困难，才有此行为。酒店总经理亲自到医院去看望厨师的母亲，并鞠躬致歉，对自己不体恤、关心员工家属的困难表示内疚，并同意给厨师以经济补助。这正是严爱结合，刚柔相济的管理。

B. 上下级的沟通。管理者与员工之间不单只是管理与被管理的关系，更不仅仅是下达命令和执行服从的关系。不仅在业余时间，即使在工作中，上下级之间也应频繁沟通。这里的沟通不仅指有关客人需求、服务质量、促销策略等业务信息的沟通，主要指感情方面的沟通。管理者与被管理者之间不应有道墙，即使是透明的玻璃墙也不可以。在四星级的无锡大饭店，总经理要求中层干部和班组长每天早上一到岗即主动向下属问好致意，还要求管理者定期进行家庭访问、慰问病员与家属、参加员工生日和新婚宴会。

②干部率先垂范，主动承担责任。一个严于律己，率先垂范的管理者往往能赢得下属的信任与尊敬。要求员工向客人主动热情招呼，而管理者本人却对下属爱理不理，甚至铁青着脸；要求员工注意服饰打扮，讲究清洁卫生及文明行为，本人却挽起衬衫袖子，挂金戴银，留着长指甲，说话粗声粗气……这样的管理者很难与下属在感情上打成一片。

另有一种情况，也是管理者的大忌，即不敢主动承担领导责任，遇到事情文过饰非，避重就轻，将责任推给下属。

（3）帮助员工积极进取

马斯洛的需求层次理论表明了酒店员工自我实现的需求，这里将着重于研究酒店管理中如何支持和帮助员工自我设计与自我实现。

酒店各级管理者首先应懂得有一支有自我实现需求的员工队伍是企业最有价值的资源，是其他任何别的资源所不可取代的。用什么态度对待胸怀大志的员工，正是有真知灼见的管理者与鼠目寸光、不懂发展的管理者的主要区别之一。

鼓励员工为酒店的经营管理提建议，出点子也是培养人才的有效方法。有些酒店在员工餐厅或过道上设"建议箱"，有些通过店报征求员工"金点子"。

帮助员工积极进取的另一有效途径是充分信任员工，给他们授权。通过授权，培养和发展员工的处事能力。

与西方管理相比，我国酒店业的授权尚有不少距离，上一级的管理者不敢授权，深怕下属不会用权，甚至滥用权力。人的能力是在实践中不断培养出来的，上级向下级授权伊始，上级少不了要给予指导、扶持。

授权有利于培养员工，帮助他们自我设计与自我实现，同时又有利于提高管理和服务水准。

二、员工激励心理分析与管理

1. 员工的能力差异与人力开发

心理学研究表明，人在能力上的差异是客观存在的。每个人的能力都有自己的特点，作为酒店管理者，只有首先了解人在能力上的差异和特点，才能够更好地实施人力资源的管理和运用，从而处理好员工与工作的关系，达到人尽其才和组织内人与人之间的关系和谐，最终实现管理的目的。

（1）能力的概念。所谓能力，是指人们能够顺利地完成某种活动的那些个人的心理特征。这些心理特征包括：知觉的感受力、记忆力，思维的敏捷反应力、注意力，语言的表达力和情绪的稳定性等。要保证成功地完成某种活动，单靠一种能力是不够的。心理学上把人们从事一定活动所具有的各种能力的综合称为才能。所以，能力的确切定义应为：人们顺利完成某种活动的心理特征的综合体。

能力又有一般能力与特殊能力之分。一般能力是指人在一切活动中所必需的一些基本技能。它适合于多种活动的要求，如观察能力、记忆能力、分析问题的能力以及语言表达的能力。西方心理学将一般能力称为"智力"。

特殊能力，是指表现在某些专业活动中的能力。它仅适用于某种较为狭窄活动范围的要求。

一般能力和特殊能力的关系是相辅相成、相互制约的。一般能力是特殊能力的基础。

提高员工的文化知识水平是培养一般能力的重要方面。

而专业技术的培训属于特殊能力的培训，专业技术的培训包括专业知识的学习和专业技能的培训。

（2）员工创造能力的开发。在心理学研究中，目前对创造能力尚无明确的定义。有的人认为，创造力是对于某种刺激所产生的不同寻常的适应反应。也有人认为，创造力是生产许多"独特认知联结"的能力，他们强调运用已有的知识和资料来形成新颖的联结或构想。近年来，有人提出它至少应该包括三个重要因素，即：

①流畅性：对刺激能够十分流畅地作出反应的能力。

②灵活性：随机应变的能力。

③独创性：对刺激作出不同寻常的反应，具有新颖的成分。

开发和培养创造能力，这对于酒店来说是一个非常重要的问题，它关系着酒店的发展和命运。如果酒店的管理者和员工能够具有程度不同的创新能力，则企业就会生气勃勃，不断发展。

任何创造能力总是在解决问题的过程中表现出来的。创造能力首先表现为善于发现问题的能力。所以，要开发人的创造能力就要敢于打破旧的固有观念。固有观念往往是阻挠创造性的障碍。这种障碍表现为三个方面：

A. 知觉上的障碍。这是指来自人们自身的知觉方面的障碍，亦即习惯于按旧有的观察事物的方法和角度去看问题。

B. 文化障碍。所谓文化障碍，是指这种情况：人们在社会生活中，常常会感到有一种"社会一致"、"舆论一致"的压力，这种压力在很大程度上影响了人们的思考，每个人常常在有意无意中有附和"流行观念"、"习惯意识"的倾向，而正是这种倾向，往往束缚了人们的想象力。

C. 情感上的障碍。饭店某位员工在工作中有个想法，尽管尚未成熟，但不失为一个较好的想法，值得一试。但在"管理者未必同意"和"我这样做了，同事们会如何看待"的考虑之下，便轻易地放弃了"试一试"的念头。诸如此类的例子很多，都属于情感上的障碍。

心理学研究表明，一个人的想象力丰富还是贫瘠，往往与其"问题意识"的强度及明晰度直接有关。因此，要开发创造力，发挥自己的创造力，一要有进取精神，深具"问题意识"；二应有自信，"任何人都有新想法，确信自己也不例外"；三要有正确的思维方法。有了这三项，就有可能使创造力得以充分发挥。

（3）能力的差异及其在管理中的作用。如前所述，人的能力是有差异的。从量上看，有的人能力水平高，有的人能力水平低，此为能力水平的差异；从质上看，完成同一种活动，不同的人采取不同的途径或者各种不同能力的结合，这是能力类型的差异；从发展上看，有人能力发展较早，有人能力发展较晚，这是能力表现早晚的差异。

能力是人的一个重要的心理特征。在酒店业，每位员工都有一定的能力，而每位员工的能力又各不相同。研究员工的能力个别差异，是为了掌握员工的能力特点，为各尽所能提供理论依据。

2. 员工激励心理在人力资源管理中的应用

（1）尽力满足员工的合理要求

　　心理学家认为，激发人的动机的心理过程的模式可以表示为：需要引起动机，动机引起行为，行为又指向一定的目标。这表明，人的行为都是在某种动机的策动下达到某个目的的活动。因此，酒店要使全体员工协调一致，共同为实现企业目标而努力，就必须首先研究员工的不同需求。由于人的需求特性和酒店员工构成的复杂性，对酒店员工采取激励措施时，应实行多形式、多层次、多方位、重点激励的方法，同时，采取几个基本原则，即：了解需求，满足合理需求，纠正不合理需求以及引导员工逐步树立高层次需求。

　　酒店要重视和合理运用对员工实行物质和金钱奖励的传统做法，并尽力去赋予新意。物质和金钱方面的激励，包括工资、奖金、住房等在一定条件下将产生很大的激励作用，是对员工进行奖励的最直接、最有效的形式，它适用于所有员工。员工福利待遇实质上也是物质奖励的一种形式，体现酒店对员工的体贴与关怀，也是员工看得见的实惠激励。国外的企业和酒店都越来越重视员工福利待遇问题，意识到只有无微不至地对待员工，才能使员工产生很大的积极性。

　　针对酒店女员工比例大的特点，酒店应重视医疗保健和员工托儿所、幼儿园的福利。随着越来越多的女士加入到酒店业，现在国外已对女员工的福利给予了高度重视。另外，由于酒店的青年员工多，所以酒店内应创造或提供条件鼓励成立适合青年人特点及兴趣的艺术、体育等非正式组织，拨出一定款项作为活动经费，定期开展比赛等，这样，既能丰富员工的业余生活，又可以展示酒店的风采、增强酒店凝聚力和有利于增进员工彼此间的友谊，减少员工对工作的厌倦感，有利于身心健康。

　　物质奖励作为激励的重要手段之一虽然是行之有效的，但却不是万能的。事实证明，同样的物质奖励量对同一对象的同样贡献奖励几次后，其激励作用呈逐渐减弱态势。因此，酒店管理者在充分发挥物质奖励功效的同时，还应注意对员工的精神奖励。精神奖励是通过经常满足人的精神利益或者需要来调动人的积极性的一种激励方式。精神需要是人们的高层需要。精神奖励之所以能产生激励作用，在于它可以引导人们目光远大，心胸开阔、志趣高尚，将长远利益和近期利益有机地结合，能够产生不可估量的作用。

　　与许多行业一样，对酒店员工的精神奖励应包括理解、尊重、及时奖励和创造自我实现的条件。酒店员工也需要同情和理解，这是从事服务性工作的主要要求。同情，可以使员工从不安的状态中解脱出来，理解，则使他们把你当作知己，无形中就提高了员工的自尊心，使其容易被潜移默化。在理解的同时，对酒店员工还应尊重，要信任他们，切忌抱有成见、家长作风、主观武断或感情用事。国外的许多饭店管理者都认为，再没有任何事比"感觉饭店需要你"更诱人。"被饭店需要"的感觉是一股不可思议的力量，它可以刺激员工产生高期望，产生积极性，使他们有更好的工作表现。而酒店员工一旦有了更好的工作表现之后，就应该给予及时奖励。这种及时奖励多次重复后，其良好的行为习惯就会自然化。此外，及时奖励还有利于调动全体人员的积极性。除此之外，酒店管理者还应创造条件，满足酒店员工自我实现的需求。这要求给他们以宽松的环境和良好的人际关系。严格对其基本知识的结构、人品、各种管理能力的考核。针对酒店员工的职务高低、工作种类、能力大小等不同情况，要分别满足他们对责任和权利的需求，以激发他们的责任感和参与意识，进一步增强工作热情。

（2）运用目标管理进行激励

目标管理的内容十分广泛，它已成为酒店管理的重要手段。在酒店的日常管理中，员工的工作目标管理是一项重要的常规管理工作。它直接关系到酒店的服务质量和酒店总体目标的实现。同时目标管理方法还可以激励每一位员工关心自己的酒店，使之成为提高士气和情绪的原动力。

在结合酒店和员工任务的基础上制定出工作目标之后，管理者为确定目标的落实，应注意：

①工作目标的制定必须得到员工的参与合作。

②强化领导力，管理者要监督工作的进程，必要时对员工进行培训和帮助。

③目标管理必须配合有效的奖惩手段。

④充分认识员工的潜能。

运用好目标管理激励，是使员工摆正位置、清楚任务，明白工作的基础保证，也是使员工心情舒畅、情绪稳定的必备条件，同时也是充分发掘员工潜能、合理利用人力资源，调动积极性，确保酒店服务质量的主要措施。

激励方式没有固定的、一成不变的模式。酒店管理者必须真正理解每一种激励方式的内涵，在管理过程中灵活掌握运用。要针对酒店员工不同的地位、工作性质、脾气、性格、爱好和需求，本着物质奖励与精神奖励相结合的原则，采用多种形式进行有效激励。

（3）团队精神激励

管理心理学研究认为，在人的能力与工作适应的关系上，必须提出如下的一些要求：

①掌握能力界限，使能力与工作相匹配。心理学研究表明，每一个人都有一定的能力，每一种工作都有一个能力界限。完成某一性质的工作，只需要恰如其分的能力水平。例如，智商过高的人从事比较平凡的工作，往往会感到乏味，认为工作太简单，以至于不能保持兴趣；反之，如果一个智力发展水平偏低的人，去从事一件复杂或比较精尖的工作时，则往往会感到自己力不从心、勉为其难，因而容易产生焦虑心理。所以，优秀的酒店管理者只有掌握能力界限，根据其人的能力水平来安排不同的工作，才能够最大限度地发挥其工作效率。

②形成合理的金字塔状，完善组织结构。心理学研究发现，人的工作能力高

低等于智商与所受教育（或培训）的乘积。一般来说能力有高、中、低之别。任何一个组织，包括酒店在内，客观上存在着这样三种能力的差异。因此，酒店管理者在安排员工的工作时，就要考虑：能力高者，安排其从事复杂的工作；能力中等者，安排其从事较为复杂的工作；能力低下者，安排其从事一些简单的工作。

（4）酒店员工需要激励

①增强员工团队精神的重要性。团队精神是现代企业成败的关键因素。很多酒店成功经营的实例也表明调整酒店的人际关系，树立团队意识，强化员工对酒店企业的忠诚、归属感与向心力，满足员工需求，增强凝聚力，使员工形成与星级酒店共命运的思想等都是经营成功的关键。

②增强团队的凝聚力。所谓团队凝聚力，是指团队成员在团队内积极活动以及拒绝离开团队的吸引力。团队凝聚力的影响因素很多，主要包括：

A. 团队成员的共同性。如酒店成员具有共同的背景、目标、利益、兴趣爱好，共同点越多，则凝聚力越大。其中，共同的利益和目标是最关键的因素。

B. 团队的大小。一般来说，酒店规模较小，则容易产生凝聚力。

C. 团队与外部的关系。一个酒店在竞争中面临外界压力时，酒店的凝聚力就较强。在通常情况下，压力越大，凝聚力越强。

D. 成员对团队的依赖。员工在满足需求上对酒店的依赖性越大，酒店对于他也越具有吸引力。

E. 在团队目标与个人目标一致的情况下，目标的达成会增强团队的凝聚力。

F. 信息沟通。酒店内部成员之间信息沟通良好，公开坦率，凝聚力就强，反之，凝聚力则弱。

G. 管理的要求与压力。凝聚力强的酒店比凝聚力弱的酒店更具有效率，更富有竞争性。

③影响士气的因素。"士气"一词用于企业组织中表示团体的工作精神。心理学家将士气解释为："对某一团队感到满足，愿意成为该团队的一员，并协助达成团队目标的态度。"

根据有关专家学者的研究成果，影响士气的因素主要有以下几点：

A. 成员对团队目标的赞同。士气是团队成员中的团体意识，必须是在个人目标与团队目标协调一致时才可能产生。因此，设法把集体事业的成就与个人的发展结合起来，将个人目标融合于集体目标之中，是管理心理学和人力资源管理的主要原则。

B. 对工作的满足感。员工对工作的满意，有利于提高士气。从管理者的角度来说，要尽力根据员工的智力、长处、兴趣、特殊技能安排工作，使他们展其所长，这对增强团队精神、鼓舞士气是十分重要的。

C. 合理的经济报酬。在经济报酬中，公平合理，能提高员工的工作精神和士气。

D. 同事间人际关系的和谐。在一个酒店中，员工关系融洽、和谐，有利于增强团队精神，有很高的士气。反之，士气必然低落。

E. 良好的意见沟通。在一个酒店中，员工与管理者相互之间如果沟通受阻，或只有单向沟通，均可引起员工的不满，产生误解，降低士气。如果采取双向沟通，尤其是能够让员工有参与管理的机会，则有利于增强团队精神，又可提高士气。

F. 优秀的管理者。一个酒店的领导作风民主，乐于接受各方意见，善于体谅员工甘苦，则有利于增强团队精神，提高士气，反之则士气低落。

G. 员工身体和心理的健康。酒店刻意于改造工作的物理环境和心理环境，使员工在工作时，身心两方面都感到舒适欢畅，将有利于增强团队精神和士气的提高。

三、员工疲劳心理分析与管理

1. 疲劳心理概述

疲劳是一个很常用的概念，医学上的解释为：器官或肌体过度运转导致的状况，表现为人体功能衰退和周身出现不适的感觉。疲劳是紧张的产物，是当今高速度、快节奏时代的一种社会文明病。疲劳一般可以分为三类，即：生理疲劳、病态疲劳和心理疲劳。工作疲劳是人们连续工作以后工作效率下降的一种状态。

疲劳本质上是一种生理现象，但它与心理问题密切相关。疲劳会使工作效率下降。工作失误，甚至使事故增多，还可能引起员工的生理疾病。疲劳在心理上一般表现为：兴趣减退、厌倦、无聊、注意力不集中、易怒、攻击性增强等，这些表现会降低工作效率。而酒店员工的精神状态、行为表现本身就是服务产品的一部分，正是基于这一点，研究酒店员工疲劳问题，认识其规律，合理安排或者调整工作程序，做到减轻疲劳甚至于不产生疲劳，是酒店人力资源管理的重要内容之一。

（1）工作疲劳的种类

工作疲劳可以分为很多种。根据其表现形式可分为生理疲劳和心理疲劳；根据疲劳程度可分为急性疲劳、慢性疲劳和过度疲劳；按照疲劳的部位不同可分为局部疲劳和全身疲劳。

（2）工作疲劳的原因

关于造成工作疲劳的原因，大致有以下几种解释：

①疲劳物质积累论。肌肉关节的持续活动，会使体内产生的新陈代谢物质增多并累积起来，如二氧化碳和乳酸会积存在血液中，致使代谢疲劳物存在体内，从而导致人产生疲劳。

②能量消耗论。人在进行脑力或体力劳动时要消耗许多能量，如血液中的葡萄糖，肝脏内的肝糖元等，这些为人体提供能量的物质大量消耗，而短时间内又难以迅速补充，导致了人体能源不足，从而使人产生疲劳。

③物理化学不协调论。该观点认为疲劳是人体内物质的分解与合成过程产生不协调造成的。这种观点可以解释为什么个体之间疲劳发生的差异会很大的现象。

④中枢神经论。该观点认为疲劳是由中枢神经失调引起的。

上述几种观点都有其合理之处，疲劳可以由其中任何一种原因引起。

2. 生理疲劳及消除

（1）生理疲劳

工作疲劳表现在生理方面叫生理疲劳。它包括体力疲劳及脑力疲劳两方面。

①体力疲劳。体力疲劳是指由于肌肉关节持续重复地活动，造成能量的消耗及废物积存过多，致使人的劳动能力降低以至消失的现象。

②脑力疲劳。脑力疲劳是指用脑过度，大脑神经活动处于抑制状态的现象。极度的脑力疲劳会造成精力不集中，萎靡不振，思路混乱，反应迟钝和准确性变差。很显然，人们不可能长时间地以同样的状态、同样的效率工作。打消耗战、拼体力、拼时间并非好办法。恰当地休息，以解除疲劳，积蓄能量，最终消除疲劳是高质量完成工作的保证。

（2）工作效率的阶段性

人们在正常工作的全过程中，其工作效率会由于各种因素的影响而产生波动，其中疲劳因素影响最大，随着工作时间的延长，工作效率表现出阶段性变化。

第一阶段：工作效能渐增期。员工上岗开始工作，先经过一个适应调整期。然后工作状态迅速进入最佳期，此时工作人员精力充沛，精神饱满，头脑清醒，情绪稳定，其动作的灵活性、稳定性及有力程度都处于最佳状态，在这期间员工的工作效果最好，也是酒店接到客人投诉最少的时间。

第二阶段：疲劳出现、工作效能下降期。随着工作时间的增长，工作人员开始出现生理疲劳，此时注意力分散次数增多，热情减退，工作效能开始下降，出现一天的低潮期。这段时间极容易出现问题，服务不到位，引起客人不满意。

第三阶段：工作结束前的高效期。在即将下班、结束一天工作前的很短时间内，员工由于预知很快将下班，一种解脱感使其工作效能状态回升。

第四阶段：午夜前工作高效期。通常情况下，此时新的一班员工开始上岗，他们没有累积的工作疲劳的生理周期，在午夜前的这段时间也处于良好阶段，所以这段时间工作效率较高。午夜过后至凌晨，一般酒店的规模服务工作已停止，此时人的生理状况处于最不适宜工作的时间。

（3）生理疲劳的消除——休息

休息大致可分为两种：积极休息和消极休息。

①积极休息。积极休息是一种活动休息方式，即通过改变活动的方式和内容，使身体的各个部分活动相互交替进行，来减轻或者消除疲劳，达到休息的目的。积极休息的方式有很多，如工作间歇或工作之余看书读报、参加体育活动、文艺活动等。

②消极休息。消极休息是单纯停止活动的休息方式。这是最常见的也是最有效的全面恢复体力的休息方式。由于在一般工作中这种全面性体力疲劳并不多见，更常见的是局部疲劳，所以一般情况下并不需要采取停止活动的休息方式。对付局部疲劳最好的方式是积极的休息方式。

体育活动是一种很好的积极休息方式，经常参加体育活动的人，其神经系统、呼吸系统、消化系统、心脏和血液循环系统以及肌肉关节等的功能都会增强。这类人常给人以精力充沛的感觉。

睡眠是有机体维持正常生命活动的自然休息，对于消除疲劳十分重要，属于消极休息范畴。良好的睡眠对人们的心理机能有着决定性影响。

（4）慢性疲劳及其调整

根据疲劳的时间性，可以将疲劳分为暂时疲劳和慢性疲劳。

暂时疲劳是指体力或者脑力在短时间内发生的疲劳现象，它可以通过适当的休息和睡眠来消除疲劳、恢复机体和大脑的正常机能。暂时疲劳是正常现象，只要人们付出一定的体力或脑力都可能发生。

如果人们在出现暂时疲劳后得不到及时的休息恢复，体力和脑力持续处在紧张状态，疲劳就会发生累积现象，并转化成慢性疲劳。慢性疲劳实质上就是暂时疲劳的累积。如果慢性疲劳长期得不到消除，就会以严重疾病的形式表现出来，甚至出现突然死亡。

①慢性疲劳的主要表现：

A. 睡眠不好。

B. 精神状态不佳。

C. 效率下降。

D. 体虚无力。

E. 消化不良。

②慢性疲劳的调整方法：

A. 查清原因。造成慢性疲劳的原因大致有以下几种：工作压力过大，缺乏必要休息，精神紧张或生活无规律。

B. 注意生活节奏。劳逸结合，有张有弛，生活要有规律。

C. 经常进行体育活动。

D. 其他训练方法。如心理训练、体育锻炼等。

3. 心理疲劳及预防

工作疲劳表现在心理方面就称为心理疲劳。心理疲劳主要表现为以下方面：注意力不集中，精神紧张，思维迟缓，行动吃力，在情绪上表现为情绪低落、浮躁、厌倦、忧虑等。心理疲劳本质上是一种紧张。

心理疲劳产生的原因有很多，主观方面的如挫折、内心冲突、焦虑、人际关系紧张、不满意当前的工作等。客观原因是通过人的心理而起作用的，也就是说客观事件首先产生心理影响，而后者带来心理疲劳。

（1）心理疲劳的表现

在工作中会发现有这样的人：总感到疲乏，精神萎靡不振，休息后也很难恢复；或者稍一活动就出虚汗，感到疲惫不堪。这种现象称为病态疲劳。病态疲劳既有生理原因，也有心理原因。

然而有些人没有任何生理原因，却总是无精打采，注意力不能集中，情绪消沉，或狂躁或抑郁。这类人的这种表现就属于心理疲劳，其原因可能是前面谈到的一种。内在的心理焦虑通常伴随一些外在的生理反应，这是心理疲劳持续时间过长的结果。

通常情况下，生理疲劳持续时间相对较短，心理疲劳延续时间较长。生理疲劳经过休息或睡眠即可消除，但要彻底消除心理疲劳及其产生的结果则很困难。

（2）心理疲劳的生理学因素

加拿大学者汉斯·塞里耶特把心理疲劳描述为"一种综合表现状态"。某种事物对人的生理或心理造成一系列的紧张状态，而这种紧张表现在人们身上是按一定的顺序和阶段进行的，这一过程，即人们对某种压力的紧张反应过程，塞里耶特称之为"全身适应性综合症"。根据塞里耶特的分类，这一过程分三个阶段。

第一阶段：警戒反应阶段。警戒反应过程从生理学上讲，就是肾上腺素释放到血液中。每当人们兴奋或恐惧的时候，就会感到心率加快，同时呼吸变急促，手脚变凉（手凉也是神经紧张的标志）。最后，体内营养物重新分配到在紧急关头需要做出反应的身体的其他部位，特别是肌肉组织。

除这些熟悉的感觉之外，还有许多我们不能觉察的感觉。一系列的腺体活动使其他器官也开始对"危险"发生反应。

腺体就此被动员起来并把红血球释放到血液中去，这些新增加的红血球把氧气和养料输送给全身其他的细胞，它们在紧张反应的警戒阶段被用来满足身体的增长需要。同样的，血液的凝固能力有所增强，而且肝脏将以蔗糖形式贮存的维生素和养料释放出去，这些养料随即被转化为身体细胞需要的养料。

当警戒阶段开始时，除了激素系统以外，自主神经系统（ANS）也参与了紧张反应。

警戒反应的伴随情况还包括：肌肉紧张，引起胃释放胃酸，以及心血管系统持续地被动员。事实表明持续的紧张反应往往导致溃疡病和心脏病。

第二阶段：抵抗阶段。如果触发警戒反应的刺激继续存在，接着就是抵抗阶段的反应。在这全身适应性综合征的第二阶段，全身将被动员起来积极地进行斗争。在此阶段里，从表面上来看，身体似乎已经恢复了正常，然而危险是存在着的，如果身体过长时间地被动员起来进行斗争，它的能源就要耗尽，全身适应性综合征的最后阶段——疲惫阶段就会出现。

第三阶段：疲惫阶段。当抵抗阶段过去而疲惫阶段到来时，身体就再次显示出与警戒反应类似的症状。更重要的是，全身适应性综合征的第三阶段已经意味着身体越来越容易患病和发生器质性功能障碍。

对此，塞里耶本人指出，没有灵丹妙药可以使人类完全避免全身适应性综合征的出现。警戒反应的重复发生人们是可以忍受的，甚至抵抗阶段的重复袭击，人们也能够忍受，但是疲惫的道路却是危险的。怎样才能避免走上这条通往疲惫的下坡路呢？全身适应性综合征的进程可以减缓或者停止吗？要回答这个问题，就需要研究心理学在紧张反应中所起的作用。

（3）心理疲劳的心理学基础

为了便于进行科学研究，经常把身体和心理当作分离开的东西来对待，但它们实际上是一个综合的整体，心理和身体之间是交互作用的。哪一类事物能够带来心理疲劳呢？它又是如何激发全身适应性综合征的警戒反应的呢？

实际上，多得不可胜数的、几乎所有事件都有可能成为激发警戒反应的刺激源。心理疲劳反应可以由许多因素引起。婚礼能够引起像送葬一样强烈的警戒反应，中彩票能够像输得精光一样使人紧张。警戒反应能够被外部事件引起，也能够被自身的思想和记忆引起，还可以被两者结合起来的因素引起。

例如，噪声或空气污染等环境条件可以是心理疲劳的根源，而过度拥挤或不愉快等社会条件也同样可以引起心理疲劳。作为个人的和内部的因素，不愉快的回忆，不现实的期望或者没有解决的心理冲突，都是可能的原因。

这些刺激是如何激发全身适应性综合征的？心理疲劳反应的激发依赖于人们的认识，简单地说是心理发信号给身体，说明哪儿有紧张刺激，然后才能有警戒反应。空气污染可以激发紧张反应，在交通拥挤的路上往返，也可产生"无声"的心理疲劳反应。当人们认识到污染、噪声，或者在交通拥挤的路上开车会产生紧张反应时，尽管人们对此有自制力，但是全身适应性综合征仍在进行。从控制紧张的观点出发，这种反应的不变性向人们提示：必须主动地去处理这些紧张刺激源，只有方法得当，人们才有可能完全避免它们、改变它们，或是运用其他方法——例如放松技术降低它们的恶劣效果。

（4）心理疲劳的预防及消除

总结以往的研究成果，可以得出预防、缓解、消除心理疲劳的几种行之有效的方法。

①睡眠、运动、营养。良好的睡眠，正常的梦境对维持人的心理平衡是必需的。应当注意的是，好的睡眠不是没有梦的睡眠，梦不会使人疲劳，它恰恰是睡眠质量好的保证，但是噩梦除外。另外，好的睡眠不是睡得越多越好，睡得时间过长会导致情绪低落。

人们通常认为运动是增强体质的一种方法，事实上运动在增进心理健康上也是必不可少和非常有价值的。选择一种适当的运动形式有助于减轻及消除心理疲劳。运动形式的选择一般要考虑两个因素：一是适合本人的身体状况；二是你所选择的运动形式能给你带来快乐体验。

除了适当的休息和运动之外，必要的营养对于消除疲劳也是必不可少的。疲劳本身就是能量缺乏的原因，而营养能为人们消除疲劳提供必需的能量。

关于营养问题，在此强调适量和平衡。

在现代生活中，出现在人们身上的问题已经不是从食物中获取热量不足，而是热量摄取过剩。人体摄入过量的淀粉、糖分和脂肪不但无助于疲劳消除，而且会加重疲劳现象。平衡的食品包括：新鲜的蔬菜及水果、牛奶及牛奶制品、肉类、米饭、维生素等。营养平衡是非常必要的，任何营养成分的短缺都会导致人体素质下降，抗病力弱，甚至出现心理问题。相反，如果某类营养成分摄入过多，又会造成结构性营养失调。

②工作调节。近年来，酒店的工作分工越来越细。其结果是一方面提高了工效，另一方面使工作面狭窄，内容单一。后一种结果容易使员工产生单调、乏味和厌倦感，这种心理状态的延续就易于产生心理疲劳。

事实上，同样简单重复性的工作，有的人很快就厌烦了，而有的人则充满热情，乐此不疲。究竟是何原因造成如此明显的差异呢？研究发现，其主要原因是工作者对工作的心理准备不同。工作者在工作开始之前的心理准备包括：对自身价值的认识，对未来发展的理解，对当前工作的兴趣以及情绪状态等。一名大学生和一名职高毕业生对同一项工作的心理准备可能有很大差异，因此，并非素质好、受教育程度高就能干好工作。个人对其岗位价值的认识与社会和个人对其自身价值的认识相匹配，是干好工作的一个前提。工作绩效取决于能力和积极性两个基本因素。一种解决办法是事遂人愿，每个人干自己想干的工作，但做到这一点几乎是不可能的。那么只能从其他方面来解决这个问题了。

工作扩大化。这种方法着眼于工作过程本身，通过工作内容的丰富化、扩大化来增加工作本身的趣味性及挑战性，使工作本身就具有激励作用。从而提高员工工作积极性。实行"参与制管理"和"整体工作制"是工作扩大化、丰富化的具体形式，能使员工感受到工作的意义，看到工作成绩，提高他们的责任感和自豪感，同时也为员工的成长和发展提供了机会，既锻炼了能力也发掘了员工身上的潜力。工作本身具有吸引力能从根本上消除产生心理疲劳的条件。

此外，如果工作结果有吸引力，也有助于减少或降低心理疲劳。这类因素包括：工资待遇较高、上下级以及同事关系融洽、工作环境好、升迁机会多、工作本身受尊敬等。

根据工作的性质，在工作期间合理安排一些短暂休息，可以提高工作效能，减少心理疲劳。

③放松方法。由于心理疲劳导致人们适应困难和精疲力竭，因此有必要研究简易有效的松弛方法。

④放松的理解。近期研究已证明，松弛具有卓有成效的防御威力。问题是人们对松弛神经的活动的态度还需端正。通常的饮酒或咖啡以及吸烟等行为对神经的松弛是没有效果的。

对放松办法的真正理解是弄明白什么样的表现才是松弛状态。身心放松的标志包括以下几点：

A. 心率缓慢并趋平静。

B. 呼吸深沉。

C. 肌肉放松。

D. 四肢微热或舒软，或两者兼有。

E. 心境平和。

F. 身体有足够的至少持续几小时的精力以供工作。

G. 整个身体得以从疲劳中恢复。

然而，怎样的行为能够达到这种有效的恢复精力、身心松弛的效果呢？

以下部分提供了详尽的放松神经的做法，并指出了几种不同的方法。

⑤放松练习的规则有以下几点：

A. 设想一个舒服的姿势。你应该设想一个舒服的姿势，这一姿势使你的肌肉可以不必使劲支撑身体。例如，躺在沙发或床上，坐在躺椅上，是保持身体最舒服的两种方法。

B. 放宽紧身衣裤，摘下珠宝首饰。

C. 在安静、平静环境中放松。

D. 设想一种观察态度。人们会注意到当自己做特殊动作时，就能放松自己。你可以呼吸、运动和观察，那么紧接而来的便是神经松弛。

E. 允许花费一定时间。为避免一开始就出现困难局面，刚开始时可多准备一些时间，比如30分钟，你将发现由于你有规律地做练习，你放松反应所需的时间将缩短，你会逐渐学会放松自己。

F. 有规律地安排放松练习时间。每天在同一时间里做练习，最好制定一个规则，持之以恒是成功的因素。建议人们利用睡觉前的时间，这是学习放松疗程最理想的时间，因为这段时间也相对固定。

G. 持之以恒地练习。

4. 工作疲劳的测定

全面测定工作疲劳并得出明确的量化指标难度很大。工作疲劳的种类很多，通常对疲劳的测定是指单纯测定生理疲劳。

疲劳反应大致表现在三个方面：

（1）身体情况的变化，包括脉搏、血压等。

（2）完成某种专门任务时工作能力降低的状况。具体表现为：对某种信号的反应迟钝，忘记了在文章中删去某个字母，记不住各种数据等。

（3）感到疲乏。

测定疲劳的方法主要有如下四种：

①脉搏测定。首先测定被试者在安静状态下的基础脉搏，然后测定工作中其脉搏的变化。其生理学依据是：随着疲劳的增加，脉搏次数也会增多。

②动作测定。也叫时动研究，随着疲劳的增加，人体动作幅度发生变化，即疲劳发生后动作多了，幅度大了，周期性的准确程度差了。

③反应时间测定。这种方法是测定被测者对刺激作出反应的时间、速度。通常方法是给被测者以光、声音或者触觉刺激，被测者接受到刺激就按面前的按键，记时器会自动记录下从刺激出现到被测者作出反应的时间间隔。当疲劳出现时，反应时间会增加。

④自我感觉测定。这种方法主观性较强，心理学上称为内省法。主测者每隔一段时间询问被测者"你有什么疲劳感觉?"主测者依据被测者个人的主诉来了解他的疲劳状态。

工作疲劳本身是一种综合性反应，其中既有生理因素也有心理因素，机体生理变化和心理变化同时存在。因而在进行疲劳测定时，如果条件允许，既要进行生理指标的测定，也要进行心理指标测定。这样才能全面反映被测者的疲劳状况。

四、员工保健心理分析与管理

1. 员工心理健康标准

健康是人类的基本需求之一，尤其是酒店业的从业人员，保持良好的身心状态尤为重要。然而，长期以来，人们对健康的认识往往只限于身体方面，而忽视了心理方面的保健。因此，必须维护和提高员工的心理健康水平，避免和控制各种心理疾病的发生。

结合酒店企业员工的心理特征以及特定的社会角色，可以将员工心理健康的标准概括为：

①正确认识自己，接纳自己。

②能较好地适应现实环境。

③和谐的人际关系。

④合理的行为。

2. 影响员工心理健康的因素

（1）员工的挫折与心理防卫机制

人一生中很少是一帆风顺的，难免会遭受各种各样的挫折。对挫折处理不好，往往容易影响心理健康。

①挫折及其原因。挫折是指个体从事有目的的活动，在环境中遇到障碍或者干扰，使其需要和动机无法获得满足时的情绪状态。它是一种社会心理现象。引起挫折的因素很多，各种因素所引起的挫折强度也各不相同。概括起来，这些因素可以分为两类：一类是客观因素，包括环境、社会及个人诸方面的客观条件的限制；另一类是个人的主观因素，包括各种形式的内在冲突。

环境的限制会对人们的动机形成阻碍，使人们无法达到目的，从而引起人们的挫折。比如地震等自然灾害。

社会因素也常常是挫折的诱因。社会上一切宗教的、政治的、法律的等方面的因素，都可能引起挫折。

挫折也可以来自个人的各种客观条件的限制。例如，由于个人健康状况不佳或生理上有缺陷等。

除了各种客观条件的限制外，挫折也可以由各种内在冲突引起。人们在日常生活中所遇到的冲突，主要有以下四种类型。

A. 趋避冲突。当同一个目标既能满足人们的需要，对人们有吸引力，同时又会给人们心理上带来威胁，对人们有某种伤害性的时候，人们趋近这一目标和逃避这一目标的动机同时存在，并相互冲突，就是趋避冲突。它是人们日常生活中遭遇最多而又最难解决的一种冲突。

B. 双趋冲突。当人们在有目的的活动中同时存在两个目标，并且两个目标具有相近的吸引力，使人们有相近强度的趋近动机，但又由于各种原因的限制，使人们"二者不可兼得"，必须放弃其中一个目标的时候，就可能在心理上产生难以作出取舍的内在冲突。这就是双趋冲突。

C. 双重趋避冲突。当同时有两个目标与人们发生联系，而每一个目标既可以有益于人们，同时又会不利于人们的时候，就出现了双重趋避冲突。

D. 双避冲突。同时存在两个目标，对人们都有害，而现实又迫使人们必须选择一个，这会给人们心理上带来很大压力，并由此产生强烈心理冲突，导致产生挫折感。

②挫折的容忍力。所谓挫折容忍力，是指一个人忍受挫折，保护自己心理健康，维持正常适应的能力。

不同的人，对于挫折的容忍力会有天壤之别。有些人可以忍受经常的、严重的挫折，对于引起挫折的客观条件限制表现出坚忍不拔、百折不挠的坚强毅力。而有些人往往稍遇挫折即意志消沉，甚至一蹶不振。

挫折耐受力的高低由两方面的因素决定，一是人的身体条件；一是成长过程中经受挫折的经验与价值观的稳定程度。

大量的心理学研究表明，身体条件好的人，要比身体条件差的人具有更好的挫折耐受力。

另一方面，一个在成长过程中经常身处逆境，备受生活风浪冲击的人会提高他应付生活困难、摆脱心理冲突的能力。此外，在成长过程中受到良好教育，价值观念统一而稳定的人，也往往会表现出超人的挫折容忍力。

③挫折后的行为表现与心理防卫机制。

A. 挫折后的行为表现。人们在受到挫折后的行为表现各有不同：有的人采取减轻挫折和满足需要的积极适应的态度；有的人却采取消极的态度，甚至是对抗的态度，比如攻击、冷漠、幻想、退化、固执等。

B. 心理防卫机制。人要生存，就不免遭受挫折，产生各种各样的内心冲突。尤其是在实现某种目的的动机十分强烈时，这些妨碍需要满足的冲突会引起人们强烈的焦虑情绪。为了避免痛苦的焦虑体验，避免这种有害情绪对人们心理上造成进一步的伤害，当某种冲突导致焦虑出现时，人们的心理活动会自然地、无意识地运用歪曲、夸大、补偿、否认、升华等方法来平息内心焦虑，继续维持自我与外部世界的平衡关系。

（2）员工心理障碍及治疗

①心理障碍的种类。在这里，心理障碍与心理疾病、心理异常和变态心理等

说法是完全同义的。心理障碍是指影响个体正常行为和活动效能的心理因素或者心理状态。心理障碍有很多种，一般认为，由美国精神病学会在其《心理障碍诊断与统计手册》中提出的分类，是最有效、最易为人们所接受的分类方法。该系统将各种心理障碍归为10类，即：

A. 神经症。

B. 器质性脑综合征。

C. 精神病。

D. 人格或个性障碍。

E. 心身障碍。

F. 智力落后。

G. 儿童期与青少年期有关的行为障碍。

H. 短期情境障碍。

I. 无明显精神障碍适应症及非特异性适应症。

J. 特殊精神运动症。

②心理障碍的治疗。心理障碍的治疗方法有很多，每一种方法都是针对心理活动的一个方面。不同的方法适用于治疗不同种类、不同严重程度的疾病。

A. 身体疗法。治疗心理障碍的各种身体疗法主要用于障碍最严重的患者，他们与现实世界的接触已降到了最低限度。主要的身体疗法包括：

休克疗法。休克疗法是以电击或者药物使患者休克，使其产生强烈的身体痉挛与一时的意识丧失。这是一种极端的、有潜在危险的治疗方法。

精神外科手术。精神外科手术即对大脑进行外科手术，将大脑的额叶同其他控制情绪的部位切开。这是一种最后措施，只适用于治疗有长期病史，并且其他一切治疗方法都没有效果的患者，包括某些严重的抑郁症、强迫症、焦虑症以及精神分裂症患者。

B. 个体心理疗法。心理疗法与身体疗法不同，它试图直接解决患者的情绪问题，消除他们心理和行为异常的原因，使患者恢复病前的心理健康状态。因此，心理疗法可以从根本上治愈心理障碍。心理疗法采取的途径有两条：一是消除心理障碍的情绪根源，二是帮助患者现实地适应自己的心理欠缺。

C. 团体心理疗法。个体心理疗法就效率而言，它们不能适应治疗大量患者的需要。从消费上讲，很多人负担不起个别治疗的高昂费用。因此，团体心理治疗技术在近些年得到了迅速发展。

团体心理疗法有一个特别的优点，即治疗的团体背景能够帮助患者学会怎样实现更令人满意的人际关系。这一点尤其重要，因为心理障碍的主要原因之一，就是难以与别人相处以及具有远离和拒绝别人的情绪。

D. 行为疗法。行为疗法是自20世纪60年代以来日益普及的一种激进的心理障碍的治疗方法。任何心理疗法，不论是个人的还是团体的，无不着眼于人们无意识或有意识的心理活动。而行为疗法则不同，它完全忽视患者的心理活动，着眼于行为的改变，而不强调人格的改造。行为疗法的原理是运用奖励或惩罚手段，迫使人们改变自己的行为。

运用最广泛的五种行为治疗技术为积极强化、消退、厌恶条件作用、系统脱敏和模仿。

第五节　奖金和福利待遇

一、奖金

按劳分配，要求按照劳动者劳动的数量和质量来支付劳动报酬。在正常情况下，员工在工作中所提供的劳动，一段时间内其数量和质量都是比较稳定的，工资基本上反映了劳动者劳动的数量和质量。

1. 奖金的作用。奖金的作用主要有两个方面：

（1）使饭店员工感到心态的满足，即补偿了其额外劳动支出。在员工的工资福利之外实行的奖金制度，其作用和目的并不是纯粹为了满足员工生活方面的基本需要，而是饭店管理者针对员工追求成就感，渴望得到社会和公众认同心理而采取的一种办法。

（2）饭店员工由此得到激励，从而更加奋进，创造更佳效益。从饭店管理者角度说，奖励本身并不是目的，而是意图利用这一手段去迎和受奖者的行为动机、心理需求，并将其变成一根连接管理者与被管理者，实现共同利益的纽带，从而激发被管理者的主人翁责任感和更大的活力，使其更投入地工作。但是管理者的主观愿望能否得以彻底贯彻并达到预期目的，就取决于管理者在奖励过程中所表现的领导艺术、操作才能、科学方法了。奖金作用的发挥往往需要具备三个条件：

①奖励的条件应该适当。奖金在管理过程中并非管理者得心应手的驯服工具，而是管理者主观上为调动大家积极性的一种手段。奖金的条件应该是大家经过努力才能达到的，如果奖励的条件定得太高，使大家觉得犹如水中捞月，可望而不可即，就会放弃努力；若奖励条件定得过低，员工无须费劲便可实现，也起不到激励的作用。

②饭店管理者要真正了解员工的愿望，采取有针对性的奖励方式，使奖励方法与员工的愿望直接挂钩，才能起到激励作用。管理者可针对各自不同的需求层次去进行奖励，投其所好，以达到最大限度地激励员工努力工作。

③奖金的量或值要足以产生刺激作用。奖金或奖品的货币价值和精神价值要能与员工的努力和实际付出成正比，即物有所值。奖金尽管不是为了满足员工生活方面的基本需要，但如果因此就局限在寥寥无几的象征性的数额范围内，那就有可能会因其可有可无而失去其意义和作用，所以，奖金的量或值要足以使员工感到满意或受到震动。

2. 奖励的方式。奖励员工的方式及种类很多，大致可分为物质奖励和精神奖励。

（1）物质奖励。主要有工资和奖金以及奖品等奖励方式，以货币或实物直接发放。

（2）精神奖励。这种奖励形式主要指口头及书面表扬、记功、证书、奖状等非物质状态，其作用是使获奖者得到精神上的满足。物质奖励固然是人需要的一个方面，但它又是有一定时效性的，因为物质奖励是无止境的。物质奖励到了一定程度，也会呈"疲软"状态，起不到激励作用或是只能再起到很少的作用。而精神奖励是有它的激励特点，精神奖励既不是商品，也不是货币，但却是一种资源，一种非常重要的资源，这种资源的内在价值是不可以用金钱来衡量的，但它的确能创造出财富，它能激发人们去奋斗，去追求，去克服各种困难，以达到非物质利益追求的奋斗目标。通过精神奖励，达到自我实现的需要。作为一种有效而且不可思议的力量，精神奖励可以使员工感到是一种至高无上的精神慰藉和心理的满足。

3. 奖励中要注意的问题。奖励的目的主要是为了在承认员工工作成绩的前提条件下，进一步激发员工的工作热情，调动员工的积极性。但是，要想使奖励发挥出应有的作用却不是一件简单的事情。目前在饭店业所实行的奖励制度中，从总体上看确实发挥了它应有的作用，但也存在着不少问题，总是有相当一部分人感到不满意，甚至产生了员工之间、管理者与被管理者之间的人际关系矛盾。当员工拿到奖金之后，许多人并不是把奖金仅仅看成是一种纯粹的经济报酬，而是要通过这些钱，自我评价工作表现和绩效，分析同事和管理人员对自己的看法和评价等。正如公平理论所述，人们不仅关心所得收入的绝对值，而且更加关心和重视所得收入的相对值，即人们会自觉不自觉、也就是下意识地将自己付出的劳动和所得报酬与周围同事相比较，甚至与自己的过去相比较。在这种比较过程中，如果发现不公平、不合理或是物无所值，自尊心就会受到挫伤，随之而来的即是不满情绪，这种不满情绪如果不能得到正确的理解或疏导，就容易引申到人际关系和工作中去。在奖励中员工不满情绪的原因是多方面的：

（1）奖励不及时。一些饭店对于员工绩效考核工作过程是较为重视的，实施起来也是认真的。但对于考核之后的奖惩工作，却往往因重视不够而未能及时兑现。殊不知，逾期而姗姗来迟的奖励，就会失去奖励的意义，而如果领导上不重视，员工就会产生漠视心理，或是将奖金看作是普通的应有的福利或补贴的例行发放，或是因自己的劳动价值没有得到及时肯定而产生不满。

（2）奖金制度本身的某些不足。奖金的额度及其分配直接关系到奖金作用的发挥。现在许多饭店几乎都实行奖金制度，但在发放上却做法不一，有的是奖金发放人人有份；有的则是形式上的拉开档次，实际上却是平均主义，哪怕是采用三六九等的形式，实质上额度差别却很少，这种现象在国有饭店中更为突出；还有的是奖金无限扩大化，削弱了基本工资的作用，这种奖金在某种程度上已成为变相的附加工资，从而失去了奖励的作用；另外就是奖励已形成"基数化"，导致累进增长速度超过饭店经营发展水平，造成消费基金膨胀，奖金数额只能升不能降，一旦因饭店经济效益下降，奖金降低或暂时取消，必然引起不满情绪。

（3）管理者和员工的做法失当。个别饭店管理者在奖金的分发中，由于某些原因对员工抱有偏见，不能一视同仁，造成人为的不公平。另外有的员工由于自身素质较差，缺乏自知之明，却又习惯于吃大锅饭，过高地估计和肯定自己，过低地评价他人，工作和服务中挑三拣四，得过且过，在奖金需求上却是多多益善。这样，一旦奖励情况与自己的期望值相距甚远，就会认为奖金分配不合理，将公平的差别看成是不公平的。

（4）处罚不到位。与奖励工作相对应的处罚，虽然不应作为饭店管理中的主要手段，但在一些饭店的实施中却也存在着不少问题。一是制裁不到位，往往是奖金发放是实打实的，而处罚却是象征性的，无关痛痒，致使处罚失去意义；二是以其他手段替代，显得不伦不类，没有惩戒和教育意义；三是奖金发放是具体落实到个人，而处罚却有时是集体承担责任，代人受过，不分青红皂白，都打五十大板，令人莫名其妙。

上述问题的产生，主要有以下几方面原因：

①观念方面的问题。由于片面理解以经济手段管理经济的方法，因而在强化激励的总体上出现物质奖励过多而精神奖励不足的倾向；由于片面理解以奖励为主以惩罚为辅的强化激励原则，使得物质奖励与经济惩罚形成了一手硬一手软的状况。

②由于管理工作中的分类管理工作薄弱，难以确定合理的分层评判标准，使激励陷入相对评判的误区，再加上传统的吃大锅饭、搞平均主义观念作怪，因而在奖励上出现了"平分秋色"的现象，在处罚上则产生了各打五十大板的状况。

③目标设置缺乏科学性。主要表现在工作任务指标基数低，超标越大奖金越多，在各部门核定定额中也有因不合理而失衡的现象。如饭店餐饮部的定额相对

来说可能容易超过额定标准，而客房部要超额却较为困难；或者各部门之间超额部分的奖金比率差别较大；或者是有定额的部门未必能够多劳多得，出了事故，还要扣罚，而无定额的部门却旱涝保收，无后顾之忧，等等。

④片面地理解市场经济，将商品和金钱的作用无限夸大，作为管理和工作的唯一原动力，无论做任何事都明码标价，无利可图的工作有的领导不愿负责，没有奖金的活儿一些员工不屑于去做，因此，用奖金来顺应这种不良的心理状态，以致出现了单以奖金来激励人们工作的"哄孩子"似的做法，一味地强调"水涨船高"，误导员工将奖金与自己的工作绩效脱钩，只是机械地与物价上涨、左邻右舍的奖金额等因素相比较，而当"水落船低"时，就感到不理解不能承受。

⑤在管理上，以感情干扰激励机制的正常运转，如在处罚上往往有人情介入，以致出现象征性处罚，个人过失处罚部门和以其他手段代替经济处罚的现象。

二、福利待遇

1. 员工饭堂

①员工饭堂的管理人员和工作人员必须明白，来这里进餐的员工既是酒店的主人，又是这里的消费者。对待他们的接待要像餐厅服务员接待宾客一样，做到热情接待，周到服务。

②厨房工作人员要像餐厅厨房工作人员一样，认真钻研烹调技术，经常变换和增加花色品种，做到饭热、菜香，让员工吃好。

③酒店的员工饭堂不能办成机关式的。机关饭堂只负责一日三餐，而酒店工作是日夜不停地工作，职工饭堂必须面对这种情况，从早上五时到深夜二时都要给员工开饭，以方便和满足员工的进餐要求。

④有条件的酒店，要开设员工餐饮室，供应点心、小食、冷饮，方便班前、班后和上两头班的职工有一个小憩的场所。这种餐饮室是为员工服务的，食品饮料的毛利不可太高，除去成本费用开支外，做到略有节余就够了。

⑤不断改进员工饭堂的经营管理，搞好经济核算，节约水电燃料，物尽其用，做到不赔不赚。

⑥教育员工爱惜饭堂的餐具、设备、器皿。搞好饭堂卫生，防止食物中毒，保证员工身体健康。

2. 员工招待所

①员工招待所是为上、下深夜班、早班的员工开设的，一定要办好，保证员

工休息好。

②员工招待所的工作人员要像房务部的工作人员接待宾客一样，职工到招待所休息就像回到家里一样，感到亲切舒适。

③员工招待所是员工休息的场所，无关人员不准进入，以防影响员工休息，保证员工安全。

④由于员工上下班的时间各部都不同，安排员工住房或床位时，要掌握他们上下班的规律，同一时间上下班的要集中安排房间或床位，尽量避免员工因上下班的时间不同而影响相互间的休息。

⑤教育员工注意公共道德，不在招待所吵闹和进行影响他人休息的活动。

⑥员工招待所的床上用品与客房内的一样要天天换洗，搞好清洁卫生，注意所内整洁，创造一个舒适的环境，保证员工健康。

第六节　员工的考评

一、员工考评的内容

①态度。主要指员工的事业心与工作态度，包括其纪律出勤情况、工作的主动性与积极性等。

②素质。包括员工是否有上进心，是否忠于本职工作及其可信赖程序，还包括纪律性、职业道德、个人卫生与仪容仪表等。

③能力。根据员工的不同职别层次，对其业务能力、管理能力、工作能力作分类考评。

④绩效。主要考评员工对酒店的贡献与完成工作任务的数量及质量方面的情况。

二、员工考评的方法

①上、下级面谈。上级领导通过直接面谈方式对其下属员工进行考评。

②对象比较。由被考评员工的直属上司执行，对被考评的一组员工，按照工

作要求的标准，相互比较，然后采用评分或评语方式，对被考评员工工作表现进行评价。

③班组评议。由所在部门的同事有组织、有准备地讨论评议。班组评议由班组长或领班负责召集并汇录评议结论。考评标准或提纲由人事部和员工所在部门制定。班组评议结论需经本人阅读并签字后方可生效。

④个人鉴定。由被考评员工对本人的工作表现，参照酒店人事部门和所在业务部门所规定的工作标准，以书面形式作自我总结。

三、员工工作实绩的考核

酒店管理从某个角度来讲，就是对酒店员工工作行为和工作实绩的管理。其关键是使员工养成良好的工作习惯。对员工工作行为的管理，可以分为三个阶段：

①对员工工作行为发生前的管理，如招聘和岗前培训的管理。

②对员工工作发生中的管理，即规范作业的督导管理。

③对员工工作发生后的管理，即对员工工作实绩的考核。

考核员工工作实绩的作用有两点：给每位员工一次了解、改进和提高自己的机会。通过考核，员工可以更清楚地了解自己的优点和缺点，知道自己该如何进一步去做好工作；可以根据员工的工作实绩合理地确定员工的工资等级或某一工资等级的某一细档，以及是否提升员工的工资。

员工实绩考核的方法有很多，其基本原则是：能够比较准确地作出符合客观实际的评定；简单明了，切实可行；能为员工所接受。

四、工作岗位等级的评估方法

对工作岗位的等级进行评估，一般有三种方法：

①按岗位本身的高低等级来确定。如把岗位等级分为实习生，低级服务员，高级服务员，副领班，正领班，副主管，正主管，部门经理助理，部门副经理，部门正经理，总经理助理，副总经理，总经理。这种方法比较适合小酒店。

②按岗位工作性质来分析定级。具体而言，就是综合性地分析每一个工作岗位对体力、知识、能力和职责的要求，以确定不同的工作岗位的等级。

③评分法。即通过分析各个工作岗位的责任说明书和要求说明书，把不同岗位所要求的共同能力因素抽出来，按照各个岗位对这些共同因素的不同要求来评分，然后，把各个岗位所得总分进行比较，按总分高低来评定不同岗位的等级和等级组。

第四章　星级酒店营销部规范管理

第一节　星级酒店价格制定及其策略

产品的价格应当以价值为基础，反映供求关系和市场竞争状况。同时，作为市场营销的策略之一，定价策略还要与其他策略协调一致，既要兼顾长远和全局，又要灵活多变，具有竞争性。

一、确定定价目标

星级酒店价格策略要有一个目标，这个目标来自前期的营销分析和营销决策。因此，定价目标应当是营销目标的具体延伸，定价目标为定价确定了明确的方向和依据。

1. 营业额导向定价目标

营业额导向定价目标要求在单位时间内最大限度地租出客房，因而价格必须满足这一要求。

从最终目的看，无论是营业额还是市场份额，这种价格目标都将竞争因素引进决策。竞争决定了价格水平，经营成本又受劳务费、原材料成本等因素的影响，无论星级酒店如何提高经营效率和最大限度地利用各种资源，可获利润都是有限的。在竞争激烈的环境中，价格的波动更大。所以星级酒店唯一可做的就是扩大销量，也就是说，通过有效发挥营销因素中的非价格因素来提高销售额。

只有通过星级酒店的不懈努力和高效率经营，才会使营业额满足长远利益的需要。否则，一旦失去市场份额，很难重新建立市场地位。

2. 利润导向定价目标

利润导向定价目标要求星级酒店的价格在满足星级酒店经营档次和经营形式的同时创造出预期的利润额。这种利润额可以是最大利润、满意利润，也可以是投资收益率。

星级酒店营销的目标是创造满意的客人，但同时星级酒店也要获得适当的利润以利于生存和发展。因此，利润是衡量星级酒店经营收益的最直接的标准。星级酒店的利润目标可以分为短期利润目标和长期利润目标。

从营销角度看，利润应当是衡量星级酒店长远经营效益的尺码，而不应作为短期经营的标准。只有在为新产品特别是寿命周期较短的新产品定价时，才应将短期获利作为定价标准，以尽快收回投资。

采用这种定价目标的多为大型星级酒店。其重要的市场地位和雄厚的资金实力使其能够定出雄心勃勃的目标，并能够适时施行其价格策略。

但是，利润目标并非要求价格最高，而是要求星级酒店长远的、全面的获利性。首先，星级酒店的经营具有很强的季节性和阶段性。营销战略要求星级酒店适时地牺牲短期利益，以便最终获取长远的利益。比如，星级酒店可以根据产品寿命不同阶段的特点来调整产品的价格，以扩大市场份额，提高声望；其次，因为星级酒店提供的是"全功能型"互补产品，集住宿、餐饮、娱乐和购物为一体，具有同向变化的特点，所以在市场的波动变化中，星级酒店可以将一种产品作为"诱饵"，从而带动星级酒店整体的效益。利润导向定价目标具有很强的战略性，它既不容许忽略市场的接受能力，又不能盲目地降价以追求销售量。利润目标要求星级酒店在价格结构上做合理的内部调整。

二、客房定价方法

星级酒店的主要经济收入来源于客房和餐饮销售，其中客房所创造的营业收入又远远超出餐饮收入。因此，确定合理的客房价格是关系到星级酒店经济效益的关键。

确定客房价格比确定菜单价格要复杂得多。首先，房价更多地涉及投入资本和固定成本的比例。其次，有关房价的决策通常要考虑星级酒店的使用期限。第三，客房具有不可储存的特点。与餐饮产品不同，星级酒店不是在销售客房，而是出租客房，如果一天内客房出租率不足50%，那么未出租的客房的价值就是一笔绝对的损失。第四，还需将住宿率、季节、类型、每房床位以及市场因素等都考虑在内，以便尽可能合理地确定房价。

归结起来，制定恰当的房价应当坚持以下两条原则：

第一，客房价格必须足以负担各种费用并且保证目标利润。

第二，客房价格必须对星级酒店的目标市场具有足够的吸引力。

1. 成本导向定价

成本导向定价将重点放在生产/营销成本以及目标利润上。这种定价法可以分为两种类型：盈亏临界法和成本加成法。前者侧重总成本，后者则侧重于单位成本，更多用于某单位定价。

2. 需求导向定价

对成本导向定价而言，其最终利润目标是否令人满意还要取决于需求量的大小和竞争形势的变化。成本导向定价为星级酒店经营奠定了科学的基础，而需求导向定价却要求星级酒店策略地根据需求调整价格水平。

（1）市场调查

市场调查的对象是星级酒店的客人，这类店内调查应当每年定期进行，供决策用的统计数字必须以过去 3 年内的调查结果为准，新建星级酒店可以凭借当地政府和旅游机构的统计数字以及竞争对手的经营情况来进行分析。调查方法有问卷调查和直接询问。

问卷调查中的问题应当经由计划人员精心设计，既要有消费类型统计，又应有客人心理趋向调查。比如，客人下榻本星级酒店的次数，客人现在选择的客房类型及房价，客人选择这类房间的理由，客人所寻求的消费利益（如位置、楼层、安全、档次等）。这类问题有助于消除单纯统计数字中的非真实因素，避免误导计划人员做出错误的决策。

（2）确定供需差异

经过市场调查，我们获得的最终数据是：10% 的客人选择房价 50 美元的客房，20% 的客人选择房价 63 美元的客房，有 30% 的客人选择房价 72 美元的客房，另有两组各占总数 20% 的客人分别选择了 88 美元和 100 美元的客房。

（3）重新组合产品/价格结构

经过细致、综合性的市场分析和产品分析，星级酒店需要按照自己的能力和条件，根据市场的需求来重新调整产品结构：

①结合本地经济发展状况、客源的经济状况、目标市场的潜力来综合决策。

②检查星级酒店所针对的细分市场是否合理，如有必要，对目标市场进行调整。

③根据目标市场的需求调整客房特色和客房价格，必要时重新装修某些客房。

④通过非价格手段刺激需求，引导客人消费。

3. 不同类型的客房定价

（1）预付价

这是星级酒店为鼓励尽早付款、加快现金流动而采用的一种奖励性价格。凡预付房租者，可享受一定的优惠。如果客人取消预订，则不会收到退款。这种价格能保证星级酒店不因客人取消预订而遭受经济损失，却为客人带来一定的风险。

（2）日价

这是为白天下榻星级酒店的客人（会议类客户、误机客等）所定的房价。此类房最长时限为 6 小时。这类房价可以使星级酒店客房在一天内租出两次，因此旺季出租率可超出 100%。

（3）特别价

星级酒店可以为某些重要客户提供最好的客房，甚至是豪华套间；也可以根据常客的口味提供其喜爱的产品。特别房价专门针对某些特定的细分市场，如为常客、贵宾、本星级酒店所属联号成员等订立的价格，还包括商务价格和团队价格等。

（4）等待价

这类房价通常比标准房价低 30% 左右，服务对象为未预订而需要等待空房的客人。除此之外，夜晚 10 点以后要求入住的客人也可享受这种优惠。假日饭店联号就提供这类价格服务。

（5）季节价

按照星级酒店经营的淡旺季，分别确定高峰季最高（极限）价格、淡季最低（保本）价格、平季价格等。

（6）免费住宿

这种免费消费是一种特优档次，它的主要对象因星级酒店的不同而各异。通常而言，星级酒店常为记者、作家等提供此种优待，其他对象还包括诸如导游、名人、旅行代理人士等。

三、餐饮定价方法

1. 成本定价法

（1）原料成本系数定价法

采用原料成本系数定价法，首先要算出每份菜品的原料成本，然后根据成本率计算售价。销售价格计算公式：

销售价格 = 原料成本额/成本率

成本系数是成本率的倒数。国内外很多餐饮企业运用成本系数，因为乘法比除法运算容易。例如有些餐厅的厨师按原料成本额的 3 倍给菜品定价。此时成本系数为 3，意味着成本率为 33%。原料成本系数定价法计算公式是：

销售价格＝原料成本额×成本系数

以该法定价需要两个关键数据：一是原料成本额，二是菜品成本率。通过成本率马上可算出成本系数。原料成本额数据于菜品经过实际烹调后汇总得出，它在标准菜谱上以每份菜的标准成本列出。计算菜品的成本率，先要算出综合成本率，然后根据不同餐别和不同类菜品确定不同的成本率。

综合成本率是根据实际经营数据的统计和预测以及企业要求餐厅达到的利润目标而算出的。

（2）主要成本定价法

许多餐厅考虑人工费在菜品的总费用中占有较大的比例，而各种菜品需要加工的复杂程度不同，因而在定价时以人工费和原料成本作为主要成本来计算价格。食品生产的人工工资要以生产工时为基础来计算，对大批量生产的产品可用动态研究来计算时间，但一般餐厅供应的品种多，故不用此法。

（3）全部成本定价法

全部成本定价法是将每份菜品的全部成本加一定百分比的利润来计算价格。其计算公式是：

销售价格＝每份菜的原料成本＋每份菜工人工费＋每份菜服务人工费＋每份菜其他经营费用＋要求达到的利润率

全部成本法能够把各种费用都考虑到价格里，以保证餐厅能获得一定量的利润。但该方法没有将由产量变化所引起的单位平均成本的变化这一因素考虑进去。因为单位全部成本中有一部分是不随销售数量而改变的固定成本，这样随销售数量的增加，单位固定成本下降并使单位全部成本下降。

由于菜品的销售份额是根据往年的销售数据测得的，如果下年度菜品实际销售份额数减少很多，以此法定价显然容易亏损。

2. 毛利率定价法

（1）毛利率概念

餐饮产品的毛利率是产品与产品销售价格或者产品毛利与产品成本之间的比率。

毛利与售价之间的比率称为"销售毛利率"，亦称"内扣毛利率"。公式表达如下：

$$销售毛利率（内扣毛利率）＝\frac{毛利}{销售价格}$$

毛利与产品原料成本之间的比率称为"成本毛利率"，亦称"外加毛利率"。公式表达如下：

$$成本毛利率（外加毛利率）＝\frac{毛利}{销售成本}$$

毛利率不仅反映着餐饮产品的毛利水平，还直接决定着企业的盈亏，关系着消费者的利益。在餐饮产品原料成本和相关费用不变的情况下，毛利率越高，销售价格就越高，利润也越高；反之，毛利率越低，销售价格越低，利润也越低。

因为毛利率有销售毛利率（内扣毛利率）和成本毛利率（外加毛利率）两种计算方法，在引用这一概念时必须说清楚是内扣还是外加。在行业中应用时，除了另有说明，一般指的是销售毛利率（内扣毛利率）。

（2）毛利率的核定

①单个产品毛利率的核定。即根据餐饮企业的经营政策和市场对产品的需求情况，经过核算来确定每一个具体餐饮产品的毛利率。

②分类毛利率的核定。它是按某一类经营业务或菜肴、点心的销售价格和毛利来计算的，是餐饮企业制定产品价格的依据。进行分类毛利率的核定，先要对本企业经营的产品进行分类，以下是以生产餐饮产品的原料为出发点所做的分类：

米面制品——主食品（一般米面制品）、一般带馅制品、精制点心（油炸、油酥制品，精面、精米制品）。

菜肴——普通菜肴（操作简单的一般烧、炒菜和冷菜）、中档菜肴（用料较好、操作较繁的菜肴）、高档菜肴（用料精、制作要求高的菜肴）。

酒品及其他饮品——普通饮品（汽水、果汁、矿泉水等），普通酒品（啤酒、黄酒、葡萄酒、白酒等），高档酒品（进口酒、国产名酒、鸡尾酒等）。

③综合毛利率的核定。综合毛利率是考核星级酒店餐饮经营方向和经营状况好坏的综合指标。它是按餐饮企业在一定时期内的销售总额和毛利总额来计算的。其公式如下：

$$综合毛利率 = \frac{毛利总额}{销售总额}$$

其中：

毛利总额 = 销售总额 - 原料成本总额

④单个产品毛利率、分类毛利率、综合毛利率三者间的关系。相同类别的单个产品毛利率构成分类毛利率，各经营品种的毛利率（分类毛利率）是构成综合毛利率的基础，而综合毛利率是企业各经营品种的总的反映。

（3）采用毛利率定价法计算价格

由于毛利率有内扣毛利率和外加毛利率之分，所以计算价格就有内扣毛利率法和外加毛利率法之分。

①内扣毛利率法。内扣毛利率法简称"内扣法"，是用星级酒店规定的内扣毛利率和产品成本来计算价格的方法。其计算公式如下：

$$产品售价 = \frac{产品原料成本}{1 - 内扣毛利率}$$

②外加毛利率法。外加毛利率法简称"外加法"，是以产品成本为基数，按规定的外加毛利率来计算价格的方法，其计算公式如下：

产品售价 = 产品原料成本 × （1 + 外加毛利率）

3. 需求定价法

餐饮企业的消费者甚至同一个消费者在不同时间对同一商品愿意支付的价格是不一样的。餐饮企业消费者愿意支付的价格高低取决于餐饮企业消费者欲望程度的高低，即餐饮企业产品提供的效用大小。餐饮产品的效用大小不仅取决于该产品满足顾客某种欲望的客观物质属性，而且还取决于消费者的主观感受和评价。因此，餐饮企业在定价时要充分考虑顾客的需求，以顾客的需求为基础的定价方法在现实经营中运用很广。

（1）声誉定价法

餐厅如果需要招待注重地位的目标顾客，就必须注意餐厅的声誉。这些顾客总是要求"最好"——餐厅的环境最好，服务最好，食品饮料质量最好，价格也较高。

如果价格过低，这些顾客反而会怀疑质量低而不愿光顾。价格对他们来说也是反映菜品质量和客人地位的一种指数，所以针对这类顾客，价格应该走得较高。

（2）招徕定价法

有些餐厅为吸引顾客光顾，将一些菜品的价格定得低低的，甚至低于这些菜品的成本价格。其目的是为了把顾客吸引到餐厅来，而顾客来到餐厅后一定还会点别的菜，这些菜品就会起到招徕顾客的作用。

（3）后向定价法

许多餐厅给菜品定价时，首先调查顾客愿意接受的价格。用顾客愿意支付的价格作为出发点，然后反过来调节菜品的配料数量和品种、调节成本，使餐厅获得薄利。

（4）系列产品定价法

系列产品有两类。一类是向同类目标市场销售的系列产品。这类系列产品定价时不能各个菜品孤立定价，而要首先协调总体价格水平，看其是否能被目标顾客群体所接受。各个菜品的定价虽然要以成本为基础，但也不能绝对按成本定价，而要考虑在顾客群体愿意支付的价格范围内按成本分出几个档次。有的餐厅为了管理上方便，对系列菜品规定较少的档次，而不是确切地按成本定价，使价格各不相同。

另一类系列产品是针对不同的目标对象确定菜品价格。

4. 竞争定价法

实际价格决策往往是在竞争市场上进行的。也就是说，价格制定不是在一个餐饮企业和一个餐饮消费者之间交易的情况下进行，而是在竞销和竞购同一餐饮产品的多个卖者和买者之间进行。这样，在定价时，就要考虑竞争者的价格，即要考虑不同餐饮企业商品市场的不同竞争类型。

所谓不同的餐饮企业市场的竞争类型，就是指某种餐饮产品和劳务的竞争程度与竞争方式。区别各类市场的最重要的因素是：买者与卖者的数目；某餐饮企业所占有的市场份额的大小；各自产品的差别程度。按照上述因素的不同组合来进行分类，可以将市场竞争类型分为以下四类，每一类的价格制定都有其特点。

（1）完全竞争型餐饮市场上的随行就市定价法

完全竞争型餐饮市场上的一个最重要的特征是经营同一产品的餐饮企业数量众多，以致每家餐饮企业的供应量在该产品的总供应量中只占微小的比重。因而任何一家餐饮企业都不可能通过控制供给量来操纵市场成交价格。该产品的市场价格是由供应该产品的总需求量共同决定的。每家餐饮企业都可以按照上述市场价格卖出它所愿意的任何数量，但它如以高出当前市场价格的任何价格来销售它的产品，便会一点也卖不出去，因为消费者可以选择低价购买其他企业同样的产品。由于完全竞争型市场上的餐饮产品价格由相同餐饮企业产品的无数的供应企业与无数消费者共同决定，并且等于产品的平均成本加营业税加平均利润，也就是说无数竞争者已经将产品价格压低到了餐饮企业长期所能接受的最低价格，因此餐饮企业一般不会再降价销售，其价格与竞争决策的主要内容是按照目前市场上的既定价格去决定获得最大利润的产量水平，同时努力降低单位产品的成本，采用质量（效用）的竞争手段。

（2）完全垄断型餐饮市场上的控制供给量定价法

完全垄断型市场最重要的特征是：一家餐饮企业控制了某种产品的全部供应量，这种产品又没有其他替代性产品来竞争。如一个地方只有一家涉外餐厅，但海外旅游者却有许多，这家餐厅就可通过控制产品的供应量来控制价格，以达到收入最大化的目的。

（3）垄断竞争型餐饮市场上的短期和长期定价法

完全竞争型产品市场和完全垄断型产品市场在现实世界上很少存在。大多数餐饮企业或多或少地遭受到竞争，但在强度上不像面临完全竞争市场那样激烈。垄断竞争型市场是大多数餐饮企业所面临的竞争状况。

垄断竞争型市场的一项主要特征是餐饮产品的差别性，即每家餐饮企业的产品都与为数众多的具有强大竞争性的其他餐饮企业的产品有差别。这里的产品差别涉及两个方面：

①产品本身的细微差别，如使用不同商标的同种产品。

②销售、服务条件的差别。

产品差别的作用在于使餐饮企业不成为市场价格的接受者，而可在不同程度上像完全垄断企业那样通过控制产量来控制价格。这是因为，产品差别越大，意味着这种产品满足某类消费者特殊偏好的效用越强。这类消费者对这种产品越忠诚，其他餐饮企业产品对该餐饮企业产品的替代性就越小，这一餐饮企业在不同程度上近似于一个完全垄断者，它就有可能控制产品的价格。

（4）寡头垄断型餐饮市场上的管理或操纵定价法

寡头垄断型餐饮市场具有如下特点：

①餐饮行业为少数几家大的餐饮企业所控制，这几家大的餐饮企业的产量在该行业中占有很大比重，一般为25%以上。

②在寡头垄断条件下，餐饮产品卖者寥寥无几，各餐饮企业的价格与产量决策相互作用，一家餐饮企业的产量变动或价格变动会显著地影响本行业竞争企业的销售量。

③餐饮企业行动是相互影响、相互依存的，但任何一家餐饮企业在制定自己的接待规模、价格政策时，极少能够确定它的竞争者会做出怎样的反应。

④这种不确定性必然使餐饮企业把价格变动的次数减少到最低限度，以避免价格竞争带来的不利后果。

因此，在寡头垄断型市场上，餐饮产品的价格比较稳定，一般只是在引起成本项目如租税、原料、工资等价格提高，可以确定每一竞争者均将提价的情况下才会变动。所以，寡头垄断者之间一般不在价格方面进行竞争，而主要集中在推销活动、改变产品性质、设计等效用与质量方面进行竞争。

5. 其他定价法

（1）分类加价法

分类加价法是对不同菜式分别制定加价率的定价方法。其基本出发点是各类菜式的获利能力应根据其成本高低而且还必须根据其销售量大小来确定。加价率的作用相当于计划利润法中的计划利润率，只不过在计划利润法中，计划利润率使用于所有菜式的食品成本率及销售价格的计算过程，而在分类加价法中，不同类的菜式使用不同的加价率，因而各类菜式的利润率高低不同。

根据经验，高成本的菜式应适当降低其加价率，而低成本的菜式可尽量提高其加价率；销售量大的菜式的加价率也应适当降低，而销售量低的菜式的加价率则应适当提高。例如：

对于某一具体菜肴来说，应选择合适的加价率，然后确定用于计算其销售价格的食品成本率。计算公式如下：

菜肴食品成本率 = 100% −（营业费用率 + 该菜肴的加价率）

其中，营业费用率指预算期内营业费用总额占营业收入总额的百分比。营业费用在此为其他营业费用和人工成本的总和，包括能源费、设备费、餐具用品费、广告宣传费、税金、保险费、洗涤费、维修费以及职工工资、福利、奖金等。

采用分类加价法，每道菜肴的赢利能力十分清楚，又由于各类加价率的制定考虑了不同菜肴的销售量大小，因而其销售价格较能适合市场要求。

（2）计划利润法

采用计划利润法制定菜肴价格，是以餐饮企业所预测的目标利润率为出发点，以食品成本占营业收入的比例为依据，为各菜肴定价。其指导思想是每位就餐顾客除须支付所购食品的成本外，还须根据其所购食品的价格高低支付一部分费用以做企业食品销售的毛利。计算公式如下：

销售价格＝食品成本÷目标成本率

使用计划利润法制定菜肴价格，需要编制预算，确定利润率、其他营业费用率和人工成本率指标，并算出目标成本率，用于菜肴价格的制定。

计划利润法的优点是：

①每道菜式的成本与价格之间的关系一目了然。

②如果星级酒店在实际营业中能将各项有关费用控制在预算指标内，就能获得预期的盈利。

③提供比较开阔的价格范围，容易满足各种对价格有不同要求的顾客。

④使用相对方便。

这种方法的缺点是无法反映每一菜式制作所需的劳动力成本，而且，由于事实上每道菜式的食品成本率不可能相同，因此星级酒店必须对整个菜单的菜式进行平衡调整，使低成本和高成本的菜式达到合适比例，以求得整个菜单所有菜肴的食品成本率为33％。

（3）跟随法

顾名思义，所谓跟随法定价，就是以其他同类餐饮企业的价格水平为依据对菜肴进行定价的一种方法。采用跟随法定价方法，可以使企业获得应付企业间竞争的能力，但盲目使用这种方法，则往往会忽视食品原料成本，容易引起亏损。

当然，跟随法定价并不仅仅为那些缺乏经验的管理者所采用，相当一部分老练、成功的管理者也使用这种方法。餐饮经营者常常会感到，如果自己的价格高于附近竞争者的价格，那么就会在竞争中失败，而要保持竞争力，必须依靠与同类企业同类产品相仿的价格。这在很多情况下是正确的，因为他们意识到本企业的餐饮产品与竞争对手的餐饮产品相类似，属于相似产品而不是差异产品。相似产品指某种餐饮产品 A 与其他某一餐饮产品 B 如此相似，以至顾客对 A 没有特殊偏爱。在顾客心目中，A 是可以与 B 互相替代的替代产品。如果 B 的价格下降，顾客就会放弃 A 去争购 B；同样，如果 A 的价格上涨，人们也会放弃 A 而去争购 B 或其他产品。差异产品指某一餐饮产品与其他产品是如此的不同（不论是真实存在的不同，还是顾客感觉上的不同），以至顾客对它产生特殊偏爱。

差异产品价格下降或是上涨，不会引起其销售量的很大变动。

（4）贡献毛益法

采用贡献毛益法的指导思想是顾客除须支付其所购食品的成本以外，还应该平均分摊餐厅的其他费用，因为尽管有的顾客吃肉，有的吃鸡，有的吃鱼，但他们都使用相同的餐桌、餐具，同样的暖气、空调、照明设备。这是与计划利润法相去甚远的一种方法。

贡献毛益法的优点是：

①比计划利润法更直观，管理人员只要掌握菜肴的销售量，就能知道所得的毛利。

②使用此种方法，高档菜式变得极富吸引力，具有较强的竞争优势。

③只要营业量能达到或超过预测，其他成本费用控制如常，那么企业就能获得预期的利润。

其缺点是：

①菜单菜式如有变动将影响实际食品成本率，有可能导致实际毛利下降。

②只提供较为狭窄的价格范围，如果目标市场找得不准确，企业极有可能因顾客量不足而无法达到预期经营效果。

③不反映制作每道菜式所需的劳动力成本。

四、餐饮定价策略

1. 产品生命周期定价策略

与实物产品一样，餐饮产品同样存在着产品生命周期现象。在产品生命周期的各个阶段上，决定价格的因素是不一样的，所以价格随生命周期的发展而变化。

（1）导入期定价策略

在产品生命周期各个阶段中，导入期的定价决策最为重要。在这一时期，客源增长缓慢，餐饮企业需要花费大量资金进行宣传促销，因此经营成本较高。在这一阶段，餐饮企业通常会采取以下四种定价策略：

①渗透价格策略。与撇油价格相反，渗透价格是低价格投放新产品的策略。餐饮企业把价格定得很低，以便市场渗透，增加销售量，尽快获得较高市场占有率，扩大市场份额。

采用渗透价格策略，需具备以下条件：市场对价格高度敏感，低价有助于市场扩展；随着销售量增加和经验的积累，企业能降低单位成本；制定低价，可阻止竞争者进入市场。

②短期优惠价格。许多餐厅在新开张期内或开发新产品时，暂时降低价格使餐厅或新产品迅速投入市场，为顾客所了解。短期优惠价格与上述渗透价格策略不同，它是在产品的引进阶段完成后就提高价格。

③满意价格策略。这是一种折中价格策略，它吸取上述两种价格策略的长处，采取两种价格之间的适中水平来定价，既能保证餐饮企业获得合理的利润，又能为顾客所接受，从而使双方满意。同时，餐饮企业根据市场规模、竞争激烈程度、产品新、奇、特的程度和本身实力（如现金周转、知名度高低）来确定偏高或偏低的价格策略。

④撇油价格策略。这是一种高价投放新产品的定价策略。将产品定以高价，能较快收回投资。就像从牛奶中撇取奶油，因此这种价格叫"撇油价格"。

采取撇油价格策略，需具备以下条件：目前市场需求较大；虽然销售量低，单位成本高，但制定高价，餐厅仍能获得高利润；制定高价，不会刺激更多竞争者进入市场；制定高价，有助于造成产品优质的形象。

（2）成长期定价策略

进入成长期后，市场对餐饮产品的需求开始出现较快的增长，在正常情况下，单位成本开始下降，利润有明显增加。在成长期，餐饮企业的主要任务是努力扩大自己的市场份额，同时采取有效措施抵御模仿者的进入。随着产品接近成熟期，价格变动幅度会变得越来越小，价格水平趋于下降，营业收入与利润趋于上升。因此，成长期产品定价决策的关键是要选择适当时机灵活运用价格手段进一步拓展市场，实现餐饮企业预定的经营目标。

（3）成熟期定价策略

成熟期是指消费者对餐饮产品已经接受，销售收入达到最高水平。进入成熟期后，由于餐饮企业很难通过促销来增加客源，面对激烈的竞争，餐饮企业的定价策略是在努力降低成本的基础上通过合理的低价维持自己的市场份额，增加企业的经营利润。若有可能，餐饮企业应该充分利用自己的客源，及时推出新的服务项目，以增加顾客的平均消费水平。

为了在竞争性降价后仍能实现目标利润，餐饮企业应采取各种措施降低成本。因为在成熟期只有那些低成本的企业才能以低价位获得利润。否则，亏损难以避免。

（4）衰退期定价策略

在衰退期，变动成本对餐饮产品定价非常重要，因为市场竞争已迫使餐饮企业把自己的价格降到最低点，接近于变动成本水平。只要有服务能力闲置，餐饮企业就应该以变动成本或增量成本为基础来制定价格。只要价格高于增量成本，即使这些贡献不足以补偿固定成本，但至少可以部分减轻负担，实际上也等于增加了餐饮企业的利润。

在衰退期，餐饮应充分利用竞争低价吸引顾客，通过为他们提供多种服务来增加人均消费水平。需要指出的是，餐饮企业实行低价策略并不意味着企业服务质量的低下。有人认为，在餐饮业，不应该有衰退期出现，只要服务过硬，企业就会越来越兴旺。

从已有的资料看，我国的餐饮企业内部装修大约每3~5年更新一次。这样做虽然有助于餐饮企业提高竞争力，但是，更新周期太短不仅会增加企业经营成本、降低企业经济效益，而且还会导致餐饮企业客源流失，服务质量无法保证。

2. 价格折扣和优惠策略

价格折扣是餐饮推销的一种重要手段。对公平牌价打一定折扣的优惠在餐饮行业运用甚广。价格折扣和优惠有以下方法。

(1) 团体用餐优惠

为促进销售，餐饮企业常常给予大批量就餐的客人价格折扣，比如会议就餐、旅游团队就餐等，其价格往往比较优惠。会议和团队就餐通常以包价收费，在这个包价中提供各色菜肴。

(2) 累积数量折扣

有的星级酒店为鼓励长住户和常客户经常在店内就餐，会给他们以折扣价格。一般星级酒店中的长住户，其在店内就餐只是一种日常生存性需要，而不是享受性需求，因此他们不愿在餐厅中花很多的钱和时间。星级酒店如能提供价格折扣，就能有效地吸引他们在店内就餐。

也有的餐厅午餐营业时间在中午1：00~2：00达最高峰，为使客人提前就餐以减少高峰时段的压力和增加总客源，会给12：45前结账的就餐客人价格折扣。

(3) 清淡时间的价格折扣

①长期价格折扣法。在有限的短时间内做促销，对增加销售量的计算只需考虑毛利率额。但在较长的经营时间内做促销，还要考虑偿付固定成本、企业获得的利润以及平均降价率。例如某餐厅在每周一到周五下午的3：00~6：00的"快乐时光"中举办"买一送一"的折价活动，这项措施虽然在该段时间内折价50%，但对整个经营时间来说，平均折扣率不是50%而是20%，这项推销措施是否有效取决于折价后的销售额能否达到下述水平：

$$\text{折价后需达到的销售额} = \frac{\text{企业要求获得的利润额} + \text{固定成本}}{1 - \left(\dfrac{\text{折价前变动成本量}}{1 - \text{拟定的折价率}}\right)}$$

②短期价格折扣法。有的餐饮企业在生意清淡的时段中推出"快乐时光"、"买一送一"促销活动或者以发展就餐俱乐部的形式给会员"一份价格买二份"

的优惠。这种折扣策略是否有效，必须对降价前后的毛利进行比较，通过比较可算出降价后的销售量达到折价前的多少倍，这项折扣决策才算合理。

$$\frac{折价后销售量需}{达到折价前的倍数} = \frac{折价前每份菜品（饮料）的毛利额}{折价后每份菜品（饮料）的毛利额}$$

例如某星级酒店酒吧考虑在生意清淡的时段推出"买一送一"的鸡尾酒推销活动。鸡尾酒每杯原价为 18.00 元，饮料成本率是 25%，折价后销售量为折价前的倍数为：

$$\frac{折价后销售量需}{达到折价前的倍数} = \frac{18.00 \,元 - 18.00 \,元 \times 25\%}{18.00 \,元 \times 50\% - 18.00 \,元 \times 25\%} = 3$$

如果折价后的销售量达到折价前的 3 倍，也就是增加 200% 的话，这项促销措施就是有效的。

人们外出就餐享用的往往是一种享受性产品，而不是一般的必要品，故价格下降通常会带来销售量的增加，但并不是每项折价措施都能提高经济效益。管理人员必须详细记录折价前后的就餐人数和销售额等数据，比较实际销售额能否达到上述应达到的水平。如果不能达到，就应立即采取措施改进或取消这项促销活动。

3. 心理定价策略

顾客对产品的满意程度如何，对定价影响极大。从顾客的心理反应出发来刺激其消费动机，从而达到促销、多销。这种高效益的定价策略就称为"心理定价策略"。

（1）尾数定价（奇数定价）

价格中的第一个数字最重要。顾客常根据价格的第一个数字做出消费决策，他们认为价格中的第一个数字要比其他数字重要。

星级酒店为迎合顾客的求廉心理，给商品制定一个结尾非整数价格的策略，如 0.99 元，9.95 元等，给顾客一个价格低的印象，并能使顾客产生企业定价认真负责的信任感，餐饮产品的标价常采用此策略。下面以美国餐饮企业的定价策略为例，说明尾数定价策略在菜肴定价中的应用。

菜肴价格的尾数应为奇数，特别应当是 5 或 9。

价格在 6.99 美元以下的菜肴，其价格尾数常常是 9。餐馆经营管理人员之所以采用这种做法，主要原因可能是餐馆长期使用这样的尾数，大多数顾客已经习惯，会认为餐馆给了他们一定的折扣。例如某菜肴的价格为 1.79 美元，顾客往往会认为该菜肴的价格应当是 1.80 美元，餐馆为了扩大销售量，有意给他们 1 分钱折扣。如果把菜肴定价为 1.81 美元，不少顾客就会认为餐馆故意多收了 1 分钱。根据调查，如果菜肴的价格从 1.99 美元降至 1.96 美元，销售量反而会降低。

价格在 7～10.99 美元之间的菜肴,其价格尾数以 5 为最常见,这是因为价格较高的菜肴应当打较大的折扣,尾数为 5,顾客会认为餐馆给了他们 5 分钱的折扣。此外,到价格较高的餐馆就餐的人,主要是为了享受,而不是为了"吃",他们认为以 9 结尾的价格是廉价餐馆的价格,因此,以 5 为尾数的价格更能适应这类顾客的心理。

价格在 10 美元以上的菜肴,尾数为 0 也是很常见的。但是餐饮企业在制定高档菜肴的价格时,也应当充分利用顾客的心理。例如,某一菜肴的价格可以是19.99 美元,而不要定为 20.00 美元。

①调价频率不宜过快,幅度不宜过大。调价过于频繁或调价幅度过大,会引起宾客的反感。通常每次菜肴的调价幅度应在 2 美分至 5 美分之间。快餐厅一年内调价次数不应超过三次。

②尽可能使菜肴价格保持在某一范围内。宾客常把某一价格范围看成是一个价格。例如:他们常把 0.86 美元至 1.39 美元看作为一美元;把 1.40 美元至1.79 美元看作是一美元半;把 1.80 美元至 2.49 美元看作是两美元;把 2.50 美元至 3.99 美元看作是三美元;把 4.00 美元至 7.95 美元看作是五美元,等等。因此,如果餐馆调价以后,菜肴的价格仍在原来的范围之内,就不易为宾客知觉,从而,也就更容易为宾客所接受。

③价格数字的位数应该尽量少一些。宾客对价格数字的位数是很敏感的。他们认为 9.99 美元和 10.25 美元两种价格之差要比 9.95 美元和 9.99 美元两种价格之差大得多。因此,很多餐馆在定价时,尽可能使菜肴的价格低于 10.00 美元或 1.00 美元,即尽可能减少价格数字的位数。这样制定的价格,就不大会引起宾客的抵触情绪。

(2) 声望定价策略

高档菜肴定以高价,既提高了菜肴的身价,又衬托出消费者的身份、地位和能力,能给人们以自我实现的心理满足。

(3) 整数定价策略

一般顾客在餐饮消费中对产品的制作过程、烹调技艺、所用原料和配料等都是不了解的,而很多消费者又有"一分价钱一分货"的价值观念,为了让顾客对自己的选择放心,除了提高售时服务,如让顾客试用、品尝等促销方式以外,明码实价,将价格合理地调整到代表产品价值效用数附近的整数上面,可以让顾客选购时容易比较,从而放心地购买。

第二节　星级酒店营销管理

星级酒店营销是指从顾客的需要出发，以实现星级酒店的经营目标而展开的一系列活动。营销是星级酒店经营管理最重要的内容之一，在星级酒店业竞争日趋激烈的情况下，其地位越来越重要。迎合顾客需求，开拓客源，是星级酒店经营之本。

一、营销部经理岗位职责

①深入透彻地了解客源市场状况和发展趋势，对本星级酒店的硬件、软件情况了如指掌，并积极去争取客源。

②做好调研和预测工作，并在掌握市场状况的基础上制订出季度、年度营销计划。

③与重要客户进行谈判和签订合同，积极参与价格策略的制定，控制售价优惠的标准和幅度。

④参与整个星级酒店营销预算的制定，做好与其他部门的协调配合工作。

⑤访问和接待重要客户。要经常访问各旅行社、航空公司、船务公司、大社团和大商行等有关机构和人员，以与之保持良好的合作关系。

⑥负责本部门员工工作的检查、考核与评价。

二、营销部日常管理

①严格打卡制度，每日外出销售必须先到部门报到，经经理批准后方可外出。如由于工作不能及时打卡，须在第二天一早报经理签字，逾期不补。

②离开工作岗位去星级酒店内办事，需将所去位置告知其他同事。外出办事必须经部门经理同意，并在部门交班记事本上注明。

③上班时必须穿工作服，工作服必须整洁。带团期间导游外出销售可穿便服，回星级酒店应立即换上工作服。不许穿工作服回宿舍。

④去大堂只能走员工通道，不得走星级酒店正门。

⑤不陪客人时，严禁使用客用电梯。

⑥因陪客户等工作需要在星级酒店营业场所用餐，须提前报经理审批，凭书面用餐单用餐，不许先做后报。

⑦不许在当值台班对面和大堂沙发上坐等客人和陪客人聊天。

⑧注意礼貌用语，接电话先说"您好，营销部"。如无紧急事情不许在办公室打私人电话，接听私人电话时间不许超过三分钟。

⑨因带团或跟办会议而加班，须在次日一早报经理确认时间，过后不补办。

⑩补休、事假必须提前报经理审批，严禁先休后报，病假必须出示医生假条。

⑪有事补休要将手上工作事务交代给指定同事，重要活动期间不许补休。

三、营销部资料管理

①资料内容及分类。营销部在日常工作中需要使用和接触的资料很多，包括星级酒店宣传册和基本情况介绍、宴会和会议室宣传册、餐饮促销资料、房价表、明信片、销售袋、营销手册、信件、电传、传真、协议书、合同副本、客房档案、重点客人档案、记事本、销售记事卡、销售报告表等。在资料管理中，可将其分为经营表格类，宣传资料类，协议、合同类，业务通信类，内部文件、通知、启事类，客户档案类，重点客户档案类，团队客人类，零散客人类，长包房客人类和其他。

②建立客户资料档案。营销部应有专门的资料档案柜，经常查用的档案按一定的顺序进行排列。客户档案的内容包括：客户姓名、生日、特殊爱好、禁忌，所住房号、抵离店日期、房间种类、实收房价，投诉，宴请次数、规格等。潜在客户档案的内容包括公司名称、地址、背景，法人姓名、生日、个人爱好，拜访次数、拜访结果、需求等。

③资料的保管和使用。公用资料、不涉及商业机密的资料，如内部报表、宣传册等，由销售代表领取、使用和保管；合同书、协议书等文件由秘书保管，本部门人员查阅在当天必须归还，且不得带出办公室；外部门人员借阅有关资料，须本部门经理同意，并办理借阅手续，重要资料必须及时归还。

四、电话销售

1. 销售员应具备的素质

销售员要做好电话销售工作应具备以下素质：

①良好的态度。销售员应积极、主动、开朗与耐心，在电话中能急客户之所急，想客户之所想，尽量满足客户的要求。为了做到这些，销售员应在电话销售前将一切准备工作做好。

②健康的人格。销售员应当成熟并有自我尊重的要求，能将感情和态度正确地表达给对方。

③驾驭语言的能力。销售员应将丰富的产品知识转化为客户能了解的生动、活泼、有趣、有吸引力的语言，能以专家的身份帮助客户了解产品的特性，促使客户采取预订行为。

④掌握社交技巧。销售员要有熟练的沟通能力和技巧，能和客户建立和保持长期良好的关系。

⑤能使用计算机，会数据库操作。销售员应能熟练地操作计算机，以便随时读取、存储电脑资料，供电话销售之用。

⑥掌握电话销售的基本常识。

2. 电话销售实务

（1）电话销售的三个阶段。

第一，电话销售的准备阶段。

①安排促销日程。正式电话促销前，销售员应制订电话促销日程表，将当天要用电话访问的客户资料与促销目的、促销纲要排定先后顺序，以利于电话促销的展开，并将自己的心境调适到最佳状态。

②准备促销工具。应准备好书写工具，如笔、便纸条、笔记本等；促销辅助工具，如耳机式听筒、手表等；促销追踪工具，如电话录音机等。

③在开展电话促销前，应对电话促销性质做全面的了解，熟悉电话促销的基本应对常识，这样才能应付自如，取得成功。

第二，电话销售的实施阶段。

第三，电话销售的后续工作阶段。

销售员在电话促销之后，还有不少后续工作要做，如客户预订的告知，把客户的抱怨转交服务中心处理等。因此，销售员应在当天做好各类传票，通知有关业务部门予以配合，使电话销售工作顺利完成。

（2）电话销售实务处理

电话销售实务主要涉及咨询与预订、产品促销要点、应收账款催收以及处理客户的抱怨等。

第一，咨询与预订的处理。

与客户谈话时，销售员应分析、掌握客户的潜在需要，并努力将之变为实际的预订行动。客户主动打电话向星级酒店查询有关信息时，接电话的销售员必须做好以下工作：

①以丰富的专业知识、产品知识，用客户能够理解、接受的语言，有系统地介绍星级酒店的产品和服务，以建立良好的企业形象，并使客户产生预订兴趣。

②将该客户的资料输入数据库，并寄送相关产品资料或样品，提供给客户作为参考，为安排下一轮的电话销售打下基础。

③搜集有关资料，以测试营销企划的效果及寻找市场发展机会，了解客户是从何人、何渠道获知本星级酒店的产品和服务的。

经过一番努力，客户终于采取了预订行动，这是交易的完成，更是服务的开始。从这个时候起，销售员工作的重点应放在增加客户和消费者的忠诚度和维持与客户的长期交易关系上。同时，销售员应正确记录预订情况，内容包括客户姓名、电话、住址、产品名称、规格、数量、入住（消费）时间及付款方式。

第二，星级酒店产品与服务促销。

①人员推销。人员推销是最为可靠、最为有效的。推销员可以同顾客直接接触，使顾客能够根据推销员对产品和服务的具体形象的描绘，对之形成印象。

人员推销的主要方式就是外出进行访问。推销人员到企事业的办公室或者顾客家里进行推销访问的基本步骤有：

A. 明确访问目的，安排访问计划。

B. 准备产品和服务的完整资料和信息。

C. 访问时首先要向对方介绍自己的名字和所属的星级酒店，并把名片递给对方。

D. 直截了当且清楚明了地陈述访问目的。

E. 尽可能全面而又简单地介绍所推销的产品和服务。

F. 顾客说话时要聚精会神，认真倾听。

G. 请求顾客预订。

H. 顾客有购买表示，要争取得到明确的预订许诺。如果做不到这一点，则至少也要使顾客有较明确的预订意向。

推销的步骤并不复杂，但必须注意以下问题：

A. 要对本星级酒店的产品和服务以及星级酒店的有关统计数据、价格、营业时间和特殊设施的功能等了如指掌。手中还必须掌握完整的资料，在与顾客谈话时可随手查阅，以便迅速、准确地回答顾客的提问。

B. 每次访问，事先都要有明确的访问目的，并想好要同顾客说的话，尽可能使访问简短些。千万不能跑题，不要与顾客谈论诸如天气之类的客套话，因为这是一次商业性的推销访问，不要浪费顾客的宝贵时间以致引起其反感。

C. 顾客通常不会主动承诺或预订，除非推销人员请他们这样做。要向顾客恰如其分地介绍星级酒店特色，不能随意进行夸张、渲染，否则会得到相反的结果。

D. 推销员在介绍完星级酒店情况后，千万不要忘了说"如果您在宴会单上签了字，那么一切就算谈妥了"，或者是"我何时能为贵公司代表承诺预订房间呢"这类的话。总之，一定要请他们预订，尽可能得到他们许诺预订的准确日期和客房间数。如果顾客当场许诺预订，就要为其办好预订手续。若是在外地进行推销访问，应及时打电话与星级酒店联系确定预订。

E. 一旦获得顾客的预订并办妥手续，就要立即告辞，不能浪费他人的时间。如果在访问过程中顾客含蓄地表示谈话到此为止，就应表示感谢，礼貌地告辞。

F. 推销员在行为举止和礼貌方面必须注意：穿着与修饰要整洁、稳重；对遇见的每个人，特别是接待人员要有礼貌，举止文雅，面带微笑，给人一种愉快的感觉，但不能做得过分；一边向顾客做自我介绍，一边递上名片，这样顾客能清楚地知道推销人员的名字和所属的星级酒店；不论在什么场合，在没有得到顾客让座之前，千万不能就坐。

②广告促销。广告促销是通过购买传播媒介的版面或时间，来向广大消费者或特定的目标市场推销星级酒店产品和服务的促销方式。广告的最大优点是传播面广，它既可以把广大公众作为对象，也可以只触及某一市场的特定对象。如果在普通杂志媒体上做广告，对象就是一般广大公众，影响广泛；在专业性很强的杂志上做广告，其对象就只能是特定的一部分人。

广告促销也有缺点，即费用较高，因为大量运用广告要支付大笔费用。但为了扩大销售，花钱做广告也是必要的。大型星级酒店的广告费一般要占到它们总收入的1%～2%，新开张的星级酒店有的竟占到10%左右。

星级酒店广告可分为两大类：传播广告和形象广告。传播广告是直接向公众出售客房，以价格为主，宣传价格、设施、位置、服务项目等。而形象广告则是向公众宣传星级酒店的经历和客人会有的感觉，如风格、情调、豪华、典雅、与众不同等。

从国外星级酒店广告来看，获得成功的广告，一般能做到以下几点：

A. 在对客源市场进行调查研究的基础上，选择那些能够触及星级酒店主要客源市场的媒介来做广告。

B. 有特色，有引人注目的设计、标题或照片以及吸引力强的广告词。

C. 对本星级酒店的产品和服务的特色介绍全面、清楚，提供一些可以引起读者注意的信息，并清楚地告诉人们星级酒店的地址和电话号码。

③公关促销。公关促销最主要的一点就是要借助传播媒介来宣传星级酒店，因此处理好星级酒店与新闻界的关系，以得到新闻界的支持和帮助是十分重要的。

大型星级酒店多有专门负责宣传工作的人员，新闻媒介感兴趣的是为读者、听众提供引人入胜的特写、有价值的新闻。星级酒店必须有计划、有目的地开发这种新闻题材，通常可用来作为具有新闻性的宣传材料的题材有：

A. 庆祝星级酒店开张典礼，以及星级酒店新建侧楼、新装修、增加新客房、制定新的经营方针等。

B. 星级酒店开业若干周年纪念活动。

C. 星级酒店值得炫耀的服务项目。

D. 星级酒店员工的创新活动，星级酒店员工在企业内外取得的成就，如某员工获烹饪艺术奖，星级酒店发明新饮料，某员工成为全国或地方性某协会成员等。

E. 星级酒店内部发生的较重大的事件，如更换名称、任命新的总经理或主要人员的任职等。

F. 社会名流光临星级酒店。

G. 星级酒店内发生的有趣事件，包括员工之间或顾客与员工之间发生的幽默插曲。

H. 星级酒店热心于慈善事业和公益事业的表现或举动，星级酒店举办或参与的公益活动。

3. 电话销售技巧

（1）电话销售的基本技巧

利用电话与目标客户进行沟通或开展促销时，销售员必须了解并熟练掌握以下基本技巧：

①保持良好的说话态度，带着微笑与人说话，不要因为对方不在场、看不到你说话的表情或态度就不注意自己在这方面应有的礼节。面部表情呆板的人不可能说出发自内心令人愉悦的话语，因此，打电话时依然要面带微笑。

②慎重选择打电话的时间。打到公司去的电话应避免是中午休息或快要下班或工作高峰的时间；打到家中去的电话，应避免是主妇或主人做饭、吃饭的时间；上午 8 点前、晚上 9 点后就都不应该打电话给客户。跟客户有了初步接触以后，可以直接询问对方在什么时候方便接电话。

③保持适度的亲切感，绝对不可以用粗鲁、粗俗的口气与客户或消费者

交谈。

④给客户或消费者打电话时务求周围环境安静，以免环境嘈杂影响谈话质量，导致客户或消费者的不悦。另外，最好不要用手机给客户打电话。

⑤不可以将所有的事情均通过电话处理，必要时应亲自拜访。

（2）电话销售中的说、听技巧

①首先做自我介绍，通报自己的姓名和所属的星级酒店，说明想同谁通话，要同通话对方谈些什么。

②直截了当地说明打电话的目的，按照事先考虑好的或写在纸上的内容说。

③对方说话时必须认真倾听。

④当你明显感到通话对方正在开会或有什么事正在做，并带有强烈的听不进话的情绪时，你应该立即告诉对方，现在不打扰了，以后再打过去，但也要尽可能地向对方传递一个简短的信息，如"我只是想请您光临本星级酒店，但现在您很忙，以后找个合适的时间再给您打电话"。

⑤对话必须简短明了，即使对方想聊天，也要注意不可谈得太久。

⑥打电话时不要抽烟，抽烟既不礼貌，又会妨碍说话，从而影响对方对通话内容的理解。

⑦要清楚对方想要预订的产品和服务，如果对方表示愿意预订，就要立即同他敲定。

⑧如果是首次电话推销，也就是第一次与某个潜在客人通电话，不能期望立即同对方敲定预订，应该邀请其在方便的时候来星级酒店参观，或请其来用餐、喝一杯鸡尾酒或来度周末。

⑨通完电话后，要给潜在顾客邮寄星级酒店服务设施、服务项目、菜单等有关资料。

（3）电话销售中疏导客户拒绝的技巧

客户拒绝预订是常有的事，销售员不仅要善于应付客户拒绝，还要积极对拒绝的客户加以疏导，争取让他们转变冷淡态度并预订星级酒店的产品和服务。导致客户反应冷淡拒绝预订的原因是多方面的。销售员首先要从自身寻找原因，其次分析客户的心理，并针对其心理迅速做出反应。有时客户反应冷淡是由于销售员在他的耳边喋喋不休或用复杂、晦涩的行话推销；有时他们反应冷淡仅仅是因为他们想进一步考验销售员以及销售员所代表的产品。因此，销售员要清楚客户种种拒绝预订的真实心态，掌握疏导的方法，努力促成交易。

①改善说话方式。电话销售最大的障碍就在于很难把握客户的兴趣和关注的焦点，尤其是当销售员言词不当，音质不和谐时，这种情况更有发生。因此，销售员平时要训练自己的口语表达能力，努力改善自己的音质，尽量使自己的声音听起来悦耳、清晰。在准备与客户通电话时，努力使自己的言词（语法、修辞）

与该客户的文化和教育水平相适应。记住，初次与客户接触时，注意说话的方式将更为重要。

②端正态度。销售员应该采用积极、亲切礼貌的态度，开始时不妨恭维对方，这样比较容易赢得客户的信任。换言之，如果想让别人对你有信心，尊敬对方是非常重要的。销售员应精心选用言辞，控制好自己的语音、语调，使自己对客户的尊敬能够恰如其分地表现出来。这样的态度有助于成功地转变客户的异议和拒绝。

③让客户一点点动心。客户说："听起来不错，但谢谢你，我不会预订。"如果销售员感到客户需要自己的产品或服务，就可以把客户说的这句话当作一次销售机会。只要不断提醒客户，你的产品和服务如何恰好能满足他的需要，他就会心动，其中的关键是要让他看到希望，看到利益。

④接受客户的考验。客户说："不，我不感兴趣。"其实，这也是销售员的一种机会，只不过这种机会被隐藏了起来。客户之所以这样说，可能是要考验销售员的销售能力和产品知识。有些客户对星级酒店的产品和服务非常了解，因而他们想考考销售员，他们不想在感觉上差劲，他们不会向不懂行的销售员提出预订。销售员在与这种客户联系时，既要有耐心、有礼貌，又要坚定地把星级酒店产品的方便之处、利益之处阐述给他们听。以下方法可以帮助销售员达成交易：

A. 用词得当、音调沉着有力、态度诚恳。

B. 听到客户说"不，我不感兴趣"时不要挂断电话，电话中的重复促销将扩大销售员的销售机会和锻炼其应对困难的能力。

C. 可用"为什么"来回答客户的拒绝，此时销售员能发现客户隐藏着的拒绝预订的原因。这种方法也能给销售员带来新的销售机会。

D. 回顾销售员在做销售陈述时客户向销售员所提出的问题，并且找到每个问题的答案。

E. 不要急着抛出所有有利的信息。留一两个到最后，如果需要的话，把它作为"王牌"或"重型炸弹"抛给客户。

（4）电话销售中成功约见客户的技巧

电话销售的核心是要能引起潜在客户或消费者的兴趣，如果能做到这一点，电话销售就算成功了一半。因为在电话里，两者各据一方，并无眼神接触，而且也缺乏行为语言交流，因而无法试探对方的意图，很难在电话中跟客户说清楚。所以，在电话中推销产品时，要能引起客户的兴趣并约定与客户见面的时间和地点。成功约见客户的技巧如下：

①做好约见准备。销售员在约见客户之前应做好准备。要想象一下，怎么向客户提出约见？对策是什么？客户提出异议时又将如何反应？此时销售员必须做到：

A. 开场白须说得生动，以引起对方的注意。

B. 陈述销售员能帮客户解决的问题，使他感到有兴趣。

C. 告诉客户解决问题的方法不止一种，然后及时结束谈话，并定下约见的时间和地点。

D. 记住约见的程序：打电话、确定约见时间、挂上电话。

②尊重秘书小姐。具有决策权的人一般都会很忙碌，没有时间和销售员一个一个地面谈。有时候他们会让秘书小姐筛选，所以秘书小姐虽然没有采购决定权，可是她却有办法阻止销售员接近经理。因此，销售员要特别尊重秘书小姐，并在拜访客户前设法了解到秘书小姐的姓名。销售员对待她们要彬彬有礼，不可自傲。此外，不管秘书小姐的态度和脸色如何，销售员都不可以表现得粗鲁、不雅或不耐烦。

③应付接线员。当接线员接听电话时，销售员的态度及声调应保持沉稳，并要显得十分友善，如："你好，是否可以转告经理，我想跟他说几句话。"一般而言，销售员会碰到下列四种情况中的一种：

A. 销售员直接和经理搭上线，并可和他通话。

B. 接线员告诉销售员经理不在。这时销售员就要说："谢谢，那我稍后再打过来。"

C. 接线员把电话接给经理的秘书，这时，销售员得重复刚才和接线员所说的话。

D. 接线员或秘书小姐要求销售员说明来电话的目的。

如果出现第四种情况，而销售员以前曾寄过一封信给客户，销售员便可以礼貌地说：

A. "我以前曾寄过一封信给你们的经理。"

B. "我有一个新点子，希望知道你们经理的看法——他也想接我的电话。"

C. "我有些消息给你们经理。"

D. "别人提议我跟你们的经理联系。"

E. "有一件相当复杂的事情，我想和他直接通话，不知道可不可以。"

F. "我很乐意告诉你事情的因由。不过，可否帮我接通经理，让我先告诉他，并待他指示我该怎么办？"

如果销售员还是没有接通经理的电话，不要和不相关的人倾谈细节，但可要求接线员代为安排与经理见面。若不成功，便礼貌地表示下次再打电话来。

④电话接通后如何应对。打电话最重要的一刻是双方开始交谈的时候，因为这关系到接下来是否能与客户见面。如果销售员想应付自如的话，就要从自己事先准备好的开场白中选出一句适宜的。销售员接通客户电话后，有五种自我介绍的方法：

A. "你好，×先生。"

B. "谢谢你接听我的电话。"

C. "可否给我几分钟时间跟您谈一谈。"

D. "我姓×，是××星级酒店销售部的销售经理。"

E. "我知道你一定很忙，因此客套话就不说了，直截了当地说……"

说完以上的话后，销售员可生动地说出内容，以引起客户的兴趣。

⑤电话销售心理训练技巧。如果销售员对自己的销售能力不自信的话，要想通过电话去销售任何产品都是不可能的。然而问题在于并不是每个销售员天生都是非常自信的。人人都有优点和缺点，自负的人只看到自己的优点，而自卑的人只看到自己的缺点。只有真正自信的人才能找到自己的弱点并去积极改正，久而久之弱点变为优点，随着销售业绩的逐步上升，他们也就越来越自信了。

⑥电话销售注意事项。销售员在进行电话销售时应注意如下几个方面的问题：

一是坚持有限目标原则。一般而言，电话销售的目的应是找到有预订可能的客户，排除没有预订可能的推销对象，以提高登门拜访进行交易洽谈的成功率。换言之，电话销售旨在创造和有希望成交的推销对象的约会机会，而不能代替面对面的商谈，所以电话销售应以建立一个恰当的约见为目标。

二是电话销售应和登门拜访一样，事先要准备一个推销计划。这个计划就是一套或几套引起客户对产品的注意、对销售员的好感，从而积极约见的说辞。其中应包括打电话给谁、介绍产品的哪些方面、了解对方哪些情况、什么时机约见等。

三是选好打电话的时间，避开电话高峰和对方忙碌的时间。一般上午 10 时以后和下午较为有利。

四是讲话应热情和彬彬有礼。热情的讲话易于感染对方，彬彬有礼的话语同样易于得到有礼貌的正面回答。像"您好"、"打扰您了"、"如您不介意的话"等礼貌用语，应成为销售员的口头禅。同样，开门见山也是较受欢迎的说话方式，拿腔捏调、故意卖关子、吞吞吐吐等都易招致对方反感。

五是电话销售不能急于推销，应以介绍产品信息、了解对方情况为主。减少推销意味，反而易于达成约见目的。

六是获知对方姓名、电话、地址，并做好记录，询问对方姓名可在谈话之初，也可在确定约会之后，但无论何时都应先报出自己的姓名，这样对方才可能留下姓名和电话。对电话中所谈内容，边谈边做简单的记录是很必要的，这些资料有助于下一步推销的筹划，也可依此建立客户数据库。

七是约见时间和方式，要提供两个以上方案供客户选择，应考虑到对方的方便。切忌含糊其辞的约会，因为这易为客户所推托。因此，较好的约会时间应是明确、而又有所选择的。比如"今天下午或明天上午，您觉得哪个时间合适？"并进一步确定时间是上午9点，还是下午3点。

八是保持打电话环境的安静。一个嘈杂的办公室或个别人的大声说笑，都会影响电话销售。同时，在客户打来电话时，应主动热情去接，如找某人，应迅速转达。如所找的人不在，应询问对方能否代为效劳。也可让对方留下电话、姓名，并问清什么时间回电话较为适合。总之，整体的配合也是电话推销中提高业绩的重要因素之一。

五、网上推销

在互联网上推销产品或者服务的最有效的方法之一是上网同潜在客户直接交流。交流的形式有很多，星级酒店可以通过一个虚拟出版社发布关于星级酒店产品和服务的新闻，可以通过参加联机讨论以展示星级酒店的专长和在某个方面的特色，还可以通过回答问题向网民提供忠告或附加信息。当然，在这样做的时候，星级酒店推销员必须小心翼翼，与在使用网络通信工具时一样，因为你有意或无意犯下的错误将很快被发往全世界——无论是措辞不当还是逻辑上说不通，更为严重的后果是星级酒店的电子邮箱将会遭到"恶性炸弹"的狂轰滥炸。因此，在互联网上推销，推销技巧很重要。

1. 网上推销礼节

无论是创建一个 Web 节点，还是联上一个电子邮件自动响应装置，在互联网上进行活动并不复杂。如果你不愿自己进行这些活动，可以聘请顾问来帮助你，以便使你更得心应手地开展各种销售活动。然而，在网上推销与推销员登门拜访一样，同样需要注意自己的礼节礼貌问题。网上礼节是每个网络公民都应遵守的不成文的规定。推销员要为星级酒店赢得潜在客户的认同，就一定要遵守网上推销礼节。

（1）互联网讨论组的网上礼节

下面是推销员在参加互联网讨论组进行网上推销时应该遵守的网上礼节：

①言之有趣，词必达意。如果没有什么有趣的事情可说，就闭上你的"手"，也不要絮絮叨叨，说话没有个头绪，让人不明不白。

②节约资源。不要没话找话，也不要只做个应声虫，老说"我也是"，这将使人厌烦。这样，你不仅浪费了你的时间和金钱，而且也浪费了别人的时间和金钱，浪费了 Internet 的宝贵资源。

③简明扼要。说话简练，是一个人智慧的体现，所以推销员说话要尽可能做

到简明扼要，让潜在客户通过你的言谈对你产生好感。因此，推销员的推销陈述应控制在一百行之内。

④不要邮寄一些不应在全世界客户面前出现的信息。因为你的信息可能会被摘录，再次邮寄，归档，存储在 CD－ROM 上，在报纸上出版，被全世界数以百万计的人们在今天、明天和你邮寄多年以后读到。虽然私人电子邮件是秘密的，但是邮寄列表和新闻会被认为是公开的。

⑤己所不欲，勿施于人。尊重别人，体谅别人，不要对别人进行人身攻击，不论你的谈话对象是如何地让你义愤填膺或他的话如何词不达意。另一方面，在你自己的新信息中不要包含太多过时的信息，不要发送重复的信息，也不要去招惹别人。

⑥给出明确的标题。只发送与主题有关的内容，几个词作为标题，以大致描述信息内容。最好避免标题是信息的全部内容，信息的全部内容就是标题。

⑦尊重他人的隐私。未经作者同意把一封私人电子邮件发送到一个公开的网站是不妥当和粗鲁无礼的，是侵犯他人的隐私权。

⑧玩幽默需谨慎。联机时，没有人能看到你在微笑，很难确定你是否只是在开玩笑，因此，如果想玩幽默，请标上约定俗成的微笑符号，以免你认为是幽默机智的小笑话却给你带来攻击。

⑨简短的签名。互联网的联机签名可以让你在寄送的信息底部有个签名文件，这个签名文件可以包含你的名字、地址和一两条其他电子信息。但是不要把签名变成"个人肖像"、警句、名言和其他电子垃圾的大杂烩。

⑩不要大喊大叫。网上被认为是不可接受的行为，还有在发布的信息中使用整段的大写字母（被称为大叫）和回答："我也是这样！"（会被认为是浪费宽带），更不要打断别人的说话。

遵守网络礼仪规定，网络就会成为一个令人愉快的地方。所有的规则中最重要、最简洁的黄金规则是把自己放在客户的位置，想想推销和广告该怎样进行才能为他们所接受。

（2）Web 和 Gopher 节点的网上礼节

当然，网上礼节的规则不仅仅限于网站的信息，Web 和 Gopher 节点同样也有礼节的规定（被称为 Web 的装置通常安装在电视机的上方，故又称为机顶盒）。下面我们列出创建星级酒店 Web 和 Gopher 节点时要牢记的网上礼节。

①清楚地显示星级酒店节点有什么信息。

②方便和可理解的浏览方式，还要为那些不愿或不能下载图像的用户考虑。

③只在有必要的地方加上图形和其他东西，因为并不是每个浏览者都能利用图形的。

④不要误导客户，不要贬低你的竞争对手，以免给你带来麻烦。

⑤星级酒店的形象吻合星级酒店的市场定位。由于 Web 和 Copher 节点主页和其他 Internet 信息经常被复制在全世界的书、杂志、报纸和教科书中，所以推销员应确定星级酒店节点上的企业形象对星级酒店是合适的。

⑥注意电子邮件发送的时间间隔。推销员在向潜在客户发送电子邮件推销星级酒店产品和服务时，不要不停地给每个访问者发送电子邮件，不然的话，他们会把你当作是"垃圾邮件"的制造者。

⑦开放式的主页。不要假定你的节点只能用某个特定 Web 浏览工具观看，更不要在主页中设计只有 NetsCop 才可以浏览，应该让尽可能多的 Web 浏览工具浏览到你的主页。

Web 和 Gopher 节点的网上礼节是属于 Internet 文化的一部分，任何违反 Internet 文化的行为，星级酒店主页的访问者会迅速让星级酒店知道。

2. 克服网上推销障碍

虽然互联网推销市场看起来非常诱人，但是请记住：相当多的互联网用户显然对推销或其他企业在网上做推销缺乏好感。这主要存在着两大障碍：一是文化方面的障碍。许多互联网用户来自学术团体、政府和其他非营利性机构，他们强烈反对将互联网用于商业目的。二是经济方面的障碍。互联网"邮寄垃圾"不仅浪费了用户的时间，在某些情况下它也浪费了用户的金钱。因为他们收到的邮件越多，收邮件所用的时间就越长，付出的费用也就越多。

我们不难想象，如果要我们为观看电视上的每个商业广告掏钱，我们会怎样强烈地反对电视广告；同理，互联网用户花费金钱浏览垃圾邮件或私人电子邮箱遭到侵犯，他们会怎样起来反对并攻击侵害他们的人？这时恶性炸弹封门也就是情理之中的事情了。因此，为了方便星级酒店的潜在客户了解星级酒店，争取他们成为星级酒店的客户乃至忠实客户，星级酒店推销员在开展网上推销时应注意遵守如下规则，以克服网上推销的障碍：

（1）把互联网作为一个多样化的专门市场的集合

拥有数十亿用户的互联网比世界上任何一个大城市都要大许多倍。虽然许多用户都受过高等教育，甚至相当一部分用户是专家学者，但是互联网也吸引了大学生、有地位的人们、历史迷、运动迷和想象得到的任何其他社会群体。面对这样的用户群体，星级酒店如果把他们都当作推销对象，那么毫无疑问，星级酒店发出的电子邮件或发布的信息就很容易成为垃圾邮件了，根本起不了任何作用。

正确的做法是把互联网作为一个多样化的专门市场的集合，它们各有截然不同的历史、方针、规则和讨论主题，星级酒店推销员应在这个专门市场的集合中寻找适合自己的专门市场，在适合自己的专门市场上进行推销和促销，如此，成功的可能性就会更大。因此，推销员在互联网这个虚拟的超级大都市中首先要确定哪些社会群体可作为销售对象，了解它们相互之间是怎样交流的，它们对星级酒店广告宣传和推销资料有什么样的反应，然后再把它们作为打开星级酒店市场的途径。

（2）盯住一个新闻组

为了赢得网上潜在客户的信息，星级酒店推销员最好固定地参加一个选中的讨论组，并积极地参与同组成员的交流。只是在一个组中发布一条信息，蜻蜓点水，走马观花，然后拜拜，是远远不够的，是争取不到潜在客户好感的。

（3）慷慨地提供有用信息

在商业联机服务上，获得信息就要付费，这在比如 Cmpuserve、Prodigy、AmericaOn – line 这样的商业联机服务上是理所当然的事情，但是在互联网上却有些不可思议。星级酒店要从 MN 得到潜在客户的预订，就要准备付出一些代价（提供潜在客户有用的、需要的信息），而接受此信息的潜在客户却不必付出费用。

（4）学习互联网独特的网络文化

不论是星级酒店管理者还是星级酒店推销员，在观念上都不能把互联网看成是一个普通的计算机服务提供者或是一个计算机公告牌，如果有这种想法，那么星级酒店的推销将不会有什么起色，星级酒店在网上成功销售的机会也将大打折扣。因而星级酒店推销员应该多学习知识，学习在互联网讨论组上邮寄信息，学习独特的网络文化，学会如何在网络社会中开展工作，如何获得盟友，特别是想在互联网市场上与客户建立长期交易关系的推销员，更应这样去做。

（5）遵守学术性或非营利目的的限制

不要在学术性或非营利目的的网站等场所发布促销、推销信息。

3. 网上宣传技巧

无论星级酒店有多小，它都可以是网上一个漂亮的节点，一颗璀璨的明星；只要向某个新闻组或邮件列表发送一个新闻稿，星级酒店就能向全世界数以百万计的人们宣布它的存在，网络的用户们将会挤满星级酒店门前的小路。

（1）在互联网上发布信息

了解在互联网上发布信息的方法，将使星级酒店发出的信息能有效地为潜在客户所接受。具体方法如下：

①适当的信息发送给适当的论坛。把信息发送给适当的论坛是有效的，如果向每个邮件列表和讨论组都发送信息，则很多是无效的，而且也容易引起其他无关人员的反感和攻击。

②信息简明扼要。虽然上网接受信息的费用比打长途电话或国际长途电话更便宜，但是互联网用户毕竟还是要付出费用的，是按分钟或按字节或信息包付费的，星级酒店发布的信息简明扼要，就能节约用户的上网费用。

③信息应主题鲜明。与传统的大众媒体相比，星级酒店在互联网上可以 24

小时做宣传，而在报纸和电视上，星级酒店信息只能限制在一段时间或者空间里传达给听众和观众。由于没有时空限制，星级酒店可以向潜在客户提供自己的产品或服务信息，而主题鲜明则可以使星级酒店发布的信息很方便、很容易地为潜在客户所了解。

④培养好感和吸引力。星级酒店在发布信息时，为了能让更多的人阅读到，可以将信息与娱乐活动结合起来，比如播放与星级酒店有关的精彩连续短剧、有奖征文或竞猜活动，或者是令人流连忘返的很有吸引力的游戏等，培养潜在客户的好感，增强星级酒店发布信息的吸引力。

（2）在互联网上做广告

在互联网上做广告的好处之一是：星级酒店不用投入巨资，也能引起全世界的关注。在 MW 上做广告有三种方法：

①发布 URL。URL 是统一资源定位器的缩写，它是一个字母序列，功能是指出星级酒店 Web 节点的地址。星级酒店平时可将自己的 URL 地址印在星级酒店的信纸、信封、不干胶、客用品、宣传手册、宣传资料、管理文件以及其他印刷品上；在星级酒店的报纸、杂志、电视广告上也可以写上 URL；在向客户寄送的电子邮件与向 MW 新闻组和邮件列表发送的稿件底部的签名文件中也应加上星级酒店的 URL。潜在客户一旦知道星级酒店的 URL，就可以很迅速地接通星级酒店的主页。

②在互联网上宣传 Web 节点。虽然 MW 社会一般不喜欢未经请求发送的电子邮件和新闻组稿件，但是有许多的 Internet 讨论组实际上欢迎收到商业信息。在 Internet 上最著名的组有 nethappenings、gleasonsackmen 和 interNICinformationservices 管理的邮件列表。这些列表的目的是分发网络用户感兴趣的通知，包括会议通知、文章征集通知、网络工具升级通知和新网络资源的消息。

那么，什么样的 Web 节点主页是最好的？这个问题不难回答，我们说使人得到信息，受到教育等节点就是最好的节点。

A. 星级酒店不能简单地在网上发放小册子或者张贴报纸的等价物，而应该向访问者提供免费的、内容充实而又有趣的信息。例如，有一家星级酒店在某 Web 节点中提供了丰富的内容，那里有关于曾下榻过该星级酒店的政界要员、社会名流、餐饮特色、作家茶话等，有关于这些项目的常见问题回答列表以及家庭节庆食谱、名茶名点、主厨献艺、家庭布艺、环境美化等内容。这样的 Web 节点访问的人当然就多了。

B. 星级酒店主页应该有吸引人的标题，如果不止一页的话，在主页上还应有各版的内容简介以及引导游览观光的导游路线或路标。

C. 星级酒店主页应有统一的风格，有必要的点缀与装饰，比如每页都有星级酒店的吉祥物或卡通人物图标，或用墙纸装饰背景，添加表格和动画，使主页变得漂亮、美观。

③在 Internet 目录中列出星级酒店的节点

宣传星级酒店 Web 节点的另一个好方法是把它列在 Internet 的电子目录中，其中一些就在 Web 节点所在的主页上。通常这个服务也是免费的，但是有些会以出售网上广告的方式帮你提高节点的知名度。尽管 Internet 上有许多为星级酒店做免费广告的地方，但星级酒店可能还是想再另外做一些广告，并愿意为做这些额外的广告支付一定的费用。星级酒店花钱做广告的目的如下：

A. 提高知名度。通过大打某某赞助商的旗号，星级酒店可以突出自己的节点，而不是该列表上千千万万个 Web 节点中默默无闻的一个。

B. 争取更多的访问者。如果在一个像 Hospital（www. hotwired. com）这样的流行联机出版物上有一条线路，星级酒店就能为自己的节点争取到更多的访问者。

C. 把广告放在更好的地方。当星级酒店免费往邮件列表邮寄广告时，星级酒店对自己节点在列表上出现的地方或者逗留的时间没有控制权。付款购买广告时，星级酒店的广告将在协议时间里一直出现。

（2）在商业网络中寻找推销机会

Internet 是联机商业服务的最好选择，但是其他网络可能会更好地满足星级酒店的需要。现在世界上有三大主要商业网络，它们是 AmericaOn – line、CompuServe 和 Prodigy。就规模而言，它们比 Internet 小得多，但它们还是有自己的优势。

①轻松使用。商业网络提供免费或者廉价图形前端，以便用户能迂回通过那些使他们限于困境的基于文本的界面。它们的另一特色是提供数据库、公告牌与成员目录，这使得搜索和周游它们远比在 Internet 上容易。

②安全性强。商业网络设置安全的联机购物中心，不仅使其商业处理能力得到增强，而且也使得交易双方有安全感，特别是在传输信用卡账号时，安全系数大大提高。

③引导性强。商业网络可以保证通过广告直接把预订者指引到星级酒店在网络中设置的虚拟星级酒店里去，而在 Internet 上，星级酒店必须在数十个不同的目录和讨论组中张贴关于虚拟星级酒店的信息，而且不能保证潜在客户一定都能找到。

④能容忍商业性的广告宣传。商业网络对企业广告没有严格的限制，使用商业联机服务的人似乎比 Internet 上的人士更能容忍商业性的广告宣传。

尽管商业网络有着上述优势，但是其弊端也是很明显的，主要是费用问题，使用商业网络的费用远比使用 Internet 要昂贵。

4. 网上推销技巧

在互联网上推销产品和服务，重要的是要接受网络文化，接受网络文化将使星级酒店产品和服务的推销迈向成功。当然，网上推销技巧也是很重要的。

（1）讨论组的运用

前面我们讲过互联网既有邮件列表，又有新闻组，它们都是供用户参加，发表各自高见、建议的论坛，同时也是星级酒店促销的重要阵地。使用这些讨论组来推销星级酒店的产品和服务，宣传星级酒店、树立星级酒店的企业形象时，推销员应注意讨论组的推销技巧问题。

①选择讨论组。互联网上的讨论组为数众多，邮件列表有9000多个，新闻组有10000多个，合起来约有20000多个讨论组可供星级酒店选择。你知道星级酒店应该选择哪些讨论组吗？最好的方法也许就是向同行了解他们认为最有价值的讨论组。另一种方法是找一个专门就这方面提供指导的讨论组，还应该看看有关的书，在书的附录中常有一些邮件列表和新闻组的目录。

②参加讨论组。一旦你选择了一个你感兴趣的互联网讨论组，就可以参加讨论了。有两种讨论组，它们分别是邮件列表和 Usenet 新闻组，如何加入将取决于你参加其中的哪一种讨论组。你可以按照你的 Usenet 程序的指导加入或者离开你选择的新闻组就可以了。网上的大多数邮件列表都依赖一个名叫列表服务器（listserve）的程序，电子邮件的术语为 Listsery。要参加使用这个软件的任何邮件列表，都要向这个 Listsery 程序所在的主机发一封电子邮件。

③讨论组与推销利润。现在让我们来看看推销员的参与如何能给星级酒店带来推销利润。讨论组对星级酒店推销利润的增加主要源于以下三个方面：

其一，做广告和开展推销。在互联网讨论组里可以做广告，但广告必须注意委婉、含蓄，推销味道很重的广告是不受欢迎的，因而在讨论组里做广告有三种方法：

A．张贴星级酒店某次活动的新闻稿，这个新闻稿必须要有新闻价值；或者发布星级酒店新近推出的新服务项目的消息。

B．开展讨论，形式可以是问答式，通过这种方法使讨论组的成员对星级酒店有所了解，或者告诉他们在哪里可以找到所需要的信息。

C．在发布的信息底部签名文件中用一两行文字为星级酒店的推销做广告，比如星级酒店简况、特色，或者宣布客房有奖积分中奖的情况。

其二，售后服务。星级酒店也可以用互联网讨论组来提供售后服务。有时星级酒店可以加入到消费者感兴趣的主题讨论中去，例如"旅行者'家外之家'"讨论组。提供联机的售后服务既是提供售后服务的一种廉价方法，又能为星级酒店做正面宣传，采取的形式可以是回答客户的问题，或者公布一些有用的信息。

其三，招聘雇员。星级酒店可以在互联网讨论组中邮寄招聘雇员的广告，这种招聘方法迅速而有效，网络用户一般不会拒绝这种广告，事实上，互联网讨论组放有大量的招聘广告。在招聘广告中可以充分推销星级酒店，包括星级酒店的特色、优势与发展趋势等。

（2）网上邮件的运用

由于每一个网上邮件都含有返回地址的域，所以星级酒店可以很容易地参加有关的讨论组并建立一个该组用户的数据库。例如，星级酒店推销员可以在 rec. tourists 新闻组中考察几天，获得几百个名字和电子邮件地址，然后寄送关于星级酒店与旅游景点、景区的电子邮件。电子邮件也许是接触网络用户最直截了当的方法，因而从总体上看，如果星级酒店能够遵守网上礼仪、接受网络文化，其效果是很好的，推销也可以获得比较大的成功。

（3）网上新闻稿的运用

使用网上新闻稿也不失为一种好方法，而且也显得比较温和，星级酒店推销员可以在网上发布有关星级酒店产品、服务的新闻稿，并将该新闻稿张贴在网上公告牌上，或者邮件列表或者新闻组，以邮件列表更为有效。通过邮件列表将新闻稿寄给一个讨论特定主题的讨论组，推销员就能让该列表上的所有用户得到星级酒店的信息，因为所有在邮件列表上签名的人会自动收到发给该列表的所有信息。

加入邮件列表后，有时会收到 formletter（格式信件），信中告诉你哪些信息可以放到列表上，哪些不行。因此，推销员应仔细阅读这些文件，以便决定论坛的性质和可接受的行为。否则，触犯列表成员的规则，或不注意新闻稿中广告和信息的比例，那么星级酒店就将失去这个潜在的市场。我们建议新闻稿中信息与广告的比例应该在 4∶1 左右。因此，为了慎重起见，推销员应先作为一个观察者在邮件列表或者新闻组中泡上一两个星期，看看他们在讨论什么主题和参与者有何反应。如果不能肯定邮件对象适当与否，我们建议推销员先向列表的管理者或主持人发一个便条，听听他们的建议。

（4）网上公告牌的运用

增进网上推销或服务的再一种方法就是在邮寄给讨论组或者邮件列表的每一则信息的签名文件里进行宣传，推销员不妨把"签名文件"想象为星级酒店的信笺，也可以把它叫作"小型公告牌"。网络用户认为在签名中加一两行关于星级酒店及其服务范围的信息是可接受的，这样推销员就可以在签名文件里写进星级酒店的电话号码、传真号码、邮政地址等，让对星级酒店宣传信息感兴趣的人能继续了解下去。在使用网上公告牌时，星级酒店推销员可以寻求网上的 finger 服务系统的帮助。finger 服务系统可以帮助推销员弄清楚某个用户是否登录在该系统上，并帮你更多地了解那个用户。在 finger 系统的帮助下，推销员的文件可以包括想说的全部信息，比如星级酒店产品或服务信息、推销员个人信息、星级酒店价目表以及星级酒店其他更详细的销售信息。

（5）网上形象推销

推销员在平时上网的时候，应该注意为网络文化多做贡献，比如可以经常邮寄关于星级酒店产品或服务的新闻稿，参加涉及星级酒店主题的讨论组，积极动脑筋思考问题，然后将问题的答案邮寄回去，并且务必使自己的回答有新意、有创见。虽然这样对推销星级酒店具体的产品不能产生直接效果，但是通过这种方法却能在网络客户中增加星级酒店的知名度，宣传星级酒店良好的企业形象。

这种宣传星级酒店企业形象的方法，与网络对用户的要求是相吻合的，而且对星级酒店在网上推销的长期成功至关重要。虽然有些星级酒店仅仅把网络看作是一个媒体，并不打算对它有什么贡献，但是我们还是建议星级酒店推销员和大家一起努力把这个计算机世界建设得更好，从中星级酒店也可以获得更大效益。

（6）在 World Wide Web 上做广告

World Wide Web 现在已经对整个网络社会开放，星级酒店可以用丰富多彩的图形界面、生动有趣的文本向热心观众发布星级酒店信息。星级酒店在网上创建 Web 主页后，就好比在宽敞的信息高速公路上树起了一块公告牌，公告牌上星级酒店的信息闪闪发光。潜在客户看到星级酒店的信息后，通过各种信息键可以得到关于星级酒店产品和服务的更详细的信息。

（7）避免抗议邮件的诀窍

推销员在参加一个邮件列表或新闻组时，应花一些时间了解讨论组成员的情况，目的是看看在这个讨论组中星级酒店未来市场的形势如何，而不要马上动手发出大量的电子邮件。推销员应多听听当前流行的谈话，注意潜在客户需要什么，他们喜欢怎样的交流方式，他们的严肃性如何，他们的职业特征是什么，他们偏爱什么样的信息。在此基础上，推销员还应尽可能使自己的推销信息简短，一般建议不要邮寄超过45行的信息。在邮件结尾，请标上"欲知详情，请寄电子邮件"这句话，以提供潜在客户进一步了解星级酒店信息的其他方法。

六、直接通信推销

1. 直接通信推销的特点及方式

直接通信推销和其他方式的广告相比较，明显的优点是能准确地针对某些特定的对象，从而收到较好的效果，其他广告方式却不能做到这一点。

保持直接通信推销只是推销的方式之一，而非一个与其他推销活动脱节、独立行事而不借助于其他形式的推销活动。

直接通信推销又称之为"直接广告"。由于目标明确并且有个人化的特性，所以通信推销必须审慎计划，要设计通信的形式、通信的系列、个别函件的内容措辞。

　　直接通信推销的媒介一般包括函件、通知、传单、明信片以及附在信封里的其他附寄品。

　　星级酒店管理者往往运用直接通信去推广客房、宴会、会议设施、餐饮以及新增的服务等。除了推销以外，直接通信也可用以促进对外关系，这些关系的对象包括一般顾客、可能的顾客、老客户、本店员工、膳食承办人、股东以及一般社会大众。

　　采用直接通信推销方式时，寄发的邮件可用下面的一种或数种并用：信函、回复、宣传纸夹、小册子、对内发行的刊物、照片、海报、翻印文件、唱片、日历、折叠式火柴、菜单、明信片以及各种印刷品和小零件。

　　星级酒店最常用的邮件推销有以下几种：

　　①信函。可用挂号或平信寄发。

　　②邮卡。单式的或复式的，前者类似明信片，后者附有订单回复卡或征询资料回复卡。

　　③四页式信笺。第一页为信函内容，其他三页则为本店有关资料的说明或解释。

　　④折叠式、活页式印刷品，翻印品等。

　　⑤成卷的文件及较大件的宣传品，通常包括会议小册子、日历、对内发行的刊物及特殊的宣传资料，这一类函件往往以印刷品方式邮寄。

　　⑥节日祝贺函。生日、年节时等用以致贺。

　　⑦通知。通知事项包括星级酒店开业日期、装修日期，收费标准、营运方针或服务方面有所改变等。

　　2. 直接通信名单的制定

　　直接通信的运用，最重要的是将那些较有把握的客户制成一份名单，而且要使该名单适时有效。你的推销函尽管写得非常好，很有说服力和吸引力，但如寄交的对象不对，就不容易招揽到生意。所谓对象的合适与否，是指对方是不是有惠顾的可能。因此在准备印制寄发这类函件之前，首先要浏览一遍通信名单。

　　不过，这份名单还得加以分析研究，因为名单上可能会列载社会各阶层的各种人，所以他们的需求也会各有不同。对于不同的人，推销要点应做不同的调整。比方说，做生意的、度蜜月的、打高尔夫的、合家旅游的等，都应按其所好而分别推销。否则的话，你的通信推销充其量只能像在报纸上登广告而已。

　　（1）制定客户通信名单的注意事项

　　通信名单应依客户的类型予以分类，诸如客户、餐厅、团体营业等。这类名单还需进一步分组安排，也就是将那些一年左右没有上门的客户另行成册，而列出一份活动性的客户名单。通信推广的主要目标几乎完全着重于这份有效的名单。如果本店的营运服务的确是一流的，或者目前已经达到一流的水准，那么对于那些一两年没再上门的客户可以尽可能再度通信招徕。

通信名单最简单的方式是利用原有的客户登记簿加一张 8cm×12cm 的卡片。休闲类星级酒店若能制作一份客户历史记录表也有实用价值。暂住类酒店大都依靠信用卡、客户登记卡以及团体生意档案作为通信招徕的根据。

制定通信名单时，客户的姓名、现住址、邮政编码、信箱号码等的记载应绝对正确。地址相同而姓名略有差异，或者同一姓名见于两处者，均应予以省略不必重复。客人的兴趣亦应特别注意，由于记录不清而将两封信寄给同一个人，当然会影响函件的招徕效果。

通信名单是否按照姓名字母顺序或者地理顺序排列，这些依名单的分量、寄信的频率而定。邮件寄往不同地址时递送较快，大宗的邮件一定要按邮局规定依地区寄发。

3. 直接通信函件的设计与目标的确立

（1）函件设计

直接通信函件的设计最好是由专家处理。如果是生手，可以求助于印刷厂商与邮局人员，而且应当常常向他们洽商请教。大宗邮件的设计处理若能咨询于广告专业人员，也可使你省钱。

直接通信函件的设计应当注意下面几个因素：

①通信所要达到的目标。

②设计需要花多少经费。

③寄发函件的数量。

④邮件的性质（信函、明信片、折叠式小册子、不需信封即可直接付邮的广告、答复表等）。

⑤函件的尺寸、页数、颜色、图片、体裁、字体以及使用方法等。

⑥函件如何折叠（内容提要尽可能展露在外）。

⑦函件如何称呼、取材、付邮。

⑧是否附带回函件及回函方式。推广函件附带回邮卡或回邮信，使用人需先在当地邮局登记一个专用号码，并缴一笔保证金。星级酒店较常使用回邮信，而较少用回邮卡。因为回邮信可以附寄附件，甚至支票，而费用较之回邮卡多不了多少。同时回邮信也较具私人性，所以收信的客户较喜欢使用。

（2）目标的确立

寄发信函应当有一个主要的目标，而不要试图一次推销很多东西。星级酒店发函的目标可以是：

①引发收信人提出询问。

②获得收信人的预订。

③介绍新增加的服务、设施、娱乐活动。

④取得膳食方面的生意。

⑤取得团体生意。

⑥一般性的营业推广。

4. 注意推销焦点所在

推广函件的推销词要吸引读者注意，首先就要告诉收信人，星级酒店能够提供什么样的服务，使之有兴趣一直读下去。推广函应强调对方的观点或看法，以收信人为主体，在此基础上注意推销焦点所在。

①强调一两个主要的推销重点，而其特别有利之处是你们的竞争同业所不能提供的。整个推销事项仅做概要式的说明，详细情形可利用附件补充。其他推销要点可在第二次函件中叙述，这就是一系列推销活动的分段进行方式。

②确切指出你们提供的服务有什么特殊之处，有谁称道过这些特点？（这时候可将称道的评语引出来）。至于特殊的服务项目可在附件中说明。

③您打算要您的收信人做些什么？要他填写一张订单？要他来信进一步询问资料？要他打电话给星级酒店的代表或者旅行社？

④告诉对方应如何采取行动。附一张回函表格（回函邮资免付），并告知星级酒店的电话号码，或者代理人的电话号码。

⑤告诉对方现在就应采取行动，因为本店目前正有特别节目推出，可供租用的房间有限，而且现在正是收费优惠的时候，以及其他可吸引其下订单的优惠事项。

⑥由于很多人拆开信之后，习惯首先看一看 P.S（附言）部分说些什么，所以在这一部分要注入一些生动有力的话。比方说以个人名义问候对方，略提第二次信的要点，请对方注意回函表格等。P.S 部分要写得简洁清楚，最好是用手写，以求增加推销员个人的影响力。

5. 系列通信

正如一位推销员在第一次推销时很少能够得到订单的情形一样，直接通信推销在开始的时候也不容易得到满意的答复。根据研究显示，即使在相当顺利的情况下，也得有三四次的通信才会获得相对满意的结果。

（1）发送系列函件的方法

一个理想的信函推广活动至少要包括三种函件，每种都要求一个答复：

①通告（信函或印刷宣传品），用以诱发收信人的兴趣。

②资料文件（信函、折叠式小册子等），这与第一种通告有关，是详细资料的提供。

③作价推销活动，摘要说明作价事项，并须附一张回函表格，或者请收信人打电话、发传真给酒店人员、业务代表或旅行社。

制定追踪通信名单的一个理想方法，是在第一次发信的时候额外写好一个信封附在名单上。凡是第一次通信就收到回函的，那个额外的信封就要抽掉，以免那位已经回信的可能客户再收到追踪函。

发出的函件预计到达的时间大约是 7～10 天之后，在此间隙时间若再发函，收信人则会因收到重复的函件而不快。

通信的影响力可因函件的宣传内容及外表的设计而倍增。函件形式的变化（不完全是信件，也不完全是印刷宣传品）有助于诱发收件人的兴趣，所以应将直接通信和其他广告联系起来。

（2）函件的发送对象

①季节性的通知函寄给以下客户：

A. 积极的客户。也就是上一季曾经上过门的客户。

B. 消极的客户。也就是上一季没有订过房间的客户，但在过去 5 年内曾经是本店的客户。

C. 取消订房的客户。上一季的确曾在本店预订了房间，但由于某些原因而取消预订的客户。

D. 可能的客户名单。在两年之内，这些人中有的曾经向本店有所询问，有的是本店客户曾介绍过的。

②公开通告的追踪式函件寄给上述四类人士。

③系列性的函件寄往各旅行社。

④追踪函（两三次）寄往所有曾经向本店询问的潜在客户。客户离店后 6 个月内没再上门，也要寄发追踪函。

⑤对第一次光顾本店的客户和现有客户寄发感谢函。

⑥客户惠顾本店三次后，即可寄发信用卡。

6. 团体生意中的通信推销

团体生意靠销售员的亲身推销，除了个人的亲身推销和电话推销，还应有计划周密的通信推销作为辅助。

（1）调查

①凡是本地的机关团体，如果没有固定负责会议事务的人员，就要弄清楚其高级人员的姓名，也要知道那些团体中一般人员的姓名。

②调查清楚他们计划举行什么会议，预定的出席人数，集会或展览的类型，而且要知道本店可以提供什么样的服务。

（2）争取团体生意

①招揽机关团体在本店举行会议，除发函外，还应附一份计划周详的会议手册。

②函邀某一团体负责筹办会议的人员到本店来参观并做实地考察。

③对于负责筹办会议的人员要用追踪函使其了解有关本店的改进情形，并让

他们明白，本店有能力和兴趣为其提供服务。

（3）致谢函

①本店被选为举行会议的地点，应给客户发函致谢。

②客户虽然决定在其他酒店举行会议，但曾将本店列为考虑中的地点之一，而且表示下次可考虑在本店举行，这种情形也当发函致谢。

7．餐厅函件

星级酒店餐厅的经营也要运用直接通信推销方式，其函件一般有以下几种：

①特别服务项目的通知。

②定期寄发的列有特别菜单的明信片。

③寄赠菜单（全套的或简要的）或其他赠品。

④广告宣传品。

⑤对于客户具有纪念意义的菜单及邮政卡。

8．随函附件

（1）小册子

在星级酒店经营中，直接推销函的主要附件是折叠式的小册子。从理论上说，这种小册子应是星级酒店的基本广告文件，较之其他广告文件也应当更为广泛。这种小册子必须能够严谨而准确地说明星级酒店的概况，而它的外表及内容正如一个推销员的现身说法，能够反映出星级酒店的形象与风貌，以及经理部门人员的态度。

在所有的小册子当中，最好的一种是用四色套印、配上自然色彩的照片。

有些星级酒店的小册子是在浅淡颜色的纸上做单色印刷，例如粉红色纸上印深蓝色图案，或者将绿色图案印在黄色纸张上。但是内容或图片在印刷时都要加上额外的线条。

（2）精巧的小工艺品

有很多附件可以随同推销函一同寄发，但最妙的一种就是精巧的小工艺品。它们通常是一种编制品或者可以放在信封里的小东西，比方说一枚钱币、一张邮票、一支混合烈酒搅酒棒，或者其他任何非印刷品的小东西。

赠送这种精巧小工艺品有没有价值，曾经有过正反两面的辩论，但没能获得定论。赠送精巧小工艺品通常被认为是不太庄重的举动，所以你的函件若是具有庄重性，那么附赠这类小工艺品就不适用。相反，如果你有意在函件中制造特殊效果，那也不妨附一件小工艺品，因为那毕竟是新奇的附件。下面几点可能有助于你决定是否应在推销函件中附送小工艺品：

①赠送的小工艺品一定要和本店的营业具有直接关系，尤其要和当时的推销函内容具有特定的联系。

②注意小工艺品是否有危险性。玻璃或金属的小工艺品若是有锋锐的边或

尖，千万不能寄。

③小工艺品的赠送不能成为推销函的主要部分，它应仅是推销函的辅助成分而不能反客为主，以免由于小工艺品的过分突出而使推销函相形失色。

④赠送小工艺品时，可向广告公司或者专门处理信函的服务机构咨询，以求小工艺品的赠送获得最大的效果。

（3）其他附件

直接推销函的另外几种附件可能是价目表、菜单、调查征询卡、回复邮件、日历、记事簿以及折合式火柴。信纸信封是否需要烫金或是加上金属镶的框边，要依照邮政法规处理。记录簿与日历是相当有用的附件，因为它们可有较长使用时间。一本记事簿在受赠者的办公桌上可能会用几个月，而一本精致的日历则可用一年。

无论何种附件，都必须与推销函内容有关，而不是额外的附属品。推销函中的附件最好不要超过三件。

9. 信封及通信地址书写方式的选择

在大批的来信中，信封上的地址是用电脑打字或者手写的，就会比制版印刷的地址更为引人注目。制版印刷的地址当然既快又正确，且又省钱，但它们显然有一种广告传单的意味，收件人具有强烈愿望时才会打开信封，否则的话，那种信可能会被原封不动地扔进垃圾桶。

使用巨型信封的邮件，通信地址通常是用打好字的签条贴在信封上。这种地址签条应当设计得引人注目。大信封可用淡色纸制作，甚至可用透明玻璃纸，透出里面的小册子。但是玻璃纸信封上的地址签条需经特别的胶贴。

有一种大信封的设计很动人，整个信封是水绿色的，地址签条上印出白色的珊瑚花枝般的图式，地址文字则用深绿色。这种"礼品包装式的"大信封看起来很别致，收信人见到这样的信封会有一种清新之感。信封所需的费用并不太多，却能收到特殊的效果。

通信地址如果是印刷的，在地址上面加一行花体字的短标题也可引起读者的注意，此外信封上的着色或插图也可引人注意。地址写在信封的反面，正面用以插图，或者将信函内容中最重要的一句话写在正面，同样会令收件人注意。规格特别的信封，例如请帖式信封，或者像私人信笺式的信封，都有采用的价值。

推销函件若是数量不大（低于 500 封），尽可能用手写地址，像寄私人函件一样，这不会花太多的时间。但应注意字一定要写得漂亮，否则会适得其反。

10. 函件发送的时间

推广函件发送到邮局的时间应当在周六，这是很重要的。而当天发送的邮件也要赶上邮局打包发送的时间，这可从邮局索取一份打包邮件的时间表。应避免高峰时发送邮件，因为那会延误邮件的寄出与到达。

寄发给机关团体的推广函件，最好能预计其到达的时间是在周二的下午，周三或周四的上午。

寄给一般家庭的推广函件，最好能在周四或周五到达，赶在他们到星级酒店度周末之前。对于那些有孩子的家庭，推广函中要考虑到全家度假的各种事项。如果推广函的目的是告知可能的客户本店周末将有特别节目，则发信的时间要提早，以便客户提前准备。很多休闲类星级酒店的推广函都以发给一般家庭为主。

推广函件的寄发也有季节性。针对一般家庭推广函不要在大批账单到期的季节发送，例如元月一日（圣诞节账单），三月三十日（所得税缴付）。寄发推广函的时间选择大致如下：针对机关团体的最好是在三月三十日以后；针对教会人员的在复活节以后；针对老年人的应在节假日；针对有小孩的家庭的是在学校的假期。

推广函无论寄发到什么地方，原则上要使其先期到达，至少在一天以前，甚至在一个月以前到达受函人手中。第一次发出的推广函尤其不能误时，那是一种打基础的函件，到达的时间绝不能马虎。

七、店内促销

店内部促销是向住在星级酒店的客人、餐厅和酒吧的顾客、宴会的参加者进行的推销活动。顾客一进星级酒店大门，星级酒店内部的推销就开始了，星级酒店的全体员工应用优质的服务和适当的方式和技巧，说服、促使顾客购买星级酒店的产品，尽可能在星级酒店多消费，更重要的是使之下次再来光顾。

1. 星级酒店内部的店内推销

所谓内部的店内推销是一种双边工作。第一是推销员工作欲推销的产品和服务，第二则是协助员工提供服务，也就是销售。

内部推销要获得成功，星级酒店的每个员工都要自觉地参与进来，成为有力的推销者。星级酒店的每个部门不应只局限于推销本部门的产品或服务，必须从星级酒店整体利益出发，尽可能地为其他部门销售做些工作。

下面是一些成功的内部推销做法：

制订一个例行的员工会议日程表，例如每个月的第一个星期二，或者第三个星期三，或者每星期开会一次，总之开会的次数不要过分频繁。一个例行会议日程以连续 6 次、8 次或 10 次会议作为一个阶段。

每次会议应有一个明确的题目。有两种方式可供参考，开会时可任择其一，亦可两者并用。

一是以推销员的工作态度作为开始。下述各点可作为推销员的工作态度的首要问题予以讨论：

①殷勤有礼。

②仪容。

③健康（卫生）。

④微笑。

⑤合作。

⑥服务。

这些问题的讨论应以员工本身的观点为准，而不是星级酒店管理所指的推销员职务原则上的观点。对于员工来说，他们的想法可能是较大的工作安全感，这种安全感产生于较佳的营业状况，员工之间较佳的协调关系，甚至个人较佳的私生活。

员工会议的第二种方式可称为"直接点火"，也就是为了刺激某一部门的销售额而设计的会议。其手段是集中各部门所有与客户接触的员工，使之一致努力于推销某一部门的货品或服务。下述各点可以说是这一系列会议所讨论的几个关键问题：

①餐厅。

②酒吧。

③书报摊。

④衣物看管及洗熨。

⑤客房服务。

⑥花店。

这些会议的方式以及在会议上的举措都很重要。会议的开始应当准时，散会也要准时。会议时间不宜太长，大约 15 分钟即可。不要端起上级的架势对员工训话，应以平等身份和他们探讨。

第一次会议时，应先说明各项推销日程，酒店业的一般营业趋势，以及本店营业趋势的确实数字。

每一次会议的议题应包括两部分：第一，与员工有关的新闻、计划改进等事项。第二，当天的推销主题。应允许员工参加讨论或提出建议。

任何议题均应事先通知出席会议的员工，以便他们做好参加讨论的准备。你会发现只要给员工参与的机会，他们便会热心讨论，并提出许多有创意的办法。

设立公告牌张贴海报，尽管这种举动对会议活动并不重要。这些海报应具体说明本周或本月的活动主题。

店内推销的第二部分工作是协助员工提供他们的服务，也就是销售。星级酒店做好内部促销工作的一个重要环节，是对星级酒店全员进行营销意识和推销技巧的培训，使全体员工充分认识内部促销人人有责，学会怎样进行推销。

一位员工没有适当的训练就参与店内推销可能会毁掉既得的成果，而那些成果却是为了拉近可能的客户而花了很多的业务推广费用在店外推销得来的。一个员工由于资料消息缺乏或个人的鲁莽，以致坐失生意机会的例子真是不胜枚举。就以接线员而言，如果店内正在进行一项推销计划借以开发永久性的客户，或者正在推广一种大众化的午餐，而他却没接到通知，完全不知道有这么一回事，这样，他在接电话时就有可能答非所问，因而丧失一笔生意。无论是服务台员工、领班、衣帽间服务生还是门卫，如果对于经理部门所进行的推销活动一无所知，就可能把上门的生意弄跑而不自知。

任何推销计划，不管是为了刺激晚餐生意还是争取会议生意，最重要的是让每一个和客户直接接触的员工都知道。员工应当知道店内正在进行什么活动，这个活动对公司有什么意义，对员工个人又有什么意义，以及员工应当怎样去做才能有助于这些活动的成功。

2. 利用星级酒店设施的推销

店内推销的目的是鼓励客户把他的钱花在星级酒店里，而不是花在店外。星级酒店业务部得到一份统计报告，显示会议代表们在饮食方面花在星级酒店外面的钱多于花在星级酒店之内的，这说明店内推销的目的没有达到，至少是没有完全达到。

星级酒店员工没有受过推销训练，也可以进行某种特定的推销活动，但其效果比起受过训练的员工所做的推销活动就会差一点了。

店内推销中运用"交织式广告"的例子非常多，而在新构想的运用上也是无所限制的。这里举几个例子说明什么是交织式广告。

（1）纸质餐巾

几乎所有的酒店及餐厅，供应饮料的房间都使用鸡尾酒纸质餐巾。在酒吧中使用这种餐巾时，它们便成了推销宣传品。若是用在餐厅中，便等于告诉客户，本店还有一种完全不同情调的鸡尾酒吧。这种餐巾在不同场所的交互使用，使之成了推销工具，一种特定的推销宣传品。

（2）菜单

有一家餐厅利用他们的日常菜单推销餐厅的小房间。这些小房间的布置精巧高雅，张贴的照片便是菜单的封面装潢。

（3）电梯间广告

电梯间的告示牌是店内推销最理想的广告处所，因为乘电梯的人总会看上一眼。希尔顿大酒店在这方面做得很出色，他们张贴一系列的卡片，一天当中，不同的时间贴出不同的卡片，因此取得了最大的推销效果。其方法是午夜贴出早餐的广告卡，上午11时左右贴出午餐推销卡，鸡尾酒推销卡大约在下午3时贴出，到了下午 5 点半贴出晚餐推销卡。

电梯间是很好的店内广告处所，但是要注意，张贴的展示卡应让客人容易看到。一般来说，那不是客人一进电梯就看到的地方，而是客人进入电梯转身向外时能看到的地方。

（4）客户服务指南

交织式广告最好是放在客户房间中的"客户指南"里。而很多星级酒店放置这类广告几乎都有一种倾向，那就是混合在一些不相干的印刷品中。这样在外观上很不协调，推销效果上也不够理想。

客房印刷品广告最好和各部门销售的货品或服务资料印在一起，即将所有广告印在一种图表式的客户指南上。纸张的色彩不宜过分鲜艳，才能和酒店的其他广告以及房间的装饰品相协调。如果需要加强某一部门的广告特色，可在纸张的颜色与设计式样或纸张的规格上加以强调。

另外，更有效的服务指南就是印发小册子，每一页都打一个凹口，编上各部门的代号，就像大型辞典一样。这种指南邮寄给客户也很有效。

小册子或者书夹式服务指南，因为客户可以随时抽取那种散装宣传品来浏览消遣。书本式的永久性印刷品较为正式且更完整，但由于装订的关系，其中的内容无法随时变更。

从推销的吸引力与实用的观点看来，较为花钱的书夹式指南似乎最理想。它的花费并不像书本式指南那样多，而且便于处理，任何新构想或广告的变更均可随时插进去。

星级酒店的服务指南应包含完整的资料，并有电话分机号码。其项目分述如下：

①餐厅（包括房间服务）。

②客户服务（洗衣和衣物看管等）。

③商店（包括星级酒店及其所在地区的商店）。

④订座订房资料。

⑤交通运输及一般服务。

⑥宴会及会议场地设施。

（5）个人推销

总的来说，在任何行销领域中，所有店内推销最强有力的方法就是个人亲自推销，但是推销员在和客户打交道方面如果没有受过推销训练，就不能保证确实有效。交织式的广告推销原则刚好可以用于店内人员亲自推销。个人方式的店内推销可以达到两大目的：鼓励客户把他的钱花在星级酒店里而不要花到外面去了；使客户下次再来光顾。个人亲自推销可以办妥两种销售事项，推销员可以当时获得额外的特定销售，也可取得确定的订单或订座而完成第二次生意。推销员必须记住，任何推销的目标都应当是：第一，告诉可能的客户关于星级酒店所销售的产品和服务；第二，要求客户购买。

第三节　星级酒店营销创新管理

一、理念创新

营销理念是营销决策和营销策划的基础，随着市场营销环境的变化，市场营销的理论和实践也在迅速更新和发展，世界上许多著名市场营销专家不断提出新的营销理念，推动全球的经济发展。

1. 大市场营销

"大市场营销"是著名市场营销专家菲利普·科特勒教授提出的一种新的营销理念和战略思想。"大市场营销"是指企业为了成功进入特定市场或者在特定市场经营而应用经济的、心理的、政治的和公共关系的等技能，赢得若干参与者的合作。

传统的市场营销建立在开放市场的基础上。20 世纪中期以来，社会、政治因素对经济的干预加强，贸易保护主义抬头，市场壁垒增加，市场封闭性倾向重新出现，促使传统的市场营销组合中加入了"权力"和"公共关系"两个因素，形成了"大市场营销"理念。利用权力和公共关系开展市场营销活动，对清除市场障碍、变封闭性市场为开放性市场有着不可低估的作用。

大市场营销理念中的权力包括法定权力、专家权力、信仰权力、参照权力和奖惩权力等，这些权力都可能为营销活动创造机会。

大市场营销理念中的公共关系，就是要通过各种有效的公关手段，加强与顾客的交流，创造忠诚顾客。

2. 开拓营销

在供不应求的市场里，企业只要提供足够的产品和服务就能赢得顾客，占领市场。当市场由卖方市场转变为买方市场时，要赢得更多的顾客，就不能与别人争夺现有市场，而应努力去开拓新的市场。

在社会和技术变革日新月异的今天，新的产品、新的服务、新的设施不断涌现，如果星级酒店一味强调以当前的顾客需求为导向，不能开拓新的市场，实质上就是损害了顾客和社会的同时也损害了自己的长远利益。开拓营销要求善于把最新的技术进展和应用前景以及最新消费趋势的有关信息不断地提供给顾客，获得顾客的认可，主动购买星级酒店的产品和服务，从而使星级酒店培养出一个新的顾客群，开拓一个新的市场。实践证明，由于科技进步，人们消费的日益多样化以及国际间的经济、贸易、文化等交流的日益频繁，开拓新的市场有时比与人共争一个市场更有利。

3. 国际营销

过去许多国内星级酒店很少关注国际市场。对他们来说，国内市场安全、易操作，而且充满机遇。随着计算机网络的普遍应用，通信、交通、资金流动的加快，时空正在迅速缩短，世界正缩小为一个"地球村"，全球经济一体化也正在变为现实。今天，全球性的星级酒店集团已达数百家，国内市场也不再是充满机遇了。以全球市场为营销目标，是企业国际化的重要内容，全球性企业已将世界看成一个市场。

对于 21 世纪的星级酒店企业来说，可以不成为全球性企业，但必须进行全球性营销。

4. 战略连锁营销

随着社会经济的发展，人们的竞争观念发生了变化，认为企业间实行战略连锁同样可以实现社会资源的有效配置，也不会阻碍规模经济的形成。人们认识到，企业作为一个经济组织，其存在的目的是为社会创造更多的财富，满足人们的需求。

竞争，不以消灭、击败对手为目的，而是通过竞争加强合作，通过合作来促进竞争，实现双方优势互补，增强竞争双方的实力。

二、手段创新

1. 整合营销

整合营销是一种通过对各种营销工具和手段的系统化结合，根据环境进行即时性动态修正，以便交换双方在交互中实现价值增值的营销理论与营销方法。

整合营销是企业在兼顾企业、顾客、社会三方共同利益下更好地协调企业内、外系统的关系和活动，日益丰富和完善的营销理念基础上发展和演变而来的一种新的市场营销手段。

整合营销与传统营销的差异在于：

①整合营销打破了把市场营销只作为企业经营管理功能的观念。传统的营销理念只要求市场营销人员在执行营销工作时要考虑相关因素的影响，而没有把这

些相关因素列为营销的一部分。整合营销要求把企业所有活动都整合和协调起来，要求企业所有部门共同努力为顾客的利益服务，以使企业朝着既定的目标前进。

②整合营销改变了以往从静态角度去分析市场、研究市场、迎合市场的方法，强调以动态的理念主动迎接市场的挑战，使企业更清醒地认识到企业与市场之间的互动关系和影响，不再简单地认为企业一定要依赖并受制于市场自身的发展，而是应该努力去发现潜在市场，开拓新的市场。因此，在今天的市场形势下，开拓市场也许比适应市场更为重要，开拓市场比细分市场和确定目标市场也更为主动。

③整合营销更强调运用信息社会的一切手段建立尽可能完善的消费者信息数据库，使企业更加清楚究竟是什么样的消费者在使用自己的产品，建立起和消费者之间更为牢固和密切的关系，进一步加强顾客对企业的忠诚度。

传统的市场营销强调外部环境是市场营销不可控制的因素，人们只能利用那些可控的因素。但是整合营销则强调，在动态的营销环境中，只有成为市场营销的开拓者，企业才拥有持久的市场生命力。

2. 关系市场营销

关系市场营销是伴随着大市场营销理论的发展和社会学对传统营销理论的渗透而产生的。关系市场营销把营销活动看成是企业与消费者、供应商、分销商、竞争者、政府机构和社会组织互动的过程。关系市场营销的关键因素是建立并发展与相关组织和顾客的良好关系；关系市场营销的核心是追求顾客忠诚。

(1) 关系市场营销的特点

①双向交流。关系市场营销强调双向交流，不仅是企业与顾客的双向交流，还有企业与供应商、分销商、竞争者、政府机构以及社会公众的双向交流。通过双向交流促进信息的渗透和情感的发展。如星级酒店不仅要把自己的产品特色介绍给顾客，而且还要了解顾客的喜好及顾客对星级酒店产品的评价。

②面对面营销。面对面营销是指通过营销人员和顾客的交流，了解每一位顾客的不同需求，提供不同的产品和服务，让顾客满意。面对面营销立足于保持老顾客，致力于谋求顾客的忠诚度。它不是只针对少数重点顾客，而是面向所有顾客。面对面营销认为，在充分考虑顾客价值的前提下，区别每一位顾客对产品的需求是营销人员的主要工作内容。营销者要利用计算机记录每一位顾客的相关资料，设立顾客信息数据库，通过分析，结合企业实际，为顾客提供让其认可的服务，从而使顾客与企业保持良好的关系。

③与各方通力合作。关系市场营销的目的就是消除企业和相关组织和个人之间的对立关系，为获得共同的利益而相互支持、相互配合、相互合作。营销者应与顾客、分销商、供应商、竞争者以及政府机构等建立长期的、互相信任的合作

关系。

（2）关系市场营销的内在表现形式

在关系市场营销中，关系的性质是公共的，是组织与个人或组织与组织之间的互动，而绝非"拉关系、走后门、谋私利"的庸俗的个人关系。

关系市场营销的内在表现形式如下：

①企业与顾客的良好关系。顾客是企业最重要的外部公众，是企业生存发展的基础，发展与顾客的良好关系是关系市场营销的首要目标。

②企业与竞争者的良好关系。企业要处理好与竞争者的关系，不能视竞争者为敌人，不能将竞争对手"赶尽杀绝"。企业与竞争者的对立关系是相对的，完全可以在竞争中维护双方的共同利益，通过竞争达到双赢的结果。

③企业与供销商的良好关系。企业与供销商之间的关系自古以来就受到企业的重视，企业希望与供销商建立密切的合作伙伴关系，得到供销商在供、销两个方面的大力帮助。

④企业各职能部门之间的良好关系。企业各职能部门之间关系包括各职能部门之间的关系和员工之间的关系。处理好各职能部门之间的关系，员工才能更努力地工作，关系市场营销的运行才能有一个好的基础。

⑤企业与政府和公众的良好关系。对企业营销活动产生影响的还有政府和社会公众。企业在处理与这些影响者的关系时，应遵守积极参与和互利互惠等原则。

（3）关系市场营销的层次性

关系市场营销的核心是让顾客忠诚，维系顾客。市场竞争的实质是企业能够赢得更多的顾客。因此，发展与顾客的长期友好关系，已成为当今市场营销的一个重要内容。国外学者提出了三个级别的关系营销来发展与顾客长期的友好关系。

①一级关系营销。一级关系营销又称频繁市场营销，有时也被称为购买型关系营销。在关系市场营销的三个层次中，这是最低的一个层次。一级关系营销通过直接经济利益刺激顾客购买更多的产品和服务，通过让利销售、"三包"服务等手段来保障顾客利益，获得顾客满意，使顾客与企业建立友好关系。同时，企业必须采取有吸引力的措施，激发顾客主动与企业建立和增进友好关系，仅靠一级关系营销的直接经济利益刺激，很难保证企业与顾客能建立长久关系。

②二级关系营销。二级关系营销有时也称为社交型关系营销。二级关系营销更重视与顾客建立长期交往关系，通过人与人之间的营销和人与组织之间的营销结合，增加顾客对企业的认同感。顾客组织是二级关系营销的主要表现形式。即以某种方式将顾客纳入到企业的特定组织中，使企业与顾客保持更为紧密的联系，实现企业对顾客的有效控制。如某些星级酒店给顾客发放贵宾卡、会员卡。

通过顾客组织，企业可以给予老顾客优惠和奖励，以加深顾客对企业的信任，增加顾客对企业的认同感，密切双方关系。

③三级关系营销。三级关系营销又称结构性营销，有时也称为忠诚型关系营销。在关系市场营销的三个层次中，这是最高层次。这种营销方式就是企业通过向顾客提供某种很有价值又不易获得的特殊服务，借此实现企业与顾客的双向忠诚、相互依赖、长期合作关系，这种关系被称为结构性关系。在结构性营销中，企业为客户提供的特殊服务通常以技术为基础，形成一套独特的服务体系，使竞争对手很难效仿。

三、产品创新

星级酒店要想在日益激烈的市场竞争中占领市场，必须要不断进行产品创新，因为星级酒店之间的竞争集中表现在产品和服务方面的较量上。星级酒店产品创新能力的大小不仅反映了星级酒店员工的整体素质，而且反映了星级酒店在市场竞争中的潜力。

1. 星级酒店产品创新的必然性

（1）产品创新能提高星级酒店的市场竞争力

与所有产品一样，星级酒店产品进入衰退期后，即使增加推销、广告等费用，也很难避免销售量和利润的下降。只有用新产品去替代老产品，才能适应市场的需要，提高星级酒店的市场竞争力。

（2）产品创新是占领、分割新市场的万能钥匙

能满足市场需求、适应市场变化的企业并不一定是优秀的企业。世界上的优秀企业，无论是从事何种行业，都不只是消极地满足市场的需求和适应市场的变化，而是不断开发出新产品来占领、分割新的市场。只有掌握了产品创新这把万能钥匙，才能使自己在竞争中立于不败之地。

（3）产品创新有利于星级酒店更新技术

今天，越来越多的现代技术在星级酒店中得到广泛应用，技术的先进性已成为竞争力的一种体现。星级酒店的产品创新与技术更新有着密切的关系。一项新技术的应用会为新产品的研究与开发创造条件，而许多新产品的研究、开发、生产也需要有先进技术来保证。再者，新产品推出后所取得的收入反过来又会支持星级酒店的技术更新和新产品的研究开发，使产品创新和技术更新达到良性循环。

2. 星级酒店产品创新的走向

面对激烈的市场竞争，面对日新月异的技术进步和社会环境的变化，星级酒店产品创新也出现了一些新的走向。

（1）开发智能化的星级酒店产品

以电子信息、生物工程、新材料、新能源和宇航太空技术为主的世界新技术革命对人类社会的影响，在广度和深度上都将大大超过前几次的技术革命，这种影响也在激励星级酒店的产品创新。传统产品的改造重视高新技术的应用，星级酒店新产品的开发也离不开高新技术的支持。如许多星级酒店正在大力开发的具有办公、通信、消防、保安自动化的"五A"功能和良好服务的"省能化星级酒店"就具有极高的科技含量。

（2）开发附加值高、功能全的星级酒店产品

现代消费者不再满足于星级酒店仅提供简单的住宿和就餐服务，顾客不仅是在星级酒店住宿和就餐，还有工作、商务、健身、保健、娱乐、美容等多元化需求。因此星级酒店在开发新产品时，必须在重视食宿等基本功能的同时考虑新产品提供的附加功能，以便给消费者提供更多的实惠，满足现代消费者在星级酒店的多元化需求。

（3）开发满足不同顾客需求的星级酒店产品

星级酒店产品主要是无形的服务产品，星级酒店服务质量的好坏最终是由顾客评价的，而顾客评价出的服务质量标准就是星级酒店满足顾客需求的程度。随着市场经济向深层次发展，各行各业都已经从卖方市场转向买方市场，顾客的需求千差万别，要经得起顾客的选择和挑剔就必须满足顾客的不同需求，因此，个性化服务已成为世界星级酒店业发展的潮流。

（4）开发民族风味浓厚的星级酒店产品

需要接待来自世界各国的旅游者，星级酒店就应该尊重顾客的宗教信仰、文化传统、风俗习惯。但另一方面，我们也应看到具有民族性的东西也具有国际性。旅游是在体验生活，顾客不仅要求在旅游过程中得到娱乐享受，也希望在其他方面同样得到精神上的满足。因此，在开发星级酒店新产品时也应尽可能地体现民族特色与地方风格，发挥我国在文化传统方面的优势，让顾客明显地感受到灿烂的东方文明。

（5）开发绿色环保型的星级酒店及其产品

人们盲目追求经济的高速发展、盲目追求眼前的经济利益和高消费的生活等行为已给人类生存环境造成了严重的污染和破坏。地球环境的污染破坏给全世界人民敲响了警钟，保护生态环境已成为全世界人们共同的呼声。追求高品位生活的消费者已不仅仅满足于优越的物质享受，他们更希望拥有美好的生活环境，这种希望也反映在他们对星级酒店的要求中。旅游业发展的实践已经证明，旅游业

包括星级酒店业也会对人类生态环境造成污染和破坏，因此，人们应重视开发绿色环保型的星级酒店及其产品。

第四节　营销部人员岗位职责范本

一、国外销售经理岗位职责

①在星级酒店总经理和营销部经理领导下，负责国外销售工作。

②提出年度市场经营计划和销售计划，包括开展市场宣传，提供预订服务，推销星级酒店产品，联系国外电台、电视台和重要报刊广告事宜，经营销部经理和总经理审批后组织实施。

③用星级酒店在国外的预订网络为各个地区的客人提供预订服务；随时收集客户预订信息，供营销部经理和总经理参考。

④执行星级酒店销售政策和策略，组织预订代表和销售代表加强同国外商社、旅行社、公司等客户的直接联系；同客户签订合同。

⑤收集国外旅游市场信息，掌握国际旅游市场最新动态、特点和发展趋势；了解国外星级酒店业行情，及时向总经理和营销部经理提供重要信息，为制定星级酒店市场经营和销售政策、调整战略和房间价格提供参考。

⑥掌握国外旅游展览会的信息，提出参展计划；组织人力和材料，适时并有效地参加展销活动，抓住机会与国外客户签订合同，扩大星级酒店在国外的市场。

⑦同营销部和前厅部保持密切联系，保证客人预订的落实。

⑧指导和培训国外预订代表和销售代表，不断提高业务素质，保证完成各项任务指标，扩大星级酒店影响，增强星级酒店在国外市场上的竞争能力。

二、营销部主管岗位职责

①保持与有关单位的业务联系，积极推销客房，开拓客源，确保销售计划的完成。

②处理好客户的订房电话、电传、传真业务，并做好订房、合同、客人信息档案资料管理工作，能及时报告主要客人和回头客人的情况。

③及时掌握旅游市场价格情况，提出星级酒店价格调整方案和建议供领导参考。

④掌握客房预订情况和每天的客人抵离数量、类别，掌握客房利用率和完好率。保持与总台的联系。

⑤按合同规定，及时准确催办各有业务往来单位的资金及费用，并协调星级酒店同有业务往来单位的关系。

三、旅行社销售代表岗位职责

①向客户推销星级酒店各个档次的客房，开展预订业务。

②分析市场信息，联系客户，扩大销售网络。

③将旅行社预订信息及时发回星级酒店，与星级酒店营销部和预订部保持密切联系，准确地控制房间状态；正确处理客人预订变更、取消、婉拒事宜，保证客房预订的准确性。

④利用各种机会宣传星级酒店，扩大星级酒店影响，提高星级酒店声誉，树立星级酒店的良好形象。

⑤正确处理客人投诉和预订纠纷。

四、营销部文员岗位职责

①按时上下班，工作积极主动。

②准备各种销售文件、租房协议、备忘录、合同和销售契约等。负责各种文件的打印、上报和下发。

③按规定收取文件，进行归档处理。

④负责接听电话、留言，处理办公室日常事务。

⑤完成营销部经理布置的其他工作。

第五章　星级酒店大客户关系管理

第一节　客户关系管理概述

星级酒店产品如同其他产品一样，需要有消费者光顾，也需要有中间商，不论是批发商还是零售商；旅行社是星级酒店产品销售最主要的中间商，它们既可以是国内的旅行社，也可以是国外的旅行社。除了旅行社这个销售主渠道外，星级酒店销售员通常还需要面对许多分散的客户，他们一般是各个企事业单位及政府部门和机构。由于客户是一个庞杂而多层次的群体，实行客户管理就显得非常必要。通过客户管理，销售员能建立起与客户的良好合作关系，获得并留住客户。

一、客户关系管理的内容

1. 尊敬客户

作为销售员，对客户低头哈腰、做出满脸的谦卑并不是尊敬客户的表现，也不是与客户交朋友的应有表现，因为客户会从心底里瞧不起你。尊敬客户表现在很多方面：衣着得体，有职业销售员的形象；向客户打招呼时面带微笑；关心客户的工作、家庭和爱好；与客户交谈时始终让他感觉到你和他的交易关系只是第二位的，你们首先是朋友关系。许多销售员对此认识不足，他们非常了解产品和服务，销售陈述也做得非常生动形象，但恰恰不注意朋友关系这个层面，在没有赢得客户的心之前就想把手伸进他的钱袋里去，或者说推销产品先于推销自己，从而失去了客户。在销售过程中，销售员必须摆正心态，做到不卑不亢，让客户觉得你很尊敬他，他才会在心里接纳你，才会与你做朋友。

2. 赞扬客户

赞扬温暖人心，给别人的生活带去欢乐，也给自己的生活带来更多的乐趣。

俗话说："好话人人爱听。"恰到好处的赞扬能让客户感觉良好。对销售员来说，真诚地赞扬客户是与客户交朋友、建立伙伴关系的方法之一。如果你仔细观察，就会发现客户身上有可赞扬的地方，比如工作成绩、家庭、外表、爱好或别的较突出的事情。要让人们认识到你是在真心赞扬他们，当客户喜欢上了你以后，你收获的时节就来临了。

3. 挖掘共同语言

销售员在与客户洽谈时应寻找与客户共同的语言。共同语言，说白了就是你与客户有相同的志趣，相同的爱好，相同关心的问题；在这些问题上，你与客户应在大方向上保持一致，观点也一致，甚至说话的口气也一致。如果确实找不到什么共同感兴趣的事，那就对客户的爱好表现出极大的兴趣并希望更多地了解它们。

4. 赢得客户的心

找合适的机会邀请客户到星级酒店喝喝茶、吃吃饭，唱唱歌、跳跳舞或健身，或者送给客户一些小礼物。也许客户非常想参加一场活动，而你恰恰有机会得到入场券，那么给他一张何乐而不为呢？或者送给客户一件他非常想得到的小玩意儿。当你在这样做的时候，切记要在一个适当、合适的环境下，地点适当，时间恰当，理由也恰当。

5. 想着客户

销售员需要不停地向客户表示谢意，在特别的日子，例如客户过生日或乔迁新居，客户单位周年庆典或其他纪念日，销售员都应寄发贺卡，有时候寄上有意义的小礼物能给客户带来意外惊喜。

总之，销售员与客户交朋友，让客户对你有良好的感觉，就一定要让他一见心动，再见也心动，这样你就可以力挫群雄，与客户建立合作伙伴关系。

6. 关心客户是否赚钱

客户赚钱就等于你赚钱，因为客户最终是在为你出售产品，然后把钱还给你。这是销售员关心客户是否赚钱的第一层含义。第二层含义是，如果你了解到客户赚钱了，你应该催促客户尽快归还所欠你的钱，这样不仅可以避免银行利息的损失，而且不至于发生逃账、呆账或者烂账的风险，更为重要的是你自己的劳动不会付诸东流。

7. 客户数据库管理

星级酒店销售部是个应重点实行计算机管理的部门，星级酒店的接待计划主要是从销售部转到其他生产与职能部门的，因而销售部的计算机管理可极大地提高星级酒店的经营办公效率。就销售员而言，通过计算机对客户实行数据库管理，就有了方便可靠的物质保障。客户数据库管理主要涉及以下几方面内容：

（1）客户情况调查

顾客市场是个庞大的整体，有着众多不同层次、不同需求的客人，而一家星级酒店的人力、物力、财力总是有限的，不可能去满足消费者的各种需求，也不可能同时满足各个层次、不同顾客的需求。因此，星级酒店只能根据自身条件和相对优势去寻找适合自己的市场。

（2）客户系列化

客户系列化的实质是要培养星级酒店的忠诚客户，或者说培养星级酒店的大客户。所谓大客户，是指星级酒店大部分的销售量来自于一小部分客户，而这一小部分的客户就构成了星级酒店的大客户。这些大客户可能是星级酒店在某个销售区域的总代理，可能是一个大型的工商企业集团，也可能是一家客房预订网络。客户系列化程度高，说明星级酒店产品形象好，客户关系好，同时又能吸引品牌转移客户、无品牌忠诚客户。

二、客户关系管理的方法

对客户进行管理，需要采用科学的管理方法，主要有巡视管理、关系管理与筛选管理。

1. 巡视管理

进行客户管理，必须了解客户。了解客户的一种切实可行的办法是实施巡视管理。巡视管理的实质是倾听客户意见，与客户保持接触。一个卓越的销售员在巡视的时候要做许多工作，其中最基本的有三项：

（1）倾听

倾听是属于沟通的问题，倾听可以帮助你了解客户的真实情况。所以，在倾听时首先应鼓励客户说话，友好的表情和全神贯注地倾听对方的谈话，能鼓励客户畅所欲言。其次，进行反馈性归纳，即不时地把对方谈话的内容加以总结并征求意见。第三，进入角色，在倾听客户讲话时充分理解客户的感情。第四，避免争论。当客户在说一些没有道理的事情时，不要急于去纠正。在谈话开始的时候要避免谈有分歧的问题，而要强调双方看法一致的问题。

倾听的方式多样，概括起来，一是拜访客户，即深入到客户中去，倾听他想说的事情、他不想说的事情以及如果不给予帮助他所不能说清的事情。销售员，包括销售部经理和星级酒店营销总监，甚至是副总经理，抽出时间与客户在一起是非常重要的。从另一个方面来看，倾听也是个很好的市场调查的机会，借此可以了解客户对星级酒店产品是否满意。二是召开客户会议，即星级酒店定期把客户请来参加座谈会、意见恳谈会。三是热情接待来访客户。四是利用现代通信工具与客户进行沟通交流，认真处理客户信函，及时清除客户疑虑；通过安装客户免费"热线"投诉电话来处理客户抱怨。

无论采用哪一种方式，都要求对客户意见答复处理及时。销售部应制定严格的答复制度，营销总监必须亲自过问。有些星级酒店指定某个高级行政秘书专门处理客户与消费者的每一条意见，且必须在24小时内给予答复。

（2）教育

教育是相互的，一是对客户进行教育，引导客户树立正确的合作、促销、消费等观念，教会客户如何预订、查询星级酒店产品和服务。二是接受客户教育，将客户信函、来电公布在星级酒店醒目的公告牌上，把真实、完整的信函和来电让大家看，就能使员工心里产生极为不同的感觉。

（3）帮助

帮助客户解决问讯、预订、接送、支付等方面所产生的问题，为客户提供优质服务。

2. 关系管理

关系管理能指导销售员如何与客户打交道。销售员能与客户搞好关系，才能与客户做成交易。星级酒店特别需要搞好与大客户的关系，为了搞好与大客户的关系，星级酒店管理者应做好以下两方面的工作：

（1）为每个客户选派精干的关系经理

关系管理最适用于影响星级酒店未来的客户。对许多店来说，大客户占了星级酒店大部分的销售额，销售员与大客户打交道，除了准备预订时进行业务访问外，还要做其他一些事情，比如邀请客户一起外出共同进餐或者游玩，对他们的业务提供有价值的建议等。销售员要关心大客户的发展，了解他们存在的问题和机会，并准备以多种方式进行帮助。这样销售员实际上就起到了关系经理的作用。由于大客户日益受到越来越多的重视，因此很有必要为每个大客户安排一名关系经理。

（2）关系经理的主要职责

关系经理要精于协调两方面的关系：一是协调好客户组织机构中所有与预订有关系的人和事；二是协调好星级酒店各部门的关系，为客户提供最佳服务。另外，接待重要客户，执行礼节性的任务，例如参加客户的庆典等，也是关系经理的职责。

3. 筛选管理

商店每到一定的期限就需要对店内商品进行盘点，看看商品与账簿是否吻合，同时对滞销品或残次品做出适当的处理，以保证商品库存处在一个最佳状态。同样，星级酒店销售员每年年末时也要来个总盘点，当然销售员盘点的不是所推销的东西，而是客户与潜在客户，即对手中掌握的客户进行筛选。在筛选时销售员应将客户数据调出来，进行增补删改，详细填写客户每月的交易量及交易价格，并转移到该客户明年的数据库里。有些客户数据库里仅填写了客户名称及地址，其他交易情况未予填写，此时就应将该客户的有关情况记录进去，诸如客户组织中主管人员的性格志向、营业情况、财务状况，甚至将竞争对手情形一并记入。这些数据资料十分重要，是销售员开展销售工作不可或缺的。

当市场不景气时，销售员更要加强对客户的筛选。此时，销售员可以从五个方面衡量客户，作为筛选的依据：

①客户预订额。将 1～12 月份的交易额予以统计。

②收益性。销售员要了解客户毛利额的大小。

③安全性。销售员要了解接待费用能否足额回收。销售员应谨记这句话：客户今年的接待费用没有结清，哪怕他发誓明年预订额是今年的几倍、十几倍，也不要改变立场，坚持要他结清费用再说。

④未来性。销售员要了解客户在同行中的地位及其经营方法，关注其发展前途。

⑤合作性。销售员要了解客户对产品的预订率、付款情况等。

对客户做如此筛选之后，销售员会发现有一些客户犹如仓库里的滞销品或残次品，必须给予特别处理，甚至"丢弃"。

第二节　大客户管理技巧

做好大客户管理工作对稳定星级酒店销售、稳定星级酒店的经营意义重大。

一、正确处理与大客户的关系

现实生活中，许多星级酒店对于大客户都是非常重视的，处理与这些大客户的关系时，经常是星级酒店高层管理人员亲自出面，以示慎重与尊重。旅游经销商、批发商、零售商与代理商，他们都是一个个独立的经济实体，有他们自己的经营战略、经营方针和经营方法。在经销、代理星级酒店产品以及其他旅游产品的问题上，他们首先考虑的是他们的客户与旅游者的需求以及他们自己企业的经济利益，因而他们在星级酒店产品的销售上比较重视产品是否能满足各种类型的客户与旅游者的需求，以获得尽可能高的商业利润。星级酒店需要他们的支持，才能保证销售渠道的畅通，最终使自己的产品既快又多地为消费者所消费，获得相应的经营利润。因此，在建立与他们的长期交易关系中，星级酒店要不断协调二者之间的关系。一方面，星级酒店要弄清客户的需求，诸如对产品报价的时间要求，预订批量、批次的数量要求，折扣与奖励的利益要求，促销与推销的支援要求等。另一方面，星级酒店还要了解自己的产品能在多大程度上满足客户的需求，根据实际可能，将上述两方面的需求结合起来，建立一个有计划的、垂直的联合销售系统。在此销售系统中，星级酒店应把旅游经销商、批发商、零售商与代理商看作是星级酒店销售部的工作人员，看作是销售部在地域上的延伸，在处理与他们的关系问题上，应本着互利互惠、互谅互解、全力支持、共同发展的思路，帮助客户实现其经济利益与社会利益，稳定与他们的关系，从而也实现自己的经营目标。星级酒店能与某个大客户保持良好的长期交易关系，这就意味着星级酒店在某个地区已经有了非常光明的市场前景和很高的市场占有率。反过来说，失去一个大客户就意味着星级酒店失去了某个区域的所有市场份额，还不止于此，有时候失去一个大客户将使星级酒店元气大伤，尤其对一些中小型星级酒店更是如此。

二、大客户管理技巧

1. 大客户优先

大客户的销售量较大，优先满足大客户对产品数量以及产品系列化、一条龙服务的要求，是星级酒店大客户管理的首要任务，尤其是对于有着明显淡旺季区别的星级酒店，更应注意大客户优先原则，必须保证大客户优先得到不折不扣的贯彻执行。当然，为了避免在旺季因满足大客户对星级酒店产品预订的要求而对其他客户所带来的巨大冲击，销售员应要求大客户尽可能早地预报他们的预订量以及能够确认并预付定金或者支付部分接待费用的预订量，及时与大客户就市场发展趋势、合理的包房比例、淡旺季价格的变动以及应急补救措施进行商讨，尽量保证大客户在旺季对星级酒店产品的需求，避免出现因客满而回绝、导致大客户不满的情况发生。

2. 征询大客户对销售员的意见与要求

销售员是星级酒店参与市场竞争的先锋，是星级酒店赢得竞争胜利的重要保证。销售人员工作的好坏，是决定星级酒店与客户关系的一个至关重要的因素。由于销售员文化水平、生活阅历、性格特性、自我管理等方面的差别，也决定了并不是所有的销售员都能令大客户满意，令星级酒店满意。从客户那里，星级酒店管理者可以比较全面地了解销售员为大客户服务与销售的情况，对销售员的工作实施必要的监督与考核。

　　3. 提高大客户的销售力

　　有许多销售员在认识上存在着这样一种误区，认为只要处理好与客户中上层主管的关系，与客户的关系就融洽了，产品销售就畅通了，因而忽略了对客户其他有关部门职员的公关。诚然，客户中上层主管掌握着产品选择与预订、接待费用支付等大权，处理好与他们的关系的确十分重要。但产品是否能够为消费者所识别和认同，还有赖于客户基层的工作人员，与他们工作的好坏、积极性的高低有着更直接的关系。例如，旅行社客户，销售员联系、拜访的对象一般是计调部经理和旅行社总经理，但为了提高其销售力，销售员必须把计调部其他人员（具体负责旅行社产品采购与计划编制的人员）、旅行社其他部门的负责人与导游接待人员等都当作促销、推销的对象，给予他们适宜的星级酒店产品宣传，鼓励他们在旅游者中宣传本星级酒店。充分调动大客户中的一切与销售相关的因素，是提高大客户销售量的一个重要因素。

　　4. 协助大客户促销

　　大客户作为星级酒店市场营销的重要一环，星级酒店应积极主动协助大客户开展市场营销活动。星级酒店对于大客户在市场开拓方面的一举一动，都应该给予密切关注。不论是公关还是促销活动，也不论是市场调查还是行业动态研究，星级酒店应利用一切可以利用的机会加强与大客户的感情与情报资料的交流。特别是在客户开业周年庆典，获得特别荣誉，有重大商业举措的时候，星级酒店更应充分关注他们的一切动向与活动，并及时给予恰当的、为客户所欢迎的支援或协助。例如，为了使每一个大客户的销售业绩都能够得到稳步提高，销售员应该协调星级酒店公关部、市场营销策划部、前厅部、质量检查小组、总经理办公室等部门和科室，根据客户的不同情况，与客户共同设计促销方案，使客户感受到他们是被高度重视的，他们是星级酒店营销和销售渠道中重要的一分子。

　　5. 召开恳谈会、联谊会

　　星级酒店可有计划地组织召开大客户恳谈会、联谊会，听取客户对星级酒店产品、服务、营销、促销与推销、产品开发、星级酒店业与旅游业高新技术的采用与流行趋势、消费者需求流行趋势等方面的意见和建议，介绍星级酒店在采纳客户的意见与建议的基础上对产品所做出的改进与完善，以及星级酒店今后的打算与发展计划等。这样的恳谈会、联谊会不但对星级酒店有关决策非常有利，而且可以加深与客户之间的感情，增强客户对星级酒店的忠诚度。

　　6. 营销总监或总经理拜访大客户

　　一个有着良好销售业绩的星级酒店营销总监每年大约要有 1/3 的时间是在拜访客户中度过的，而大客户是他们拜访的主要对象。销售员在大客户管理上的一个重要任务就是为营销总监提供准确的信息与数据并协助安排拜访大客户的日程，以使营销总监有目的、有计划、有把握地拜访大客户。

7. 加强与大客户的信息传递

星级酒店产品市场占有率的高低主要取决于大客户对星级酒店产品预订数量的多寡，因而从某种意义上讲，大客户的销售状态事实上就是星级酒店市场营销的"晴雨表"。大客户管理中一项很重要的工作就是及时准确地统计、分析、汇总大客户的销售数据和情报，并上报星级酒店营销总监和总经理办公室，由他们通报给星级酒店其他职能部门与生产服务部门，以便针对市场变化及时进行调整，保证与大客户之间的信息传递及时、准确，紧紧把握市场脉搏，这是星级酒店以客户为导向的一个重要前提。

三、大客户砍价的应对

通常情况下，大客户的砍价实力都很强，可星级酒店并不希望他们砍价实力太强，道理很浅显，他们砍价实力强就意味着星级酒店利润的流失。因此，星级酒店必须最大限度地降低大客户对星级酒店的砍价压力，具体办法有：

1. 特色匹配

星级酒店应该选择那些经营特色与星级酒店经营特色相匹配的大客户。不同的大客户要求不同的服务特色和服务水准，期望不同的产品质量和效用价值，而不同的星级酒店也各自有不同的能力，比如有的注重低成本，有的注重高质量，有的则注重完善的服务体系。因此，星级酒店产品特色、供给能力尽量与大客户的购买需求相一致，往往会提高大客户的满意度，从而最大限度地增加星级酒店产品的竞争力，获得较大的加价权利。

2. 高低成本项转移

客户一般把注意力集中于高成本项，对于低成本项主要以方便、洁净、舒适等要求为主，因而如果产品成本属于低成本项，只占客户产品成本或旅游预算的很小部分，则客户对星级酒店的砍价压力较轻。在此种情况下，星级酒店就可以选择国外的大客户，尤其是欧美客户，因为在他们的产品成本预算中，相对于国际长途机票而言，房费和餐费就属于低成本项。

3. 产品（服务）效用最大化

星级酒店产品对客户有效用，将意味着客户可节约成本或为其带来经营状况的改善。换言之，如果星级酒店产品（服务）可节省客户的时间和资金，或者可提高客户的经营业绩，而且在反复比较权衡之后，客户认为除了这里之外很难再找出第二家星级酒店能给他如此之大的价值和利益，则客户一般对价格不会太敏感，既然你能给他带去丰厚的利润，那他也不会介意你从中多赚些钱。在此种情况下，星级酒店一是要将自己的产品精心设计、组合出售，二是要选择那些希望星级酒店提供一条龙服务的客户。

应对大客户砍价的目的是要为星级酒店创造出尽可能多的利润，因而星级酒店需要精心选择、组合自己的大客户群，真正使星级酒店的销售量、销售额与销售利润同比例正向改善和提高。

第三节　客户异议处理技巧

一、客户异议概述

从销售员的角度来看，客户异议是销售陈述中遇到的推销障碍，但从客户和消费者的角度来看，客户提出异议却是他们的权利。在销售实践中，客户考虑预订销售员的产品而不提出异议的情况是很少见的。事实上，不提出异议的往往是那些没有预订动机和预订欲望的客户。因此，无论由什么原因产生的客户异议，实际上都是客户关心推销的一种形式，都是客户对销售员所推销的星级酒店产品感兴趣的一种表现，同时也是客户希望自己做出的预订决策是正确的一种表现。因此，有经验的销售员不仅对异议表示欢迎，而且还会把它作为促成推销的一个机遇。换言之，正是客户对所推销的星级酒店产品产生了异议，才为销售员展示和发挥自己的推销才能提供了机会。美国著名推销大师汤姆·霍普金斯曾经说道："一旦遇到异议，成功的销售员会意识到，他已经到达了金矿；当他开始听到不同意见时，他就是在挖金子了；只有得不到任何不同意见时，他才真正感到担忧，因为没有异议的人一般不会认真地考虑预订。"在这段话中，汤姆·霍普金斯把客户的异议比作是金矿里挖到的金子。

1. 客户异议的产生

在日常销售过程中，销售员都碰到过客户异议或者是被客户拒绝的事情，但这并不代表客户将不预订星级酒店的产品或不接受星级酒店所提供的服务，而只是表示客户尚有些顾虑，存在一些想法，或者我们做得还很不够，远没有让他们感到满意。由此可以看出，客户异议或者客户拒绝不仅不会阻碍销售，相反，还将使我们找到达成交易的途径。

从客户利益的角度分析，客户提出异议，其实可以看作是一种自我保护行为，是保护自己利益的行为，客户总是希望付出的少、得到的多。销售员在做销售陈述时，潜在客户就会将销售员许诺他将得到的利益与其付出相比较，如果销售员能够唤起潜在客户对追求利益的渴求并能扩大客户的利益，那么就能大大削弱客户提出异议的能力。因此，销售员正确的做法是心里要想着客户的利益，陈述时要能激发起他们的欲望，行动上要能使他们信服，效果上要能使他们对销售员及所推销的产品有信心和感兴趣，最终使潜在客户受到感动而采取预订行动。

2. 客户异议的类型

客户异议或客户拒绝在许多情况下都会发生。有的销售员对此束手无策，有的则视而不见，硬性推销，碰了一鼻子灰，走了许多的冤枉路。我们说异议是达成销售的第一个阶梯，通常，我们在处理异议这个问题上迈出的第一步是要了解异议的类型与出现的场合。客户异议一般有下列几种类型：

（1）对需求的异议

许多潜在客户或消费者可能不需要销售员正在推销的星级酒店产品和服务。例如，只经营观光旅游的旅行社或者旅游经销商不需要商务型星级酒店的产品和服务，一家小公司不会在五星级星级酒店举办产品展示与洽谈会。不过，如果销售员在寻找和鉴别客户资格时付出了足够的努力，那就有理由相信，他所面对的客户需要他所推销的产品。就需要而言，每当销售员开始做销售陈述时，潜在客户几乎都会对其需要提出异议。旅游批发商、零售商或代理商可能会提出异议，声称他们不需要所推销的产品和服务，因为他们已经预订了很多销售员正在推销的产品和服务。此时，销售员的特别努力将会带来特别的销售。例如，一家旅行社经理会说他们社已预订了足够多的冬季星级酒店产品和服务，但如果你告诉他你的产品更便宜，那么也许就会吸引这位经理，因为他可以得到更多的利润。

当潜在客户认为你的产品不符合他们的需要时，销售员应努力找到原因，最好要找出你的产品与他们当前使用的产品之间的差异。如果目标客户是零售商或代理商，可以向他们询问是否觉得你的产品好卖。需求异议产生的真正原因很可能是销售员并未充分展示产品的性能，因此需要充分展示你的产品将如何满足潜在客户的现有需求。

对于老产品，潜在客户在需求方面更易于提出异议。他们的异议仅仅是一句"不感兴趣"，老星级酒店的销售员就经常听到这句话，因为新星级酒店更适合他们的客户求新、求奇、求异的消费心理。因此，在推销老星级酒店产品时，销售员必须向潜在客户说明老产品所能提供的独特利益，比如，消费方可以下榻历史名人曾经下榻过的客房。因此，只有当销售员未对客户资格做出仔细鉴别时，潜在客户才可能提出需求方面的异议。

（2）对产品和服务质量的异议

异议经常是针对销售员所推销的特定产品和服务的。潜在客户可能会认为销售员的产品从总体上看可以满足他们的需要，但他们不放心，怕质量不过关，服务不到家，更怕他们的客户和消费者使用后投诉；或者是他们曾有耳闻目睹，对你的产品产生了不良印象等。因此，当潜在客户抱怨产品不好时，应该问清楚产品使用者的名字，以便随后能认真核查到底出了什么问题并及时改正。销售员如能表现出纠正问题的强烈愿望，那么提出异议的客户就有可能被深深打动而改变原来的态度和立场。

（3）对现在使用的产品很满意

从维持长期交易的角度来看，交易双方一般不喜欢太过频繁地改变各自交易的主体对象。许多消费者特别钟情于他们一直使用的产品，例如，国外就有许多消费者钟情于品牌消费，有的忠诚于假日饭店，有的忠诚于希尔顿饭店，有的忠诚于香格里拉饭店，有的忠诚于喜来登饭店，不论他们在世界何处，只要当地有他们所钟情的星级酒店，他们就会下榻在这家星级酒店，绝对不会被其他星级酒店吸引过去。对于一家旅行社而言，预订一家新星级酒店意味着要改变业务流程，重新培训员工，并且还要冒一定的风险。维持现在的交易对象，一切看上去都很不错，又有什么理由要改变呢？所以，销售员要解决客户在这方面的异议，就必须特别强调你所提供的产品特点以及能够给潜在客户或消费者带来的更多利益，这样才能促使潜在客户重新审视他们目前正在使用的产品。

如果你的产品更便宜，优惠待遇更丰厚，那么没有一个经销商、代理商或零售商会拒绝采用。你可以通过举出证据、担保和演示等方法让潜在客户相信你的产品，还可以通过提供代理人动态考察、试用等措施，吸引那些拒绝改变的潜在客户预订星级酒店的产品和服务。对于零售商、代理商，可以向他们提供产品区域代理权，允许他们先送团后结算，从而吸引他们预订星级酒店的产品和服务。

（4）利润率低的异议

如果不能保证产品有很好的销路，零售商和批发商不会预订产品。为了鼓励潜在客户预订，可以把星级酒店历时的客户销售数据整理出来给他们看，这样他们就会树立起预订星级酒店产品的信心。因为数据最有说服力，可以证明你的星级酒店的产品和服务销售前景光明。此外，如果你的星级酒店有高效的促销方式一直在帮助零售商、代理商促销产品和服务，那么一定会极大地增强潜在客户预订星级酒店产品和服务的信心。如果他们觉得预订你的产品利润率太低，那么应该告诉他，经销一个产品的利润取决于销售额和利润率两个因素。如果一种产品利润率高但销售额上不去，他们也挣不到什么钱；相反，薄利多销对他们更为有利。而且利润高的产品根本不会有好的销路，最终他们还是不得不把标价降下来，因为期望的高利润根本不可能实现。

（5）对销售员的异议

在许多情况下，潜在客户提出异议的起因可能来自于销售员本人。潜在客户可能会认为销售员太年轻或者太没有经验；许多人在和素不相识的人打交道时可能感到不舒服，也许在某些情况下，潜在客户根本就不喜欢销售员上门推销。如果你太年轻或刚刚参加工作，那么只有利用你的销售技术向潜在客户表明你既熟悉工作又了解产品，完全有能力满足他们的需求。当然，具备这种优秀的销售能力要花时间，并需要付出努力。例如，你可能无法与潜在客户取得联系或在与潜在客户接触时感到紧张，在这种情况下，你必须找出是什么引起这一问题，并努力工作，创造一个相对优良的人际关系。当潜在客户不了解你时，别人的参考意见也许能帮你忙。如在以前成功打过交道的客户中，也许有一个和当前的潜在客户过往甚密，这时提供一些参考信息可使潜在客户对你产生信心。当销售某一特定产品和服务时，向潜在客户展示你已经成功地与许多有影响的大公司进行过合作，那么潜在客户一定会因此联想到你的能力，并下定决心与你合作。

（6）对价格的异议

产品销售的完成，价格是最重要的环节之一，无论是个人消费还是团体消费，人们都希望尽可能少付费用。如果推销产品的价格比相似产品的价格偏高，那么就会出现价格异议，这时候潜在客户可能拒绝你正在销售的产品，而转向更具竞争性的低价产品。从理论上讲，销售员推销的产品价格既不应太高也不应太低，因为价格是与产品价值相联系的。一星级星级酒店客房的价格永远不会超过五星级星级酒店客房的价格，也没有人希望二者的价格相同。如果潜在客户拒绝了价格，而销售员又没能证明产品的价值，怎么可能达成交易呢？当遇到价格竞争时，销售员应强调价值、服务、地位、保证、优惠条件、价格水平和安全性，从而让潜在客户感觉到物有所值。

许多销售员认为提供最低价产品是走向成功的保证，这是不对的。如果能抛弃这种思想，销售员就会做得更成功。对那些最重视产品价格的潜在客户，销售员应强调虽然产品的价格高，但比廉价产品能带来更多的利益。当客户对产品价值有充分认识时，就会打消在价格问题上的异议。因此，当潜在客户对价格提出异议时，销售员不应着急或者立即降价，而应当再次强调产品的优势，以及这些优势对客户、对直接消费者的利益。比如，你的产品质量更高，相对费用更低，付款方式更灵活等。如果能向潜在客户成功展示产品的价值远远高于价格，那么销售员肯定能成功。

（7）对立即预订的异议

所谓立即预订的异议是指销售员做完销售陈述后，听见潜在客户说："我需要考虑考虑。"立即预订的异议便由此而产生。潜在客户说他们需要更多的时间来考虑，其实他们是在强调他们需要更多的信息。在此种情况下，销售员的反应应该是："这正是你想要的东西。如果有什么问题我现在就可以回答你。"如果时间成为完成销售的主要障碍，那你可按照下列方法去处理：首先，重新叙述产品的全部优点，因为许多潜在客户仅仅需要在预订时有所保证。其次，指出立即预订之利。再次，指出长期等待而不预订之弊，例如产品过一段时间将预订不到，价格会上升，或者因不预订该产品而丧失可能获得的可观的利润。如果潜在客户希望和别人商量，那么事情就更好办了。例如潜在客户说："我必须和总经理商量一下。"你可以回答："很好，我可以和你一起去和他谈。"

（8）隐含的异议

所谓隐含的异议，是指潜在客户提出了一些打发销售员离开的问题，或在没有明显理由的情况下推托，或者显得犹豫不决，这就说明他有一些隐含的异议；客户之所以不愿表达出真正的异议，也许是因为他委婉的个性或是不想伤害销售员的脸面。

如果销售员不能及时发现并处理隐含的异议，就难以达成交易。销售员应仔细观察潜在客户的行为，特别留意他所说的每一句话，并通过前后的联系找出隐含的异议。在这样做的时候，销售员应尽可能寻找使双方都乐于讨论的话题加以讨论。当与潜在客户能自由交谈而且对方感到满意时，再转向你的销售意图，此时潜在客户可能更愿意说明他到底顾虑些什么。

二、处理客户异议的原则

客户异议是销售员随时随地都会碰到的推销窘境。据统计，一次推销成功的可能性只有不到8%。如果一个销售员一次访问了100位客户，其中10位愿意预订他的产品就算不错了，其余90位会用各种各样的方式拒绝推销品。然而，异议又是成功推销的阶梯，突破异议则是成功的关键。下面介绍几种处理和突破异议时需要遵循的原则：

1. 欢迎客户提出异议

处理客户异议是销售陈述的一部分，更是销售员义不容辞的责任。从某种程度上讲，销售陈述的过程也就是处理客户异议和拒绝的过程。事实上，持有异议的客户才是真正的客户。面对推销，客户一般不会无缘无故地提出反对意见，如果客户对星级酒店产品无动于衷、毫无兴趣，他是不会提出任何异议的，除了无条件地拒绝。客户每每提出异议，都是有的放矢，表明他对所推销的星级酒店产品和服务开始有了兴趣。客户真诚地提出异议，这实际上也是在帮助销售员，向销售员指明他应该怎样做才能达成交易。而销售员可以通过异议了解到客户的内心反应，知道客户对哪些满意，还有哪些问题，需要采取怎样的对策解决问题，满足客户心中的需要。如果客户不说"不"字，任凭销售员本领再高也没有用。从这个意义上讲，销售员对客户异议应持欢迎态度，并主动要求客户提出异议，尊重客户所提的异议。如果拒绝接受异议，或者对异议一概加以反驳，则会引起客户的反感，最终因客户无法信任销售员而导致关系中断。

2. 倾听客户异议

销售陈述是个信息交流的过程，交流就是相互理解的过程，这一过程的大部分内容是倾听。在交流中，你在向潜在客户提供大量信息的同时，潜在客户也向你提供了大量信息，客户提供的这些信息非常有助于解决你所面临的问题。

有些销售员习惯于对异议立即做出反应。异议刚出现时，他们就立刻打断对方并开始压制这种异议，因为他们对于异议特别敏感，有时到了惊慌失措的地步，担心如果不及时处理就会失去销售机会。殊不知，正是你不让客户讲话，打断客户讲话，才使事情变得更糟。被打断讲话的客户可能会很生气，这将增大他的异议，他会怀疑为什么销售员要这么敏感？所以，销售员的压制不仅解决不了问题，反而会带来更严重的后果：恰恰证明了客户所提出的异议是有道理的。

所以，当客户提出各种异议时，销售员首先要做的就是虚心倾听，即使客户提出的异议销售员已经听过一千遍了，也要认真地听他把话讲完。这样做，一方面维护了客户的自尊，另一方面也有利于了解客户的心理与真实意图，以便及时采用适当的推销策略与技巧。实际上，销售员以一种全神贯注地在倾听的礼貌态度对待客户的异议，就等于要求客户也承担相同的义务来听取销售员的陈述。

销售陈述过程中最廉价的让步就是让客户知道你在洗耳恭听。等到客户讲完之后，为了让客户知道自己已经清楚、准确地理解了他的意图，不妨简单地复述一下他的异议，这样一方面可以保证你的思想与潜在客户的相一致，而且也让你有更多的回旋余地。不过，不要过快地做出答复，即使异议对销售员来讲是一个老问题，答案早已背得滚瓜烂熟，此时也要停顿一下，显示出你正在认真思考，这种停顿可赢得潜在客户的欢心，使他感到轻松愉快。

3. 避免与客户争论

避免争执是销售员工作中的一条重要的人际关系准则，如果客户异议是正确的、中肯的，销售员就应诚恳欢迎、虚心接受，并做出补偿性辩护。即承认产品的缺陷和不足，寻找产品的其他优点来补偿，以抵消产品的缺点，引导潜在客户从产品优点方面考虑问题，而不应强词夺理地与客户强辩。即使客户的异议是错误的，也不要直接反驳，而应通过间接的方式说服他。争吵不能说服客户，只能使客户变得固执，伤害客户的感情，结果可能是销售员赢了，客户却走了，星级酒店也垮了。所以，销售员要锻炼自己的忍耐能力，不管客户怎样反驳自己，怎样与自己针锋相对，都要忍耐。同时，要讲究说服艺术，耐心启发客户，用启发代替争论。要避免使用会引起争论的语言，比如不要说"我们星级酒店在全市信誉最好"，而应该说"好多人都这样告诉我，我才知道，我们星级酒店在全市信誉最高"。

4. 维护客户的自尊心理

销售员在遇到异议时，必须把客户和他们的异议分开。也就是说，要把客户自身同他们提出的每一个异议区别开来。这样，你在突破异议时才不会伤害客户本身。要理解客户提出异议时的心理，注意保护客户的自尊心。如果你说他们的异议不明智、没道理，那么你就是在打击对方的情绪，伤害他们的自尊心，尽管你在逻辑的战斗中取胜，但你在感情的战斗中却失败了，你不可能获得成功。

5. 答复客户异议应简明扼要

恰当的答复方式取决于潜在客户的特点、当时的情况和异议的类型。总的原则是简明扼要地答复客户的异议。不要在一个问题上停留太长的时间，如果答复已令客户基本满意，那么就赶快收起这个话题，否则，谈论得越多，客户就越觉得这个问题重要；同时尽量避开枝节问题。在实际推销中，销售员可以只关心影响预订的异议，其他方面的反对意见丝毫不用管。

6. 反躬自省

如果推销失败确属销售员自己的过失所致，那么销售员就应该找出自己做对和基本做对的事情，并加以肯定，然后再找出自己做错或本可以做得更好的事情，以便今后改正。为此，销售员需要反躬自省。具体来讲，就是向自己提出下述一些问题：

①在拜访客户之前，我有明确的目的吗？
②我是否发现了客户的真正需求？
③我是否出示了必要的证明？
④我是否说明了产品的一切好处？
⑤我注意到客户的成交信号了吗？
⑥我是否在认真倾听客户说些什么？
⑦在面谈时，我是否说话太多？
⑧我做最后的成交尝试了吗？

经过这样的反躬自省，相信销售员会找到问题的症结所在。知道了问题出在什么地方，只要下功夫，问题不是不可解决的，这样销售员被拒绝的沮丧心理会随即转变为跃跃欲试的潜在动力。这种动力会促使销售员由幼稚到成熟，纵观商界那些业绩显赫的销售员，无一不是善于从被拒绝中学习销售的高手。

7. 收集、整理和保存客户异议

客户异议不但能指出产品的缺陷和不足，而且能帮助星级酒店发现营销工作中的许多问题，促使星级酒店不断地改进产品，完善自己的销售工作。因此，销售员有必要把日常销售工作中遇到的各种异议记录下来，加以分类、整理、归档，同时为各种异议提出适当的答复要点。这样做，一方面可以不断地积累自己的销售经验，提高处理异议的水平，另一方面又可以及时把有关情况反映给星级酒店管理者，以调整星级酒店的营销策略，使星级酒店销售工作更加适应市场的需要。

第四节　化解客户抱怨的技巧

抱怨意味着客户不高兴、不满意，客户预订、使用、消费星级酒店产品，因种种原因，会对产品、服务人员或销售人员，或对星级酒店产生某种抱怨。客户的这些抱怨如得不到及时的处理与解决，就会极大地影响星级酒店的声誉与信用，从而影响到星级酒店产品在市场上的销售，严重的将使星级酒店失去在特定市场上的份额而被迫退出该市场。因此，属于星级酒店销售层面上发生的客户抱怨事件，销售员必须引起足够的重视，认真负责地对待客户的抱怨。

一、客户抱怨原因分析

概括起来，客户抱怨的原因大致有以下 10 种：

①销售员推销时所承诺的服务内容与客户实际上所消费的情况不符，客户认为星级酒店销售员有欺骗行为，因而对销售员不老实的态度产生抱怨。

②星级酒店宣传手册、广告等宣传品上所刊登的内容与客户所接触到的、了解到的有关星级酒店产品和服务内容不符，客户因星级酒店宣传不真实而产生抱怨。

③客户打电话到销售部或预订部询问有关情况，星级酒店有关人员态度不热情，爱理不理，甚至对客户提出的问题冷嘲热讽，客户就会对星级酒店工作人员不热情、不积极，服务态度差产生抱怨。

④星级酒店产品在使用中可靠性差，达不到规定的质量要求，比如客户用梳子，结果一梳就断；空调不怎么制冷，如此等等，客户就会对星级酒店产品的质量产生抱怨。

⑤就产品价格而言，和自己所得到的利益与感觉相比，和自己平时的经验相比，与实际的使用价值相比，客户觉得不是很值得，于是就会抱怨星级酒店产品的价格不合理、不公平。

⑥按照双方所签协议，星级酒店因这种或那种原因未能在规定的时间里安排接待客户，或者通知客户不能如期接待，推掉客户所预订的产品，从而影响了客户正常的业务经营或正常生活，客户就会抱怨星级酒店不守信用。

⑦客户预订、使用产品时，发现星级酒店产品包装不配套、不齐全，如缺少电话服务指南，或是客房服务使用说明手册，或是紧急疏散通道平面图，或是客房电器使用说明等；还有其他一些现象，诸如火柴包数太少，应该有面巾纸的没有了，应该有四巾现在只剩下三巾。凡此种种，客户就会对星级酒店产生用品配备不齐全的抱怨。

⑧客户发现星级酒店管理不到位，如客房内有蚊虫、霉味，床上用品、地毯、墙壁、地面等处有水渍、污垢，就会对星级酒店的卫生和管理不规范产生抱怨。

⑨星级酒店产品在使用过程中发生故障，客户发出要修理的信号，星级酒店不迅速派人前往修复，甚至根本不派人前往修复，影响到客户的工作或休息，客户就会对星级酒店修理不及时产生抱怨。

⑩对客户提出的抱怨，星级酒店不积极采取相应措施予以解决，能躲则躲，能拖则拖，或者干脆不予理睬，甚至反过来责怪客户，客户就会对星级酒店产生有问题不解决的抱怨。

二、客户抱怨处理方法

销售员处理客户抱怨的方法将直接影响着双方未来的关系。发生了一次抱怨，就意味着发生了某个问题，客户不高兴、不满意了。这时，销售员必须要加以处理以使客户满意，只有处理好客户抱怨，才能维护销售员自身和星级酒店的良好形象。

1. 减少抱怨

处理抱怨的最好方法就是事先避免抱怨的出现。大多数抱怨的产生并不是销售员的直接责任，它们或是由于产品提供的利益与客户期望中的不一致，或是由于客户的期望太不现实而引起的。虽然销售员没有直接责任，但间接责任还是有的，销售员有责任保证客户正确使用星级酒店产品，有责任保证星级酒店产品在出售前应没有质量问题，有责任实事求是地介绍星级酒店产品而不夸大产品的质量和功能。如果销售员能做好上面几件事情，就能减少客户的抱怨。在许多情况下，销售员通过了解星级酒店产品质量现状而在客户提出抱怨前先向其提出，并提出补救方法，求得客户的谅解，从而化解或避免客户的抱怨。因此，销售员应善于将补救工作做在客户提出抱怨以前，并提供客户发表意见的渠道。

2. 倾听意见

当客户提出抱怨时，销售员应给予关注并表示关心，尽可能站在对方的立场上来寻求解决问题的方法。客户话没有讲完之前，千万别打断他，否则可能会激起更大的愤怒。你真诚、老实、虚心的态度将会化解客户心中的不快，最终使客户的问题获得圆满解决。

3. 搜集事实

客户的抱怨并不总是正确、合理的，有许多抱怨根本不值一提，有些抱怨甚至是倒打一耙。虽然销售员很宽宏大量，肯忍辱负重，但如果你满足了这些客户的要求，则显然对星级酒店很不公平。因此，当客户提出抱怨时，暂且不论他是有道理还是没道理，你都应该进行调查，收集事实，仔细分析产生问题的原因，必要时应让客户再一次解释问题是怎样产生的，或者他是如何遇到这个问题的。通过调查能发现问题是怎样发生的，其症结在哪里，这样你就能找到最终令双方都可接受的解决办法。

4. 迅速解决

客户向你提出抱怨时应立即着手加以处理。记住要立即行动，力争在最短的时间里找到解决问题的方法，并快速解决。这样你就能给客户留下好印象，至少可以减轻原来的不良印象。在处理问题的过程中，你应始终让客户了解，并向他解释为什么决定用这种方法而不是那种方法，并认真听取他的意见。十有八九，客户会转变原来的态度，情绪也可稳定下来，并因你为他做了如此之多的事情而高兴，你们的长期交易关系将更加牢固。

第五节　应收款的回款技巧

应收款回款是否顺利决定着星级酒店利益能否真正实现，因此在尽可能短的时间内收回应收款项已成为星级酒店销售管理的一个基本原则。然而，在当前的社会背景下，回款任务能否顺利完成并不取决于星级酒店自身，关键在于客户能否积极合作。就旅行社和旅游公司客户而言，不论是国内还是国外，他们的资金并不总是处于充裕的状态，一些旅行社和旅游公司甚至以欠款、赖账作为发达致富的捷径。由此而来的旅游企业三角债成为长期困扰受害企业良性发展的一个老大难问题。因此，企业为了避免由于回款不力而陷入被动经营的怪圈，就必须加强回款工作管理，提高回款工作的技巧。

一、树立回款信念

1. 树立回款信念

一些销售员的潜意识中存在着一种向客户收账非常过意不去的心理。有些销售员直言不讳地说道："我很会向客户推销，但是回款收账实在是难以启齿，无能为力。"我们知道，销售行为是在回款收账之后才告结束的，而销售员也只有在回款收账之后才有可能评价其销售业绩。

因此，星级酒店管理者应加强销售员回款信念的教育和培养，教育他们把销售与回款收账视为一个整体。对星级酒店而言，销售员将星级酒店产品预订出去，星级酒店既无收入也无费用发生，但是当客人入住以后，如果销售员不把客人的费用收进来，那么星级酒店就将承担客人消费的全部费用。或许在账册上出现的是利润，但此利润是虚的，是并未实现的利润，这不能说是很好的经营状态。唯有在完全回收账款之后，真正的利益才会出现。如果最终账款没有收进来，那么星级酒店就将发生亏损。因此，作为一个销售员，其立足本职工作的基本原则就是尽量在短时间内收回应收款；销售员必须树立起这样一种信念："回款收账是正当的商业行为，是星级酒店的权利，是客户必须履行的义务。"

2. 销售之前即着眼于回款

在销售过程中，除了花大量的时间、精力在产品的销售上以外，销售员还应学会判断预订客户在支付款项上是不是会有问题；对付款有问题的客户，或者靠直觉判断付款有问题的客户，或者实际操作中账款回收情况确实较差的客户，则应限制他们的预订，或干脆中止其预订。这是提高回款速度与回款保险系数的根本。销售员必须在销售之前就学会判断回收账款的行动是否能够顺利进行，并避免一些造成回款困难的销售行为：

（1）确定客户是否真的是可以销售产品的好客户

这个问题其实并不难解决，只要经过详细信用调查就能确定。从理论上讲，销售员应当与经营状况以及账款回收情况良好的客户交易，这是销售活动中一条不变的基本原则。

（2）不要淡化回款原则

有些销售员为了急于推销，或为了单纯追求销售量，不能坚持一些本来应该坚持的原则，成为"很好说话的销售员"，特别是对账款的回收采取较低姿态。例如，为了成交，关于付款期限，有些销售员居然对客户说："什么时候都可以。"或"到时再说吧。"结果在糊里糊涂中开始交易，等到要回收账款时，问题就发生了，不是客户说没钱，就是叫你再等上一段时间；更有甚者，客户踪迹全无，不仅跑了和尚，而且连庙都一块跑了。

（3）不要超越权限胡乱许愿

有些销售员不能正视自己，片面强调所谓的"将在外，君命有所不受"，擅自答应客户自己权限以外的条件，甚至是星级酒店不能满足或者是不应该满足的条件。被星级酒店管理者发现之后，不仅受到指责，而且被迫去向客户表示歉意，要求收回成命。结果，客户对销售员的信任感完全消失，有时甚至要挟星级酒店，不仅停止一切交易，而且借口星级酒店违约而拒付已经发生的费用。因此，销售员切勿为了博得客户欢心而任意答应客户提出的要求或条件，特别是超越自己权限以外的要求或条件。

（4）不要硬性销售

有时账款回收不顺利的原因也在于销售员的推销方式。最初销售员采取硬性销售的方式，或曰"强迫式销售、牛皮糖式销售"，结果搞得客户不是很情愿，到了要回收账款时，客户抓住销售员的弱点借机报复，从而导致账款回收困难。"我并不需要预订你们星级酒店，是你千拜托万拜托的，不得已之下才预订的。现在又急于要钱，你烦不烦人啊！"当客户以这句话回敬时，销售员当然不敢再坚持回收账款了。

（5）未尽事宜的修订、补充、更正应及时记录在案

销售员没有养成良好的工作习惯，做事不细心，未尽事宜的修订、补充、更正未及时记录在案，这种文案处理上的疏忽也可能造成账款回收的障碍。

3. 化解销售员方面的风险

从上文所讲的内容来看，应收款回收的风险确实与销售员的一些不良行为或习惯有着一定的联系。星级酒店管理者应从制度和管理上着手，化解来自销售员本人的风险。

（1）采取担保制度

"将在外，君命有所不受"，销售员有独立掌管财物的机会。如果销售员对星级酒店不忠诚，将对星级酒店产生重大损失。星级酒店员工流动性大，销售员也概莫能外，对人员流动的管理不规范，有些销售员离开星级酒店时不办理财物移交手续，甚至携款、携物潜逃的事屡有发生。为了减少损失和避免风险发生，星级酒店可以采取由第三人对销售员担保的办法，当上述风险发生时，担保人承担连带责任。

（2）实行"买卖制"

有些销售员为了增加销售额，不对客户进行信用调查，或抱着侥幸心理，结果给企业造成重大损失。为了避免这种情况发生，比较有效的办法是在星级酒店与销售员之间实行"买卖制"，即销售员与星级酒店之间是买卖关系，星级酒店

按照 100% 的回款标准向销售员收取预订款，客户的预订款再由销售员负责收取。"买卖制"由于将营销风险的责任落实到了销售员身上，销售员在向有一定风险的客户提供预订时必将三思而行，反复调查，因而将大大减少营销风险。

（3）实行收支两条线管理制度

销售员和销售部的销售收入应先汇入企业或企业指定的账户，支出由企业返还给销售员和销售部，减少销售员掌握大笔现金的机会。宁可财务费用高一些，也要坚决采取这种制度，这样可大大减少营销风险。

（4）对销售过程实行透明化管理

对销售过程进行全方位监控，坚决杜绝只管销售结果不管销售过程的"黑箱"式管理方式。只要做到对销售既管"过程"又管"结果"，将大大减少个别品行不良的销售员钻销售管理漏洞的机会。

（5）建立销售巡视检查制度

星级酒店管理者不能单纯依靠销售员反馈的信息对其进行管理，管理者必须亲自掌握第一手销售信息，对销售员提供的信息进行甄别，对各个目标市场的销售状况进行巡视、检查，做到防微杜渐。

（6）对销售员进行科学甄选

在选拔任用销售员时，品行最重要，能力居其次，如果一个销售员品行不良，他的能力越强，对星级酒店的危害性可能就越大。因此，在对销售员进行甄选时，要把品行放在头等重要的位置上，特别是对一些屡次跳槽过来的销售员，更应该对其跳槽原因、动机以及其背景进行认真细致的调查，如果发现问题，任凭其有天大的本事，有多么辉煌的业绩，也坚决不予录用。

（7）对销售员和销售管理不能失控

星级酒店管理者要能管得住销售员，销售管理失控对星级酒店是极其危险的。曾经有一家星级酒店的几个销售员在成功地开发出一个美国客源市场后，与星级酒店讨价还价，星级酒店不答应其条件，就扬言要把客户拉到竞争对手那里去，这家星级酒店为了不致失去市场，不得不违心答应他们的非分要求。这是典型的对销售员管理失控的案例。

上述措施的采用，可大大减少来自星级酒店销售员自身的销售风险，并且从爱护销售员的角度来看，这样的销售管理制度可保证销售员不故意或者有预谋地犯错误。

二、进行客户资信调查与经营分析

就旅游业而言，不论是国内还是国外，都有商业信用不高的旅行社、旅游公司或旅游经销商存在，星级酒店销售风险有很大一部分便是由它们造成的。从世界范围来看，旅行社行业是个特别不稳定的行业，每年都有相当数量的旅行社停业注销，星级酒店如稍不注意，就有可能造成应收款无归。为了减少来自旅游经销商、旅行社与其他客户的风险，星级酒店必须慎重地对客户的资信状况开展调查，对客户的经营状况进行分析。

1. 客户资信调查

由于市场竞争日趋激烈，有些星级酒店饥不择食，好不容易拉到一个客户，生怕跑掉，没有进行详细的资信调查就匆忙签订协议进行交易，结果造成被骗的结局。因此，星级酒店在与经销商或客户签订协议、进行交易之前，一定要对其资信状况进行调查。资信调查的内容一般包括资本构成（主要通过一些风险率反映，如流动比率、速动比率、获利率等）、付款能力、过去的交易记录（主要了解是否有不良的交易历史）、经营状况等。对那些有不良交易记录，应收款较多，付款能力较差，资本构成不合理，经营风险较大以及经营状况不好的经销商和客户，不论其提出多么优厚的条件，也不论其提出什么样的书面或口头担保，都不应接受其预订，特别不能向其提供赊订方便。

在以下几种情况下，星级酒店销售员应开展对客户的资信调查：

①开发新客户时。在开发新客户时，销售员应广泛开展对其资信状况的调查，调查途径有两条。一是请资信公司调查，这能获得某种程度的线索，但不能完全依赖资信公司的调查报告。第二条途径是销售员自己开展对新客户的资信调查，通过收集有关资料情报，通过拜访客户等，确定新客户在资信方面的真实状况，从而判断与该客户进行交易是否安全。

②当听到客户出现危机的谣传时。谣传的出现可能有某种根据，因此不能忽视。销售员一听到小道消息，直觉的反应便是去查证核实，可通过客户的客户、金融机构、资信公司等途径收集情报资料，分析客户现在面临的危机是否将影响到与自己的交易，影响有多大，从而做出适合当前状况的决策——该不该与其发生交易关系，尽量避免自己受到不应有的损失。

③集中大量预订送客时。客户开始集中大量预订送客、大大超过信用限度时，销售员就必须担心，而不是欢天喜地，庆贺自己一下子时来运转。根据经验判断，这极有可能是危险的交易。国外时常有这样的旅行社，在一段时间里集中

大量送客，星级酒店欢天喜地，然而要结账了却找不到该客户，仿佛从地球上消失了一般。因此，当客户及其交易行为发生异常变化时，销售员应引起足够的警觉，并迅速展开调查活动，谨慎地保持安全的交易关系，否则就极有可能受骗。

2. 客户经营状况分析

销售员关心客户，从根本上讲是要关心客户的资信状况，同时也要关心客户日常的经营状况。对客户经营状况的关心和了解，主要是通过分析客户有关的财务状况表，如损益计算表、借贷对照表等而展开的。借助对财务状况表的分析，销售员可以明了自己的客户是否是信誉好、实力强的企业。

（1）损益计算表分析

了解企业在一定时期（大多是以一年为一会计年度）的资金流动状况。营业额为流入企业的资金总额，包括营业外收益及特别利润，由企业流出的资金总额则为销售成本与一般管理、销售费用及营业外费用、特别亏损等。

①营业额为计算期间内发生的营业总额。

②销售成本是与营业额相对应的成本。

③营业总利润可称为毛利，是销售活动效率指标。营业额 – 销售成本 = 营业总利润。

④营业利润为包括销售活动在内的该企业整顿营业活动效率之指标。营业总利润 – 一般管理 – 销售费用 = 营业利润。

⑤经常利润是表示当期企业活动的整顿成果的重要指标。营业外收益 – 营业外费用 + 营业利润 = 经常利润。

营业外收益和营业外费用与营业活动并无直接关系，它们是在企业营运中发生的经常性收支。在经常利润中加减特别利润及特别亏损，再扣除所算出的税额，就是本期能处理的利益（纳税后的当期利润）。

特别利润及特别亏损偶尔会在当期发生，或只是当期以前的利润修正。比如：偿还债务的亏损或修正前期以前的损益所产生的损益等。之所以要特别说明，主要是因为在经常性活动所产生的经营利润之中加入这些损益，企业的经营利润会受到扭曲。经常利润对分析企业运转是否良好具有重要意义。

（2）借贷对照表分析

借贷对照表是企业在某一时期（会计年度的期末）的资金动向。也就是表示资金流入的形态及其使用形态。借贷对照表和前述的损益计算表皆体现企业在结算期末的财务状况。流动负债中的支付票据及赊订金额是对预订经销商、代理商等的延期支付，其资金也预先动用了。借贷金额当然就是指贷款了。至于资本，则包括支付于企业的资金及企业活动结果所产生的利润的保留部分，这也算是资金的流入形态。

流动资产中的现有存款表示现有的现金及存款。赊订金额及收受票据，则是提供客户的延期支付。至于固定资产，尤其是土地、建筑物，并非只表示企业的资金如何使用，更显示企业有何种程度的财产。

（3）客户经营分析的方法

客户经营分析主要是利用损益计算表及借贷对照表来掌握企业的实际营运动态。这种分析大致上可区分为企业间相互比较的经营分析及某一企业不同时期的经营分析。前者是以同一行业或不同行业的数家企业相互比较，以了解其行业特性或各企业之特性，此时大都应用同期会计年度的资料。后者是将几年间的会计年度资料相互比较，对同一企业经营状况进行分析，由此可知该企业的成长及经营策略。经营分析若仅以单个企业的会计年度资料进行，不能算是彻底分析。因此必须一方面对同一企业的不同时期的营运加以分析，另一方面和同行业中的其他公司的相同年度资料做比较。经营分析有利用实数分析和利用比率分析两种方法，在此则以比率分析法来进行。

①收益性分析。对企业而言，收益性是成长的推动力。因此收益性的分析极为重要。收益性的分析是以损益计算表为中心进行的。

②安全性分析。安全性指标显示企业财务的安全性，可了解其安全性达到何种程度。收益性指标会随着每个会计年度的收益变动而有大幅改变。而安全性指标则变化不大，它是在长期内一点一点地变化，但这个指标一旦恶化，要再度好转，也必须费很长一段时间。

③活动性分析。这是了解企业的活动效率之指标，销售员可利用损益计算表及借贷对照表的主要资料加以计算。企业活动性的大小，可以根据各资产及负债的流动率，即各资产及负债在该会计年度中有几次更替加以测定。销售债权包括赊卖金额、收受票据、折扣票据及背书票据的余额。预订债务也包括支付票据、赊卖金额、用于支付赊卖金额的背书票据之余额。也有以流动期间来代替流动率者。流动率除以 12 或 365，就是流动的月数或天数。

3. 杜绝来自客户的风险

星级酒店销售管理可采取如下策略来规避风险：

（1）与经销商和客户建立长期、稳定、互相信任的合作关系

在商业交易中，如果与客户建立了长期、稳定、相互信任的合作关系，不仅能大大降低交易成本，而且能大大降低商业风险。有一家国际旅行社，由于资金周转困难，拖欠接待费用较多，对有些星级酒店的欠款长期拖欠不还，但是对有些星级酒店在回款上却比较及时，这些星级酒店都是与该旅行社关系非常好，长期合作的老客户。

（2）对新客户要从小生意做起

对新客户要从小生意做起，尽可能降低旅行社和旅游经销商对星级酒店资金的占用量。

有些新客户向星级酒店预订不提任何附加条件，对星级酒店提出的所有要求都满口应承，条件是在较长的一段时间里给其提供数额较大的赊销便利。这样的客户风险最大。因此，对不了解其商业信用的新客户，在交易条件和交易程序上要严格进行控制，避免风险发生。

（3）以合同规范与经销商和客户的业务关系

我国的旅游法规体系正在逐步完善，国家旅游局三令五申要求旅游企业在开展业务活动中一定要签订旅游合同书，并为此制定了专用的旅游合同书范本。因此，要真正避免来自经销商和客户的风险，销售员首先要规范自己与他们的关系，一切按法规办事。

（4）星级酒店必须制定自己的赊订政策

在激烈的竞争中，赊订有时是必要的，完全杜绝赊订会失去很多销售机会。但星级酒店必须制定严格的赊订政策，包括赊订条件、赊订期限、收款策略、现金折扣等。赊订管理中最重要的是对赊订总规模进行控制，制定应收款警戒线。针对不同的客户，星级酒店可制定不同的应收款警戒线。比如针对国内旅行社，赊订警戒线是应收账款不超过其资产的 50%；针对国际旅行社的赊订警戒线是应收账款不超过其资产的 30%。对其他企业组织也可制定出相应的赊订警戒线。作为赊订管理的一环，星级酒店财务人员和销售员必须定期对应收款进行分析、归类、整理，防止呆账、死账和坏账的发生。

（5）培训销售员

为了减少直至杜绝来自经销商和客户的风险，必须对销售员特别是新招聘的销售员进行全面的培训，做到培训不合格不能从事销售工作。与减少营销风险有关的培训内容包括信用调查技巧、客户识别技巧、经济合同法和财务结算知识等，并要求销售员对营销风险发生的各种方式有比较透彻的了解。

三、应收款回款方法

在销售工作中，有些客户明明资金周转并不困难，但若不让销售员和星级酒店焦急地等待一番，就不会轻易付款。这可能是客户的个性与素质使然，但也可能是为使今后的交易更为有利而采取的策略。因此，销售员平常就必须注意，不能对应收款的回收有任何疏忽。那么销售员应该注意哪些事项呢？

①销售员必须具有一定收回应收款的信念与意志。

②催款应该直截了当，最有效的方式就是有话直说，但千万别说对不起，或绕弯子。

③销售员亲自登门收款，可以减少无谓的纠缠，讲清事实，达到目的。

④不要做出过激的行为。催款时受了气，想出出气，甚至做出过激的行为，都是不可取的，因为脸皮一旦撕破，客户可能就此赖下去，收款将会越来越难。因此，销售员应努力克制自己的情绪，凡事以回款为重。

⑤直接找初始联系人。千万别让客户互相推诿牵着鼻子走。

⑥对于付款不干脆的客户，在收款前先打电话联络予以提醒。

⑦到了收款日期一定要拜访，即使负责出纳的人不在，也尽可能要求支付。

⑧对方若装模作样地说着无法支付的种种理由，如现在手头很紧等，销售员也要以同样方式回敬。

⑨拜访时，首先提出收款目的，未达目的，暂时勿提交易之事。

⑩立场坚定，哪怕对方苦水吐了一大堆，也不要让自己落入对方的圈套中。

⑪即使对方已先有客人也不要离开，耐心等到能够收到款为止。

⑫当客户拖拖拉拉、不想付款时，一定要表现出相当程度的粘缠性。

⑬确定客户不想付款，应将可能导致麻烦之话率先说出。

⑭被拒绝时，要定下确实的付款日期，到时一定要前往收款。

⑮问题如果解决不了，可请主管、销售部经理或营销总监等同行出面解决。

一旦欠款成为既成事实，收款就成为比销售更紧迫的任务，此时收款，亡羊补牢，犹为未晚：

①在采取行动前，应先弄清造成拖欠的原因是由于客户疏忽还是对产品不满，是资金紧张还是故意拖欠，然后针对不同的情况采取不同的收账策略。

②不要怕催款而失去客户。到期付款，理所当然，所以销售员不应怕催款而引起客户不快，担心会失去客户。如果有这种心理，只会使客户得寸进尺，助长这种不良的习惯。其实，只要技巧运用得当，完全可以将收款作为与客户沟通的机会。当然，如果客户坚持不付款，那么失去该客户也没有什么可惜的。

③收款时间至关重要。时间拖得越久，欠款就越难收回。据国外讨债机构的研究表明，收款的难易程度取决于账龄而不是账款金额，2年以上的欠账只有20%能够收回，而2年以内的欠账有80%能够收回。

④采取渐进的收款程序。当赊订款在正常的赊订期过后仍不能收回，星级酒店就应转入收款程序。为了减少收款费用，通常先发催款信或打催款电话；如果不能奏效，则应派出收款员专门收款；最后的程序是诉诸法律。

促进接待费用的顺利回收也和销售时一样，平常所培养的与客户之交情最为重要。获得优先付款机会的供应商通常是与客户保持长期良好业务关系和个人关系的企业，因为谁都不愿意跟朋友闹翻脸。所以，与客户关系好在回款问题上也确实得益匪浅。

第六节　应收款回款的管理

销售员应该认识到预订和回款是两个同等重要的概念，然而在实际执行中往往又很难将它们有机地统一起来。有时候销售部门强调销售额，有时候销售部门又特别强调回款额。这两种不同的态度会带来不同时期销售政策的变化。虽然这种情况可能源于外部因素的制约，但从销售部门自身去寻找，则是基本的管理观念问题。也就是说，在预订与回款工作上，销售部门很可能缺乏一种通盘考虑，缺少始终一致的战略。从企业销售稳定性的角度来看，星级酒店在销售管理中应把预订与回款看得同等重要，并据此制定较为稳定的长远战略。

一、回款管理的关键环节

1. 回款目标管理

目标管理是回款管理工作的基础。正确地实施目标管理，首先要求星级酒店结合预订情况确定不同时期的回款目标，并把它写进每一个时期星级酒店的销售计划中。星级酒店销售计划不仅要有销售额、市场占有率等的明确规定，更要有回款的具体目标，这样才有利于销售工作的开展。

进行回款目标管理，不仅要确立星级酒店回款的目标，而且最为关键的是要将星级酒店总体上的回款目标进行科学的分解，细化并落实到每个销售员身上。回款目标的分解应从两个层次上展开，一是回款项目分解，二是回款到人分解。

回款项目分解通常是根据产品的正常与否设立不同的项目，如把外欠款分为产品正常的欠款、不正常的欠款等。根据这种划分，星级酒店管理者列出应收的重点款项和非重点款项，并在管理工作中有所区分。回款项目的分解也可以时间为维度展开，比如对于产品正常的外欠款，又可以按年度区分，并据此制定出不同的回款政策。

回款到人分解，即结合市场划分和合同签约情况将其在销售员中进行合理的分配，将责任落实到每个销售人员身上。这项工作非常重要，也是确保回款业务正常开展的前提条件，这要求星级酒店管理者在实施目标管理中，不能仅仅把回款任务下达给销售部，还要责成销售部结合预订与完成情况进行分解并逐项落实。只有这样，回款的目标管理才具有实际意义。

2. 回款工作激励

回款工作的激励对象主要有三种人，一是对销售员的激励，二是对销售部管理者的激励，三是对客户的激励。

对销售员的激励主要依据"预付款项"和"贷款回收时限"两个标准进行。此外，由于销售工作面临着复杂的情况，为保持一定的灵活性，星级酒店有必要在回款问题上做出一些特别的规定，诸如全款提前到位的奖励问题、预付款与余款的相关性问题、特别客户的回款问题等，均须做出详细的说明与规定。对销售部管理者的激励问题应在奖励措施上给予体现。当然，星级酒店可以依据回款性质的不同或数量的差异而确定不同的奖罚标准，比如对于老款的奖励额度要大些，而对于新款的奖励额度可以相对小些。回款工作的好坏不完全取决于星级酒店内部的销售管理，还与客户的合作态度密切相关。因此，为了刺激客户付款的积极性，可以在总的价位上做出让步，也可以在售后服务等方面提供特别优惠。

3. 回款控制与监管

星级酒店管理者在回款的指导思想上应把预订与回款紧密结合在一起做整体考虑，并制定出严格的规章来保证回款顺利实现。因而星级酒店管理者要确立销售工作的战略导向，把回款工作作为销售工作的基本环节，特别是那些列入重点回款项目的应收款，应责成销售部、财务部加大工作力度。销售部也应对回款工作做出通盘考虑，根据每笔外欠款的性质和特点，指导销售员搞好回款工作。必要的话，还要配合销售员一道登门拜访客户，完成艰难的催款任务。

二、警惕赊订风险

当星级酒店出于无奈而将赊订定为一种既定的销售政策时，为了避免应收款成为不良资产，就必须对赊订进行有效的控制。事实证明，赊订是星级酒店销售的风险源头。赊订可带来许多风险，诸如利息损失风险、死账呆账风险等，这些风险将极大地危害企业的正常运营。然而，如果星级酒店销售员能对以下问题引起足够重视，便能避免大部分的销售风险：

（1）客户全盘接受星级酒店报价而不讨价还价

这表明客户可能根本无意付款，因为不想不付款的客户通常要费尽口舌尽可能争取最合理、最优惠的价格和付款条件。

（2）销售员不坚持对客户的信用进行调查

客户的信用问题是欠款的主要原因。有些"麻袋公司"、"布包旅行社"压根就不准备付款，而经营不善的企业又无力付款，如果销售员把他们当客户又不对他们进行信用调查，其结果就如同陷入泥潭一样难以自拔。

（3）给新客户以赊订权利

由于对新客户的了解无论如何也不如对老客户的了解多，因而新客户一旦发生欠账，收账难度要比老客户大得多。回款情况做得比较好的星级酒店一般都规定，凡是新客户，一律不赊订，只有在与客户的业务交往过程中对其信用有了充分了解后，才能给予其赊订的权利。

（4）销售员随意放宽赊订政策

在业务交往中，有时为了竞争的需要，有时为了一笔势在必得的业务，有时甚至是为了赌一时之气销售员会在付款条件上做出无原则的让步。然而，没有什么比这更可怕了。有些客户正是摸准了部分星级酒店的这种心理，有意识地让数家星级酒店在付款条件上展开竞争，以便坐收渔翁之利。

（5）销售员在结算方式上不做规定

我们知道，风险较小的结算方式有现金结算、银行承兑、有担保（或抵押）的赊订等，而风险较大的结算方式有定期付款、售后付款等。有的销售员为了获得客户的预订，在结算方式上不是规定或选择风险较小的结算方式，而是听任客户的选择，因而带来销售风险。

此外，客户的信用状况并不是一成不变的，客户的人事变动、付款政策的改变、经营状况的变化，都可能导致原来信用好的客户开始拖欠应付款。因此，在账款回收的过程中，销售员还必须注意以下几个方面：

第一，不要存在侥幸心理。销售员切忌想当然地以为客户总会按期付款，等待着客户主动送钱上门。因此，在回款的时间里，销售员应按照回款的有关程序操作，保持与客户的联系，信函收款与上门催收款并用，直到收到款项为止。

第二，不要让客户养成延期付款的习惯。除非客户有特殊的理由，并做出付款保证，否则，销售员应坚决要求客户按时付款。

第三，同财务部密切配合。销售员可能忙于业务而忽略了收款，财务部应及时提醒。

第四，熟悉客户的财务圈子，因为客户的经营状况最先从财务部门反映出来。

第五，提供优质服务。星级酒店在服务过程中出现的一丁点过错都可能让客户抓住辫子，成为其拒绝付款的理由。

第六章 星级酒店财务部规范管理

第一节 酒店财务管理概述

一、酒店财务管理的功能

酒店的财务部门是对整个酒店经营管理工作起着"管家"作用的职能部门，担负酒店资金总核算，监督和指导业务部门进行资金运用和管理，增加营业收入，节约费用开支，维护酒店的经济利益和经济效益的重大职责。

二、酒店财务管理的任务

酒店财务管理的工作任务如下：

1. 记录、分析酒店的日常经营活动、资金运作动态、营业收入和费用开支的基本资料，定期向酒店总经理和董事会报告。

2. 根据酒店总经理和董事会的工作指令，结合酒店的自身情况，对财务收支进行综合平衡，组织酒店各部门编制酒店的月、季和年度的营业计划与财务计划。

3. 定期对酒店财务计划与营业计划进行分析，做出书面分析报告呈交总经理。

4. 执行和完善酒店的财务管理工作，具体包括：

①负责对全酒店的各项财产登记、核对和抽查、调拨，并按照有关规定分摊折旧费用，保证资产的资金来源，不断对酒店的设施进行更新换代。

②管理和控制酒店的各种资金，做好资金收支计划、平衡工作，严格检查备用金的使用，严格执行库存现金限额制度，对应收账款按协议时间进行催收，做好资金回笼工作。

③负责全酒店资金运用的组织和调度工作，及时掌握外汇汇率的变动，定期将资金的变动情况向总经理汇报。

④按照权责发生制度及时完成收支核算，及时做好财务记载，正确核算酒店经营成本、费用、利润，按时准确编辑会计报表，做出酒店的财务分析。

⑤及时清算酒店债务和债权，做到清楚明白。

5. 严格执行国家的各种财务制度，完善酒店的财务管理制度，严格遵守财经纪律，检查督促财务人员遵章守法，共同做好财务工作。

三、酒店财务管理的工作目标

酒店财务管理的工作目标主要包括：
①保证酒店的账目明晰与准确；
②建立完整而详细的酒店财务档案；
③建立完善的酒店财务监察制度，杜绝财务混乱，维护酒店的经济利益。

第二节　　财务部人员职责规范

一、财务部经理岗位职责

①在总经理的直接领导下，具体领导酒店的财务政策和财务管理制度的实施，合理支配资金。

②组织贯彻执行《会计法》等法规和旅游财务制度及财经纪律，建立健全财务管理的各项制度，发现问题及时纠正，重大问题及时报告领导。

③做好资金管理，组织各营业部门收银员、出纳员按规定程序、手续及时做好资金回笼，准时进账、存款，保证日常合理开支需要的正常供给。

④加强财务管理，分月、季、年编制和执行财务计划，正确合理调度资金，

提高资金使用效率，指导各部门搞好经济核算，为酒店的发展积累资金。

⑤组织酒店内部各个环节的财务收支情况，遵守国家外汇管理条例，加强对外汇收支的管理和监督。

⑥组织全酒店的经济核算工作，充分发挥财务工作的预算和监督作用，组织编制和审核会计、统计报表，并向上级财务部门报告工作，按上级规定时限及时组织编制财务预算和结算。

⑦组织财会人员搞好会计核算，正确、及时、完整地记账、算账、报账，并全面反映给酒店领导，及时提供真实的会计核算资料。

⑧负责与财政、税务、金融部门的联系，协助总经理处理好与这些部门的关系，及时掌握财政、税务及外汇动向。

⑨负责办理银行贷款及还贷手续。

⑩遵守、维护国家的财政纪律，严格掌握费用开支，认真执行成本物资审批权限和费用报销制度。

⑪审查各部门的开支计划，审查对外提供的财务资料，并转报总经理。

⑫参与重要经济合同和经济协议的研究、审查，并负责对新产品、新项目的开发、技术改造，以及商品（劳务）价格和工资奖金方案的审核，及时提出具体的改进措施。

⑬参与酒店经营管理和经营决策，提高酒店的管理水平和经济效益，为总经理当家理财把关，做好经营参谋。

⑭合理制定各部门的生产指标、成本费用、专项资金和流动资金定额，尤其应做好对三大成本费用（即食品、用具成本，劳动费用成本，能源销售成本）的控制，精打细算，确保经济效益。

⑮督促、检查酒店的固定资产、低值易耗品、物料用品等财产、物资的使用、保管情况，注意发现和处理财产、物资管理中存在的问题，确保酒店财产、物资的合理使用和安全管理。

⑯督促有关人员重视应收账款的催收工作，加速资金回笼。

⑰监督采购人员做好客房、工程、办公及劳保的物料、用品的采购工作。

⑱负责审查各项开支，密切与各部门的联系，研究并合理掌握成本和费用。

⑲组织财务人员，定期开展财务分析工作，考核经营成果，分析经营管理中存在的问题，及时向领导提出建议，促使酒店不断提高管理水平。

⑳每季度全面检查一次库存现金和备用金情况，并不定期抽查各业务部门、收款岗位的库存现金和备用金。

㉑保存酒店关于财务工作方面的文件、资料、合同和协议，督促本部门员工完整地保管酒店的一切账册、报表凭证和原始单据。

㉒负责本部门职工的思想教育和业务学习，定期组织、召开本部门的业务会

议，抓好本部门内部管理工作，不断提高财会人员的素质和财务管理水平。

㉓负责本部门员工业务培训工作，使属下员工熟练掌握业务知识、操作程序和管理制度，并使各员工对本部门其他岗位的业务环节有所了解。

㉔组织建立财务人员岗位责任制，负责对财务人员的考核。

二、综合会计主管岗位职责

①编制酒店各期会计报表和财务分析报告，做到数字真实、计算准确、送报及时。

②填报"经济效益月报表"，按时上报酒店管理公司；负责填报"旅游统计报表"，并按时上报酒店经理部。

③严格、认真复核本部人员所做的会计凭证的完整性，审核会计凭证与所附的原始单据是否齐全、一致；审批手续是否齐全，定期汇总会计凭证，发现问题及时更正。

④复核签发审批权限内的支票现金，按时向酒店管理公司上缴利润。

⑤负责工资提取与发放情况的分析，查明酒店工资总额增减变动情况及原因，分析工资总额构成的合理性，供领导和有关人员参考。

⑥协助部门经理编制各项财务计划，做好管辖范围的管理协调工作及突发性事件的处理。

⑦月末负责编报"负债表"、"损益表"、"营业费用表"、"管理费用表"、"债权债务表"及"营业部门回收情况表"。

⑧根据在建工程合同，支付工程款项及结转有关待摊、递延费用。

⑨掌握酒店在各个银行存款的余额，提出合理的调用资金方案。

⑩督促下属人员认真贯彻执行国家税收、外汇管理及结算制度等有关规定。

⑪并定期做好往来款项的核算工作。

⑫认真完成领导交办的其他事宜。

三、出纳员岗位职责

1. 根据会计凭证，每日进行现金的收付业务：

①收付款时，认真复查会计凭证及付款单，应保证凭证准确无误。如手续不

全或有错误现象应及时退回会计改正。

②现金收付时要当面点清，以防差错，金额较大时，一定要有人复核。

2. 严格遵守现金管理制度，现金要尽量做到日清月结，月结盘库后作现金盘库表。

3. 应负责每日营业额的追缴，按主管、经理的安排筹集现金。

4. 负责酒店的工资发放，按时发放工资、奖金，并填制有关的记账凭证。

5. 根据现金收付凭证，每日登记现金日记账及辅助记录：

①现金日记账所记录的内容必须同会计凭证相一致，不得随便增加或删减；

②日记账必须连续登记，不得跳行或隔页，不得随便损坏账簿；

③文字和数字必须准确无误、整洁清晰，如有改动，必须严格按会计制度执行。

6. 银行账务和支票办理：

①将部门收回的支票及时送交银行进账；收到银行回单时，及时登记后交给会计做账；如有银行退票，应及时交会计冲账，并重新更换支票。

②每月中旬作上月"银行存款金额调节表"，认真核对清查每笔未到账的原因，如有错账及时更正，力争将未到账款控制到最低限度。

③支票必须凭领导审批的申领单方能开具；填写支票时，应做到时间、金额、账号及收款人单位均正确无误；由财务部直接开出的支票按审批权限办理。

④空白支票应妥善保管，开出支票后要按编号顺序进行登记，印章与支票应分别保管。

7. 会计凭证的汇总与管理：

①每日下午4：30开始汇总当日凭证，下班前应将汇总表及所附凭证交电脑室输机，如遇当日凭证少于15张时，可酌情推至第二日汇总。

②汇总时应负责审核每张收付凭证现金或银行存款大、小写金额是否正确，各处填写是否无误。

③每月月初应将上月会计凭证进行整理，检查编号有无错漏，并将检查无误的会计凭证按顺序装订成册。

④所有会计凭证、会计报表及有关文件设专库、专柜分门别类进行保管，做到出入库皆有登记，并定期进行全数归档。

四、营业收入核查员岗位职责

1. 日常性工作内容

①核对每日的应收账款和发票单位是否一致。

②根据核对无误的有关资料，认真完成每日营业收入转账凭证。

③核对由收银处交来的收银员交款单和每日银行交款单。

④核查每日客人消费信用卡是否符合要求。

⑤及时核对支票（银行）回单并做好收入凭证。

⑥登记信用卡备查账。

⑦填报饮食部、客房部、娱乐部收入外币金额报表。

2. 周期性的工作内容：

①负责对每周信用卡、银行回单和信用卡登记表进行核对并做收入凭证。

②负责每周检查单位挂账支票以及银行支票回单，发现问题及时同收银处联系，并妥善解决。

③负责每10天登记各部门外币收入报表，结总小计，并与有关现金结算进行核对。

④负责每5天做信用卡汇总单，认真填写信用卡签购单、银行进账单以及交表单送出纳员。

3. 月终性的工作内容：

①做好酒店外币收入报表的月计登记工作，并与全月货币结算进行核对，完成外币转账凭证。

②对全月所有的信用卡做好月计登记工作，与全月货币结算表进行核对。

③负责信用卡余额的核对工作。

④将全月挂收票户账和明细账、全月挂支票户账和明细账进行核对。

⑤清理全月挂应收账款单位的单据并进行归类，电脑打印全月应收账款明细账和单据，并进行全面细致的核对。

五、物业收入核查员岗位职责

1. 负责酒店物业收入的计算、确认及客户水、电、电话费的账务处理，包括：

①每月初以有效的出租合同为依据编制客户租金及费用明细表。

②每月中旬对酒店物业管理公司转来的电话费按要求进行账务处理。

③每月中旬按酒店综合办公室提供的写字楼、商住楼水、电用量统计表计算各客户的水、电费用并做好转账。

④每月底以有效的出租合同为依据编制物业部收入凭证。

⑤登记及保管写字楼、商住楼、客房出租的合同。

2. 收回挂账款及有关款项

①负责及时催收客户欠账款，对未按时交款的客户，按规定程序向各级领导汇报，并采取有效的措施将欠款收回。

②按合同要求在规定时间内向客户收足预收款项。

③凭物业部开出的通知办理客户退房结账手续。

④及时处理收回的款项。

⑤负责在月底将写字楼、商住楼、客房的客户当月租金及费用全部收回。

3. 对账

①查清当月物业部收入与前月收入的差额，并追查其原因。

②检查客户费用明细表的租金收入与月底租金收入凭证是否相符。

③月底核对本岗位所属账户的余额，保证余额的准确无误。

4. 分析及预测

①提供和统计客户履约情况、租金水平变动及出租率等指标。

②分析物业收入变动的原因，提出一般性改进意见。

③根据物业经营决策变动情况，预测未来收入情况。

六、前厅收银领班岗位职责

①严格检查收银员的仪表、纪律、行为等是否符合标准，按照酒店规章制度严格要求下属员工。

②检查现金收付及试算平衡表是否正确，确保各种数据的准确。

③协助主管培训下属员工，使员工的工作水平不断提高。

④检查酒店钥匙箱控制手续是否齐全，发现问题及时解决。

⑤积极提出改进工作的设想，协助主管做好前厅收款工作。

⑥妥善地处理问题，保证各部门关系的和谐。

⑦服从分配，按时完成上级指派的其他工作。

七、前台收款员岗位职责

①负责为客人结账，收取以现金或转账支票、信用卡等支付方式支付的住宿、餐饮、洗衣等费用。

②核实账单及信用卡、支票等。

③将住客的分类及最新账目记入房号内并妥善保存。

八、日间稽核员岗位职责

1. 日常工作内容

①负责核算收银员完成的各种报表，检查收银员所作的报表和清机报表、电脑报表是否一致，检查清机报表是否跳号等。

②负责核算每日"商务中心收入报表"以及每日"住房收入报表"、"餐饮部收入报表"上的数据和前台、客房部"夜间核算报表"上对应项目的数据是否相同。

③负责核算昨日夜间稽核员完成的报表，检查稽核员所作的报表是否已按收银员提供的资料完成，报表是否完整和真实。

④核算前台当天未结客账的余额是否正确。

⑤负责完成酒店营业收益情况报告表、每日现金结算情况报告表和各部门收入明细表。

⑥检查退款单上客人的签字与"入住登记表"上的签字是否一致，前台、餐厅给予的折扣和优惠是否合乎标准，手续是否齐备等。

⑦负责检查外币现金收入与本币现金收入的比例，防止私兑外币。

⑧每日把各类报表按日期、序号存放，月末装订成册。

2. 每10天给成本部列出中、西餐厅，多功能厅，娱乐厅等的客人数、最低消费、服务费及酒吧、厨部支出等数据，以填制成本报表。

3. 月末的工作内容

①负责核对月末本岗位所属账户的余额。

②将各部门当月收入的外币数汇总列入报表。

③将本月营业总账分部门核算后交成本部。

4. 监督工作内容

①检查收银工作，保证收银工作按规定进行。

②发现问题时善于提出改进意见，进一步完善收银制度。

九、夜间稽核员岗位职责

①严格遵守财务管理制度，负责稽核酒店当日各营业部门每班的收款报表；

②稽核酒店当日各营业点交来的各种账单、票据；

③负责稽核当日各种消费项目明细表，对审查中发现的问题要提出建议；

④负责稽核各种签单、挂账及信用卡，完成签单、挂账及信用卡等应收账款明细账；

⑤完成每日营业收益情况表、现金结算情况表；

⑥完成客房部、餐饮部、娱乐部门的夜间核算表；

⑦负责稽核各种优惠折扣，完成优惠折扣明细统计表；

⑧负责稽核未离店客人的应收账项；

⑨负责每日营业点收银机的清机工作，月底负责打出餐饮和娱乐部门收款月结表；

⑩审查账簿记录是否具有合法性和真实性；记录收款工作中存在的问题，并及时向上级汇报，以便得到合理解决。

第三节　有关会计核算标准化管理规定

一、工资核算员岗位职责

①负责核算酒店工资基金的使用情况，每月对人事培训部提供的工资核算原始资料进行审核，包括加班工资和员工工伤、探亲、事假的按比例扣款计算是否准确；新员工的现金工资计算、离店员工的工资结算、员工各时期的工资增减变动等是否准确无误。

②将审核无误的工资原始资料经主管领导签章后输入电脑，编制员工"工资通知单"、"工资汇总表"；按时将工资输入软盘送交主管，并开具现金支票，经领导审阅后送交银行，以保证工资的及时发放。

③根据"工资汇总表"填制、发放工资，结转部门工资及代扣款项的记账

凭证；根据上级规定的提取比例，以工资总额为基数，正确计算工会经费、娱乐活动经费、员工福利基金，按列支科目填制记账凭证。

④负责代扣员工房租、水、电费（数据由综合办公室提供），核算个人所得税及其他应扣款项。

⑤配合人事培训部做好人工费用的统计工作，提供奖金计算依据。

⑥定期核对各部门实发奖金数，还应核对发入数和发出数是否一致，并妥善保管当年工资、奖金发放资料。

⑦掌握非在册人员的劳务费用支出情况，严格按支付手续支出。

⑧每月月底按时分摊各部门待摊、递延费用以及各项预提费用。

⑨每月负责整理、装订、发送财务报表及填制经济活动资料手册；认真保管好计算工资的各种会计凭证、报表、工资晋级表等。

⑩打印工资转账数据、报表（一式两份），一份送财务部，一份送人事培训部存档。

二、支出核算员岗位职责

①负责核算预付购货款、预付购货定金、应付货款、应付税金、应付利润等，并编制会计凭证和报表。

②货币资金的收入和支出，负责日记账簿的登记和结账。

③认真审核原始凭证所反映的经济内容是否符合国家的方针政策和酒店财务制度规定，内容是否完整，大小写金额是否正确等，有实物收入的凭证应把"收货单"作为制表的依据之一，并编制会计凭证和报表。

④正确使用会计科目和科目编号，摘要简明，内容真实、清楚，金额准确无误。

⑤熟悉会计科目及明细科目的核算内容和编号，能正确使用会计科目核算货币资金支付业务。

⑥编制会计凭证时要分别按货币资金币别、不同银行单位的资金，分别制单编号。

⑦审核原始凭证，包括审核原始凭证的名称、日期、规格、数量、单价、金额的填写是否齐全，"收货单"填制的内容和原始凭证的要求是否完全一致，还应审核负责人的签字情况和票据的合法性。

⑧按照会计核算的"权责发生制"的原则，如实反映、记录受益期内应付未付款、预提费用、待摊费用等会计业务，及时做出会计处理。

⑨及时登记各种货币资金的收支业务的日记账簿，每日结算余额，每月结算本月发生额累计金额的余额。

⑩记账凭证填制要及时，做到当日事当日清。

⑪按时完成应付账主管临时安排的其他各项任务。

⑫上班时间不得做与工作无关的事情。

三、资产核算员岗位职责

①掌握资产管理制度和核算办法，负责对有关财产使用部门进行财产管理和核算。

②负责编制财产的领用分配表，进行会计核算，按资产使用责任制，实行分口、分类管理。

③参与固定资产的清查盘点和物品的月末盘点工作，酒店在财产清查中盘盈、盘亏的固定资产，要分情况进行不同的处理。

④分析财产和物品的使用效果，提高固定资产的利用率。

⑤每月计提固定资产折旧，登记账簿，月末结出资产净值余额，编制固定资产折旧汇总表，做到账表相符、账账相符。

⑥正确划分固定资产和低值易耗品的界限，编制固定资产目录，对固定资产进行分类核算，按照财务制度的有关规定，负责固定资产的明细核算，督促有关部门或管理人员对购置、调入、内部转移、租赁、封存、调出的固定资产办理会计手续，如实反映其全部会计核算内容，包括正确计算固定资产的记账价值，正确计划固定资产的折旧。

⑦年底进行资产清查盘点，对报废处理和出售不使用的资产，按"财产管理责任制"规定办理手续，编制会计凭证，并登记固定资产账户。

⑧负责低值易耗品和物料用品的出库分配，对物料用品中的服务用品、清洁用品、印刷和文具用品、棉织品、玻璃器皿、瓷器、办公用品等，分别按领用日期和项目分类，并按领用部门分别编制分配表，以及编制会计凭证。

⑨对物品的领用，做到事先有控制，事后有监督，月底对领用物品的消耗情况进行分析，和去年同期进行对比分析，并定期组织分析固定资产的使用效果。

⑩接受和完成主管临时安排的其他工作。

四、餐饮成本核算员岗位职责

①根据"酒吧进销调存日报表"中各类酒水销售情况，按相应的酒水单价算出总金额，并填写"餐饮成本统计汇总表"。

②负责核对各酒吧清单及出品单是否一致，发现问题及时汇报部门主管。

③核查每日各部门酒吧汇总制作的"酒吧进销调存日报表"及酒吧清单，并根据"酒吧进销调存日报表"的销售量填制"销售还原表"。

④每天根据清单填"海鲜耗用统计表"，每 10 天汇总一次，填入"餐饮成本统计汇总表"中海鲜一栏，月底负责核算海鲜当月总耗量。

⑤按客房酒水、西餐厅、多功能厅、桑拿健身中心、餐厅、歌舞厅的餐饮材料领用单，分部门登记"饮料销售还原表"，将不记入"饮料销售还原表"的领用餐料，按每 10 天的汇总金额填入成本统计汇总表。

⑥每 10 天根据"餐饮成本统计汇总表"作成本报表，并派发给各部门，以便部门管理控制成本，月底所作成本报表复印几份，并送交总经理、副总经理、部门经理以供参考。

⑦每月下旬按时参加各营业点餐料盘点，复查并计算盘存数，并把酒吧实盘数登在"销售还原表"中，算出盈亏数，编制"溢缺报告表"。

⑧整理保管当月酒吧核算有关资料，并制订有关报表。

⑨负责对各酒吧酒水、香烟等实行有效的监督与控制。

⑩月底对"工作餐"结转成本，并按部门作统计表。

⑪积极提出改进工作的设想，协助主管做好本组工作。

⑫及时完成主管指派的任务。

五、前台稽查操作制度

①酒店各营业点的报表与收入要一致，报表左右要平衡，账单齐全并盖上会计处收款章，账单要有付款方式，如果客人要底单，底单要盖上结算章。

②收取外汇要按当天牌价折算，收旅行支票要扣除贴息。

③房租折扣要由部门经理签字认可，免费住房必须由总经理或副总经理批准并签名。

④作报表要按订单所指房间种类、天数，包括加床和餐费，报账单位的报表一定要资料齐全（订单、底单）。

⑤数额减少要经主管签名，而客人拒付则要有大堂副经理签名认可。

⑥输单必须单据齐全，缺少单据要说明具体原因。

⑦退款要按财务部的有关规定进行操作，一定要有主管签名和客人签名。

⑧团体的房租一定要当天输入电脑，如发现有团体未输房租，要立刻通知收款处采取补救措施。

六、核数操作制度

①整理归档上一天的单据、报表等，落实上一天稽查出来的问题。

②将经理核准的考核通知书送有关部门签收。

③核对各收款点的营业报表，包括餐厅收款处、商务中心、电传室、娱乐、洗衣、客房酒水等。

④稽核人员应抽查餐单，核对点菜单与账单是否相符。

⑤检查当天到达的客人房租情况，检查房租折扣是否符合规定，检查前台接待处交来的批条是否齐全。

⑥检查客人住宿登记卡是否齐全。

⑦将各收款点营业额输入电脑。

⑧将输入电脑的各收款点的现金总数以及信用卡数与营业日报表进行平衡后，应与营业报表总合计数一致。

⑨检查无误后，将上列报表装订在一起，分送到各部门。

七、财务押款制度

①财务部去银行提款，必须由便衣保安员陪同。

②酒店的内部如有大量现金需从一处转移至另一处，也须有保安陪同并负责安全。

③每周一至周六下午2：00～5：00，前台指定一部专车负责押款。

④发放工资及财务人员分装员工工资时，都须有保安维持现场秩序。

八、财务报销制度

1. 费用报销：

①一切费用要在核定批准的费用定额范围内开支，超支部门须经酒店主管领导批准方可向财务部报销。

②已经取得原始发票的只要填制报销凭证，由经办人验收或证明人签章、领导签字即可报销，已批准的费用定额内的由部门领导人签字，定额外的由酒店主管领导签字。

③未取得原始发票而要先付款时，可以先到财务部办理借款，经领导批准后（已经批准的费用定额内的由部门领导签字，定额外的由总经理签字）一周之内办理报销手续，同时撤回借款单第三联。

2. 固定资产报销：

①必须先有批准的购置计划才能购置固定资产，需购置商品必须经总经理室向有关部门办理专项控制证明单才能购买。

②如果在当日内购置，经领导批准可借用空白支票在计划范围内购置，如能事先知道价格、单位名称及账号者，可办理借款手续，经领导批准后由财务部开支票。

③固定资产报销时须建立固定资产卡片，并有资产编号，财务部才准予报销。

④固定资产经财务部报销后，列入"内部往来成本费用"科目。

3. 流动资产报销：

①采购部门应提出次月原材料及备用品、备件购置的购料计划，经领导批准后报财务部作出次月定额用款计划。

②凡购入材料物品，必须填写入库验收单一式三联，采购、仓库、财务部各一联，填好验收单后，才能予以报销。

③材料物品领用时，必须填领料单一式三联，领用人、仓库、财务部各一联。

④仓库保管员兼材料会计，每月应与财务部核对账目，发现问题及时找出原因，并予以更正。

⑤采购部门可借支备用金，作为零星购料周转，工程部也可以借支备用金，作为急需采购维修物品用，年终备用金全部交财务部。

⑥采购人员经领导批准可借支空白支票（限制一定数额内开支），但必须在

三天内到财务部报销，如果取得正式发票，可办理报销手续，不再借支空白支票。

⑦各项预付款先填借款单，按合同要求经酒店主管领导批准后再付款。

⑧低值易耗品报销手续必须建立低值易耗品卡片。

⑨年终物资部应盘点一次，列出材料清单与财务部核对，并作出盈亏表。

第四节　酒店营业收入管理标准

一、建立完善的客人账务管理系统

酒店营业收入的取得，一方面来自住店客人，另一方面来自非住店客人，对此应分别建立客人账务管理系统和操作程序与标准。

1. 住店客人账务管理系统

住店客人账务管理系统主要包括客人账户的开立、记账核对和结账三方面的内容。

客人入住酒店，首先会在总服务台办理手续，并填写"住宿登记单"，由前厅部开出客人账单及其他文件送到有关部门。前台结账处对此要根据不同结账方式的规定进行核对，无误后将客人的总账单及有关附件放入相应房号的账夹内。

将客人住店期间在酒店内各营业点的消费账单迅速汇集前台，以防出现跑账漏收的情况。一般来说，客人可采用现金、支票、信用卡、旅行社凭单、经同意的转账结算单等方式进行结算。要按不同结账方式规定的操作程序进行处理，并将有关凭证分别交给客人或稽核组核对。

每日下班前要编制收款员收入明细表、收款员收入日报表及收款员缴款袋，分别投于缴款箱内和交与夜间稽核员。

2. 非住店客人账务管理系统

非住店客人往往在酒店的餐饮部、商品部、康乐部等营业点进行消费。以餐饮消费为例，根据客人点菜要求填写点菜单，并在厨房联上盖上收款员印章，交给服务员，根据财务联在账单上填列日期、桌号、人数、服务员工号、品号、数量及单价等内容，放在账单架内，客人若增加点菜，应立即计算出应付款额，交新的账单，以防漏收。客人要求结账时，应立即计算出应付款额，交与服务员呈送给客人，收下客人的现金并将客人联交给客人，而将现金与账单的财务联交给收款员。收款员下班之前也要编制收入明细表、日报表及缴款袋。

二、保证客人账务管理系统的正常运作

完善的信息传递系统是做好账务管理工作的基础。客人在酒店内的停留时间一般不会太长，因此要求酒店要记账准确，走账迅速，结账清楚。如果由于信息不畅或传递速度达不到要求，就有可能造成跑账漏收的结果，给酒店带来不必要的损失。对住店客人来说，其在酒店内各营业点的消费信息必须及时传递到前台，为此就必须结合酒店实际情况选择合适的信息传递方式。从传递方式来看，目前主要有人工传递、电话传递以及计算机联网传递等方式。

人工传递方式是指各类营业点的账单（凭证）由专门的人员传递到前台结账处。这种方式传递速度慢，成本高，衔接不好易造成跑账漏收。电话传递方式虽然速度较快，但不能提供文字单据的传递。计算机终端传递方式是用计算机主机将各个营业网点的终端连接起来，通过计算机终端传送记录信息的一种方式，它传递信息速度快，是较理想的传递方式。

在建立畅通有效的信息传递渠道的同时，还必须健全和完善酒店的内部牵制制度，无论是现金收入，还是信用卡或旅行支票，都必须完善各流经环节的操作规程，以前后工序的相互制约和配合为基础，健全内部牵制制度，使该收的收入如实地得到实现，减少漏洞，避免损失和差错，提高酒店营业收入管理水平。

内部牵制制度包括的内容很多，其中比较重要的一部分是建立收入稽核制度。其工作主要是在每天营业结束时检查核对所有营业部门销售的记录是否正确无误，同时编制出客账汇总表，当客账汇总表合计数与有关的控制数字不相符时，应立即核查原因，更正差错。

日内稽核的工作主要是进一步检查营业记录是否真实，并对夜间稽核工作进行复查，以保证销售记录的正确性和真实性。稽核后编制营业日报表，通过营业日报表为酒店各级管理者了解营业情况，进行科学决策提供及时的信息保证。

三、按权责发生制正确核算营业收入

营业收入核算的正确与否直接关系到盈利的准确性。一般来说，营业收入的核算有权责发生制和收付实现制两种。权责发生制，要求凡是在本期取得的收

入，不论其款项是否已收回，都被视为本期收入；凡不属于本期取得的收入，即使款项在本期收到，也不作为本期收入。而收付实现制，是以货币的实际收入为标准来确定营业收入的归属期，即凡是在本期实际收到的款项，不论其是否应当属于本期，都作为本期的收入；反之，即使是属于本期的收入，只要实际款项并未收到，也不能作为本期的收入。

按照《旅游、饮食服务企业财务制度》的规定，酒店应采用权责发生制来核算营业收入。酒店应当在劳务已提供，商品已发出，同时收讫价款或取得收取价款权利证据时，确认营业收入的实现。实行权责发生制，在收入方面就会有预收收入和应收收入之分。预收收入指本期或前期已经收到并已入账，但要到以后的会计期间，才能作为本期的收入。应收收入指本期已经获得，但尚未收到款项的收入，如客人已住宿尚未付款的收入，根据权责发生制，这些应收收入应作为本期的营业收入对待。营业收入核算时应按实际价款进行，当期发生的销售折扣、销售退回及转让，应冲减当期营业收入。

四、及时办理结算，尽早收回营业收入

酒店营业收入的取得主要有三种形式：

①预收。即在提供服务之前，预先收取全部或部分服务费。如酒店在客房预订确认以后，会向客户收取一部分预订金。长住户也往往要在年初支付该年的全部费用。

②现收。即在为客人提供服务的同时收取服务费，如在那些总台只负责结算房费的酒店，客人在餐厅、商场的消费即采取现收形式。

③事后结算。即在向客人提供服务以后，一次性或定期地进行结算。这种形式常常在单位之间进行，如酒店和旅行社之间常采用事后结算方式。

不同的收费方式管理的重点是不同的，对于预收服务费的项目，要树立认真执行合同规定的意识，如果酒店单方面不执行预订的服务项目，没有提供相应的服务，就会因此而失去信誉，要部分或全部地退回预收款，甚至要对客人进行赔偿，其赔偿费要从营业利润中予以扣除。由此可见，预收款并非是安全的，能否如数留下还取决于酒店是否遵守合同规定，是否保证了相应的服务质量和等级。

对于现金结账的部分，关键是健全内部牵制制度，严格按操作规程去执行和检查。要加强对各收银点的管理，不能怕麻烦，图省事，以免为一些人的舞弊行为造成机会，留下隐患。

至于事后结算的管理则要强化事前控制意识，不要等积压占款过多时才去控

制。对结算期过长的款项，要采取措施，加强催收力度，降低资金占压的数量。

第五节 酒店的稽核制度

一、酒店营业收入核算制度的种类

酒店是以服务设备为依托，通过提供服务，取得劳务收入的企业，其主要经营业务是出租客房和提供膳食等，客房和餐饮收入是其主要的收入来源。作为经济实体，酒店营业收入的编纂是酒店经营管理的重要内容，它直接影响到酒店的经营收益与声誉；各种日报表所提供的准确而又翔实的经营数据又是酒店经营管理者制定政策、编制预算等经营决策活动的客观依据。

根据酒店的经营方针、内部组织、接待对象、规模大小和设备条件等方面的情况，不同的酒店往往采用不同的营业收入的核算方法，大致可归纳为以下几种营业收入核算制度：

1. 应收制

应收制是酒店对信用可靠的客人实行先住后付的一种收款制度。酒店对客人事先不预收定金，客人在住店期间每天应付的房租、餐费以及电话费、洗衣费等均作为应收列账，每天向前厅收银处结转营业收入。当宾客离店结账时一次收取全部费用冲销应收款，这也就是酒店实行的一次性结账方式。一般接待海外客人的酒店，应根据国外酒店行业的通行做法，采用应收制，实行一次性结账。

2. 预收制

预收制是酒店对一些信用不好或不甚了解的客人实行的一种先付后住的收款制度。客人在住店登记时，酒店前厅根据客人拟住天数，预收一笔款项，在会计编纂上作预收定金列账。至于宾客住店后每天应付的费用，与应收制的处理相同，仍列作应收款，每天向前厅收银处结转营业收入。当客人离店结账时，酒店收银处以预收定金抵付应收款，多退少补。

3. 实收制

实收制是以实际收到客人的现金作为营业收入的入账依据的一种收款制度。同前两种收款制度的区别在于，应收制和预收制都是酒店不管是否收到现金，只以客人每天发生的费用作为当天的营业收入；实收制则不同，即使宾客在酒店的消费行为已经发生，但酒店尚未收到现金，该账务就不作营业收入。

二、酒店夜间稽核的内容

酒店夜间稽核的目的是要有效控制由宾客赊账业务而产生的收入或现金业务收入，内容主要是完成经济业务的过账，结出宾客分户账的余额并审核其正确性，包括：

①在一天结束时（通常为夜间 2 时酒店餐饮营业结束时），将房费及晚上发生的费用入账。

②在所有经营业务都已入账并算出每个账户的余额之后，编制报告并检查宾客分户账的余额是否正确。

三、客房收入稽核的内容

1. 客房收入稽核的资料根据：

①客房出租明细表。

②客房经理客房状况报告。

③住宿登记单。

④换房通知单。

⑤前厅收银员收入明细表。

2. 客房收入稽核项目内容应包括以下几个方面：

①稽查凭证卡片号码的连续性：检查本日和昨日凭证卡片的编号是否衔接、有无缺号。

②稽查出租客房收入计算的正确性：首先核对宾客分户账明细表的客房出租明细表，对已经登记完毕而在客房收入总账中没有计算收入的客房，要看其是否附有"变更"或"未住"等标记；如属"未住"，则要核实是否收取了半天或全天房费，并查明有无漏收等情况发生。客房收入应依据如下计算公式进行试算平衡：

昨日客房房费余额＋本日住店客房总房费＋换房总计新房费＝当日客房房费余额

③稽核出租客房、床位、人数及房间数：把宾客分户账明细表上收费房间总数与宾客经理报告相对照，检查出租客房、床位、人数及收入是否相符。一般来讲此项工作是由日间稽核员负责，此项稽核的目的是要查明出租客房的房费是否已经全部收取。

④稽核过程中错误的处理：客房数量多的酒店，由于业务手续繁忙，所以常有差错发生。营业收入稽核如果发现出租客房的某项记录有错误（如记录中虽是已租出的客房，而实际是空房；或者是情况相反），应当及时通知各部门负责人查明原因，当晚无法解决时，应在翌日早晨及早解决。

四、餐饮收入稽核的内容

1. 餐饮收入稽核的资料根据
①账单登记簿。
②服务员填列的账单。
③营业点收银员收入明细表。
④作废账单记录。
⑤现金出纳报告和纸带。

2. 餐饮收入稽核的内容包括以下几个部分
①审查销售账单。对餐厅销售的账单按餐厅、各服务员号码数分别整理，审查核对有无丢失差错。

②审查整理每天营业收入记账内容及其准确性。按各餐厅及每次宴会分别整理统计的账单金额，应与该"营业点收银员收入明细表"中的金额一致。特别重要的是赊欠账单金额应与前厅结账处宾客分户账明细表中该餐厅所记录的数额相等。也就是做到三方核对平衡。

③审查服务员销售账单有无缺号。审查服务员填制的账单账号时，应当根据丢失账单的号码，向有关的服务员查询。如果该账单的副联尚在，并证明销售收入已经准确地记入收银员账内，这就不是服务员的责任。如是收银员与服务员串通作弊，可以通过账单缺号表现出来，因此对丢失的账单应当认真追究原因，防止用于不正当的目的。

④审查宴会销售。宴会销售的审查是通过核对宴会账单和宴会销售明细表进行的，也就是根据宴会业务负责人递交的宴会销售明细表，核对营业额是否相符。同时要对宴会花卉费、乐队费、装饰费等附加费用有关凭证进行审查。

⑤检查餐饮销售。营业收入稽核员还应检查账单中所列项目、客数是否与餐厅服务员所开定单中的项目、客数一致。核对时应使用定单的厨房联，因厨房是根据这张定单发出菜肴的，还要检查账单中的价格与菜单、酒单的价格是否一致。

第七章　星级酒店前厅部规范管理

第一节　前厅部的任务和职能

一、前厅部的任务

前厅部在酒店中应负担的主要任务有：

①积极推销酒店产品——客房，接受宾客预订客房或其他设施；办理预订手续；制作预订报表；联络客源机构；整理预订资料。

②为宾客提供优质高效的住店接待服务：接待宾客；办理入住手续；分派房间；负责对内联络；掌握客情房间状态；保存宾客住店情况的有关资料。

③向客人提供各类前厅服务。前厅部除了承接客房预订、办理入住登记手续外，还必须准确及时地为客人提供邮件、问讯、留言、电话、钥匙、商务、退房结账、行李及委托代办等系列服务。

④做好与其他各部门之间对客服务的业务关系协调。要准确无误地向各部门发出有关到客情况、宾客需求、宾客投诉的最新信息，并检查和监督落实情况；密切配合各部门向宾客提供最佳服务。

⑤负责全店宾客一切消费的收款业务，要与各消费点的账务人员保持密切联系，接受各营业部门转来的客账资料，核实催收账单和欠款。夜间进行全店业务收益的累计和审计，制作表格，保持准确的客账账目。

⑥建立客户档案，记录客人在店期间的主要情况及数据。

二、前厅部的职能

前厅部的主要工作目标，是尽最大可能推销酒店客房和其他产品，并协调酒店各部门对客服务，使酒店获得理想的经济效益。其具体职能如下：

1. 销售客房

客房销售收入是酒店主要的经济来源，酒店常以客房销售数量及其平均房价来衡量前厅部员工的工作绩效。

前厅部开拓多种渠道接受客房预订业务；还要向未预订而直接抵店的散客推荐客房，确定房价，分配客房，办理入住登记手续。

2. 建立客账

为了方便住店客人，酒店为客人提供最终一次结账服务，但客人办理入住登记手续时，需缴纳一定数量的预付金，或刷信用卡表明愿意用信用卡支付账单（不用交押金的客人除外）。前厅部为住店客人分别设立账户，在客人住宿期间，接受各营业部门转来的客账资料并及时登账；要保持最准确的账单资料；监督宾客信用情况，完成每日审核工作；为离店客人办理结账、转账及收款事项。

3. 控制客房状态

前厅部销售客房的前提条件就是要有准确的客房状态资料。客房状态资料来源大致有两处：一是客房部送来的各层客房状态表，一是前厅部持有的客房状态资料。前厅部员工将两种房态资料进行核对，看是否有出入。

4. 统计与预测报表

前厅部应随时保持完整的、准确的与经营业务相关的资料，并对各项资料进行记录、统计、分析、预测，分派给其他各部门，然后再由其他各部门呈送上级。

第二节　礼宾规范管理

一、迎宾服务标准

迎宾服务标准如下：

①服务员工作时，坚持站立服务、微笑服务和敬语服务，向每一位进店、离店客人致意问候。

②为上下车客人开关车门，下雨天要为上下车客人撑伞，并送伞套给客人。

③迎宾员要协助行李员装运行李。

④为客人指路，认真回答客人的询问，尽量满足客人合理的要求。

⑤迎宾员要配合保安员确保酒店门前交通畅通，做好门前的安全保卫工作。

⑥应始终保持旺盛的服务热情，为酒店树立良好的形象。

二、行李服务标准

1. 散客抵店时的行李服务程序

（1）装卸行李

热情地帮助客人从车上卸下行李；检查行李有无破损，并请客人核对行李件数和状况；然后，按要求装行李车。应注意尽量让客人自己提贵重和易损物品。

（2）引导宾客至前台办手续

请客人先行到前台登记手续，行李员提行李紧跟在客人后面，保持1.5米距离。客人办理登记时，应站在客人身后2米处的行李车旁或后面，面对客人。

（3）引导客人入房

客人登记完毕后，应主动上前向客人或前台接待员取住房单或钥匙，记住客人房号，然后护送客人进电梯到房间，途中应主动向客人简要介绍酒店的服务设施或服务项目。搭乘电梯时，先将一只手按住电梯门，请客人先进电梯，随后进入电梯，靠控制盘旁站立，面向电梯门。到达该楼层时，行李员先出电梯，并用手挡住电梯门，示意请客人出电梯，然后继续引导客人（注意：如果行李员推行李车送行李，请客人进电梯时，应告诉客人自己先在楼层服务台等候；如果客人先到达，请客人进房间休息，行李马上送到）；到达楼层时，将客人住房单交与楼层值班员；到达客房时，应先按门铃，再敲门，若房内无反应，才能用钥匙开门入房。开门后将钥匙插入电源孔开灯；将行李放在行李架上或客人指定可以放置行李的地方，请客人清点件数。

（4）简单介绍房间设施

入房后，应根据酒店客房设施设备的具体情况向客人介绍房间有关设施（如多功能遥控板、电话、浴盆冷热水调控及淋浴与盆浴转换开关等），并认真回答客人的提问。

（5）离开房间

介绍完毕后，征询客人有无其他吩咐，如没有，则退出客房，轻轻关上房门；退出客房时应面向客人，微笑点头并致意："祝您住得愉快！"

（6）记录

在"散客行李入店控制表"上逐项记载并签名。

2. 散客离店时的行李服务程序

（1）前厅内有客人携行李离店时，应主动提供服务；当派往客房为离店客人运送行李时，应问清楚客人的房间号码、客人姓名、行李件数、离店时间；行李多时，要备行李车。

（2）要准时去客人房间；无论客房门是开还是关，均先按门铃或敲门，经客人准许后再进入房间。进房后应向客人致意，帮助客人清点行李并注意检查行李的破损状况，按要求填写寄存卡上下联，下联交客人，然后把行李运送至总台。离开房间前注意提醒客人不要遗留物品在房间。

（3）确认客人结完账并把客房钥匙交还总台后，再随客人将行李送到门前；如客人乘车离店，应按要求帮客人把行李装上车；行李装上车后，请客人验收，随后收回行李寄存卡下联，请客人上车。车开后，行李员应举手向客人致意，欢送客人离开。

3. 团队抵店的行李服务

（1）由领班与团队行李的送抵人（团队领队、陪同人员、行李运输委托人）共同清点行李件数，检查行李破损情况，然后填写团队行李进出店登记单，一般是一式三份清单，互相签名，一份交领队，一份交陪同，一份存查（行李如有破损，必须请来人签字证实并通知团队领队或陪同，以免引起误会甚至引起索赔）。

（2）根据分房表在每件行李上贴上酒店行李牌，填上客人姓名、房号，然后把行李分送到客人房间，并确保没有差错；上下使用职工电梯；如果团队行李不需要送到房间，则把行李集中在行李房，用网拢好，注明团队名称，做好登记；如果有几个团队，则把不同团队的行李系不同颜色的行李牌或布带、尼龙带，加以区别，以免出错。

4. 团队离店行李服务程序

（1）接到团队行李离店的通知后，要把团队的名称、房间号、行李件数、运行李的时间等记录清楚，写在交接本上；按时去客房取出需要托运的行李，与客人确认行李件数（遇到客人不在房间，又没有把行李放在房间中时，要马上报告领班），并检查行李破损情况；集中行李，请团队领队或陪同核对实际托运行李件数，并重建行李表，互相签字，把行李牌下联交给他们。用行李网把所有行李罩上，别上标签。

（2）行李上车前，请团队领队或陪同（或行李押运员）核对行李件数，在行李表上签字，并收回行李牌下联，然后帮助装行李。

（3）将行李表存档。

5. 行李存取服务程序

（1）行李寄存服务程序

①确定客人身份，请客人出示住房卡。原则上非住店客人不能寄存行李，确有原因需要寄存的，须经过主管同意才能办理手续。

②检查行李。应检查每件行李是否上锁，未上锁扣行李原则上不能寄存。如果客人执意要寄存未加锁的行李时，要马上通知领班；应检查每件行李的破损情况；应告知客人行李中不能存放易燃、易爆、化学腐蚀剂、剧毒品、枪支弹药等危险品。

③登记与收存行李。将客人的姓名、房号、行李种类、件数、质量（破损情况）详细登记，填写行李牌，一联系在行李上，另一联交客人。将行李按要求摆放。客人行李较多时，应用绳带串绑好。

（2）行李提取服务程序

应凭行李牌提取行李；要当客人面清点核对行李，确无差错，再将行李交给客人，收回行李牌；把行李牌上下联订在一起，盖上"已取"章，存档。

三、派送服务标准

1. 商务中心函件派送程序

①从7：00—23：00，派送员每隔半小时到商务中心领取一次函件，无论有无函件，都在"派送签到表"上签名；去时带上"商务中心函件派送文件夹"，有函件时，要将函件的房号、类别、数量逐一登记在"商务中心函件派送文件

夹"中，派送员签名。

②急件随到随送；一般函件则按由高楼层到低楼层的顺序分别送到各楼层服务台，请楼层值班员签收（途中不得私自拆阅或请他人转送客人函件）。

③送完函件后，迅速返回礼宾部，将"商务中心函件派送文件夹"放回适当位置，并在"派送员抵离表"中注明返回时间。

2. 留言派送程序

每隔一小时到前台或总机房领取留言单，按上述程序派送。

第三节　客房预订标准化管理

一、来店预订服务标准

来店预订服务标准如下：

①查看客人所持证件，询问客人想要预订房间的种类、价格及要求等，并查看预订表确认能否接受预订。

②礼貌地请客人填写预订单，要求客人逐项填写清楚。

③客人填好后，预订员要仔细查看，逐项核对客人所填项目。

④预订完毕后，要向客人表示谢意，欢迎下次惠顾。

⑤客人离开后，将订房人证件影印件附在预订单上，填入"预订表"并妥善保管好。

二、电话订房服务标准

电话订房服务标准如下：

1. 预订员接到订房电话时，必须热情、礼貌，并告知对方这是订房部。

2. 认真地倾听客人讲话，立即查阅"订房登记表"确定有无空房，再回答客人。

3. 接受订房后，先将资料填入"订房卡"内，如不能接受，亦应请示对方是否可以列为候补，然后依"订房卡"的资料，填入"订房登记表"内。

4. 订房时一定要询问下列项目，并及时填入订房表格内：

①客人的姓名和国籍。

②抵离的具体日期、时间。

③需要房间数、房间类型及房价。

④来电订房人的姓名、单位名称及电话号码。

⑤订房间的保留期限，是否用信用卡或预付定金确保房间。

5. 复述上面内容，向客人核对。

三、预订抵店客人情况报告

1. 预订部门应提前一天将客房预订单复印并分发给前台接待处，如有另外接到的预订，前台接待处应再打印一份当日预订情况表。

2. 接待员应在当班前仔细阅读当日预订记录，以便对将抵店客人的姓名有所熟悉，尤其是重要客人的姓名。每个接待员都应检查、修正预订客人表，如有必要，应注明附加的信息。

3. 应按顺序排列预订客人表，并单独打印客人的以下资料：

①客人姓名。

②所在单位和介绍单位。

③预计离店时间/特殊服务代码、预计抵店时间/航班信息。

④市场分类代码。

⑤预订客房种类。

⑥预交订金。

⑦客房价格。

⑧成人/青年人/儿童。

⑨是否确认。

⑩是否到店。

以上各项一般都使用缩写或特殊代码。预订客人表最后一页是当天预计到店客人的总数及所需客房数。

四、电传、传真、信函订房服务标准

电传、传真、信函订房服务标准如下：

①收到客人或旅行社电传、传真或信函要求订房时，了解清楚客人的电传、传真或信函的内容、具体要求等。

②把客人的要求写在订房单上。

③了解所有费用的支付方式。

④如果旅行社要求为客人订餐，要填写订餐单并及时通知餐饮部做好准备。

⑤如果客人资料不详细，要按来件上的地址、电传号码与客人核对。

五、超额预订的处理

超额预订的处理程序如下：

①出现超额预订首先告知预订客人因某些特殊原因而使订房暂不能确定，如果客人愿意，可把客人的预订放在酒店的优先等待名单上，如有客人取消预订或提前退房，可以根据前后次序安排宾客入住。

②主动帮助客人联系同档次、价格相接近的酒店，第二天出现空房后再把客人接回酒店入住。

③在重大节假日和旅游旺季，适当控制1.5%左右的客房保留至最后出售，作为应急之用。

六、特殊预订服务

特殊预订服务标准如下：

1. 客人指定房间

接到此种预订，首先通过电脑尽快查清客人要求的居住时间内指定的房间是否可以出租。如果可以则接受客人的预订，并把该房在电脑中锁定，在预订单上注明房号。其他程序与散客预订相同。

2. 免费、折扣、佣金预订

处理此类预订应按要求填写预订单。优惠预订要将优惠房价注明在预订单上，根据酒店规定，由店级领导签字方可接受预订。佣金预订是旅行社代客人预订散客客房，酒店从客人房费中提取一定比例的费用作为佣金付给旅行社。另外，酒店根据与旅行社、商社所签的租房协议中的条款，向其支付一定比例房费的佣金。

3. 预订定金的收取

当客人要求保证其预订时，为避免因客人未到造成经济损失，应请客人预付定金，并引领客人到前台收银处办理交付定金手续，定金收据给客人一份保存。预订单上应注明定金的金额。然后在电脑输入时注明，以保证客人的预订，同时向客人讲明如若取消定金预订，应在抵达日前 24 小时办理取消手续，否则定金不予退还。定金要计入当日营业收入表。

4. 预订未到

先根据夜审报表了解未到原因及情况，将未到预订单取出注明"未到"字样并存档，每日统计并计入营业日报表。

七、客房预订的取消

客房预订的取消程序如下：

①审阅取消预订的函电，保证信息准确

②找出原始预订单，注明"取消"字样

③如果是口头或电话取消预订，一定要记录取消预订人姓名、联系电话和单位地址，最好请对方提供书面证明。

④拟写回复函电稿，确认对方取消预订，由预订主管审阅签发。

⑤在电脑上取消有关信息，更改"房态控制表"。

⑥复印个别客人取消预订函电和原始预订单，交总台收银处，按协议退还定金、预付房费，或取消预付费。

⑦查核取消预订的客人是否有订票、订餐、订车等业务，并及时通知有关部门。

第四节　总台接待标准化管理

一、总台接待服务标准

1. 接待散客的服务工作程序

（1）欢迎客人抵店

当客人走近前台时，接待员应目视客人并点头微笑致意："先生/女士/小姐，您好！"如当时接待员正在忙碌（正在接听电话、正在处理手头文件、正在接待客人），应目视客人，点头微笑并示意客人稍候；同时，接待员应尽快结束手头工作，接待客人，并致歉："先生/女士/小姐，对不起，让您久等了！"

（2）确认预订

①征询客人是否预订。如果客人预订了房间，则查找预订单，与客人核对预订资料并确认客人住宿的要求（客房类型、房价、折扣、离店日期）；确定客房现有情况；还应查找是否有客人留言。

②如果客人没有预订应询问客人的住宿要求，确定客房现有情况，如有空房，应向客人介绍可租房间的种类、位置、价格，等候客人选择，并回答客人询问；若已无可供出租的房间，应向客人致歉，并向客人介绍附近酒店的情况，询问是否需要帮助；若客人提出协助要求，应引导其到问询处，由问询员负责帮助客人联络。

③如客人只是问询，并非入住，应耐心解答客人的询问或引领客人到问询处。

（3）填写入住登记表

①入住登记表的内容

A. 国家法律对中外宾客所规定的登记项目：国籍、姓名（外文姓名）、出生日期、性别、护照和证件号码、签证种类及号码与期限、职业、停留事由、入境时间和地点及接待单位。

B. 酒店运行与管理所需的登记项目：房间号码、每日房价、抵离店时间、结算方式、住址、住客签名、接待员签名、酒店责任声明。

②填写入住登记表的目的

A. 遵守国家法律中有关户籍管理的规定：客人与酒店之间建立正式、合法的租赁居住关系。

B. 按照国际惯例，外国人临时住宿必须依照居留国的有关规定办理住宿登记，使酒店掌握住店客人的个人资料。

C. 为客人分房、定价，以便尽量满足客人的住宿要求，提供有针对性的服务（如客人来函、来电的转送，遗留物品的处理等）；还便于有效地保护客人在酒店的安全和合法权益。

D. 为酒店制定经营管理政策提供信息和数据（如确定客人预期离店的日期）。

（4）排房

前台服务人员要熟悉掌握客房出租状况，包括房间位置、朝向及房间设施、房价，以便根据客人对住宿的要求，为客人安排合适的客房。

分房技巧体现在下面两个方面。

①根据旅客的特点和特殊要求分房

A. 对于新婚蜜月或合家居住的客人，一般安排在楼层边角带大床的房间或连通房等，以满足他们对于安静的需要。

B. 对于老年人、伤残人或行动不便者，可安排在底层楼面、靠近电梯或楼梯的房间，或离楼层服务台较近的房间，以方便客人的进出和服务员的关照。

C. 对于风俗习惯、宗教信仰、爱好、生活习惯、价值观等明显不一致的客人，应将他们的房间尽可能拉开距离或分楼层安排，如为竞争对手、敌对国家、发达与不发达国家之间的客人，内宾与外宾的房间，都要分开安排。并注意房号、楼层号与宗教禁忌的关系。

D. 对于同一团体或同行数人的房间，尽可能安排在同一楼层或相临楼层和相临房间。

E. 对于同一团体客人中的领队、陪同、会务组人员等的房间，尽可能安排在同一楼层的出口处。

F. 对 VIP 的房间，尽可能分配同类型客房中最好的房间。

G. 对于团体客房与散客房要尽可能分开距离，以免相互干扰。

②根据饭店的经营管理和服务的需要分房

A. 对于长包房客人的房间，尽可能集中在一个楼层，且在低层楼面。

B. 无行李且有行为不轨嫌疑的客人，尽可能安排在靠近楼层服务台的房间，或便于检查监控的房间。

C. 在旺季，要留意离店客人和到店客人房间使用上的时间差，做好衔接。

D. 在淡季来临之前，封闭一些楼房，集中使用几个楼层的房间，可由低层往高层或由高层往低层排房，以节约劳务、能耗，便于集中维护、保养一些房间。

E. 在淡季，从经营和维护市场形象的角度出发，可集中安排朝向街道的房间。

G. 如有可能，夏季多安排朝北方向或冷色调的房间，而冬天则多安排朝南方向或暖色调的房间，以减轻客人对温度的感觉。

H. 如有可能，尽量安排抵店时间和离店时间相近的客人在同一楼层，以方便客房部的接待服务和离店后的集中清扫。

（5）确认付款方式

征询客人付款方式。如客人使用信用卡付款，请客人出示信用卡并核对信用卡的有效期及签字；如客人用现金付款，应按照酒店现金付款的有关规定办理；如客人使用支票付款，应核对支票的有效性；检查客人填写入住登记表的内容，了解和确认客人的最终付款方式，以决定信用限额。

（6）填写住宿卡（房卡）

住宿卡是为住店客人提供的一张住店身份证明卡，客人以此领取房间钥匙，并以此在酒店内消费签单，同时它还为住店客人提供服务指南。

（7）完成入住登记有关事项

在以上各项工作完成后，总台接待服务人员要即刻通知楼层服务台或客房服务中心做好客人入住准备；还要检查客人在住宿卡上的签名；提示客人寄存贵重物品；填写房间钥匙卡，然后交行李员取钥匙，引领客人去房间。

（8）填写和制作有关报表、单据、资料

在接待工作中还要制作和处理一系列有关报表、单据、资料，为酒店的经营管理工作提供准确的资料。

2. 接待团队的服务工作程序

（1）准备工作

①根据实际情况预排房间；同时抵店有两个以上团队时，应先预排级别高的重点团队，再排用房数多的团队；同一团队的客人尽量集中安排，如确有困难也应相对集中；一时无房间预排时，可暂时等候，但最迟应在客人抵达前一小时排出房间，并尽早将该团队领队和陪同人员的房号通知客房服务中心。

②填写团队预订单相关内容；将已排出的房号填在团队预订单上，并和电脑打印的该团预订表订在一起，放入今日团队抵达文件夹里；根据房号和计划提前一天制作钥匙单，同一团队的钥匙应统一保存，放入指定的地方，并注明团号、进店日期、离店日期。

（2）迎候客人

当团队抵达时，团队联络员应与酒店代表一道向团队领队和成员表示欢迎，引领客人到指定的团队登记地点登记；根据该团队预订单与客人核对以下内容：团号、人数、房间数、是否订餐等；特殊情况需要增减房间或加床时，应礼貌征询客人付款方式，并在团队预订单上注明原因，请对方签字，然后电话通知楼层，客房中心、前台收银处做好接待及相应变更。

（3）填单、验证、分房

请客人填写住宿登记表；团队有集体户口或集体签证时，可免去每人填单；"B"级以上 VIP 客人直接入房时，应待客人入住后再请旅行社联络员补填住宿登记表；根据客人有效证件核对住宿登记表各项，看是否完全相符，未填妥之处应补填好；根据领队或陪同的意图分配住房，填写房号，将钥匙和房卡交给领队，分给队员值班员，在团队预订表上签名。

（4）感谢客人光临，送客人进房

及时将相关信息通知总机、礼宾、收银等处；现付团队，应请领队或陪同在收银处交预付款；对已确认的带有房号的团员名单速交行李员完成行李分送任务；向领队和其他人表示感谢，引领客人入房。

（5）处理有关资料

①及时将有关信息输入电脑。

②建立账单。团队客人有时需要两种账单：一是团队主账单，用来记录团体费用，该费用由组团单位或接待单位支付；一是分账单，用来记录个人支付的费用。

3. VIP 车队接团服务标准

①接受任务，制订工作方案，每一个参加接待服务的工作人员须了解宾客（或团体）的基本情况（国籍、身份、国情、政治经济概况、礼节礼貌等）。

②落实司机名单，编排礼宾车队行车序号。

③介绍宾客活动日程时间表。

④检查司机仪容仪表。

⑤检查车容车况，对参加接待车辆逐一检查，以确保安全。

⑥传达车队接待方案、外事纪律及现场服务要求细节。

⑦接待任务完成后，小结接待全程工作情况，表扬好人好事，并将资料存入管理档案。

第五节 委托代办标准化管理

一、委托代办服务的工作内容

1. 查询服务

客人需要查询的问题为：有关住店客人的询问，如是否有某客人住在酒店，某客人的房间号码等；有关酒店服务和设施设备的询问，如餐厅、酒吧、商场、健身、娱乐、票务中心等场所的位置和服务时间，收费标准；其他问讯，主要是有关酒店所在地的各种情况的询问，如旅游景点、商业购物地点、交通情况、政府部门或有关工商企业的位置、国内外航班或火车班次时间等。

2. 留言服务

留言系指来探访住客的访问者未见到客人，或同来的住客，因不同时出入，相互之间用口信或纸条留下的说明。

①探访者留下的口信或纸条待客人返回酒店时要及时转告或转交。口信要记清，不可传错。

②对复杂的口信，应由捎口信人留下姓名、住址、电话号码，待客人返回酒店后转告他直接挂电话或去捎口信者处与他联系。

3. 文书服务

①下达"VIP"接待计划。"VIP"客人来酒店前，无论哪个部门先接到消息，都要归到客房预订部门。然后由客房预订部按酒店或接待单位的要求制订接待计划，再由部服务台下到各有关部门。

②送报刊。为住房客人提供的中外文报刊必须按时分送到住客的房间，每天送到各楼层，再由各楼层服务员将报刊分到各住客房间。住客若要求提供其他报刊，若能办到，应尽力满足客人的要求，若办不到，可向客人解释。

③分送资料。即是指前厅部送出的文件如预订报告，每天开房日报表，房间状况报告，除"VIP"客人以外的接待计划等，这些资料有的要送总经理，有的要送各有关部门，以便于相互配合，更好地完成接待任务。

4. 客房钥匙管理

①钥匙的种类：钥匙的种类有两种，一种是机械钥匙，这种钥匙多用金属制作。房间号码固定刻制在钥匙上，专房专用。一种是电脑钥匙，客人开房时，根

据租房期将房号打到钥匙磁卡上，租房期内有效，过期无效，这是一种安全钥匙。

②交给住客钥匙时，一定要小心慎重，决不可漫不经心地将客人的钥匙交错。引起客人的反感或防止意外。

③住客来总服务台取时要热情迎接，向客人致问候，若能主动、准确地将住客的钥匙拿给客人，客人会感到你的业务熟练、记忆力好，感到你对他们的尊重。

④非住客要取住客的钥匙一定要经住客的同意。非住客如有特殊情况要进客人房间时，一定要有保安人员和经理在场。

⑤若某房间钥匙丢失，最好能为这个房间换一把新锁，以保证这个房间住客的安全。

⑥住客结账离开酒店时，总台服务员要提醒客人交还钥匙。

5. 物品转交服务

送给客人物品的一般是客人的亲戚、朋友、接待单位或有关单位和人士。送的物品有吃的、用的、玩的和样品，或在酒店买好后由商店送来，有时也有文件和资料。送物品的人一般因会不到客人，又不能久等，才委托总服务台或有关单位和个人转交物品给客人。

①服务员接受转交物品时一定要办理转交物品登记手续，在登记表上说明收受物品客人的姓名、房号，物品的名称、质地、件数、重量，送来的时间，赠送人或单位的名称。表格一式三份，登记好后交收双方签名。一份交赠送者，两份留下为转交物品手续。将物品贴上标记存放好，妥为保管。

②一定要认真检查受理的物品，注意客人安全。

③代客收存物品后若客人不在房间，要在客人房间做上信号。如在房间亮上红灯或用纸条写上："某某先生，小姐，您有物品在总服务台。"纸条从门下缝插进去，露一个小角在门外。

④有些物品如鲜花，水果等可以先送到客人房间摆好，将赠送者的名片夹在上面。

⑤客人回到房间时，要先用电话告诉客人，若要送到房间则即刻送到房间转交给客人。进客人房间时要经客人允许，要注意礼貌，并对客人说："某某先生或小姐，这是某某先生或单位送给您的东西，请您验收。"办理交接手续时要注明交接时间，并在"交接表"上签名。

⑥若住客转交物品给其亲戚、朋友或有关单位，要按上述同样方法办理转交手续。

6. 店外代办服务

（1）代购车、船、机票

①接受客人订票时必须问清楚并登记好住客的姓名（全称），房号，需要订的交通工具类别、所乘日期、班次、时间等。

②确定了上述内容后，要按客人的要求及时与民航、铁路、轮船公司或汽车公司联系订票或订车。若客人所订时间的车、船、机票已售完，或没有机票有火车票，或没有客人要求的班次而有另外的班次，要及时征询客人的意见，客人同意改订时即向有关交通部门确定。

③票确定后，再通知客人到时凭证件（护照、身份证、出差证明或工作证）和钱，到委托代办处取票。

④客人取票时，要将客人的证件审查清楚，看是否有到所去国家或地区的签证，证件是不是在有效期内。均符合要求再帮客人取票。

⑤接收客人的票款和手续费时一定要点清。交给客人票和余款时要请客人当面点清。票的班次、时间不可搞错。

⑥若有的客人要求将票送到房间时，即可将票送到房间面交客人，按上述方法点清钱票。

（2）代购代邮物品、信件

①代购物品。这是项很重要而又细致的工作，代购物品前一定要问清物品的名称、品牌型号、款式、规格、颜色、价钱或是出售的编号等，在确认无差错和问题的前提下可为客人代买，可收取一定的手续费或免收。若这些物品需面交或邮寄，要按客人的委托办理。面交时要请客人签收，邮寄要请客人回条。

②代取物件。住客在本地购买了某物品或邮寄来某邮件，因某种原因不能自取而委托代取时，服务员代取前要问清取物件的地址、单位名称并要携带客人的有关证件，前去代客人领取。交给客人时，应将证件与物件一齐交，并请客人签收。

③代邮送物品。若接受住客委托，代客送或邮寄物品，要问清送、寄收件的单位或个人的地址，收件人姓名、邮政编码、电话号码等。运费、邮费及其服务费须向客人收。送到后要有签收，邮寄到后要有回条。

④代客邮寄信函、打电报、电话、电传等。

二、委托代办主管的岗位职责

委托代办主管的岗位职责如下：

①了解酒店接待服务的信息和宾客的需求，熟悉酒店各项专业，与酒店各部门建立良好的工作关系并密切合作，负责组织安排委托代办活动，尽最大努力满足宾客的一切正当要求。

②建立并保持广泛而有效的社会关系，与地区和国际"金钥匙"组织及酒店同行建立并保持密切联系，为开展委托代办活动提供便利。

③制订本部门培训计划，经审批后负责组织实施，不断提高下属的专业水平、外语水平和综合素质。

④亲自参与并督促下属建立委托代办资料系统，以满足客人店内外活动的信息需求。

⑤负责处理世界各地与酒店的来往书信、电报及有关传真、电话。

⑥带头钻研委托代办业务，亲自解决宾客服务中的难题。

⑦带头并严格要求下属遵守酒店各项规章制度，维护酒店声誉和形象。

⑧安排和考核下属的工作。

⑨监督下属的工作交接、记录。

⑩主持本部门工作例会。

⑪完成上级交办的其他工作。

三、委托代办领班的岗位职责

委托代办领班的岗位职责如下：

1. 工作准备

阅读值班记录，了解昨日工作完成情况；阅读有关报表，了解当日房态、当日预订、VIP 及店内大型活动等；听取主管指示和部门行政指令；了解店内外最新情况，以书面形式告知员工。

2. 组织并参与本班组工作

根据当日工作情况给员工分配任务；必要时亲自参与对客服务工作；处理工作中出现的疑难问题和员工不能处理的问题。

3. 检查和评估

按标准检查员工仪表仪容、语言表达、出勤状况；检查员工是否按照工作程序和标准为客人提供服务；检查售报、售地图等费用与账目是否符合；检查留言栏有无过期留言，留言单是否需要补充；检查资料宣传架内资料摆放是否整齐、规范、检查报刊、地图、资料是否保管妥当；每日对员工进行考核；检查员工在岗情况，有无脱岗、违纪等现象。

4. 总结、汇报、制订计划

草拟问询处工作计划和细则，报主管审批；每周参加部门领班以上管理人员例会，并向员工传达；每月召开班组"月工作总结会"；每月向主管呈报员工全月考核表和月工作报表；负责指导、监督与其他部门、班组的沟通与协作。

第六节　前台收银标准化管理

一、前台收银工作的内容

1. 收银处早班操作制度

①主要处理酒店客人退房手续。

②接到客人的房间钥匙，认清房号，准确、清楚地电话通知管家部的楼层服务员该房退房，管家部员工接到电话后尽快检查房间。

③准备好客人账单，给客人查核是否正确，该步骤完成时，楼层服务员必须知道房间检查结果，如有无客房酒吧消费、短缺物品等，为互相监督，收银员应将楼层服务员的工号记在客人登记表上，楼层服务员也记录下收银员的工号。

④客人核对账单无误并在账单上签名确认后，收银处方可收款，收款时做到认真、迅速、不错收、不漏收。

⑤付款账单附在登记表后面，以备日后查账核对。

⑥核对当班单据是否正确，以及时发现错单、漏单。

⑦下班前打印出客人押金余额报表，检查客人押金余额是否足够，对押金不足的要列出名单以便中班追收押金。

2. 收银处中班操作制度

①负责收取新入住客人的押金，注意客人登记表上的入住天数，保证收足押金。

②追收早班列出欠款客人的押金，晚上 10 时仍未交押金的交大堂副经理协助追收。

③发现信用卡账户上无款的客人，应及时通知客人改以其他方式付款，如不能解决则交给大堂副经理处理。

④下班前打印出客人押金额表，以备核查。

3. 收银处晚班操作制度

①负责核对当天的所有单据是否正确，如有错误应立即改正。

②应与接待处核对所有出租房间数、房号、房租。

③制作报表：

A. 会计科目活动简表。

B. 会计科目明细报表。

C. 房间出租报表。

D. 夜间核数报表。

④制作缴款单，按单缴款，不得长款、短款。

⑤夜间核过房租、清洗电脑后，做好夜间核数。

⑥每次交接班应该交接清楚款账等事项，并在交接簿上做简明的工作情况记录，交办本班未完之事。

二、前台收银服务标准

1. 收取散客的预付款

现金预付。一般按预订住房时间每天每间收取 150% 的押金标准计算出预付款总金额；清点要正确，应辨别收取现金的真伪，唱付唱收，防止出现不必要的争执。

信用卡预付。使用信用卡必须核对卡主签名，签名应与卡上原有的签名相同，信用卡上的名字应与卡上原有的签名相同；信用卡上的名字应与身份证明的名字相同；身份证的相片应与持卡人为同一人。

2. 收取团队的预付款。接受团队客人预付款的程序和接受散客预付款的程序基本相同。

3. 散客的结账

问清客人的房号，收回房卡、钥匙、预付收据（收据如有遗失，请客人填写"预付款收据遗失登记表"）；电话通知客房中心检查客人小酒吧消费情况，并作记录；取出客人房间档案袋结账。

4. 团队和单位的结账

了解当日离店团队情况，将公账、私账分开，提前打印当日离店团队公账明细清单；记住团队离店时间、陪同房号，在团队离店前半小时，主动与团队陪同、领队联系，请求协助收款并在团队公账上签字（注明他所代表的旅行社，以便与该旅行社结账）；将结账团队的名称、团号、房号通知客房中心，检查客房酒水使用情况；结清杂费。

5. 缴纳当日营业款

（1）将当日营业款收入分别入账

①支票入账。将由支票收取的费用按部门准确填入明细账，使之与交款总额相符；如是外币支付，应按当日牌价折算成人民币并注明。

②信用卡入账。将由信用卡收取的费用，分国外信用卡和国内信用卡，按银行规定的折扣率分别扣除费用后，按部门准确填入明细账，使之与交款总额相符。

③现金入账。将由现金收取的费用，按部门准确填入明细账，使之与交款总额相符。

（2）填写交款单，做到字迹清楚，数字准确，无涂改。

（3）交款。将当日营业款封入交款袋，由领班验收签字；采用两人证明的方式，将交款袋投入保险箱；妥善保存交款凭据，以备后查。

6. 客用贵重物品保险箱的使用与管理

①为客人建立贵重物品保险箱。请客人出示住房卡（只有住店人方可免费使用贵重物品保险箱）；请客人逐项填写《贵重物品保险箱登记卡》。

②存入物品。由收银员检查《贵重物品保险箱登记卡》，无漏填项目后，递给客人保险箱"子钥匙"，并将钥匙号码填写在登记卡的右上角，同时签上收银员姓名；用收银员掌管的保险箱母钥匙和客人的子钥匙一起，帮客人打开保险箱，存放物品。

③登记。客人存放物品后，收银员在保险箱启用记录登记本上逐项登记日期、保险箱号、客人房间号、客人姓名、开箱时间、员工签字等。

④客人取存物品。请客人在《贵重物品保险箱登记卡》的使用栏目中签字；检查客人的签字和登记卡上的签字，两次的笔迹相符方可开箱取物；替客人打开保险箱，收银员在登记卡上签字，注明开箱日期、时间；客人存取物品后，将登记卡放回存档处。

⑤存档。按照客人姓的第一个英文字母顺序存档。

⑥客人取消保险箱。请客人在《贵重物品保险箱登记卡》的背后"结束使用保险箱"处签字认可；核对客人前后签字笔迹是否相符，相符方可开箱；客人取完物品后，收银员锁上保险箱，将保险箱钥匙放回存放框中；在客人取消保

险箱的登记卡背后右下角签字，注明日期、时间，并在登记卡中间的余栏目中画上 "Z"，取消其使用空间；在取消保险箱登记本上逐项登记日期、房间号、保险箱号、时间及收银员签名；将登记卡存档；每周一上交计财部门复查。

⑦核查钥匙。每日早班收银员根据当日空余保险箱号码报表核查存放柜中的子钥匙，要求二者相符。

⑧输入酒店电脑系统。每日早班收银员在电脑系统储存使用贵重物品保险箱客人的信息，以便客人离店前由收银员提醒客人退还保险箱钥匙。

目前，一些高星级酒店已在客房内设置了电脑控制的小型保险箱，免去了前台登记办理使用保险箱的手续，也大大方便了客人。

第七节　总机规范管理

一、总机服务项目与服务程序

1. 电话转接服务与服务程序

①话务员必须了解机器设备的结构、性能及操作方法，熟悉酒店业务及各种服务项目、业务范围等情况，以便随时为客人提供咨询服务。

②保持与服务台的联系，掌握住店客人的情况，尤其是重要客人人数、所住房号、逗留时间、活动安排等，以提供特别服务。

③转接电话必须使用礼貌用语，声调柔和，回答简明清晰，转接要准确快速。

④话务员严禁偷听客人电话。

⑤遇有 VIP 客人挂长途电话或有重要事情挂长途的用户，主动与长途台联系接通。

2. 电话留言服务与服务程序

①填写留言单。礼貌地询问受话人的姓名或房间号，与电脑核对确认无误后，填写以下内容：发话人姓名、单位、电话号码、地址及留言内容；随后，向客人复述留言内容，确保准确无误；在留言单上记录留言时间，经办人签名。

②处理留言。将填写好的留言单第一联装入留言信封中，由礼宾处派送员每小时一次将留言单送至楼层，留言单第二联存档；及时在总机电脑上作留言标志，开启房间电话留言显示灯；填写留言记录表。

③夜班应主动与未删除留言标志的房间客人联系，核对是否收到留言信息，如已收到应及时取消留言标志。

3. 叫醒服务与服务程序

①酒店工作人员受理客人叫醒服务时须将客人姓名、房号、叫醒时间详细记录并复述、征求客人核对。

②查询电脑有关客人姓名、房号、资料，查核无误后，在叫醒服务记录表上记录客人姓名、房号、叫醒时间，并签上职员当班工号和姓名。

③客人叫醒服务记录表一式二联，第一联留底，第二联送管家部签收存底。

④把客人房号、姓名、叫醒时间输入电脑自动叫醒服务程序。

⑤为防止电脑出现故障，用人工叫醒补叫。

⑥如发生客人电话和管家部服务员多次叫醒而客人未能醒来，应立即通知大堂副经理、保安部经理、管家部经理，由大堂副经理负责处理强行开锁，并做好记录。

二、总机服务的管理

1. 总机室领班的岗位职责

①具体负责酒店的话务服务工作，直接向电话总机主管负责。

②以"宾客至上，服务第一"为服务宗旨，全心全意为客人服务。做到礼貌应答，平等待客，耐心细致，讲求效率，不偷听电话，保守机密，遵守工作纪律。

③掌握电话通信专业知识，了解市话商业网的结构性能及操作方法和业务工作程序，了解国内外电话操作方法及收费标准，国内常用电话号码、区位号码，了解电话机线路布局及有关微机系统的维修保养应用知识。

④协助主管做好市话商业网的管理、正常运作等各个方面的工作，具体指导下属员工在话务工作中礼貌用语，声音清晰，言语准确，反应迅速。

⑤配合主管，对下属员工进行业务培训，纠正发音，讲究礼仪礼节，为客人提供优质的服务。

⑥配合主管解决客人投诉问题，在力所能及的范围内，尽量满足客人的合理要求。

⑦以身作则，参与话务工作，自觉遵守各项规章制度，发挥好员工的表率作用。

⑧负责酒店电话机房所有员工的考勤工作。

⑨做好交班日记，检查各种报表的准确性。

2. 总机室主管的岗位职责

①负责酒店电话机房的管理工作，直接向前厅部经理负责，努力完成每月计划任务，负责计划、监督和指导总机的运营管理。

②全面掌握酒店的服务设施、服务项目和经营情况，了解前厅、楼层的服务程序。

③必须具有高度的责任感，精于业务，热爱本职工作，忠于职守，严格管理，团结协作，以身作则。

④合理调配下属人员，负责组织制定电话机房的规章制度和员工工作表。

⑤负责组织话务员顺利有效地完成电话接通国际、国内长途，电话叫醒，电话业务查询等服务项目。

⑥巡视每个接线生是否电话铃一响便接听，留意接线生是否能保持用清晰、友好的声调转接电话，并视情况需要，亲自处理重要客人、酒店领导的电话。

⑦负责组织培训提高电话房员工的专业技能，树立全心全意为宾客服务的良好职业道德。

⑧教育督导接线生爱护各种设备，定期同工程部联系检查电话机线路和有关设备的工作情况，及时保养和维修设备并记录存档。

⑨检查督导接线生严格遵守电子计算机操作程序及注意事项，发现问题及时处理。

⑩负责月末向财务部报"内部长话转账单"和"长话费用月总额表"，负责总机所需表格及其他用品的供给。

⑪负责监督、评估和考核下属员工的工作：

A. 督导接线生在工作中使用礼貌用语，并始终保持优美的语音语调。

B. 严格检查接线生遵守保密制度和纪律及酒店各项规章制度的情况，发现重大问题及时报告上级。

⑫定期召开会议，交流情况，沟通思想，互相促进，增强业务能力；严于律己，勤奋工作，带领总机房全体员工，努力把工作做好。

⑬在客人完成长话后，及时制单并送前台收银处，以免造成走单。

⑭严格检查和监督电信保密制度的实施，维护客人利益。

⑮努力钻研业务，掌握电信专业知识，了解总机的结构原理，掌握电信操作方法和业务工作程序；了解国内外长途电话操作方法及收费标准、国际时差和国内常用的电话号码；了解电话机线路布局及有关电子计算机系统的维修、保养、管理等应用知识。

⑯对酒店发生的失火、盗窃、急病等重大事件，要迅速通知有关部门妥善处理。

第八节　大堂副理的服务

一、大堂副理的岗位职责

大堂副理的岗位职责如下：

1. 协助总经理抓好酒店带战略性的重大问题和根本性的工作（经营战略、管理组织、选人用人等），有效地做好技术性的日常工作（计划、指挥、协调、控制、激励、考核等），保证酒店各项目标的完成。

2. 对酒店实行全面的经营管理，对外代表酒店，对内任免下属人员。

3. 制定酒店的各项经营目标、管理章程、经济指标及各项规章制度。

4. 检查、督导各级管理人员的工作，协调酒店各部门之间的关系，主持召开每周工作例会。

5. 审核和上报酒店年度财经预算，向各部门下达年度工作指标。

6. 保持和发展酒店与各界良好的公共关系，树立和提高酒店的形象，开拓酒店的经营业务。

7. 亲自接待 VIP 客人，代表酒店对其表示热烈欢迎并提供特殊的照顾和优惠。

8. 不定期与客人会面，了解客人的投诉和反映的各种意见，作为改善、提高管理和服务水平的参考。

9. 检查、督导酒店的人事培训工作，加强人力资源建设，发现和培养人才。

10. 努力改善工作条件，做好劳动保护和环境保护工作，不断改善员工的工作环境和生活条件，加强酒店的安全保卫工作。

二、大堂副理的工作内容

1. 重要客人的接待
①准备工作。
②住店期间的联络和拜访。

③离店前的准备工作。

④备忘录与资料。

2. 特殊客人的处理

（1）生病客人

①客人生病时，可联系医务室帮忙就诊，安排员工为客人送饭。

②拜访生病客人，询问病情。

③客人病重或有特殊要求，可拨打电话120，请急救中心出诊；病人行走不便时，要安排轮椅或担架。

④客人去医院，可为客人联系出租车或酒店车队；客人需要住院医疗时，将客人之病情及房号等做记录，通知其亲友。

（2）醉酒客人。对待醉酒客人，应将其送到有人关照的地方，并采取保护客人的措施。

（3）过生日的客人：

①在前厅送达的"客人生日审报表"上签字，一份交前台留存，一份交餐饮部准备生日蛋糕；从办公室领取生日贺卡并请总经理签名。

②与客人取得联系，在适当的时候持生日贺卡并与送餐人员带着生日蛋糕一起前往客房，祝贺客人生日快乐。

③与客人作短暂交谈，征求意见，增进感情交流。

④做好以上工作的记录。

3. 客人投诉的处理

①认真聆听顾客投诉。

②所有投诉都须表示理解、接受，并给投诉者以安慰。

③不允许与客人争论，应理解客人的感受，并站在客人的立场上来了解其意向。

④在投诉过程中，如顾客大声吵闹或喧哗，为了避免影响他人，应将投诉者与其余顾客分开。

⑤在当值值班日记上记录下投诉事项，可请顾客说话放慢速度，并使顾客感到酒店对此投诉的重视。

⑥在接纳顾客的投诉后，应代表酒店致歉。

⑦如顾客的投诉需转告有关部门，应及时和有关部门协商处理，并尽可能在最短时间内给予客人明确的答复。

⑧摆事实，讲道理，明确指出投诉者的问题所在，恰到好处地回答顾客的投诉，如有可能，应提供顾客选择的机会。

⑨在处理投诉后要注意跟办，如发觉不当应及时纠正，务求使投诉者感到酒店对其提出问题的重视。

⑩事后将详情包括结果、牵连部门、姓名、房号等记录在值班日记上并向上级主管汇报。

⑪切勿轻易向客人作出权力范围之外的许诺。

第八章　星级酒店客房部规范管理

第一节　客房部在酒店中的地位和作用

一、客房部在酒店中的地位

客房是酒店最基本的物质基础，是宾客留住酒店时的主要活动场所，其服务活动也是酒店服务活动的主体。星级酒店服务功能的增加都是在满足宾客住宿需求这一最根本、最重要功能基础上的延伸。

客房部负责管理全店的客房事务，负责客房、公共区域的清洁和保养，供应日常生活用品，为宾客提供礼貌、亲切、迅速、周到的服务。

二、客房部在酒店管理中的作用

客房部在酒店管理中的作用，主要在以下三个方面：

1. 客房收入是酒店经济收入的主要来源

客房是酒店出售的最主要的产品。它耐用性长久，创利率较高，是酒店收入中最稳定的部分。在我国，不少酒店客房销售收入占整个酒店收入的70%左右。以客房作为基础设施的酒店，只有保持较高的住房率才能带动其他设施充分发挥效益。

2. 客房服务质量是酒店服务质量的重要标志

客房服务质量对酒店来说具有重大意义。

因为客房是宾客在酒店中停留时间最长的地方，所需各种服务要求也最多。

宾客对客房服务的好坏，感受最敏捷、印象最深刻。宾客对服务项目、服务态度的感受是"价"与"值"是否相符的主要依据。

客房部对酒店环境、设施的维护及保养的效果直接影响到酒店的服务质量及酒店的外观和形象。

3. 客房部的管理直接影响到整个酒店的运行和管理

客房部的工作为酒店其他部门的正常运行创造了良好的环境和物质条件。

客房部占有酒店建筑总面积和固定资产中的绝大部分，客房部员工在全店员工中所占比例也很大。因此，客房部的管理与酒店全局有直接关系，是酒店管理中的关键部位。

第二节　客房卫生标准化管理

一、客房的清扫要求

客房状况不同，对其清扫的要求和程度也有所不同。一般来说，对于暂时没人居住，但随时可供出租的空房，服务员只需要进行简单清扫或小扫除；对于有客人住宿的住客房间以及客人刚刚结账离店、尚未清扫的走客房间，需要进行一般性清扫或中扫除；而对于那些长住客人离店后的客房以及将有重要客人光临的客房则要进行彻底清扫或大扫除。如床上或椅上有衣物，要用衣架挂起，放入衣橱中；如有印刷品或书报等物随处放置，应把它们整理叠好，放于桌上或架上；将杯子里没有喝完的饮料倒入马桶，用水冲去；清洁烟灰缸时，要熄灭烟头，但不能把烟灰倒入马桶内。

二、客房清扫顺序

为了提高客房利用率和服务质量，客房清扫要根据实际情况，按一定的先后次序进行。

酒店客房的清扫顺序一般分淡季时的清扫和旺季时的清扫。

1. 淡季时，应按以下顺序进行：

①总台指示要尽快打扫的房间。

②门上挂有"请速打扫"牌的房间。

③走客房。

④重要客人光临的客房。

⑤其他客房。

⑥空房。

2. 旺季时，酒店用房紧张，客房清扫一般要依照下列顺序进行：

①总台指示要尽快打扫的房间。

②空房。空房可以在几分钟内打扫完毕，以便尽快交由总台出租。

③走客房间。旺季时，应优先打扫，以便总服务台能及时出租，迎接下一个客人的到来。

④门上挂有"请速打扫"牌的房间。

⑤重要客人光临的房间。

⑥其他住客房间。

以上客房清扫顺序还应根据客人的活动规律加以调整。客房清扫应以不打扰客人或尽量少打扰客人为原则，因此，应尽量安排在客人外出时进行。

三、客房清扫的卫生标准

1. 眼看到的地方无污迹。

2. 手摸到的地方无灰尘。

3. 设备用品无病毒。

4. 空气清新无异味。

5. 房间卫生要达到以下要求：

①天花板墙角无蜘蛛网。

②地毯（地面）干净无杂物。

③楼面整洁无害虫。

④玻璃、灯具明亮无积尘。

⑤布草洁白无破烂。

⑥茶具、杯具消毒无痕迹。

⑦铜器、银器光亮无锈污。

⑧家具设备整洁无残缺。

⑨墙纸干净无污迹。

⑩卫生间清洁无异味。

四、客房清扫前的准备

1．服务员换上工作服

服务员上班后，应换好工作服，戴上姓名牌，梳理好头发，女服务员可进行适当的化妆。

2．听从楼层领班的工作安排，领取"客房服务员工作日报表"。

房间设备若有损坏，地毯、墙面若有污迹应报告台班或领班，并在"工作日报表"上详细注明。

3．领取房间钥匙

服务员拿到一把钥匙就可以打开他所负责清扫客房的所有房门。为了楼层客房的安全，领取钥匙时，一定要做好钥匙的交接记录。客房的钥匙不得随便交给他人，不能带回家，特别是通匙，更要注意，上下班必须交代清楚。

4．准备客房补充用品

客房每天的毛巾、浴巾、床单、枕套、桌布等物品需用量很大，应该有一定数量的库存以就急需。上述物品的比例最好是使用的床位和卫生间的5倍：即客房一套、洗衣房一套、楼面备用一套、仓库一套、周转一套。但现在许多酒店只有3套左右。另外，客房的供应品如香皂、卫生纸、手巾、杯子、袋子、擦鞋布及其他物品也存于客房部，以便随用随取。

五、客房清扫步骤

1．走客房的清扫

对当天结账离店客人房间的清扫，就是走客房的清扫。走客房清扫的程序具体内容如下：

（1）入房之前

一般酒店都禁止员工在某一时间以前在走廊上讲话，更不许大声喧哗。就算有必要，只能轻声地讲。如门上有"请勿打扰"的字牌，请勿进房；如住客在中午或下午，甚至黄昏仍未离房，应向主管报告，下班前交代清楚，或采取某些措施；进房前一定要先按门铃，或用手指轻敲房门，就是空房也应如此，防止内有客。

（2）进入客房

①缓缓地把门推开，把"正在清洁"牌挂于门锁把手上，房门打开着至工作结束为止。打开电灯，检查有无故障。

②把小垫毯放在卫生间门口的地毯上，清洁篮（或清洁小桶）放在卫生间云石台面一侧。

③把窗帘、窗纱拉开，使室内光线充足，便于清扫。

④打开窗户约 5 分钟，让房间空气流通。

（3）清洁整理

①放水冲掉马桶内的污物，接着用清洁剂喷洒面盆、浴缸、马桶。然后，撤走客人用过的面巾、方巾、浴巾、脚巾；按次序检查衣柜、组合柜的抽屉，遗留物品应在第一时间交给台班，想方设法尽快交还给客人，并在卫生日报表上做好记录；用房间垃圾桶收垃圾，如果烟灰缸的烟头还没有熄灭，必须熄灭后方可倒进垃圾桶，以免引起火灾；撤掉用过的杯具、加床或餐具；清理床铺。将用过的床单撤走，放入清洁车一端的布草袋里。

②按照酒店规定的铺床程序，将床铺好。铺好的床应平整、对称、挺括、美观。

③床铺好以后，应该先打扫卫生间，以便留一定的时间，等因铺床而扬起的灰尘落下后，再用抹布除尘。

（4）抹布擦拭

①从门外门铃开始抹起至门框、门的内外，并注意门把手和门后的安全图的抹拭。

②按顺（或逆）时针方向，从上到下，把房间的家具、物品抹一遍，并要注意家具的底部及边角位均要抹到。

服务员在抹尘时，要注意下列事项：

A. 注意区别干、湿抹布的使用

如对镜子、灯具、电视机等设备物品应用干布抹拭；家具软面料上的灰尘要用专门的除尘器具；墙纸上的灰尘切忌用湿抹布擦拭。

B. 检查房内电器设备

在抹尘的过程中，如发现客房内的家具及设备有损坏，要及时通知工程部修理，不可延误，否则，影响房间的销售。

C. 除过干擦以外，房内设施、设备如有污迹或不光滑，还要借助于抛光剂、洗涤剂等物品对家具进行抛光和洗涤等项工作。

（5）补充用品

①补充卫生间内的用品，按统一要求整齐摆放。

②面巾纸、卷纸要折角，既美观又方便宾客使用。

③面巾、方巾、浴巾、脚巾按规定位置摆放整齐。

④补充房内物品，均须按酒店要求规定摆放整齐。

⑤补充杯具。

房间物品的补充要根据酒店规定的品种数量及摆放要求补充、补足、放好，注意商标面对客人。

（6）自我检查

房间清扫完毕，客房服务员应回顾一下房间，看打扫得是否干净，物品是否齐全，摆放是否符合要求，清洁用品或工具有否留下。最后，还须检查窗帘、窗纱有否拉上，空调开关有否拨到适当位置。

（7）清扫完毕

①将房内的灯全部熄灭。

②将房门轻轻关上，取回"正在清洁"牌。

③登记进、离房的时间和做房的内容。

2．住客房的清扫

由于住客房是客人仍然使用的房间，所以在清扫时有些地方要特别注意。服务时面带微笑，服装整洁，仪表大方，注意个人卫生。

（1）客人在房间时

①应礼貌地问好，询问客人是否可以清洁房间。

②操作要轻，不要与客人长谈。

③若遇到有来访客人，应询问是否继续进行清洁工作。

④清洁完毕，应询问客人是否有其他吩咐，然后向客人行礼退出房间，轻轻地关上房门。

（2）客人中途回房

在清洁工作中，遇到客人回房时，要主动向客人打招呼问好，征求意见是否继续打扫清洁，如未获允许应立即离开，待客人外出后再继续进行清扫。

（3）房间电话铃响时

房间电话是客人主要的通信工具，使用权属于客人，为了避免误会和不必要的麻烦，在清洁过程中，如电话铃响了也不要去接听。

（4）损坏客人的物品时

进行住房清扫卫生工作时应该小心谨慎，不要随意移动客人的物品，必要时应轻拿轻放，清扫完毕要放回原位。如万一不小心损坏客人的物品，应如实向主管反映，并主动向客人赔礼道歉，如属贵重物品，应有主管陪同前往，并征求意见，若对方要求赔偿时，应根据具体情况，由客房部出面给予赔偿。

清扫住客房时，还应注意以下事项：

①客人的文件、书报等不要随便合上，不要移动位置，更不准翻看。

②除放在垃圾桶里的东西外，其他东西物品不能丢掉。

③不要触摸客人的手机、手提电脑、钱包以及手表、戒指等贵重物品。但搭在椅子上或乱堆在床上的衣服（包括睡衣、内衣、外套等要替客人用衣架挂好，放进衣橱）。

④查看一下客人是否有待洗衣物。清扫住客房时，要查看一下客人是否有待洗衣物，如有，要仔细审核洗衣单上填写的内容和所交付的衣服，然后将这些衣物装进洗衣袋，放在房门口（或清洁车上），等待集中起来送交洗衣房清洗。

⑤对于长住房，清扫时应注意客人物品的摆放习惯。

⑥离开房间时，关门动作要轻。

3．空房清扫

空房是客人离开酒店后已经清扫过但尚未出租的房间。一般只需抹拭家具，检查各类用品是否齐全即可。

①在房门锁上挂上"正在清洁"牌。

②拿一湿一干抹布清洁家具。

③卫生间的座厕放水，地面冲水排异味，清洁卫生间浮座，淋浴水阀隔二三天应放锈水一次，并注意清洗抹干。

④检查房间规格、设备情况，检查天花板有无蜘蛛网、地面有无蚊虫，把空调调至适当位置，熄灯关门，取回清洁标牌。

六、清扫客房时应注意的事项

1．敲门时，要注意声音大小适中，不可过急，力度过大

有些性急的服务员往往敲一下门就进房，还有些往往从门缝里瞅，这些都是不礼貌、没有修养的表现。另外，假如客人在房间，需要问明客人现在是否可以整理房间，征得客人同意后，方可开始做房。

2．整理房间时，要将房门开着

房门要打开，直到工作完毕；假如风大，不宜开门，可以门上挂"整理房间"的字牌。

3．坚持卫生工作经常化、标准化、制度化，为保持文明、整洁的酒店而努力工作。

4. 不得使用客房内设施

服务员不得使用房内厕所；不得接听客人电话，也不得使用客房内电话与外界通话。

5. 清理卫生间时，应专备一条脚垫

服务员清理卫生间时，进出频繁，卫生间门前的地毯特别容易潮湿、玷污、发霉，日久天长，这一部位较之室内其他部位会提前损坏，破坏客房地毯的整体美观。因此，服务员在清扫客房时，应带上一小块踏脚垫，工作时，将其铺在卫生间门前，工作后收起带出客房，以保护房内地毯。

6. 清洁客房用的抹布应分开使用

客房清扫使用的抹布必须是专用的：干湿分开；清洁马桶用的抹布与其他抹布分开。根据不同的用途，应选用不同颜色、规格的抹布，以防止抹布的交叉使用。用过后的抹布最好由洗衣房洗涤消毒，以保证清洁的高质量。

7. 注意做好房间检查工作

服务员在做客房卫生时，特别要做好房间的检查工作。如有报表，应立即照填，并要注意：表中符号表示该房前晚有无人住，房内是否有行李，或什么东西损失了等；房客人数很重要，加床要加收租金，不可遗漏；留意并警戒有意逃账的客人，提防以假行李充阔而骗住骗食。

8. 不能随便处理房内"垃圾"

清理房内垃圾时，要将垃圾、废物倒在指定地点，清洁完毕后将卫生工具、用品放到指定地点，不得乱堆乱放。

9. 浴帘要通风透气

浴帘易长霉斑点，给人一种不洁之感。因此，应适当地展开浴帘，让其通风透气。方法是将浴帘朝浴缸尾部方向较松散地展开（与卫生间门的宽度相当）。

10. 电镀部位要完全擦干

在打扫卫生间时，服务员必须要用干抹布（绝不能用湿布）将卫生间洁具上，特别是电镀部位的水迹擦干，否则，电镀部位很快就会失去光泽，甚至留下深色的斑块，严重的还会生锈。

11. 不得将撤换下来的脏布草当抹布使用

清扫卫生间时一定要注意卫生，绝对不能为了方便而把毛巾、脚巾、浴巾或枕巾、床单等撤换下来的脏布草当抹布使用，擦拭浴缸、马桶、洗脸池甚至客房内的水杯。也不能把擦洗浴缸马桶或洗脸池的不同抹布混用。

12. 对负责的卫生区域除按规定进行清洁外，要及时清理杂物，随脏随扫，保持最佳的环境卫生。

第三节　客房设备用品标准化管理

一、客房摆设规则

1. 标准房间

（1）房门

①门的正面三分之一部分的正中间装房号牌。

②门的背面上三分之一部分的正中间装走火位置图一张，走火位置图用有机玻璃、铜板或不锈钢板制作。

③门背铜把上挂"请勿打扰"和"请打扫卫生"的牌子。

④门的正中央装防盗眼（猫眼）。

⑤门背铜把上方装防盗链，链头勾挂在卡位上。

⑥门框墙的一边装呼叫铃开关及请勿打扰指示灯。

（2）衣柜

①挂衣横杆上备置有店徽的衣架。

②横杆上方有放物架，架上可放叠好的棉被或备用毛毯和开夜床后收叠整齐的床罩。

③化妆台下面放置叠放好的洗衣袋、小购物袋、大购物袋，袋的数目按床位数计，每位各一个，每个洗衣袋放上干、湿洗衣单各一份，有的酒店将袋放在化妆台的抽屉里。

（3）组合柜，即化妆台、冰箱柜、行李架

①化妆台：台的一头放电视，一头放台灯，电视机也可以放在特制的电视机台几上。

②化妆台的中间放文具夹。

③化妆台下的中间放琴凳，一边放垃圾桶。

④化妆台上面的抽屉里放擦鞋布或纸两块，针线包两个。

⑤电冰箱放在冰箱柜里，冰箱里放各种罐装软饮料及一个冰水瓶，冰箱柜的上方设小酒吧，放各种小包装的酒类，吧前放饮料及酒类价目牌。

（4）咖啡桌

①咖啡桌面放冷水杯带封套两个，热水瓶一个，有盖茶杯两个，烟灰缸、茶

叶盒各一个，这些物品最好放在漆盘或不锈钢盘里；热水瓶摆中间，水杯与茶杯以热水瓶为中心成"八字"形向外摆，茶叶盒、烟灰缸成"一"字形与热水瓶成垂直摆放，凡有酒店标志的都要求向着客人；茶叶盒里放红茶、绿茶各两包；烟灰缸的右上角放火柴一盒，店徽向上。

②扶手椅摆在咖啡桌两边，不要靠墙。

（5）灯

①床头灯装在床头柜上边的两边（指双床房），单床房视床及床头柜的位置而定。

②夜灯一个装床头柜下，一个（筒灯）装房间通道天花板正中间。

③落地灯摆在咖啡桌后边。

（6）床头柜

①床头灯开关装在床头柜两边，向里，一边装夜灯、电视机、请勿打扰开关，一边装音响音量调节及选台调节钮。

②床头柜面一边放电话机，一边放烟灰缸。

③酒店电话指南一份（中英文印刷）放在电话机下面，电话簿一本、电话记录便条纸一本放在柜里一侧，电话本在下，记录纸上放圆珠笔一支。

（7）床（按单床计所配用品）

①枕头连套两个。

②床单一张。

③软垫保护垫一张。

④毛毯一张。

⑤毛毯托布一张。

（8）工艺品（画）

①题材：有人物、花鸟、山水等。

②类别：有国画、漆画、水印板画、油画、陶瓷挂盘等。

③装饰位置：一般装饰在床头的上方墙面或卫生间墙面。

（9）绿化

床附近或墙的一角摆绿化植物一盆或在梳妆台上放置一盆小盆景；卫生间化妆台上插一支鲜花等。

2. 大床客房

大床客房的设备、物品的摆放规格与标准房间一致。由于大床的两边都设有床头柜，因此电话机、酒店电话指南、电话簿、烟灰缸（连火柴）等均按标准房间的规格放在有电开关及音响的柜台面上及柜桶里。

3. 双连客房

设备用品的摆设规格同标准客房。

4. 套房

（1）卧室设备用品的摆放规格与标准房间相同。

（2）客厅

①门的设计同标准房间。

②房间的一边放一套沙发，一长两短，长沙发的前边摆一个玻璃面茶几，茶几上放烟灰缸一个，缸的一角摆火柴盒，店徽向上。

③房间的另一头摆一张小圆台，圆台两边摆扶手椅，摆放要对称。

④墙面的一边摆长条台或柜一个，面上放彩色电视机一部、台灯一盏、花瓶一个。

⑤墙的一角摆落地灯一盏，另一角（靠门边）摆鲜花一盆。

5. 标准客房卫生间设备用品的摆放规格

（1）化妆台及台上用品的摆放规格

①两个带封套的漱口杯并列斜放在一边台角，两个带封套盒的浴帽并列斜放在杯前，与杯平行。

②洗浴液和洗头膏液各两瓶或两包一字形排列斜放在另一边台角。

③小香皂两块放在香皂碟里，香皂碟摆在洗浴液和洗头膏前的中间。

④若有化妆品并列摆在右手边玻璃边的台面上。

⑤上述物品若是用漆盘或藤篮盛放的，应整齐地排放在盘或篮里，盘或篮摆放在化妆台靠镜的一角。

⑥大香皂一块摆放在浴盆正面墙的皂盒内。

（2）"四巾"的摆放规格

①面巾两条，三折成长条形，店徽向外，并列挂在化妆台上的毛巾挂杆上，面巾下沿平齐。

②方巾两条，三折成长方形，店徽向外，并平放挂在面巾上。

③地巾一条，全打开，平铺在浴盆外边沿上，店徽向外。

④浴巾两条，先三折成长条形，然后三折成长方形，店徽向外，并列平放在浴盆架上。

（3）面纸巾及卫生卷纸

①卫生纸一卷打开包装纸装进马桶边墙上纸架盒里，拉出纸端折成梯形露出压在盒盖下。

②面纸巾装进化妆台上、毛巾挂杆下、墙面的纸巾盒里，打开封口，拉一张纸巾折成梯形露出盒封口外。

（4）女宾清洁袋袋口向右，标志向上；放在马桶水箱盖面的中间、卫生卷纸下。

（5）浴帘一张挂在浴帘杆上拉到一端，下部吊在浴盆外。

（6）垃圾桶一个放在化妆台下一侧的墙边，桶外沿与梳妆台平行。

二、客房物品、设备的管理

1. 客房物品与设备

客房物品与设备主要包括以下几种内容：

①电器和机械设备。包括空调、音响、电视、电冰箱、传真机等。

②家具设备。如床、写字台、沙发、衣柜等。

③清洁设备。如吸尘器、吸水机、洗衣机、烘干机等。

④房内客用品。客房免费赠品、客房用品（包括床单等布草、衣架、烟茶具等）以及宾客租借用品（吹风机、熨斗、熨衣板）等。

⑤建筑修饰品。如地毯、墙纸、地面材料等。

以上内容基本上可分为两大类：即客房设备和清洁设备。加强对客房设施设备的管理工作，对于提高客房服务质量，降低客房经营成本和费用，具有重要意义。

2. 客房物品与设备管理的任务

客房楼层设服务间。用品管理制度健全，内容具体明确。各种用品集中管理，分类存放，领取、发放、补充更新登记手续规范，责任明确，并定期统计各类用品消耗。无丢失、损坏等岗位责任事故发生。

3. 客房物品与设备管理的方法

（1）编制客房物品与设备采购计划

客房部要根据实际工作需要，及时做好要求增加物品与设备的计划，报酒店采购部门及时采购所需的各种物品与设备，以保证客房经营活动的正常进行。

下面，介绍一下客房设备选择的基本原则和选择清洁设备时应考虑的因素。

①客房设备选择的基本原则

客房设备的选择应遵循以下基本原则：

A. 协调性。同一等级、同一类型的客房，其照明、安全、电器、冷暖空调设备、家具用具、卫生间设备和门窗等，在造型、规格、型号、质地、色彩上统一、配套。各种设备安装位置合理，突出室内分区功能，整体布局协调美观，给客人创造一个舒适、典雅的住宿环境。

B. 实用性。应选择使用简便、不易损坏的设备，此外，还要考虑其清洁、保养和维修是否方便。

C. 安全性。如客房电器的自我保护装置，家具、饰物的防火阻燃性。

D. 经济性。客房用品质量根据酒店和客房等级规格确定。同一等级、同一类型的客房用品在规格、型号、质量、花纹、质地、造型、柔感、手感上保持一致，成套配备，质量优良，美观适用，同酒店星级标准相适应。

②清洁设备的选择应考虑的因素

清洁设备在一定程度上决定着客房部清洁保养的工作能力和效果。清洁设备的选择除了应遵循以上基本原则以外，应特别注意以下要点：

A. 安全可靠。

B. 操作方便。

C. 易于保养。

D. 使用寿命长。

E. 噪音小。

（2）做好设施设备的审查、领用和登记编号工作

设施设备购进以后，客房管理人员必须严格审查。同时，设立物品与设备保管员，具体负责物品与设备的分配、领用和保管工作。保管员应建立设备登记簿，将领用的设备按进货时的发票编号分类注册，记下品种、规格、型号、数量、价值以及分配到哪个部门、班组。低值易耗品也要分类注册，凡来库房领取物品都要登记，每个使用单位一本账，以便控制物品的使用情况。

（3）分级归口管理

客房物品与设备应实行分级归口管理，专人负责，将物品与设备管理同部门、班组的岗位职责结合起来，在确保服务质量和合理限度的情况下，实行增收节约有奖，浪费受罚的奖惩措施。

客房设备的日常管理和使用必须实行分级归口管理。分级就是根据客房部门管理制度，分清这些设备是由部门、班组或个人中的哪一级负责管理。归口是按业务性质，将物品与设备归其使用部门管理。分级归口管理使客房设备的管理有专门的部门和个人负责，从而使客房设备的管理落到实处。

对客房设备分级归口管理的关键是：一要账面落实，各级各口管理的物品与设备数量、品种、价值量要一清二楚，有案可查；二要完善岗位责任制、维修保养制和完全技术操作制等规章制度；三是要和经济利益挂起钩来。

（4）做好客房物品与设备的日常保管和使用

客房物品与设备分级归口以后，班组和部门要设立物品与设备管理员，他们在客房部领导下，与服务员一起共同负责本班组或部门的物品与设备的日常管理和使用。班组管理员一般由班组长兼任，在物品与设备的使用过程中，班组管理员要定期和客房物品与设备保管员核对，发现问题，及时解决。

客房物品与设备在日常使用中，要特别注意严格遵守维修保养制度。使各种设施设备的完好率趋于100%，不低于98%。

客房设备在使用中要努力防止事故发生，一旦发生事故，要立即通知工程部及时修理或采取措施，使设备尽快恢复其使用价值。事故的发生，如果是由于个别员工玩忽职守，要严肃处理。如果是由于客人的原因造成的，必要时，应要求客人赔偿。

（5）建立设备档案

设备档案主要有客房装修资料（记录客房家具、地毯、建筑装饰和卫生间材料等）和机器设备档案。内容包括设施设备的名称、购买日期、生产厂家、价格、维修记录（时间、项目、费用等）。这是对设施设备进行采购和管理的依据。

（6）及时做好客房物品的补充和更新工作

需要换洗的床单、毛巾、浴巾、枕套等客房棉织品，以床位配备标准为基础，不少于4套，一套在用，一套在洗，一套周转，一套库存。已出租房间在用的一套每天换洗1次。客房和卫生间的茶叶、擦面纸、卫生纸、浴液、洗发液等客用一次性消耗物品，每天换新，其他客用多次性消耗物品，客房部保持一定储备，定期或根据需要更换，保证客人需要。

三、客房设施设备装饰与清洁保养

客房设施设备的保养主要在于平时的清洁和计划保养工作能够按规定的操作程序和有关要求顺利进行；各类客房比例要安排合理，以适应不同类型的客人需求和酒店目标市场结构需要。

1. 门窗装饰与保养

选用耐磨、抗裂、耐用、防擦伤材料，经过阻燃处理，表面光洁、明亮、色彩柔和。玻璃宽大，有装饰窗帘和幕帘。阻燃性能良好。门窗无缝隙，遮阳保温效果好。开启方便，无杂音，手感轻松自如。

在开、关门窗时，平时应养成轻开轻关的习惯，这样不仅可以延长门窗的使用寿命，还能减少干扰，保持客房及楼层的清静。此外，雷雨天以及刮大风时，应关好客房窗户，以免雨水溅入客房，或被大风破坏窗玻璃。

2. 墙面装饰与保养

墙面满贴高档墙纸或墙布，耐用、防污、防磨损，不易破旧，色彩、图案美观舒适，易于整新和保洁。无开裂、起皮、掉皮现象发生。墙面有壁毯或壁画装饰，安装位置合理，协调美观，尺寸与装饰效果与客房等级相适应。对于墙纸的清洁，应用比较平的软布拭抹，如有油污，可用汽油、松节油或不易燃的干洗液去擦，而小块油迹则可用白色吸墨水纸压住，用熨斗熨烫几分钟就能去除。

如发现墙壁潮湿，天花板漏水的现象，应及时报工程部维修，以免墙壁发霉，墙皮脱落，房间漫水。

3. 地毯装饰与保养

客房内地毯一般有两种类型：一种是羊毛地毯；另一种是化纤地毯。铺设一般要求色彩简洁明快，质地柔软、耐用、耐磨。羊毛地毯高雅华贵，但造价很高，故一般只铺设在豪华客房。而化纤地毯则有易洗涤、色彩丰富和价格低廉的特点，为我国大多数酒店所使用。

一般说来，酒店应每年清洗一次地毯，清洗地毯的方法有两种，即干洗和湿洗。干洗的方法是将清洁剂均匀地洒在地毯上，然后用长柄刷将清洁剂刷进地毯里，过一小时后，用吸尘器彻底吸尘，地毯即被清洗干净。

另一种方法就是水洗（湿洗）。水洗时先将清洁剂溶于水中，然后使用喷水器均匀地将溶液喷洒于地毯表面，再用毛刷刷洗，用抽水机吸去水分。最后，等地毯完全干了以后，再彻底吸尘。另外，要注意在一些重要通道，如建筑物入口，进楼梯的地方以及客房卫生间门口等放置尘垫，防止污物进入地毯组织，同时，要注意经常将地毯使用的位置转移，使磨损的地方变得均匀。

4. 空调设备装饰与保养

采用中央空调或分离式空调，安装位置合理，外型美观，性能良好。室温可随意调节、开启自如。中央空调由专人负责管理操作，集中供应，按季节供应冷、热风，各房间有送风口，设有"强、中、弱、停"四个档次，可按需要调节，要定期对鼓风机和导管进行清扫，此外，每隔2～3个月清洗一次进风过滤网，以保证通风流畅，电机轴承传动部分，要定期加注润滑油。

分离式空调器有窗式、壁式、吊挂式和立柜式等多种安放形式，但其基本功能可分为制冷和制冷并制热两用两种类型。

分离式空调在使用时要注意不能让水溅到开关上，以免发生漏电，造成触电事故。在使用中如发出异常声音，应关闭电源，通知工程部进行检查修理。

5. 照明设备

室内壁灯、台灯、落地灯、夜灯等各种灯具选择合理，造型美观，安装位置适当，具有装饰效果，插头处线路隐蔽，光线柔和。床头柜上有灯具控制开关，可自由调节亮度。室内灯光照明具有舒适、恬静的温馨气氛。照明设备主要指门灯、顶灯、台灯、吊灯、床头灯等。这些设备的保养，首先是电源，周围要防潮，插座要牢固，以防跑电漏电，擦拭灯罩，尤其是灯泡、灯管时要断电，且只能用干布擦，不能用湿布擦。

6. 电器设备装饰与保养

酒店中，电话、电视、冰箱摆放位置合理，与室内功能分区协调，始终处于正常运转状态。

（1）电冰箱

三星级以上酒店通常在客房内安放有电冰箱，以方便客人。电冰箱应放在通风干燥、温度适中的地方。一般来说，其背面和侧面应距离墙壁100毫米以上，以保证空气自然对流并使电冰箱能够更好地散热。要切忌将电冰箱放在靠近暖气管，有热源或阳光直射，或易受水浸、发潮的地方。

冰箱背面机械部分，温度较高，切勿将电源线贴近，此时，电源线应避免卷束使用。

电冰箱的门封胶边，尤其是门下面的胶边是容易弄脏的部位，要注意经常清洗干净，保持清洁，当冰箱门溅到水或弄污时，应及时用干布抹干，以免金属件生锈。

冰箱在使用一段时间后，要注意定期清理内部，以免积存污物，滋生细菌。

（2）电视机

电视机要避免安放在光线直射的位置，切忌暴晒，否则会使显像管加速老化，机壳开裂。此外电视机也不能放在潮湿的地方，要防止酸、碱气体侵蚀，引起金属件生锈，产生接触不良等毛病，因此，在雨季，除应注意放置以外，最好每天通电使用一段时间，利用工作时机器自身散发的热量驱潮。

电视机在使用时还要注意其使用电压与供电电压是否相符，特别是有些进口电视机的使用电压是110伏，因此不能直接用220伏电压，以免烧坏机器。

清扫客房时，每天应用干布擦去电视机外壳上的灰尘，并定期用软毛刷清除机内灰尘。此外，电视机长期不用时，最好用布罩罩住，以免灰尘落入，影响收看效果。

最后，电视机还应尽量避免经常搬动，以减少各种意外事故的发生。

（3）电话

每天用干布擦净电话机表面的灰尘，话筒每周用酒精消毒一次。

7. 卫生设备的保养

面积不小于4m²。满铺瓷砖，天花板，墙面、地面光洁明亮。地面防滑、防潮，隐蔽处有地漏。墙角机械通风良好，换气量不低于30m³/h。涮洗台采用大理石或水磨石台面，墙上满嵌横镜，宽大、舒适、明亮。抽水马桶、浴盆分区设置合理。高档客房淋浴与浴盆分隔。照明充足，有110/220v电源插座。

卫生设备要勤擦洗，对于洗脸盆、浴缸、马桶等设施，在擦洗时既要使其清洁，又要防止破坏其表面光泽，因此，一般选用中性清洁剂。切记不能用强酸或强碱，这种性质的清洁剂不但会破坏磁面光泽，对釉质造成损伤，还会腐蚀下水管道。如果使用新一代洗涤剂，有的需要浸泡10分钟方能生效，因此，必要时，应修改客房清扫程序。

对浴缸、洗脸盆、马桶等卫生设备的保养，还应特别注意要防止水龙头或淋浴喷头滴、漏水，如发生类似现象，应及时报工程部维修，否则，久而久之，会使卫生洁具发黄，难以清洁。

8. 客房家具的保养

高级软垫床、床头板、床头柜、办公桌椅、沙发坐椅、梳妆台镜、壁柜、行李架、衣架、小圆桌等家具用具齐全，按室内分区功能合理设置和摆放。高档客房配花架、花几或工艺品展示观赏柜。摆盆栽盆景。客房各种家具用具造型美观，质地优良，色彩柔和，使用舒适。

客房家具的保养，除了要经常除尘，保持表面清洁以外，还要注意：防潮、防水、防热和防蛀。

第四节　洗衣房标准化管理

一、洗衣房的任务

①楼层服务员收到送洗衣物时，请客人填写姓名、房号、送洗日期及送洗衣物的名称、件数和单位。

②清点衣物件数，然后检查口袋里有无钱物，发现钱物要交还给客人；检查有无破损或油垢，如果有，应向客人说明，并在洗衣单上注明破损程度及位置，还要将待洗衣物的颜色或特点标注在洗衣单上，避免弄混。

③当客人的衣服洗好后，服务员应拿着洗衣登记单到布草房去领取，或由布草员送到楼层，要对照登记单，防止领错，然后分送到每个客人的房间，向客人收取洗衣费，如属于记账客人则将洗衣费用账单通知前台收银处，待客人离店时一起结算。

二、洗衣房的组织机构

1. 洗衣房的组织结构

洗衣房的工作是比较繁重的，因而需要配备足够的人员。如果酒店洗衣房不对社会开放，则酒店客房数与洗衣房所需人员之间客观上存在着一定的比例关系，一般来说，这一比例为 1∶0.06 左右，也就是说，拥有 1000 间客房的饭店，洗衣房所需人员为 60 人左右。而如果酒店洗衣房同时对外开放，则要根据洗衣房的大小和实际业务量的多少，适当增加人员。

2. 洗衣房员工的基本要求

①责任心强，反应敏捷，敬业乐业。

②熟悉干洗机的工作原理和使用技术、干洗溶剂与各种去污剂的性能。

③掌握纺织物的性能和鉴别技术。

④能识别各种洗涤标志和英文洗涤说明。

三、洗衣房的工作程序

①接听客人电话，应注意礼貌与语言技巧，并对客人提出的问题作记录，对于投诉应及时向经理汇报，对于客人提出有关的服务要求，应马上转达给客衣主管。

②做好每天客衣营业统计报告，并计算洗衣单账目。

③汇总各生产组别每天的生产记录，月末作统计，并做好各类分析表。

④填写好的当天未完成的客衣记录应于下班前送交客房部。

⑤下班前，把当天未能送回客房的客衣送至客房部，每天早上上班时，到客房部领回那些前一天未能送回客人的衣物。

⑥整理好洗衣部人员的个人记录表格档案及各种生产记录汇总的档案。

⑦特殊情况的处理程序。经检查发现有破损、斑迹洗不掉或有洗衣设备无法洗涤的衣物，应退还客人，并给客人一封信，说明不能洗涤的原因，请客人谅解。同时，要在洗衣单上减去该衣物的洗涤费。

另外，如果遇到洗衣客人更换房间，要立即登记，并通知客衣收发员。

四、店外客衣的处理程序

①接收客衣时，请客人在洗衣单上填写姓名、电话、工作单位等内容，收发员将清点的件数和项目填入洗衣单。当着客人面点清衣物，发现客衣有破损或有不能清除的污渍，应向客人婉转地解释，经客人同意后，方可送洗衣房洗涤。客

人对洗衣的特殊要求应注明在洗衣单上。

②按客人洗衣件数和洗衣价格计算洗衣费用，并请经手人在洗衣单上签名。洗衣单共四联，第一联交给客人作为取衣凭证，第二和第三联作营业报表后送交计财部，第四联随客衣交洗衣房，待核对客衣时使用。

③客人取衣时应出示洗衣单，再请客人验收。

④将取走的客衣账号和款额填入营业报表内，并注明客人取走的时间。

五、棉织品洗涤工作程序

1. 棉织品的收发

①做好各项班前准备工作，检查室内的不安全因素。

②每次清点过数与发放要一次性完成，送来多少，领回多少，不积压，不拖欠。

③收发棉织品时，先审阅数据，当面办理交接手续。

④清点破损棉织品的数量，填写破损棉织品表，向行政管家报批。

⑤需补充的棉织品，由布草房领班报主管批准，从棉织品仓库领取。

⑥将收上来的脏棉织品分类，按照不同种类的棉织品和脏污程度分类打捆，送洗衣房洗涤。

⑦将洗涤后的棉织品进行检查，挑出破损的棉织品，然后将干净的棉织品分类折叠整理后打捆，存在布草房，准备交换。

2. 棉织品湿洗

①开始工作前，湿洗工应检查机器设备是否完好。

②合上总电源开关，检查压缩空气是否正常。

③扳动机器电源开关，打开机门。

④湿洗工按棉织品分类进行洗涤。若餐厅用的台布、口布有污渍油渍，用碱水、漂白剂洗涤。有颜色的台布、口布选用合适的洗涤剂，防止掉色。

⑤布草棉织品洗涤后，要按照程序上浆、烘干；毛巾类棉织品洗涤后，要进行风干，打冷风，以保证柔软手感好。

3. 棉织品烘干轧平

①开始工作前，要清洁机器及地面，检查机器运转状况，定期给压平机上蜡，随时更换断落的传送带。每周上蜡一次，旺季每 2 天上蜡一次，以保证机器运转正常。

②轧平前，机器应先预热，随时注意蒸汽温度，控制转速，床单与床单间隔

为 2 寸。

③将各类棉织品轧平，不要有折。枕套要抖平，床单要放正，未干或不平的布单要重轧。

④毛巾要分类折叠，摆放整齐，浴巾、地巾以 10 条为一包装，手巾以 20 条为一包装，面巾以 50 条为一包装，以白色尼龙绳捆扎。

⑤不符合质量标准的毛巾要挑出，登记数量，送回水洗组处理。

⑥压平机排除潮气，需转动 15 分钟。

⑦棉织品打捆。毛巾、床单枕套、台布口布等各类棉织品经洗涤、烘干、轧平后，分别打扫，清点数量，做到准确、规范，无差错发生。最后送回布草间，供客房、餐厅领用。

六、客衣收发工作程序

1. 收客衣

①上班时按早班文员的电话记录，迅速到客房收集客人要洗的衣物。

②到客人房间收集衣物，首先应核对记录的房号，然后礼貌地敲门或轻按门铃，并同时用中英语口报"洗衣服务"。

③收衣时，应礼貌地问候客人，检查洗衣袋内是否有洗衣单，洗衣单该填的项目，如姓名、房号、衣物件数等是否已填齐全，若无应请客人补填。

④若有"快衣、熨烫衣物或贵宾衣物"应及时送交客衣检查员处。

⑤收完衣物后，应详细填写收衣工作记录，完成后交文员。

⑥在离开楼层时，应打电话给洗衣部文员，询问是否还有要收的客衣。

⑦负责把"致客通知书"和有问题的衣物送至客房。

2. 送客衣

①送洗衣账单至前台收款处。

②将客衣按各楼层顺序进行整理，并把有关数量登记清楚。

③到达楼层后，应看清楚房号，礼貌地敲门或轻按门铃，并同时用中英语口报"洗衣服务"。

④将吊挂的衣物放进衣橱里，折叠包装的衣物放在床上。

⑤客人在房间的由客人签收，客人不在房间的，由该楼层服务员签名证实。

⑥若客人在房内，送完衣物离开时，应礼貌地与客人道别并轻关房门。

⑦送衣时，若遇客人房门挂有"请勿打扰"牌的，可把洗衣服务卡从门底缝塞入房内，并在送衣记录上注明，把衣物带回交给文员，等客人电话通知后

再送。

　　⑧贵宾衣物及快洗衣物,按规定时间完成后立即送回。

　　⑨完成工作后,把送衣记录交给文员。

　　⑩执行主管、经理的其他工作指示。

七、洗衣房的工作标准

　　1. 棉织品洗涤质量标准

　　(1) 毛巾类

　　装机数量合理,三次投水冲洗15~20分钟。每次投洗分别加洗涤剂、漂白粉、酸粉、柔顺剂等,投放比例适量。水温、气压控制准确,温度在80℃~85℃左右。洗后的棉织品烘干、打冷风3~5分钟。整个洗涤过程中严格遵守操作程序,各类洗涤剂投放准确,温度控制适当,去污、甩干、烘干、打冷风操作规范,洗后的毛巾洁净、蓬松、柔软。

　　(2) 床单枕套类

　　床单、枕套分别洗涤,装机送洗数量合理。去污冲洗15~20分钟,温度80℃~85℃。三次投洗分别加洗衣粉、酸粉、荧光剂,投放数量适当。甩干、压平操作规范。洗后的床单做到清洁、柔软、洁白。不合质量要求的坚持回洗和回烫。

　　(3) 台市口布类

　　台市口布装机数量合理,三次投水冲洗分别加强力洗衣粉、去油洗涤剂、漂白粉、酸粉和浆粉,投放数量适当。温度、压力控制准确,去污洗涤8~10分钟,温度85℃左右,漂粉冲洗7~8分钟,温度70℃左右。洗涤过程中严格遵守操作规范,洗后的台布、口布做到清洁、柔顺、有挺括感。无任何油迹、污迹。

　　2. 客衣洗涤质量标准

　　(1) 干洗

　　干洗前认真检查客衣布料、质地、性能与颜色深浅、脏净程度。有较重污迹,不宜同时洗涤的客衣先用手洗去渍去污,再投入干洗机。衣物冲洗,投油后洗涤3~5分钟,加四氯乙烯自动冲洗,烘干。洗涤后的客衣清净,无任何污迹、汗渍、掉色、脱扣等现象发生。另外,看是否能干洗,是否有破损、褪色、染色、特殊饰物、特殊污渍及遗留物品等,若有,应征得客人同意后再进行干洗。

　　(2) 湿洗

　　湿洗前检查衣物袖口、领子等易脏处,喷去污药水10~15分钟去污,再投入水洗机。湿洗应分类洗涤，每类衣物正确选择洗涤剂。衣物重量与机器容量相适应。水温、气压及冲洗时间掌握准确。深色、杂色衣物，水温35℃以下，洗涤7~9分钟。白色衣物和衬衫，水温60℃以下，洗涤12~13分钟，然后烘干，烘干温度一般控制在60℃以下。湿洗后的客衣干净、完好、不褪色、不染色、无任何污迹。

（3）手洗

丝绸、百褶裙、丝袜等有特别要求的客衣，坚持手洗。洗涤时根据衣物脏净程度和洗涤要求，合理选择洗涤剂，正确掌握水温。轻轻揉搓去渍，清水冲洗干净。容易掉色的衣物装袋洗涤。洗后的衣物洁净，无任何破损。

（4）熨烫

根据衣物种类和部位要求不同，分别选择面烫机、人像机、裤头机、夹衣机熨烫。衣物部位选放准确，蒸汽开放适量，喷气与熨烫时间准确无误。熨烫后的客衣根据需要打冷风。熨烫后的客衣要保证质量，做好标志。整个客衣洗涤做到衣物洁净无污迹、无异味，平整、挺括。折线清晰，裤线无双线。不合质量要求的衣物挑出回洗或回烫。

3. 工服洗涤质量标准

洗衣房将不同种类和布料的工作服分类洗涤。每次洗涤装机、选择洗涤剂、干洗。湿洗、投水、冲洗、控制温度、压力、洗涤时间、烘干、甩干、熨烫等，均要按操作规程进行，动作规范，保证质量。洗后的工作服，做到清洁、美观、无污迹、开线等现象发生。需要补修的工作服，交工服房修好。

第五节　棉织用品标准化管理

一、制服的管理

1. 制服的设计和选购

制服是员工工作时穿着的服装，包括：套装、衬衫、领带（结）、厨师制服、厨师帽等。设计良好的制服不仅可以方便员工的工作，而且能够体现酒店的个性、风格和经营特色，因此，员工的制服对于酒店的形象、员工的士气及工作效率具有重要意义。制服设计差会有损于酒店的形象，制服不讲究则会损伤员工的工作干劲，影响员工士气，并最终危及酒店的服务标准。

设计和选购制服时，应考虑舒适、实用、美观、耐用、易保养等因素。

其中，"舒适"、"实用"是设计和选购制服时应考虑的首要因素。酒店应根据部门各岗位的工作性质和特点来选购和设计员工制服，使员工便于操作。除了舒适和实用以外，员工的制服还应美观、耐用和易保养。此外，最好的设计还应使员工不适在家穿着，不应鼓励员工穿着制服从事酒店以外的工作，以减少对制服的过度损耗。

2. 制服的订购

一般来说，每位员工三套制服是最起码的订购量，但明智一点的酒店经理会要求额外再加一些，以备更换之用。

3. 制服的日常送领

制服的收取和发放均在布草房的专用窗口进行。员工每天上、下班前，将制服送到布草房，制服管理员收取后，将干净的制服发放给员工（制服管理员在收取制服时，必须检查制服上的编号或姓名有无脱落，以免混淆）。

4. 制服的入库保管

（1）分类保管

制服应按质料、使用部门等进行分类保管。例如，厨师制服为棉织品，洗涤频率高，应将它们放在最容易拿取的地方；而全毛套服保管要求高，换洗频率则较低，可悬挂在高处，既干燥又不易污染。

（2）制服上架

洗净后的制服经检查和修补后，要用衣架挂起，衣架杆上最好有固定挂钩并标有员工工号或姓名，制服对号入座。工号和姓名可按姓氏的第一个字母顺序排列，以方便存取。

（3）统一修补

制服如出现破损，如开裂、绽线、脱扣等，由缝纫工统一修补。对于无法修补的制服，由主管检查确认后签字，从后备制服中补发。

5. 制服的更新和补充

（1）建立制服消耗记录卡

对各部门的员工制服做好消耗记录，定期汇总，因破损、丢失而补发的制服，要按部门登记入账，定期将账单交财务部。

（2）制服的更新、补充

对于因洗涤、磨损等自然原因造成的更新需求，要按有关规定和程序，办理有关更新手续。对于损坏、丢失等原因而需要补充的，由部门主管查明原因，由员工本人填写"制服申领单"，经部门经理签字后，由布草房负责报销和补充新制服。

二、布草房管理

1. 布草房的职能

酒店对棉织品的管理，主要由布草房负责。布草房发挥以下职能：

①发放客房供应物品。

②处理洗衣业务：发出棉织品的计数，送洗棉织品的清点检查。

③分发餐饮部棉织品。

④分发酒店员工制服（以旧换新）。

2. 棉织品的储备标准

客房部棉织品的储备标准从 3 套至 5 套不等，取决于营业状况、客房出租率、洗衣房运转状况、部门预算等因素。一般最低的标准是 3 套：一套在客房使用；一套在洗衣房洗涤；另一套则储存在棉织品仓库备用。但如果预算不是很紧的情况下，更现实一点的需要量则是 5 套：一套在客房内使用；一套在楼层储物室或工作车上；一套在中心棉织品仓库；一套已经脏了正送往洗衣房；另一套则正在洗衣房处理之中。

3. 棉织品的储存与保养

对于棉织品的储存与保养应注意以下要点：

①棉织品必须避潮储存，如果棉织品仓库与洗衣房相连，那么相连处的门就必须具有较强的密封性能，而且应尽可能地少打开。

②棉织品仓库必须保持良好的通风。

③棉织品仓库的搁板、搁架边沿应光滑，不能锋利突出。

④棉织品（尤其是混纺床单）在洗涤完并经过烘干机烘干以后，应放在储存架上"晾"一下，而不要直接拿去使用，这样可以延长棉织品的使用寿命。

⑤不能将棉织品堆放在混凝土地面上（可放在乙烯基石棉地面上）。

⑥撤下的脏布草应得到及时洗涤。

⑦破损的床单等应得到及时缝补。

4. 棉织品更新

酒店在经营过程中，会使很多布草因使用时间过长而改变颜色，破旧、甚至破损，还有些布草由于管理不善，操作不当而出现斑斑点点的污迹，如黄色锈斑、黑色油污等，对于这类布草，饭店应及时更换，使其退出服务过程，而不应凑合着用，否则会严重影响服务质量，使饭店的利益遭受损害。

通常，各类棉织品使用到八成左右陈旧程度时就需要更换新棉织品。这时，棉织品的洗涤次数大约为：床单、枕套 130 ~ 150 次；毛巾类 100 ~ 110 次；台布口布 120 ~ 130 次。

　　布草的退换应由饭店布草使用单位与布草房（洗衣房）共同把关，对于退下来的旧布草、脏布草，饭店采购部门应及时如数予以补充，保证一定的周转量。

　　5. 缝纫室

　　对于酒店来说，织物的修补总是一项合算的投资，因此，缝纫室的工作对于酒店节约成本费用而言，是相当重要的。

　　酒店可以根据需要，聘用一名非全日制的缝纫女工，负责改制制服或缝补棉织品织物，也可以设立缝纫班组，拥有一班缝纫班组。

　　缝纫室的主要工作包括：

　　①改做制服。

　　②修补台布、床单等。

　　③缝补窗帘、床罩、沙发套以及任何价格较高而又需稍作修补就能重新使用的物品。

　　④用报废的餐巾等制作厨师用工作布。

第六节　客房部安全标准化管理

一、客房部安全服务准则

　　①注意防火、防盗，如发现异常情况或闻到异味，必须立即查找处理并及时报告有关部门，切实消除隐患。

　　②认真检查各区域，消除不安全隐患，确保酒店及客人生命财产安全。

　　③如发现有形迹可疑或有不法行为的人或事，应及时报告保安部或领导。

　　④发现客人的小孩玩水、玩火、玩电，要加以劝阻，避免意外事故发生。

　　⑤不得将亲友或无关人员带入工作场所，不准在值班室内或值班宿舍留宿客人。

　　⑥遇意外发生应视情况分别通知大堂副经理或有关部门酌情处理，通知电话总机转告当值经理及有关人员，同时加设标志，保护现场，警告其余人员勿进入危险区。

⑦发生火警时保持镇静，不可惊慌失措，应寻求附近的同事援助，及时通知电话总机、消防中心，清楚地说出火警地点、燃烧物质、火势情况及本人姓名、工号，并报告总经理及有关人员。

⑧在安全的情况下，利用就近的灭火器材试行控制火势，如火势不受控制而蔓延，必须协助引导客人从防火通道、楼梯撤离火警现场，切勿搭乘电梯。

⑨服从总经理或经理的指挥，全力保护酒店财产及客人生命安全，保证酒店业务正常进行。

⑩未经批准，员工不得向外界传播或提供有关酒店机密的资料，酒店的一切有关文件及资料不得交给无关人员，如有查询，可请查询者到总经理室或有关部门查询。

⑪坚守工作岗位，不得做与工作无关的事情。

二、火灾的预防、通报及扑救

①员工需在指定地点吸烟及在安全地方弃置烟灰、烟头，发现客人房间有未熄灭的烟头、火种，应立即处理。

②经常检查防火通道，使其畅通无阻，一切易燃液体应放入五金容器内并适当地放置于远离火种及阴凉的地方。

③不使用易燃液体作清洁剂，留意及警惕电器漏电或使用不正确而造成的火灾隐患。

④经常检查用电线路，如发现接触不良、电线磨损或发现客人超负荷使用电器时，应立即报告上级主管处理。

⑤酒店员工都必须了解酒店的火警系统，明确知道灭火器、警钟或其他灭火用具的位置。

⑥当发生火灾或其他紧急事故时，应保持镇定，在确定地点的同时，应立即打电话通知消防中心及部门经理或主管。

⑦报告火警时，应清楚说出火警发生的正确位置、火情及报上自己的姓名，同时将灭火器材取出拿到着火部位进行灭火。

⑧着火时注意要先切断电源，采取一切可能采取的措施扑灭火灾于初期时间。

⑨火势升猛时，应打破就近的消防报警器的玻璃。

⑩火势不受控制时，应关掉一切电器用具开关，离开前把门窗关闭，撤离现场，切勿搭乘电梯。

三、客人失窃处理制度

①接客人报失后，立即通知部门经理及保安部。

②由部门经理协同保安人员到现场了解情况并保持现场，不得擅自移动任何东西，不得让外人进入。

③请客人填写财物遗失报告单，询问住客是否有线索等情况，如需要，在客人在场及同意的情况下，由保安人员检查房间。

④如果客人需要报警，则由保安部负责联系，由部门经理同意后向总经理报告。

四、客人急病处理制度

①服务员发现客人病倒应以最快的速度通知领班或部门值班经理，并负责照顾客人。

②领班或部门值班经理接通知后，于第一时间到场，并及时通知大堂副经理联系急救工作。

③如有可能，应通知客人的单位和家属。

④领班或部门经理应适时探访病客。

⑤部门经理做好记录备查。

第七节　客房管理中常见问题的处理

一、"骚扰电话"的防范与处置

近几年来，酒店半夜的骚扰电话一直困扰着经营管理者，其恶劣的影响一是造成宾客休息不好而大范围投诉；二是败坏社会风气和酒店名声；三是由此而可能引发酒店治安和违法犯罪案件的增多。虽经政府有关部门多次扫荡打击，但此势头有增无减，且有从南向北，从大城市向中小城市，从高星级酒店向中小型酒店蔓延的趋向。

对于这种现象，绝大多数客人深恶痛绝。半夜里急促的铃声，惊醒客人，被强制性地剥夺了睡眠的权利，倘若被吵醒后辗转不能入睡，其恼火程度可想而知。如果酒店经营者对此不闻不问、放任自流，甚至有一种求之不得的想法，那么酒店的品位将会降低，酒店在社会上的形象将会受到严重损害，酒店的治安形势也会越来越严峻。因此，加强对客房骚扰电话的防范，是当代酒店客房管理面临的一项新任务。

综观骚扰电话，其进入客房的途径无非有外线转接和内线自拨两种。外线转接一般较容易发现和控制，其影响面也较小；内线自拨则危害较大，骚扰者往往按楼层一个客房一个客房地拨过去，很难控制。防范的重点也是此类电话，对此类电话的防范可采取以下措施：

1. 拒绝为骚扰者办理入住登记手续

内线骚扰电话一般来说应是按正常登记手续办理入住客房者所为，针对这种情况，前台接待人员应以客满等为由，拒绝接待此类"客人"，拒绝为她们办理入住登记手续。

骚扰者通常具有以下特点：

大多为年轻女性；穿着入时，比较暴露；经常出入酒店；在酒店住宿时间较长。

前台接待人员可据此发现疑点，一旦确认她们的身份，则可拒绝为其办理入住登记手续。

2. 劝其离店

骚扰者一旦入住酒店，常常会露出一些蛛丝马迹，一旦暴露其身份，可委婉地劝其离店。

以下两种方法可以帮助酒店管理者确认其身份：

①楼层服务员在日常服务过程中，应注意从其日常生活规律中发现疑点。骚扰者通常具有与众不同的生活规律和特征，楼层服务员应善于从日常服务中发现疑点。

②由总机接线员进行防范。当接线员接到防范此类电话的指令后，重点在晚上十时后至凌晨，随时监视（或专人监视）总机电脑屏，如果出现某房作为主叫连续向其他客房拨号时，及时通知值班经理，排除旅游团队和会议房后，查阅此房入住人员资料，即可基本确认。此外，如果值班经理在值班经理房自己接到此类电话或客人接到电话后当即投诉，则值班经理也可通知总机找出主叫方。

发现骚扰者以后，酒店应先对其进行电话警告，告知不得骚扰酒店宾客的休息，给骚扰者一个其活动在酒店保安部门的控制下的明确信息，当骚扰者发现已无机可乘时，便会自动离去。

针对骚扰电话，还有一些酒店在电话线上安装开关，让宾客决定睡眠之前是否关掉电话，这种做法虽然也可以有效地防止此类电话对客人的骚扰，但会给客人带来麻烦，还可能对宾客的商务活动带来不便，因为谁也没有一觉醒来打开电话开关的习惯。此外，这种做法也不能消除因骚扰电话而造成的客人对酒店的不良印象，因此，并非上策。

二、不能让客人代行服务员的职责

①客人不是服务员，不能让客人代行服务员的职责。无论是"开房单"还是"退房单"，都属于酒店内部管理的单据，它的传递应该由酒店服务员或行李员进行，而不应该由客人代行其职。客房管理者应该把客人当真正的"客人"对待，时刻记住，客人就是客人，客人在总台开房后，就有权直接进入"自己的"房间。客人不是传递酒店管理信息的服务员。

②当着客人的面查房，是对客人的不尊重。楼层服务员在开"退房单"之前，先检查客房，这不仅会耽搁客人的宝贵时间，而且当着客人的面查房，是对客人的不信任、不尊重，会引起客人的不满。

③这种结账方式是缺乏效率的。效率是体现服务质量的标志，也是服务质量的重要内容。要求客人每次结账，都得先到楼层服务台"报告"，等服务台出具"退房单"后，再去总服务台办理结账手续，是一种缺乏效率的服务方式，因而，会影响服务质量。

正确的做法应该是为客人提供"一次性"结账服务：即客人直接到总服务台结账，而不必等楼层服务台查完房并出具"退房单"后，再去总台结账。当然，查房是必要的，但不应当着客人的面进行，而应在确认客人离店（通过观察或询问等方式），并已离开楼层后（或在接到总台客人离店的电话通知后）进行，并将检查结果电话通知总台结账处。这样，既不会使客人感到尴尬，也会缩短结账时间，提高服务效率。

三、不能把客人当作"审查"的对象

有些酒店设置有楼层服务台，并要求服务员将客人外出、进入房间的时间登记在簿子上，以便万一客房发生失窃事件时，能够提供时间证明。但是，很多服务员根本不认识客人，不知道他（她）是否住在本楼层？在哪个房间。（更不用说记住客人的姓名了）结果，服务员看见每一位外出或回来的客人，都会问他是哪间房的。殊不知，这是不尊重客人的表现，甚至会使客人感到受到"审查"，因而，常常引起客人的不满和反感。因此，服务员必须记住客人的姓名，至少应该记住客人的相貌特征和所住房间。

四、叫醒服务

传统酒店的叫醒服务都是由酒店客房部为客人提供的。由客房服务员逐个在需要提供叫醒服务的房间敲门叫醒。随着酒店设施设备的不断更新，越来越多的酒店开始使用电脑自动叫醒，由总机接线员将客人需要叫醒服务的时间和房间号输入电脑，届时，电脑将提供自动叫醒服务。但是，很多酒店为了使叫醒服务"万无一失"，采取电脑叫醒和人工叫醒同时提供的"双保险"叫醒服务。

事实上，在采用电脑叫醒服务时，只有在下列情况下，人工叫醒才是必要的：

①电脑出现故障，无法提供正常的叫醒服务。

②电脑叫醒失误，需要采用人工叫醒及时予以纠正。

③电脑叫醒无效，客人没有应答。

第八节　客房服务中常见问题处理

一、客人不在时，来访者要求进入客人房间

为了客人的安全，当客人不在房间时，不应让来访者进入客房，更不能让其将旅客的行李携出，此时应耐心地向来访者做好解释工作。但如果住客离开前有留言，允许某访客进入其房间时例外。不过，此时应问清来访者的姓名、单位，查验其证件，确认该客人就是住客指定的来访者，同时，请其在会客记录上登记。

二、来访者查询住房客

应先与住客电话联系，征得住客的同意后，再告诉访客："客人在××房间等候。"

三、遇有醉酒客人，要加以妥善处理

客人在房间饮酒过量发生醉酒，服务员加强巡视，及时发现并报告主管，进房查看快速，设法使客人保持安静、帮助醒酒措施得当。若醉酒后造成客房设备物品损坏，做好记录，客人酒醒后按酒店规定处理。对醉酒客人专人负责，耐心照顾，防止发生不良后果。

四、住店客人要求延住

如住店客人要求延住，应敬请客人与总台接待处联系，办理有关手续。如当天酒店已订满，可耐心向客人解释酒店困难，求得客人的谅解。如果客人执意不

肯离开，则宁可让即将到店的客人住到别的酒店，也不能赶走已住店客人。

五、客人离店时，带走客房物品

客人离店，服务员查房迅速、细致、认真，发现客人带走客房物品时，记录房号、姓名、时间、物品名称及件数及时报告主管。若带走的物品比较贵重，迅速通知前厅，与客人接触，耐心询问，在查清的基础上请客人退回或按酒店规定处理。处理过程中做到礼貌、婉转、讲究技巧，不伤害客人的感情。

六、服务员擅自将客人的行李搬出房间

很多情况下，客人结完账后，行李仍然暂时留在房间；有时，预计离店的客人接近或已过了中午12点时，仍然不见回酒店，这时，客房服务员容易犯的一个错误是：在客人不在客房的情况下，擅自将客人的行李搬出房间，结果，常常引起客人的强烈不满和投诉。

为了防止出现上述情况，客房部除了加强与总台的沟通与协调以外，还应随时掌握预计离店客人的动向，必要时，与预计离店客人提前沟通，了解其离店的确切时间和特殊的服务要求。

第九节　客房部与各部门的沟通协调

客房部要提供高质量的服务产品，必须得到星级酒店其他部门的合作与支持。做好客房部与星级酒店其他部门的沟通与协调工作是提高客房部服务质量的重要保证。

一、客房部与前厅部的沟通协调

①客房部与前厅部应根据各自的工作记录，核对并准确掌握最新的客情

房态。

②客房部根据前厅部提供的客情预报获得即将抵店的 VIP、团队等信息后，应根据客人的特殊要求做好准备工作。客房部还要根据客情预报定期安排清洁计划和客房维修。

③对携带少量行李的住客，两部要保持密切联系，防止因住客逃账给星级酒店带来损失。

④住客离店结账时，客房部要及时检查房间，必要时协助行李员为客人送出行李。

⑤客人离店，客房部清理房间后，及时通知前台调整房间状况记录。

二、客房部与工程部的沟通协调

①当客房清洁工具、设施设备等发生故障时，客房部需填写报修单或电话通知工程部，工程部应及时派人修理。两部应密切配合，共同对客房设备设施的维护和保养负责。

②客房部应向工程部提供有关客情预报，合作制订客房大修计划。

三、客房部与餐饮部的沟通协调

①客房部负责所有餐厅的地面清洁（厨房除外）、餐巾清洗、员工制服更换清洗及式样设计。一定会与餐厅人员发生关系，餐厅人员可能会抱怨客房部员工工作干得不理想，这时客房管理人员就必须与餐饮部管理人员进行协调，解决问题，处理好部门间的相互关系。

②协助客房餐饮服务组，收集房间内饮食餐具及餐车。

③客房部每日清点房间"小酒吧"的酒水数量，由餐饮部食品仓库提供酒水。

④为重要客人提供的水果篮和蛋糕等，由餐饮部负责送上楼层。

四、客房部与采购部的沟通协调

客房部客房内的一切生活用品和清洁用品，都是由采购部负责采购的。因此，采购部和客房部之间要经常相互传递信息，务求以最低的价格购入最适合的物品。为此，客房部应提出采购计划，明确采购物品的规格、质量、数量，经核准后，由采购部负责办理。

五、客房部与财务部的沟通协调

财务部负责客房部有关账单及存货（如家具、用具、酒水、低值易耗品）的核对，并负责客房部员工薪金的核算与发放工作。客房部在制定房务预算时，也应得到财务部的协助与认可。

六、客房部与洗衣部的沟通协调

任何布草（床上用品、巾类）、员工制服和住客的衣物，均由洗衣部负责洗涤。在一些中小型星级酒店里，洗衣部是由客房部管理的。但在大部分星级酒店里，客人的洗衣由洗衣部员工上楼层收集和送回，楼层服务员应主动协助做好此类工作。

七、客房部与人事部的沟通协调

客房部应协调人事部做好客房部员工的招聘、使用与培训工作，只有这样，才能确保和提高客房服务质量。为此，客房部应及时向人事部提供人才需求信息（包括需求数量和要求等）和员工培训需求信息（包括培训内容和要求等），积极支持和落实人事部的各项培训计划。

八、客房部与保安部的沟通协调

①客房部应积极协助保安部对星级酒店公共区域、客房楼层进行细致检查，做好防火防盗工作，确保住客安全；发现安全隐患，两部应协同制订整改计划；发现可疑情况，客房部应及时与保安部取得联系。

②客房部和保安部应共同制订住客紧急疏散方案，一旦出现险情，客房部应配合保安部，并在保安部的统一指挥下做好住客安全工作。

九、客房部与销售部的沟通协调

客房销售工作人人有责，尤其是客房部员工，更是如此。因此，客房部必须协助销售部做好客房销售工作，如带客人参观客房等。当然销售部也应主动与客房部协调，否则会影响客房部的工作，甚至影响对客人的服务质量。

十、客房部内部沟通与协调

①当星级酒店出现人手紧缺时，客房部除了可以补充实习生外，还应注意合理安排人手，以老带新；或将工作表现良好的公共区域服务员抽调至楼层服务组，配备临时工完成公共区域服务工作。

②因临时性任务而出现人手紧缺情况时，客房部或主管可向上一级报告，由上一级管理人员协调处理。

③当星级酒店出现季节性接待任务不足情况时，为避免劳动力过剩，可组织员工休假、培训，还可利用接待淡季来保养客房。

④在工作中，由于所接待客人的需求不一，可能会发生某班组的某种物资不足，而另一班组的同类物资闲置的情况，此时各班组应互相支持、配合，在双方主管同意的前提下，按规定的借、还手续办理借用，若约定归还时间超越本班次，应在交班本上注明。

第九章　星级酒店餐饮部规范管理

第一节　餐饮部在酒店中的地位和作用

一、餐饮部在酒店中的地位

1. 餐饮部是满足客人需求的主要服务部门

在旅游者最基本的需求"食、住、行、游、购、娱"中，食占第一位，食是人类维持生命的第一需要。可以说，离开餐饮部门的酒店就不是健全的酒店。好的餐饮及其服务不仅是酒店的产品，而且是一种旅游产品，是一种可以吸引客人的资源。

2. 餐饮收入是酒店营业收入的主要来源

一般来说，餐饮收入约占酒店营业收入的三分之一，经营得好的酒店其餐饮收入可与客房收入相当，甚至超过客房收入。虽然餐饮部原材料成本开支较大，毛利率不如客房高，但餐饮部相对于客房部来说，其初期投资和固定资产占用却要比客房部低得多。

3. 餐饮部是酒店参与市场营销竞争的重要手段

餐饮部在酒店市场的激烈竞争中往往充当排头兵的角色，星级酒店的客房标准相对接近，竞争余地小；而其餐饮则具灵活、多变的能力。两家条件等级相似的酒店，靠餐饮水平决胜负的例子屡见不鲜。餐饮部门在竞争中的地位和作用有时会决定整个酒店的兴衰。

4. 餐饮部是发挥酒店窗口作用的最佳场所

餐饮部的服务场所是社交集会的理想场所，它日夜不停地和住店宾客及店外宾客发生频繁接触。许多宾客常常以点看面，把对餐厅、酒吧的印象看成是对整个酒店的印象。餐饮部门经营管理的好坏、服务质量的优劣，往往关系到酒店的声誉和形象，进而影响客源。

二、餐饮部在酒店管理中的作用

1. 为宾客提供赏心悦目的就餐环境

餐厅装潢要精致、舒适、典雅、富有特色；灯光柔和协调；餐厅陈设布置要整齐美观；餐厅环境及各种用具要绝对清洁卫生；服务人员站立位置得当，仪态端庄，表情自然，能创造出一种和谐亲切的气氛。

2. 展示令宾客放心的清洁卫生

令人放心的清洁卫生有两条标准：一是外表上的无污渍、无异味、无灰尘、无水迹，在视觉嗅觉上能直接检测；二是内在清洁卫生上的无菌无毒，要达到卫生检疫标准。为此，餐饮部主管要带领本部门人员严格把好食物进口关、储存关、加工关、烹饪关、出菜关、服务关，同时还要抓好餐具消毒、个人卫生和环境卫生工作。

3. 为宾客供应精致可口的菜肴食品

所谓"精致可口"，至少应具有特色性、时代性、针对性、营养性、艺术性。

色、香、味、形、质、器、名七个要素。

4. 为宾客提供恰到好处的优良服务

恰到好处的优良服务表现为：

①必须及时。准确的服务时机能收到出乎宾客意料的效果。

②具有针对性的服务。因为不同的顾客对服务的要求和感受是很不相同的，因此，就要讲求服务的针对性。

③迎合宾客心理服务。

5. 创造良好的经济效益

①根据市场需求扩大经营范围和服务项目以及产品品种。

②加强餐饮成本控制，减少利润流失。

餐饮部除了努力提高本部门的直接经济效益外，还应积极配合支持其他部门，谋求酒店的整体经济效益和社会效益。

第二节　餐厅规范管理

一、餐厅安全服务标准

1．事故预防

餐厅员工进行某项服务时，必须随时随地注意周围每个人的安全，应该时时将自己作为餐厅安全小组的一员，及时地报告各种不安全的因素，在工作中必须遵守规章制度和操作规程，这是保证安全的前提。千万不可疏忽粗心走神，脑中要有安全意识，防患于未然，要懂得使用安全用具。

2．向上报告

无论是谁受了伤，哪怕是十分轻微，都应该立即向上报告，使受伤者得到应有的帮助和照料。

3．在餐厅内要小心

在餐厅内，楼道里行走时要靠右走，不要奔跑、鲁莽，以免在转弯角上碰撞弄伤。进出门要放慢速度，留心对面是否有人和物。开窗时动作要慢，不要直接用手推玻璃，要使用窗把手，以防把窗台上的杂物弄掉。严禁工作时打闹开玩笑，有时开玩笑也会造成有害的损伤。

4．使用设备要细心

发现有缺损的设备应及时向有关人员报告，以便及时修理。使用设备，要切实遵守操作规程和安全守则。

5．身体力行

餐厅中若有体力劳动，比如说搬动重物时，要注意姿势，量力而行，不要不断地重复使用某一部位的肌肉，这样容易引起疲劳。

6．小心火灾

酒店最大的危险是火灾，不管是旧式酒店或新式酒店，都应注意防火。酒店存在火灾的潜在威胁，如客人吸烟、厨房的燃料管道、煤气库、锅炉旁、电线等。要防止火灾，杜绝火灾，提高警惕，保护生命。

7．小心烫伤

餐厅内的某些设备和用具可造成严重的烫伤，像烫的盘子和碗，如不注意就会烫伤手指和周围的人员，还可能烫伤客人，刚烧好的汤是一个潜在的烫伤源。

服务时不要跑动、蹦跳，特别是送热的流体时要小心翼翼，在穿过一个拥挤的餐厅时，更加倍小心。如果一旦发生烫伤应该立即作医疗处理。

8．小心噎塞

在餐厅中，食物噎塞是一种造成意外性死亡的原因，如果不采取急救措施，噎塞者将在 4 分钟之内死亡。一般情况下，噎塞者会依次出现下列现象：惊慌失措、不能呼吸、不能说话、皮肤发青、颓然倒下。

9．写事故报告

当意外事件平息后，应立即写出有关事故的详细报告，如事故的位置、程度和伤亡情况等。

二、餐厅卫生管理

1．个人卫生

①每天起床后漱口、刷牙、洗脸。

②每天至少一至二次沐浴。

③每天工作前或饭前洗手一次，并注意手指甲的修剪。

④制服每天更换一次，力求整洁、笔挺。

⑤头发梳洗干净，女性工作时应化淡妆，并附带发网。

⑥工作时不穿拖鞋与木屐。

⑦不用重味的香水及发油。

⑧不留胡须及长发（男性）。

⑨打喷嚏时应用手帕遮住，并离开工作地方洗手。

⑩不用手指挖鼻孔、牙缝以及耳朵。

⑪不用手摸头发、揉眼睛。

⑫上厕所后，必须洗手并擦拭干净。

2．餐厅环境卫生

①不将食物置于角落、衣橱及橱柜内。

②不丢弃余渣于暗处、水沟及门缝等处。

③凡已腐蚀的食物不留置或丢在地上。

④厨师尽量避免使用手拿食物，餐厅人员亦切勿用手拿食物。

⑤在地上捡拾东西、搬运桌椅后，须洗手再为客人服务。

⑥不随地吐痰。

⑦随时保持工作区域内的清洁。

⑧生病时立即进行医治，病愈后才能上班。

⑨餐厅内须经常保持清洁整齐。

⑩各类客人使用的餐具务必清洁。

⑪服务人员除搞好个人卫生外，对于客人的卫生要求更应特别注意。

⑫上菜前，务必先行检视菜肴的分类，热类者得以热盘服务，冷类者则以冷盘服务。

⑬客人用后的残渣，应立即收拾并进行处理。

⑭餐厅工作台随时保持清洁，不得留置任何食品。

⑮发现在餐厅内有苍蝇或其他虫物出现，立即报告，并做彻底的扑灭、消毒工作。

3. 餐具卫生

各餐厅餐具、茶具、酒具消毒。银器、铜器餐具按时擦拭，无污痕，表面无变色现象发生。瓷器、不锈钢餐具和玻璃制品表面光洁明亮，无油滑感。托盘、盖具每餐洗涤，台布、口布每餐换新，平整洁净。各种餐茶用具日常保管良好，有防尘措施，始终保持清洁。

4. 食品卫生

注意食品卫生，生熟菜刀要分开，不要使用腐烂变质的食品，防止客人食物中毒。

三、迎候服务

1. 到岗准时

在开餐前的 5 分钟，在分管的岗位上等候开餐，迎接客人。餐厅多是站立服务，在站岗时要注意姿势。

2. 微笑问好，喜迎客到

客人进入餐厅就餐时，以微笑迎接客人，根据年龄及阶层先服务女士，但主人或女主人留在最后才服务；在服务时避免靠在客人身上。

3. 不可不闻不问

也许餐厅确实非常忙，每位员工都忙忙碌碌，应接不暇，但不可以此为不问候的理由。如果餐厅员工确实实很忙，则应将情况解释清楚。如果客人只看到服务员从他们面前走来走去，而对他们不闻不问，那就会使客人十分扫兴，甚至很生气。

4. 帮客人接物

帮助客人脱外衣，拿雨伞和包裹，并把这些东西放在合适的地方，但一定要先征得客人的同意，假如客人认为不行或不习惯别人帮助接物，就不必拘泥于酒店迎宾规则礼仪。

5. 询问客人是否预订

根据情况询问客人是否有预订，并核实人数。如确是预定了，迎宾人员应手持清洁的菜单、酒单走在客人前面，将客人引到餐桌边。

6. 接受点菜

客人坐下后，应将餐牌送上征求点菜。客人点菜时，服务员应站客人左侧，与客人保持一定距离，腰部稍微弯下一点，手持点菜簿，认真倾听客人选定的菜点名称，并伺机向客人介绍推销菜点。如点的菜已暂时售完，应立即向客人表示歉意，并婉转地向客人建议其他类似的菜肴。如有些烹制时间较长，应向客人说明原因。服务员要做到神情专注，有问必答，百问不烦，主动推销。

当客人点完菜后，要将记录下的菜点复述核对一遍，如准确无误，将菜单一联送到厨房备餐，一联送收款员算账。

四、引座服务

1. 引座前

在大酒店就餐，一般都有引座的服务小姐。引座时就要根据客人的不同情况，先后次序分别安排座位。有的时候，帮助客人提、放、存随身物品。假若漫不经心地对待那些等候座位的客人，就会被认为是对他们的尊严和重要性的冒犯和侮辱，应时常注意与客人接触，以防止造成某些不愉快的局面，同时要留心观察客人。

一般情况下，从客人进入酒店开始就留心观察。我们可以看到，有的客人进入餐厅后就急于向服务员打听哪些饭菜可以快点送上来，这些客人多数是有急事要办；有的客人安静地坐在座位上等候服务员点酒菜，这样的客人多半是时间充裕的；有的客人携带家属就餐，多数是改善生活或者是其他原因；有的客人坐好后，暂时不叫饭菜，经常向门、窗张望，这样的客人多数是等人到齐叫饭菜，所以弄清就餐性质就便于安排座位。

2. 引座时

引座时，具体情况、具体对象、具体分析，因人而异地引座。

一对夫妇或恋人应引到餐厅内安静优雅的地方就座。这些地方比较有情调、气氛好，或者安排只有两个席位的餐桌。

对老弱幼妇或行动不便者，要主动搀扶，安排座位要在路线短，出入方便的地方。

对带着小孩子的客人，把他们安排在孩子的声音影响不到其他客人的餐桌比较合适。

男子或女子单独用餐时，一般不喜欢在中间的餐桌就餐，可以引到靠窗边的位置。

几个男士一起就餐，可能有事情商谈，应引到最近的边角位置。

如餐厅高峰期，人员满时，就耐心向客人解释，并让来客有地方等候，应建议客人在酒吧中等待一会儿，这样可转移一下客人的注意力，也可增加酒吧的销售量，如果他们不愿意去酒吧间，则可建议他们在大厅或其他休息处等候。如果没有座位，可以有礼貌地如实告诉客人，需要等多长时间才能得到座位，由客人决定是否等待。如果他们时间有限，则可建议去其他餐厅或作另外安排，这样可以增加客人的满意度。

五、餐前服务

1. 餐前准备工作

①检查预订本。

②调整桌子。整理餐厅桌子，一旦餐厅已准备就绪，只可进行小的调整和改动，尽量避免临时将餐桌拉进拉出，即使是些可以拆卸或折叠的餐桌，拉进拉出也会造成麻烦，特别是在营业时间，会给其他客人造成不舒适和忙乱的感觉。

③铺好台布。

④准备好餐巾。

⑤检查餐具、瓷器和玻璃器皿。

⑥摆台。

⑦补充各种调味品。

⑧调节好室温与灯光，创造良好的环境氛围。

2. 餐后整理工作

营业后的整理清扫工作可包括以下几点：

①清理桌子。

②折叠好椅子。

③清理并重新灌满调味品，把调味品放入冰箱。

④洗净餐具、瓷器和玻璃器皿。

⑤清洗储物架和托盘。

⑥调节好室温与灯光。

3. 餐前服务

客人来到餐桌，看台服务员仪容整洁、仪表端庄、面带微笑地迎接客人，拉椅让座。台面台布、口布、餐具、茶具整洁干净。客人坐下后，主动问好，双手递上菜单，询问客人用何茶水及上茶、斟茶服务规范，递送餐巾、香巾主动及时，服务周到。

客人点菜，态度热情、主动推销。服务员熟练掌握餐厅菜肴品种、风味、价格。询问客人点菜品种，所需酒水饮料明确，开单点菜内容书写清楚，向客人复述一遍。对客人的问题有问必答。推销意识强烈，针对性强。点菜单一式三份，分送收款台、传菜间各一份。

4. 下菜顺序

菜碟先征得客人同意，才能收撤，空碟除外。当客人同意后，应在客人的右边逐样收撤，先收银器、筷子，后收碗、羹匙、味碟、水杯。所有的污碟应用右手从客人的右边撤下，但不包括面包与黄油碟，这两样应从客人的左边撤下。切勿在客人面前刮盘子，切记勿有对客人不礼貌的行为。

5. 客人进餐时

客人进餐时，如有异常反应，餐桌上所有的食物都不能撤掉，应立即请有关人员来处理。对客人的投诉要耐心，是质量问题应到厨房另做一份或不收此菜费用，建议客人另选其他食物。

客人进餐时，如餐具落地要更换，不可擦拭以后重上。

客人进餐时，除了做好其他客人的接待与服务工作外，还应注意进餐情况。当菜已吃完时应将残盘撤下，撤前应征询一下客人的意见，尤其是盘中还有少量余菜时更要如此。桌子上菜已快吃完，而还有菜点未上时，应及时去厨房催取。

在客人进餐过程中，服务员还应为客人加添饮料更换烟缸，若桌布脏了，可用一块餐巾垫在上面。在进餐中，客人常提出添加菜肴和酒，此时要及时处理。对于客人对服务与菜肴提出的问题应和蔼而耐心地解答。

6. 服务员要了解客人的信号

服务员要了解留意客人的信号，吃中餐时，客人用纸巾擦嘴，表示已用餐完毕。吃西餐时，视客人盘子里的餐具摆放而定。

服务员留意客人的行动，可以更好地掌握客人下一步的动态，做到主动服务。假如客人吃完饭了，等半天或叫了半天都不见服务员来结账，那客人就会不满意了。

六、为有急事的客人服务程序

1. 了解客人情况

①引座员了解到客人赶时间时，应礼貌地问清客人能够接受的用餐时间，并立即告诉服务员。

②引座员将客人安排在靠近餐厅门口的地方，以方便客人离开。

2. 服务员为客人提供快速服务。

①待客人就座后，立即为客人点饮料，并取回饮料。

②同时，另一服务员立即为客人点食品，推荐制作和服务较为迅速的菜肴，如果客人已订需要等候时间较长的菜肴时，服务员要向客人说明所需时间，并询问客人是否能够等待。

③为客人订好食品单后，立即将订单送到备餐间，通知走菜员和厨师客人赶时间的情况及制作服务时间。

④在客人要求的时间内，快速准确地把菜上齐。

⑤在客人用餐过程中，不断关照客人，及时为客人添加饮料，并撤空盘，换烟缸。

3. 为客人准备账单

①客人用餐完毕之前，及时准备账单。

②客人结账时，对匆忙服务不周表示歉意。

七、服务中特殊情况的处理程序

1. 听不懂客人的问题。

①第一次没有听懂客人的问题时，须礼貌地请求客人重复一次。

②如确实听不懂时应向客人讲明原因，请领班或餐厅经理来解决问题。

③不得不懂装懂。

④再次为客人服务时须向客人道歉。

2. 客人有特殊要求。

①服务员应礼貌、耐心地听取客人要求。

②将客人的要求及时通知领班或餐厅经理，协助解决。

③如不能满足客人要求时，须提出一些其他建议以供客人选择。

④将各种变化及时通知有关的部门和人员，以便做出相应的变化。

3．服务中出现失误。

①马上向客人致歉。

②立即寻求解决办法。

③及时通知餐厅经理或领班。

④采取补救措施，给予客人适当的赔偿。

⑤再次向客人道歉。

八、特别服务

对残疾人服务要根据不同的情况分别对待，让他们感到受到尊重。对双目失明者，服务员应读菜单，告诉客人菜放在什么地方。对聋哑客人，可打手语或写在纸上。给小孩提供高椅。

九、送客服务

1．客人用餐结束，账单呈送客人面前，账目清楚，核对准确，客人付款当面点清，客人挂账的，签字手续规范，并表示感谢。

2．征求意见

客人用餐完毕，领班应主动地征求意见，这正是了解客人喜不喜欢饭菜、服务得好不好的好机会，如果有意见，就要马上解释和解决。

3．送客

客人起立主动拉椅，提醒客人不要忘记个人物品，主动征求意见，告别客人。

4．撤台

客人离开后，撤台快速，动作轻稳，3 分钟内重新整理好餐桌，餐茶酒具摆放整齐规范，准备迎接下一批客人。撤下的台布、口布、餐具存放指定地点。

第三节 立餐规范管理

一、立餐服务的方法

在立餐服务中，菜肴都排列在主桌上。

菜肴，冷菜都盛放在大型碟盘（托盘类）内；热菜都放在深底容器内保持保温状态。主桌上准备好了供客人取菜用的餐具、器皿。除主桌外，会场内还配置小圆桌。

立餐服务与餐桌服务不同，在客人入场之前，宴会工作人员早已以主桌为中心将菜肴全部准备齐全，而且为了显示所到菜肴的豪华、名贵，上面还要加以修饰，另外还特别设置一些柜台、吧台等。

服务的具体方式根据派对的形式会有所不同，不过，一般场合是侍应生在会场门口将各种酒水放在托盘上端在手中持立，供过场的客人们凭自己的嗜好选择；菜肴是客人自己到主桌旁拿碟子及其他餐具取；但烤面包酒水之类有时则是由侍应生持托盘在场合巡回服务。

客人们使用过的器皿、玻璃杯之类通常放在小圆桌上，侍应生们要随时留意这些桌面，一旦发现有客人使用完的器皿，应立即撤下去，以保持桌面整洁。主桌上的菜肴由于是客人们随意取食，不免会散形掉彩，或因调味品溢出弄污餐具类、餐桌面等，传菜生要经常注意主桌桌面，一旦发现上述情况要马上采取补救措施。如果有些菜肴所剩无几了，则需撤下去，重新补给。若无法补给，则要重新盛放（换小的碟盘类）使得整齐些。

立餐派对的场合，最忌讳的是大盘（托盘）内的菜肴散形掉彩，或空空如也的容器原封不动地留在主桌上，服务人员一定要多留意。另外，公司的餐具也要放置得整齐美观。

二、立餐服务的形式

立餐服务通常采用以下形式：

1. 鸡尾酒会

鸡尾酒会是以酒水为主题的酒会，菜肴只供应一些面包类、冷盘类等简单的食物。原则上菜肴仅止于下酒小菜，所以，餐厅内使用的器皿类、餐具类也为数不多。鸡尾酒会一般从下午5时开到7时，有时与晚宴连续起来，成为持续时间颇长的晚餐会。鸡尾酒会上基本不使用餐桌和椅子。另外，这种酒会的宗旨是让客人们在和睦、融洽且轻松的环境中尽情享受，所以一般情况下不安排讲演活动。

2. 鸡尾酒立餐会

鸡尾酒立餐会与上述鸡尾酒会的不同之处是：

①菜肴比鸡尾酒会在花色和数量上大为增多。

②鸡尾酒立餐会会场设置柜台或吧台。

③客人们可以自由取食菜肴。

④酒水也可以根据个人的嗜好要。

鸡尾酒立餐会上也不特别设置座席，但在会场周围会安排一定数量的桌椅，客人们可以坐下来边用餐边交谈。酒水也可以自由畅饮。因此这种立餐会是众多客人在和睦友好氛围中尽情欢谈的酒会，很受客人们欢迎。

3. 立餐派对

这种酒会与前述酒会有些相似。客人们可以到主桌处自由挑选放在大托盘、主盘中的菜肴，端到餐桌上享用，这是立餐派对的最大特色。有时，主办方也事先决定好席位，客人必须坐在固定的位置上。通常由酒店方主办的派对或表演晚会等场合，多采用这种服务方法。

第四节　中餐规范管理

一、中餐零点服务标准

零点服务是指不提供固定桌次，客人可任选座位，按菜单随意点菜，餐后付款或签字的一种就餐形式。零点餐厅有固定的营业时间，供应菜点品种齐全，服务方式灵活，接触客人广泛，是餐饮收入的主要来源。其服务程序如下：

1. 餐前准备

在餐厅中，餐前准备工作包括清扫、整理餐厅、物品准备、摆台、熟悉菜单和整理自身的仪容仪表。

（1）调整餐桌

服务人员应了解自己服务区域的餐桌是否有客人预订，预订客人是否有特殊要求，并根据要求安排好餐桌位置，检查桌椅的稳固性并清理卫生。

（2）铺好台布

按规范要求更换台布。

（3）准备餐、用具

将清洗消毒过的餐、用具准备好。

（4）摆台

根据规范标准摆台。

（5）准备餐具柜

整理干净，并储备好必需品。

（6）补充调味品

将桌上的各类调味品进行清理，并重新灌满。如盐瓶、胡椒瓶、酱油壶等。

（7）备酒水

准备好开餐时用的酒水、冰块和开水。

（8）熟悉菜单

服务员熟悉当天的菜单，包括品种、数量、价格、风味特点等，以便向客人推销。

（9）调节灯光和温度

根据餐厅的装饰特点和天气调节灯光，并根据气候调节餐厅的温度。

（10）餐前短会

即将开始营业时，由领班负责主持短时间的餐前会。其作用是：检查员工的仪容仪表；强调工作中的注意事项及重点客人的接待工作；简介当日特色菜。

2. 餐中服务

餐中服务是餐厅对客服务工作的开始，也是餐厅服务工作的重要一环。

（1）主动招呼，引客入坐

当客人进入餐厅时，餐厅经理和引座员主动上前，热情向客人问候，以甜美的微笑给客人形成第一个良好印象，并向客人问好，询问有几位客人，问清有否预订。

（2）递巾上茶

当引座员引领客人进入服务区域时，看台员要立即迎上前去，向客人问候，并协助入座。递巾要从客人右边递，并说："先生/小姐，请用香巾。"茶用茶壶装好，从客人右侧斟倒，并说："请用茶。"将桌上餐巾花解开，帮助客人铺在双膝上。从客人右侧脱筷子套。然后，将客人用过的小香巾收走。

（3）接受点菜

在客人看了一会儿菜单或客人示意后，即上前微笑询问是否可以点菜。接受点菜时，看台员要端正地站在点菜客人的左侧，手拿点菜记录本，认真记录客人所点的菜肴。

（4）上酒水

如客人点了酒水，看台员应先上酒水，酒水要用托盘托上桌，当着客人面打开，并为客人斟倒第一杯酒，在工作不忙的情况下，要为客人续斟。

（5）上菜

在接受客人点菜后要了解菜的烹制时间，做到既不让客人等菜，又不上得太快，使客人有催促之感。上菜要按冷菜、热菜、主食、汤、甜点、水果的顺序进行。

（6）巡台

看台员除了上述工作外，要不停地在自己负责的服务区域内巡视，随时为客人服务。如发现烟灰缸里有两个以上烟头时要及时撤换；将空菜盘、汤碗和空酒瓶等撤到餐具柜上，由传菜员及时送到洗涤间去；更换骨碟、续酒水、更换客人调下的餐具；适时询问是否添菜、添酒水等，服务要殷勤周到。

（7）撤餐具、上热茶

有些客人在全部用餐结束后，仍需喝杯茶水，稍坐片刻，此时可征得客人同意，撤下所有餐具。

（8）结账

当客人要求结账时，看台员应迅速到账台取来客人的账单，并将其放在账夹或小托盘里，账单正面朝上，送交给付款客人。

3. 结束收尾工作

①客人用餐结束离开餐厅时，看台员要主动上前拉椅、致谢、道别，餐厅经理或引座员应在门口向客人道谢，欢迎客人再次光临。

②客人离开餐厅后，各值台区域的服务员进行收台清扫工作。

③撤掉用过餐具，按照规定的要求重新布置台面，摆好桌椅，清扫地面。

④分类清洗，消毒各种餐具用品，将用过的布件送到洗衣房清洗。

⑤补充各种消耗用品，将餐具柜收拾整齐。

⑥引座员整理客人意见，填写餐厅记录簿并向经理报告。

⑦收款员及时结算本餐收入，按正规渠道交账款。

二、中餐宴会的服务

宴会是为了表示欢迎答谢、祝贺、喜庆等，而举行的一种隆重的、正式的进餐形式。

1. 宴会准备工作

（1）接到宴会通知要做到"八知三了解"

八知：知台数、人数、宴会标准、开餐时间、菜式品种及出菜的顺序、主办的单位或房号、收费方法、邀请对象。

三了解：了解风俗习惯、生活忌讳、特殊需求。

（2）布置餐厅

对餐厅的家具、设备仔细检查一遍，桌椅是否齐全、牢固。并根据餐厅的形状、面积、宴会的餐别和人数调整好餐厅布局。做好环境布置和台形设计工作，要做到主桌突出、布局合理、整齐美观。

（3）熟悉菜单

要了解宴会菜单，对于名菜的制作特点、风味、历史典故等知识也要有所了解，以便在进餐中主动介绍菜点和及时回答客人提问。

（4）备好餐用具

要按照菜单准备好各种餐用具。

（5）摆台

按规定铺好台布并摆台，餐巾花放在水杯里或盘内。

（6）预定酒水

按与宴人数、季节预算酒水饮料、烟（火柴）、茶、水果等，并向库房预定。

（7）领取酒水

在宴会开始前30分钟（大型宴会可根据具体情况提前）领取酒水、烟、火柴、茶叶等，将酒水擦洗干净，码放整齐。烟、火柴摆在烟灰缸一侧。

（8）准备小毛巾

将洗净消毒的小毛巾加上香水在水中浸湿后拧干叠好，放入保温箱内备用。

（9）摆放冷菜

宴会开始前15~20分钟，将冷菜取到餐厅。摆放时要轻拿轻放，保持冷菜的拼摆造型。先将主要冷菜摆在桌子转台中心。摆放花式拼盘时正面朝向主人。主要冷菜摆好后，再将其他冷菜摆放在冷菜周围，刀口一律朝向主要冷菜，盘与盘距离相等，注意酒菜荤素、颜色、口味的搭配。如使用转台，所有冷菜一律摆在转台上。

（10）斟酒

宴会开始前10分钟，将烈性酒和葡萄酒斟好，斟酒时应做到不滴不洒、以八分满为宜。

（11）准备茶具

在客人未到前，准备好茶壶、茶碗、茶碟、茶叶、开水。

（12）整理着装

宴会前对餐前准备工作进行一次全面检查，然后服务人员应再次整理着装，做到制服整齐，仪容大方。

2. 餐中服务

（1）热情迎客

客人到达宴会厅时，宴会服务员应站在门口迎接，礼貌问候客人。宴会厅一般设有衣架，服务员应帮助客人挂好衣物。大型宴会备有衣帽间，客人将衣帽和携带物品存好后，发给其衣帽牌，退席时，凭衣帽牌领取衣物。

（2）递巾上茶

挂好衣物后，服务员应引领客人先进入休息室休息片刻，并按先客后主、先女后男的顺序为客人递小香巾并斟倒茶水。

（3）斟倒酒水

宴会开始后，服务员应用托盘托起本次宴会所用的各种软饮料，自主宾右侧开始，礼貌地请客人选择，根据客人各自的喜好按顺时针方向斟酒、倒水。

（4）上热菜

在冷菜吃到适当的时候，开始按菜单顺序上热菜。宴会上菜顺序一般是冷菜、热菜、点心、米饭、汤、水果等。有时为了照顾外国宾客的习惯，把汤放在冷菜之后上。中餐宴会每吃一道菜应换一道盘，换盘时服务员应先将干净的骨盘从客人左侧上到桌上，再从客人右侧将用过的盘撤走，撤换时操作要轻、稳、迅速，要防止餐具掉到客人身上或将汤洒在客人身上。

（5）上点心

中餐宴会一般有四种点心，分两次上，每次两种。第一次是两样咸点心，在吃第一道热菜时上，第二道是两道甜点心，在吃最后一道菜之前上。

（6）上主食

在最后一道素热菜上桌前，将米饭或面条等用小碗盛好，放在托盘内，从客人左侧上。

（7）上甜菜

甜菜是多种多样的，有些甜菜是每桌一盘，摆在桌子中央，由个人自取；有些甜菜是每人一碗，由服务员分上。

第五节 酒吧服务规范管理

一、酒吧服务的一般程序

1. 开始营业前的准备工作

营业前的准备工作俗称"开吧",主要包括:清洁工作、领货、酒水补充、酒吧摆设和调酒准备工作等几项。

(1)清洁工作

酒吧要求保持绝对卫生,这主要是基于两点考虑,即顾客的健康和顾客的感受。洁净而优雅的酒吧、闪光的玻璃器皿、新鲜漂亮的鸡尾酒装饰物、精致的银盘以及不锈钢设备、摆放有致的中外名酒等,所有这一切都是顾客直接看得见的,因此,酒吧的卫生条件就显得十分重要。

(2)领货工作

要按前一天的酒品供应量进行补充,每天根据酒吧所需领用的酒水(参照存货标准)数量填写酒水领货单,送酒吧经理签字,然后到食品仓库保管员处取酒领货。

(3)补充酒水

把领回来的酒水分类放好,依据先进先出的原则,避免酒水过期浪费。然后启动制冰机,以保证酒吧在营业期间有足够的冰块。

(4)酒吧的摆设

酒吧的摆设,主要是指瓶装酒的摆设及酒杯的摆设。摆设要遵循美观大方、有吸引力、方便工作和专业性强的原则。

(5)装饰性配料和果汁的准备

在酒吧正式营业前,应将大多数调制鸡尾酒所用的装饰性配料准备好,打开樱桃和橄榄罐头,将鲜橙、柠檬切成要求的形状。如果还需要用其他物品如薄荷、糖浆等,都应按照质量标准备好。

2. 营业过程中的服务程序

营业中的服务程序主要包括如下几个步骤:

(1)呈递酒单

酒单即酒吧供应酒水品种的账单。它一般包括以下内容:酒水种类、酒名、容器、杯价和瓶价；好的酒单还标出产地和酿酒年份，甚至还有酒品的照片（尤其是鸡尾酒）。

（2）开饮料单

服务员或调酒员应有条不紊并准确地开单。对于餐桌旁的客人要按照男女主人的示意，从某位客人开始沿顺时针方向依次为客人开单，同时注意"女士优先"的原则。开单时要求站立服务，不要趴在桌子上书写。要先复述一遍，等客人确认后再落单，同时在酒水名称旁简要标明其顾客的特征，以免供应时出错。对于柜台旁的客人，调酒员可以先为客人调制并供应饮料，然后再开单。

（3）去酒柜订饮料

餐桌服务员把订单分别交给收款员及调酒员或酒柜服务员各一份，自己留一份备查。

（4）调制饮料

调酒员或酒柜服务员应按照订单上的要求准确迅速地调制提供酒水饮料。对于柜台边的客人，调酒员应先为早到的客人调制酒水；同来的客人要先为女士们和老人、孩子提供服务；有五六位客人同时点酒水时不要慌张忙乱，可先一一答应下来，然后按次序调制。

（5）递送饮料

大多采用木制圆托盘，把酒水饮料均匀地放在托盘上（主的、重的餐具酒水宜放在靠近中心处的里环），找好重心，用左手托盘。从最早开单的那位客人开始，顺时针绕台从客位右侧递送饮料杯或酒杯。

（6）席间服务

要注意观察台面，发现客人的酒水快喝完时应询问客人是否再加一杯或再加一瓶。要及时更换客人使用过的烟灰缸，经常为客人斟酒水（客人抽烟时要为其点火）。吧台调酒员要经常清理台面，清洗酒杯。餐桌服务员应及时清理台面上的空瓶、空罐及酒杯。餐桌服务员也应及时清理台面上的空瓶、空罐及酒杯，以保证酒吧整洁及工作的连续性。

（7）结账

收款员结账时，酒吧服务员应将客人引到收款处，并告诉收款员该客人的座席号，或由调酒员将账单交客人，由客人拿着账单到收款处结账。

（8）送客

结账后应和客人道谢并礼貌地为客人送行。

3. 营业结束后的工作程序

（1）清理酒吧

营业时间结束后，要等客人全都离开后才能动手收拾酒吧。先把用过的酒杯全部送至清洗间，等清洁消毒后再取回。垃圾桶倒空，清洗干净。陈列酒水和散卖酒及调酒用酒都要分类放入柜中锁好。水果装饰要放回到冰箱中，并用保鲜纸封好。已开了罐的汽水、啤酒和其他易拉罐饮料（果汁除外）要全部处理掉。酒吧台、工作台水池要清洗一遍。

（2）完成每日工作报告

每日工作报告，主要包括当日营业额、客人人数、平均消费、特别事件及客人投诉等几个项目。每日工作报告主要供上级掌握各酒吧的详细营业状况和服务情况。

（3）清点酒水

把当天所销售的酒水，按第二联供应单数目，以及酒吧现存酒水的确切数字填写到酒水记录簿上，贵重瓶装酒要精确到 0.1 瓶。

二、酒吧设吧程序与标准

1. 准备各项物品

①酒水品种齐全，数量充足。

②调酒用具齐全、卫生。

③调酒辅料新鲜。

④服务用品，如搅捧、餐巾纸、杯垫等齐全，充足。

2. 清洁酒吧

①吧台表面干净无污迹，无灰尘。

②酒瓶外表无酒迹，无灰尘。

③酒品陈列清洁无灰尘。

3. 陈列酒品

①酒品陈列整齐，美观大方。

②同类酒品陈列在一起。

③所有酒标朝外。

4. 摆放调酒用具

①在工作台上将调酒用具摆放整齐。

②高的不常用的放里边，矮的常用的放外边。

③用具的摆放要便于调酒操作。

5. 准备服务用品

服务用品按类整齐摆放在吧台服务区

6. 陈列杯具

①杯具品种齐全。

②杯具完整无缺，无损坏。

③所有杯具清洁光亮无斑点，无水渍。

三、酒吧酒品调制程序与标准

1．选择杯具

①杯具必须干净。

②杯具无破损，无缺口。

2．准备调酒材料

①按标准配方正确调制。

②调酒辅料新鲜（如果汁、鲜奶）。

3．调制酒品

①按标准配方正确调制。

②所有调酒用斟酒和辅料都需用量杯度量。

③冰块结实，新鲜。

④需摇晃的酒品要充分摇匀。

⑤需搅拌的酒品要迅速搅匀过滤。

4．滤水

5．制作装饰物

①按配方制作装饰物。

②装饰材料新鲜，卫生。

6．装饰酒品

①按标准配方装饰鸡尾酒。

②所有高杯饮料必须配搅棒。

四、调酒师的服务

调酒师的服务，大而分之，有两个部分：

1．接待、应酬客人的服务。

2．调制鸡尾酒等的技术性服务。

调酒师的服务是酒吧服务的关键。在工作过程中，调酒师应当注意如下事项：

①客人一出现在吧台，便要热情寒暄、欢迎。确认来客人数，如吧台坐不下，要安排客人到餐桌席位上入坐。有时，吧台虽然已相当拥挤，但是如果客人谦让一些仍能坐下其他客人。这时，调酒师要很客气地要求客人挤一挤、腾出空间。

②如客人要求看菜单，要立即送过去。

③客人订过酒水后，要复述一遍请客人确认。

④在吧台内，尽管客人看不见操作过程，但是决不能做任何不卫生的事。

⑤摇晃是调酒师的一项演技，但动作不要太夸张。酒吧内最重要的是氛围，干脆利落的动作会让客人产生好感。

⑥将鸡尾酒从摇晃器或调和杯中倒入客人的玻璃杯时，如果是吧台上的客人，可以倒得较满；但如果要端到餐桌上去，太满就容易泼落，所以只能倒八分满。

⑦作为调酒师要对酒方面的知识非常精通，客人问到哪里，应该准确无误地回答到哪里，但是，调酒师不要过分卖弄自己的学问，以防客人反感。

⑧对待客人要稳重、礼貌，即使是常客、老熟人，当着其他客人面，也不能太随便。要注意语言及态度上的分寸。与客人应对要营造愉快的氛围。饮食客人说话时难免不流畅，有时如果客人听不真切，容易产生误会，出现麻烦。为此，调酒师在同客人交谈时要认真判断客人的情况。

⑨客人说出非常可笑的话，调酒师也不能大声笑出，甚至失态。在与客人应对时，虽然是站柜台里边，最好也要将手交叉放在身体前。

⑩不能老是盯住某个客人说话，要目光均匀地扫视每位客人，对每位客人都公平服务。尤其对看起来像单身客人的客人，要主动搭话，与他（她）交谈。另外，调酒师要掌握制造话题的诀窍，随时可以与客人找到共同语言。

⑪要始终注意客人的酒杯，但是，不能作出催客人重新叫酒的神情，有些客人不愿重新叫酒。在劝客人重新叫酒时，要视客人的情况作出准确的判断。

⑫在工作中，即便客人劝酒，也不可稍饮；也不能在吧台内吸烟。

⑬调酒师要不时地扫视酒吧内部各个角落，对客席上的全体客人都要注意到，如发现问题要对侍应生发出适当的指示。

五、酒吧侍应生的服务

酒吧侍应生的服务工作，主要是接受桌席上的客人的订单，并为他们提供酒水服务。侍应生主要做好如下工作：

1. 严格按照服务程序做好本职工作；

2. 遵守酒店各项规章制度，执行服务规程，仪容整洁大方，以规范姿态站立；

3. 按照领班的安排，负责咖啡座的摆桌摆台；

4. 熟悉餐牌、酒水，积极向客人推销；

5. 客人到时，主动迎接，热情招呼，彬彬有礼；

6. 按规格填好点菜单；

7. 彻底搞好卫生工作。

（1）开瓶

①客人在吧台或餐桌点酒后，瓶酒请客人过目。

②开瓶时，用工作巾包住酒瓶，商标显示给客人观看，先倒少许请客人品尝，待客人试酒后再按礼仪规格给客人斟酒。

③开香槟酒，酒瓶朝向客人相反方向成45度角，以防酒水喷洒到客人身上。

④整个开瓶服务做到动作准确，操作规范。

（2）斟酒

①斟酒前。在斟酒之前，侍应生要将瓶身揩擦干净，特别要把塞子屑和瓶口部位擦净。嗅一下瓶塞的味道，变质的酒有异味。瓶子破裂或变质的酒水须及时调换。用托盘摆已开瓶的酒水饮料时，要将较高的瓶放在里档靠近胸前，较低的瓶放在外档，这样容易掌握托盘的重心。

②送酒时。送酒时要记住客人，避免送错和询问。了解本酒吧的酒类牌号，别让客人浪费时间来询问。养成习惯，主动介绍酒吧各种酒类的牌号。

③西餐斟酒。西餐斟酒通常先倒几滴给主人或点酒人的杯子里，待主人或点酒人同意用这种酒后，方可开始斟酒。

④站位。斟酒时侍应生应站在客人身后右侧，面向客人，左手托盘、右手持瓶，用右手侧身斟酒。注意身体不要紧贴客人，但也不要离得过远。所有的饮料包括酒、水、菜都应从客人右边上，绝不可左右开弓。

⑤斟酒时。一般不要用抹布把瓶身包起来，因为客人通常都喜欢看到他们所饮酒的商标。另外根据礼仪和卫生法规，侍应生的手不能触及酒杯的杯口，空杯也如此。斟酒时，瓶口不要碰触酒杯，但也不宜拿得太高，过高则酒水容易溅出杯外。因操作失误而碰翻酒杯时应迅速铺上餐巾，将溢出的酒水吸干。斟酒时，用右手抓住瓶身下方，瓶口略高于杯 1～2 厘米，斟完后将瓶口提高 3 厘米，旋转 45 度后抽走，使最后一滴酒均匀分布于瓶口以免滴在桌上，斟酒完毕，应用酒布擦瓶口。

⑥顺序。了解斟酒的程序，遵守适当的程序为客人斟酒。如果是宴会，要先

斟给坐在主人右边的一位，即主宾，再按逆时针方向绕桌斟酒，主人的酒最后斟。如果有携带夫人的外宾参加（欧美客人、日本客人除外）要注意先给夫人斟酒。高级宴会的斟酒顺序则是先主宾，后主人，再斟给其他客人。

⑦斟酒量。中餐以满杯为敬酒，西餐则不同，斟白酒最好不超过酒杯的四分之三，红酒不超过三分之二为宜，啤酒二分之一杯左右即可。斟香槟酒要分两次斟，第一次先斟四分之一杯，待泡沫平息下来后再斟至三分之二或四分之三杯即可。斟啤酒或其他发泡酒时，因其泡沫较多，斟酒速度要放慢，必要时亦可分两次斟，或将杯子倾斜，让酒沿着杯壁流下来，泡沫就可少些。斟烈性酒，在水杯内倒上冰水，在夏季还要放上小冰块。宴会用酒，一般情况下不烫。取走不合适的酒，在一般情况下，宴会桌上不放酒，宾客饮用的酒单独放置，其他酒撤走。上鸡尾酒后，把清洁的菜单呈给客人，点鸡尾酒可以使客人多点一些菜。

⑧每一道菜配用不同的酒应换不同的杯，如果每一道菜配用不同的酒，而这些不同的酒又需要不同的酒杯，那么就应该用托盘或推车将酒杯送到桌边，从客人的右边把新上的杯子放在原先的杯子的左边，而后把原先的杯子取走，如果原先的杯子里还剩有酒，而客人又把它留下来，就不可马上拿走，除非客人有另外的要求。如果用餐完毕或客人已点了另外的酒来代替先前点的酒，那么，无论杯中是否还有酒，都可以将原来的酒杯拿走。

⑨拿高脚杯时要倒过来拿，拿大玻璃杯时，要轻轻拿住靠近杯底的部分，注意不要在玻璃杯上留下手纹。总之，不管拿什么杯子，都不要触摸客人与之接触的杯口边缘，这是基本礼貌。

（3）对客人的礼貌

①注意变质变味的酒和饮品不能出售给客人，要另行处理。

②注意为客人上酒和饮品时，手不能触摸杯口，要拿杯的下半截，使客人感到礼貌、卫生。

③注意量酒杯里的酒要倒尽，原因是要给客人足量的酒和不影响下杯酒的味道。

④注意每次斟酒后，应将酒瓶立即放回原处，使人感到程序严格，工作有条理。

⑤注意快空的酒瓶里的酒不要卖给客人，要另开新的，使客人得到满足。

⑥调好酒后，若要斟一杯以上的酒，应先将酒杯整齐地排列在吧台上，由左至右，再由右至左反复斟酒，使各酒杯里的酒水浓度均匀。

⑦注意调酒时严格按配方调制，若客人有特殊要求，要按客人的要求调制。

⑧注意随时收藏好空瓶罐，清洁好搅拌杯、滤网、羹匙及各种用具，器具。

⑨不可催客人喝酒，也不可因客人饮的太多、太少或时间太长而流露出不耐烦的神色。

⑩认真处理客人的投诉，切不可纠正客人的错误，要铭记："客人总是对的"。

⑪对情绪激动和醉酒的客人，要帮助他醒酒，提醒他注意影响，决不可采取轻慢态度。结账时要给他讲清楚，让他的同伴知道，避免发生纠纷。

⑫不要偷听和插话于客人之间的交谈，不可当着客人的面喝水、听电话和做其他私人事情。

⑬接听客人传呼电话时不可太大声，问清所找客人的单位和姓名后请对方稍候，然后去找客人，若所找客人不在酒吧时要回复对方。

⑭对于单个来的客人，为了避免他（她）的寂寞可以和他（她）聊天，聊天要风趣，顺着客人的话题讲，引客人高兴。客人与你谈话要洗耳恭听，使客人感到你是尊重他（她）的。但与客人交谈时，不要影响工作。

（4）酒类服务

①白葡萄酒服务。饮用前须经冰镇，温度应为 7～13 度，过度冷却会使酒的香味减少。将冰酒桶装满三分之一桶的冰和水，然后将白葡萄酒放入冰桶中冷却 15 分钟，一般可达到适宜温度。使用冰桶架的，冰桶放置于桶架上，不使用冰桶架的，冰桶放在客人右侧。

②香槟酒服务。先将香槟酒瓶放在冰桶内冷却半小时，冰镇香槟酒比白葡萄酒时间长，这是因为香槟酒瓶较厚。

开瓶时小心翼翼，动作优雅地先把锡箔割开，除去。用右手将封口铁丝扭开，左手大拇指压住软木塞顶部。假如软木塞已开始上升，则用餐巾盖住软木塞，并将酒瓶倾斜成 45 度角，压住软木塞，让瓶内压力慢慢将木塞顶出。这一般是在未充分冷却的情况下发生。

把包住瓶口的餐巾拿开，而后用左手拿住软木塞，右手抓住瓶底使压力慢慢溢出，不要让软木塞砰然弹出，将瓶子倾斜几分钟再除去软木塞，可以防止香槟酒喷涌。除去软塞后，把瓶口擦一下，然后在主人的杯中倒入一点滴，以求认可。倒酒时商标向着客人，并根据情况决定是否使用餐巾裹住酒瓶。和其他酒的服务一样，为客人倒酒每次约 3 盅。倒完酒后，把香槟酒瓶放入冰桶，保持冷却。

③啤酒服务。啤酒由大麦、稻米和啤酒花等酿造而成。啤酒花产生了啤酒特殊的风味。目前世界上有许多品种的啤酒，其酒精度低、爽口、易起泡。

倒啤酒时，服务员应将啤酒瓶口对着、紧贴着杯口的边缘，防止啤酒外溢。如果杯内泡沫太多，应稍停片刻，待泡沫消退后，再将啤酒倒满。

④米酒服务。米酒由稻米酿造，酒精含量约 17%，是一种淡的酒精饮料，在我国比较流行，中国的黄酒便是典型的米酒。

饮米酒可增进餐厅的喜庆气氛，还可以当作调料来增加菜肴的味道。米酒有许多品种，从烧菜用的到高档宴会用的，下得了厨房出得了宴会。为了品尝到米酒的神韵，最好在饮用前将酒加温，一般用热水将酒烫到 37.5 度左右，略高于体温。

⑤咖啡服务。使用咖啡时要注意包装上注明的日期，注意不要超过有效保存期。不要将咖啡同其他气味激烈的食物放在一起。可能的话，只在需要时才将咖啡豆粉碎，咖啡像胡椒一样，一旦粉碎就会很快失去香味，使用新鲜的咖啡豆时，咖啡质量较高。为了保证咖啡的香味和质量，咖啡豆必须适当焙制。焙制时间过短，产品无特点，比较淡，焙制时间越长，则味越强。

咖啡的最佳冲饮温度是 96 度，并保持在 90.5 度以上。咖啡不应煮得太久，否则会破坏香味。大多数酒吧用咖啡壶煮咖啡，然后再倒入客人的咖啡杯中。喝咖啡时应加奶加糖，牛奶与糖应在上咖啡前在桌上准备好。在客人的右边送上，咖啡杯应放在底碟上，咖啡的把手向右，咖啡勺放在碟上，放在咖啡的右边。

⑥瓶装矿泉水服务。瓶装矿泉水饮用前需经过冰镇，适宜的饮用温度为 4 度左右。瓶装矿泉水应在桌上当着客人的面打开，而后倒入客人的杯中，除客人提出要求外，不要在客人的杯中加冰块和柠檬片。

在所有的饮料服务中还有一点须提及的是杯子的温度。冷的饮料，杯子要预先降温，而热的饮料，杯子应预先加热。这样，用杯子盛饮料时不会因杯子的温度而引起饮料温度的变化。

六、混合饮料的管理

把不同的酒类混合起来形成的饮料，或在酒中加入果汁、苏打水等调和制成的饮料等，都可以称作鸡尾酒（广义的鸡尾酒），但是原本的鸡尾酒却是下面将要述及的短饮料的一种形式。

含有酒精成分的饮料中有短饮料与长饮料之分。所谓短饮料指的是平常不用花太多时间饮用的饮料。服务的场合要加注在鸡尾酒杯中提供给客人。与此相对，所谓长饮料则是一边品尝，一边消磨时光的饮料，服务的场合要注入大型玻璃杯中提供给客人。

1. 鸡尾酒

酒与酒或酒与其他饮品混合后称为"鸡尾酒"。它的特点是可以根据个人的嗜好自由调和。

但调制鸡尾酒也要遵循以下各项条件：

①要能促进人的食欲。因此，不能过甜，也不能放入太多食蛋（鸡蛋）或果汁类。

②要能够舒缓神经、驱除人身体疲劳。

③要愉悦人的味觉，不能过甜，过酸，过苦或香味过浓。

④要愉悦视觉，看起来美观，赏心悦目。

⑤要有酒的风味，不能稀释得太过分，以至于没有酒精味。

⑥要彻底冷却。

2. 鸡尾酒的种类

①开胃鸡尾酒——是增进食欲的饮料，有咸辣味和甜味两种。作为这种鸡尾酒的代表，有被称之为鸡尾酒始祖的曼哈顿鸡尾酒，马蒂尼鸡尾酒等。

②俱乐部鸡尾酒——正餐上代替冷盘或汤而供应的鸡尾酒。它色泽艳丽，又富于营养，还带有刺激性。是人们非常喜爱的饮料。这种鸡尾酒中有库罗巴俱乐部鸡尾酒等。

③正餐前鸡尾酒——据说是开胃鸡尾酒的又一名称。但严格地说，它是中等程度的咸辣味鸡尾酒。

④正餐后鸡尾酒——是餐后提供的鸡尾酒，基本上都是甜味。这种类型中有亚力山大鸡尾酒等。

⑤晚餐鸡尾酒——晚餐上饮用的鸡尾酒，非常咸辣。

⑥催眠鸡尾酒——夜间睡眠之前饮用，有催眠作用。

⑦香槟鸡尾酒——在欢庆宴会上常常供应的鸡尾酒。通常是将混合好的材料放在杯中，然后加入香槟。

3. 鸡尾酒的制作方法

鸡尾酒的制作有如下两种形式：

（1）使用摇晃器的制作方式

①如同使用手动摇混器，按鸡尾酒的分量将酒水放入搅拌杯。

②将搅拌杯套上搅拌器经机器搅拌均匀后就成为鸡尾酒。

③用搅拌棍隔住杯沿将鸡尾酒注入杯内。

（2）利用调和杯的制作方法

①将冰放入调和杯，先冲洗一道冰块。

②按食谱将材料放进调和杯，底料最后放。

③使用吧勺快速搅拌调和杯中的原料。这时调和杯要稍稍倾斜，要用手牢牢抓住。

④搅拌得恰到好处后，使用滤网将鸡尾酒注入事先冷却好的玻璃杯中。

⑤或将饰料放入杯内，或装饰在杯线上。

4. 鸡尾酒的服务

①宾客因年龄、性别、口味不同所需的鸡尾酒也不同，因此，服务时要先征询或介绍，推荐客人喜欢饮的鸡尾酒。然后根据客人的需要调制鸡尾酒。

②给客人鸡尾酒时，若是送到客人餐台上，先将杯垫放在客人餐座右前台面上，然后将鸡尾酒放在杯垫上。若客人立饮，送给客人鸡尾酒时，同时要送给客人餐巾纸。

第十章 星级酒店商品部规范管理

第一节 商品部人员岗位职责

一、商品部经理岗位职责

1. 工作策划

①负责对商品部的工作进行全面的策划和决策。

②根据星级酒店的客情和营销状况、市场情况、商品销售规律和特点制订商品部的营销计划。

2. 业务沟通

①了解和掌握市场行情和商业信息，了解同类星级酒店商场及其他商业部门的市场动态、物价情况、销售情况，经常与营业、采购等经理进行业务研究和信息沟通，在营销活动中争取主动。

②帮助商品的营销、采购、仓管人员进行业务沟通，掌握销售、库存、采购商品的情况，做到既不积压又不脱销，保证商品营销正常。

3. 业务洽谈

①根据商品的营销情况进行业务洽谈，特别是大宗的、重要的商品，应签订营销协议。在平等互利的原则下，友好地进行商业往来。

②保持与客户的密切关系，无论对主动上门来还是走出去进行业务联系的单位和个人，都要以礼相待，讲究商业信誉，使商品销售有一个稳定的货源基础。

4. 督导和检查

①巡视和检查营业员在商品销售活动中的仪容仪表、礼节礼貌、销售技巧等工作情况，进行必要的督导。

②巡视和检查营业中的商品陈列、商品质地和卫生状况是否符合规定。

③检查商品的销售状况，了解畅销与滞销商品的情况，及时进行营销指导。

④检查商品的采购情况，了解采购商品的品质、数量、规格、进价等情况。

⑤检查采购人员在进行采购活动中与客户的关系，是否讲信誉，有无违法乱纪现象。

⑥检查商品运输情况，了解提运是否及时准确，运输过程中有无损坏。

⑦检查商品进仓是否与进货单、提运单相符，对有差错的要及时进行查对和处理。

⑧检查仓库管理情况，是否存放整齐、清洁美观，有无霉坏，是否账物相符，账卡相符。

⑨检查仓库的防火情况和有否被盗的现象。

⑩审阅营销报告及各部门的工作报告。

⑪做好员工培训工作，不断提高员工素质。

⑫向总经理报告工作。

二、营业部经理岗位职责

1. 业务策划和沟通

①根据星级酒店下达的营业指标及本部的营销情况、市场行情进行营销策划。

②根据本部商品的销售情况，与业务部、储运部进行业务沟通，将畅销或滞销商品和消费者的需求情况提供给业务部，以便适时采购适销对路的商品。

2. 工作督导与检查

①检查营业前各柜台的准备工作，如柜台的清洁、商品的整理和陈列等情况。

②检查售货员在营销活动中是否热情有礼地接待宾客，是否积极主动地向客人介绍和推荐商品。

③收市时检查售货员是否结好账、款，贵重物品是否收藏保管好，卫生是否搞好，下班是否关好灯、锁好门。

④检查商品的盘点情况、每天的营销情况，审阅营业报表。

⑤做好员工培训工作，不断提高员工素质。

⑥向商品部经理报告工作。

三、营业员岗位职责

①工作前要穿好工作服和佩戴好工作牌。

②上班时不迟到、不早退、不无故请假，没有特殊情况不能随便调班、工休。需要调班、工休时经请示主管以上领导批准。不擅离工作岗位，需要离开时，做好离岗登记方能离开岗位。

③要热情待客、礼貌服务，主动介绍商品，做到面带微笑、有问必答。无顾客时要整理商品，使其整洁美观。

④对顾客提出的批评或建议要虚心接受，不与顾客顶撞、争吵。

⑤站立姿势要端正，不准在柜台聊天、嬉笑、打闹。

⑥不准在柜台内会客、办私事。当班时间不准购买自己经营的商品。

⑦不准在柜台或仓库内吸烟、吃东西、看书、睡觉、聊天等。

⑧全柜人员要团结一致、齐心协力把各项工作做好。

⑨自觉搞好柜台内外的环境卫生和商品卫生。

⑩不准把私人的包、钱带进柜台。

⑪严禁私套外汇券和外币，不准收客人小费及故意多收费。

⑫不得拿用商品。

⑬交接班时做到：交接清楚，货款相符，签名负责。

⑭不准提前更衣下班及提早关门停止售货。

⑮下班时，关断一切电源，锁好保险柜和门窗，做好防火、防盗工作。

四、采购员岗位职责

①了解和掌握新采购的商品的名称、型号、规格、特点、品牌、产地、进价、售价、行情和销售等情况。

②了解和掌握市场信息、商业行情及同行的营销情报，掌握本星级酒店的客情状况、商品销售的特点和规律，并据此进行采购和进货，商品适销对路。

③按计划进货，做到既不积压又不脱销。

④在进行大宗商品订购时必须有经理和财会人员一起参加洽谈，签订协议后再严格按协议执行，讲究信誉。

⑤要与供货单位保持良好的贸易关系。

⑥讲究商业道德，不索贿受贿，遵纪守法。

第二节　柜台售货规范管理

一、接待客人

客人走向前厅时，售货人员面带微笑，主动问好，热情迎接客人，态度和蔼，语言亲切、规范。询问客人需求分寸掌握适当，善于分析客人心理，主动介绍商品，回答客人询问耐心、周到。

二、介绍商品

客人欲购买或挑选、观看某种商品，及时拿取、展示商品，轻拿轻放，动作规范。一边展示，一边介绍商品。展示商品耐心细致，介绍商品性能、特点、价格、商标和使用方法准确得体，实事求是。介绍连带商品耐心周到。客人挑选商品，百拿不厌；客人询问商品，有问必答。在商品介绍、展示服务中，能够取得客人的信任，激发客人的购买欲望。

三、检验商品

对需要检查质量的商品，当场检验，试调试用，操作准确熟练。对需要试穿试用的商品，针对客人需求，准确选择规格、尺寸。试穿试用场所舒适。主动当好参谋，客人满意后再办出售手续。对需要计量的商品，计量器具准确，当面计量，操作规范，令客人放心。

四、成交送客

客人购买商品后，包装好，收款交货时，向客人表示祝贺。客人离去，主动告别，以礼貌语言表示谢意，欢迎客人再次光临。对没有购买商品的客人，同样热情礼貌，主动告别，给客人留下愉快的感觉。

第三节　商品导购规范管理

一、导购服务

客人来到商场门口时，面带微笑，亲切迎接。大方、自然地引导客人进入商场浏览观看商品。常客、贵宾能称呼姓名，照顾周到。客人购买商品离开商场时，主动表示祝贺，告别客人，欢迎再次光临。客人询问有关商品种类、质量、价格、商标等，回答主动、准确，有问必答。

二、协调配合

导购人员日常应注意商场客人购物动态和商品安全，与前厅售货员和收款员配合密切。堆存商品、货架商品紊乱时主动协助整理。发现可疑现象或人员进入商场，要提高警惕。遇有特殊情况或不法分子作案，通知保安部人员及时、妥善处理。

第四节　商品部卫生规范管理

一、商品卫生

商品前厅、货架、橱窗内各种商品每日除尘。不同性质的商品分区摆放，不同种类的商品分类陈列。商品表面始终保持清洁，无灰尘、积土。商品货价标签面对顾客，字迹清楚，表面清洁无污渍。食品采用防尘措施，包装物采用消毒食品袋。各种商品无过期、变质、变味、互相串味等现象发生。

二、员工卫生

男售货员不留长发，女售货员化淡妆，不留长指甲，发型美观大方。平时勤洗澡、洗发，身上无异味。上岗前不食异味食品。员工每半年体检一次，持健康证上岗。患有传染性疾病的员工不得上岗服务。

三、操作卫生

商场服务员上岗前洗手。正式售货前整理好各种台秤、计算器、包装物。出售食品和水果时，服务员不要用手直接拿取食品，坚持使用托盘、夹子或售货小铲。服务过程中不挠头、摸脸。包装物坚持采用清洁消毒物品，整个服务过程坚持卫生操作规程。

四、设备卫生

商品前厅、货架、橱窗、收款台及其设备每日擦拭，保持表面光洁明亮，无灰尘和污渍。计量器具每日擦拭，光洁明亮，无污渍，度量准确。

五、场所卫生

商场卫生每日彻底清扫 1 次。售货场所客人活动地区设卫生人员，随时流动清扫，使地面清洁、光亮，无废纸、杂物、垃圾，边角无卫生死角。天花板、墙面无蛛网灰尘，无掉皮和污渍。玻璃、门窗光洁明亮无污迹。

第十一章　星级酒店康乐部规范管理

第一节　康乐部在饭店中的作用和任务

一、康乐部在饭店中的作用

①由于现代旅游意识日益被人们所接受，广大旅游者和非住店宾客对康乐的意义都有了进一步的认识，康乐活动成了宾客必不可少的活动之一。由于宾客对康乐的强烈欲望，康乐部已是现代旅游酒店中必不可少的部门之一。

②因此，办好康乐部以满足宾客健身、娱乐的需要，对提高酒店的声誉与等级，创造良好的经济效益具有十分重要的意义。

二、康乐部在酒店中的任务

康乐部在酒店中的基本任务是：
①适应宾客体育锻炼、健美、娱乐要求。
②做好对运动器械、娱乐设施及其场所的安全保养。
③做好对运动、娱乐的器械、设施、场所的卫生工作。
④为宾客提供运动技能、技巧的指导性服务。
⑤为宾客提供娱乐趣味性的优质服务。

第二节　歌厅及音乐茶座服务规范管理

一、歌舞厅楼面领班职责

①负责对本班组员工的考勤、考绩工作。制订本班组工作计划，并按计划落实工作。

②发挥骨干带头人作用，严于律己，对属下服务员热情帮助、耐心辅导。搞好现场培训，带领属下员工严格按操作规程进行接待服务。

③熟悉歌舞厅台位，熟悉酒水、饮料、果盘，熟记每日供应品种和每日特价商品。

④落实卫生工作计划，保持歌舞厅的整洁。

⑤营业前检查舞厅楼面的准备工作，收尾后检查物品收存状况，检查厅、门、音响情况，做好安全和节电工作。

⑥检查员工执行岗位职责的情况，处理客人投诉。

⑦开好班前班后会，写好工作日记和工作报告。

二、歌舞厅服务

1. 迎宾服务

①迎宾员分为两班，一班在大堂，负责将客人引领进歌舞厅，二班在楼面标志灯下，负责将客人从舞厅门口引领到适当的座位。

②迎宾员面对客人时，要面带微笑，态度温和、亲切大方，将歌舞厅的特色节目简介给客人。

③将客人带到座位要询问客人的意见，客人坐下后，即问需要什么饮料。

④祝愿客人度过一个愉快的晚上。

2. 楼面服务

检查台上的酒水饮料牌、写单、蜡烛，将酒水牌翻开放在台面上。

3. 营业后安全检查制度

①客人离场后，清场查看有无遗留物品，如有发现应及时记录处理。

②检查设施设备有无损坏或遗失。

③将晚餐具、酒器皿送入厨房，搞好厅内环境卫生。

④注意做好防火、防盗工作。

⑤关灯、关空调、锁门后才可下班。

三、音乐茶座服务

①客人来到茶座，服务员要热情接待，并根据客人的特点和需要，将客人引领到适当的座位上。客人所持入场券包括酒水和食品的，应迅速将酒水和食品送到客人桌上；如果客人的入场券不包括酒水和食品，应礼貌地询问客人需要什么酒水、食品，问清楚后，尽快把饮料食品送到客人桌上。

②服务员要细心观察客人的动态，以便提供所需要的服务，如客人需要添加饮料，提出询问或离开茶座等，都要及时提供服务。服务员还要维持好茶座场内秩序。

③茶座结束时，全体服务员要站到门口欢送客人，表示谢意，并欢迎再次光临。非本店住客离去时，帮助客人叫出租汽车，并送客人上车，致谢，道再见。

④服务员要保持音乐茶座的环境卫生和个人卫生，保持场地清洁，使客人在干净、清洁的环境中享受娱乐。每天开业前要检查环境和个人卫生，结束后要打扫场内卫生。每周进行两次卫生大清扫，以保持环境整洁。

第三节 美容服务规范管理

一、美容师的服务

①自觉遵守星级酒店的各项规章制度，热爱本职工作，热诚待客，为客人提供优质服务。努力完成营业指标。

②培养温文有礼的性格，尊重客人，尽责尽职，给客人以信任感。

③接受美容专业技术、新科技及其训练，严格按程序向客人提供服务。

④保持一双温柔、灵活的手，对色彩及其搭配效果有一定的认识，对人体各部分有深入的了解，有独特风格的审美观，能为客人创造出美的形象。

⑤负责解答客人有关美容护肤方面的咨询，根据客人不同的皮肤性质提供相应的护理服务，向客人推荐合格的美容产品。

⑥负责化妆品、护肤品、美容工具的补充、清洁、消毒等工作，并根据实际情况对房间的设备、用品、摆设提出维修保养方面的建议。

⑦上班时脸部要化妆，制服要整洁，不留长指甲，不涂指甲油，头发须三日洗一次；工鞋为白色无高跟鞋，丝袜为肉色或白色。

二、美容物品消毒整理

①毛巾、头带、头布、床单一客一换，用洗衣机清洗并加以消毒，再用干燥机烘干、电熨斗熨平。

②选用消毒精药棉。用前放入紫外线杀菌箱内消毒，再放入电子瓦煲加热后使用。药棉为一次性用品。

③黑头针、眉钳、修甲工具每天用酒精浸泡，用前放在紫外线杀菌箱内消毒，使用时再用酒精抹一遍。

④客用梳子应定期用洗洁精、消毒剂浸泡消毒。

⑤眉扫、胭脂扫、唇扫应定期用酒精浸泡清洗。

⑥黄蜡、白蜡使用时多次煮沸过滤，根据实际情况更换。

三、美容服务程序

①美容师接到通知后，立即对设备和卫生做全面检查，做好准备工作。

②打开指定房间的紫外线杀菌箱消毒美容工具；打开电子瓦煲加热棉花（换新药棉）；打开蒸汽机和热蜡炉；更换新床单；将美容袍摆在美容椅上。

③接待员和美容师在门口迎接客人，待客人进房后，送上咖啡或茶水，为客人更衣。

④美容师在工作中主动介绍护肤程序，注意征求客人意见，尊重客人的感觉。

⑤工作完毕后礼貌送客。

第四节 游乐服务规范管理

为了满足客人正当的娱乐、消遣需求，使他们的生活更加丰富多彩、轻松愉快，现代化星级酒店有的建造有大型游乐场，有的增加了游乐服务项目。一般星级酒店的游乐项目有游泳、网球、电子游戏、保龄球、弹子球、桌球、碰碰车等。这些游乐项目的服务程序基本相同，对服务员的要求也有很多共同之处。

一、游泳池服务

客人来到游泳池不仅要游泳，还要晒太阳，所以游泳池还要有一些场地供客人晒太阳、休息、餐饮等。游泳池要有优雅的环境、现代化的设备、清洁的水质、严格的管理制度、有效的安全措施和优质的服务，因此，游泳池工作人员要经过严格的训练。

1. 保持优雅的环境

游泳池环境美观、舒适、优雅。门口营业时间、客人须知及价格表等标志标牌设计美观，中英文对照，字迹清楚。室内游泳池、休息区及配套设施整体布局协调，空气清新，通风良好，光照充足。休息区躺椅和座椅、餐桌、大型盆栽盆景舒适干净，摆放整齐美观。

2. 设施设备配套

游泳池不仅要有现代化设备，如池底吸尘器和自动过滤循环装置等，还要有专用出入通道，入口处有浸脚消毒池。游泳区各种设施设备配套，清洁舒适。

3. 清洁卫生

①游泳池水质清澈透明，无污物、毛发，池水定期消毒和更换。

②顶层玻璃与墙面干净、整洁，地面无积水，休息区地面、躺椅、餐桌座椅、用具等无尘土、污迹和废弃物。

③更衣室、淋浴室、卫生间天花板光洁明亮，墙面、地面整洁，卫生间无异味。

④更衣柜内无尘土、垃圾、脏物等。

⑤所有金属件光亮，镜面光洁。

⑥饮用水无色、透明、清洁卫生，符合国家卫生标准。

4. 保障客人的安全

游泳池"客人须知"中明确公告："饮酒过量者及身体不适者谢绝入内"。服务过程中发现客人中有饮酒过量者，婉言谢绝其入内。服务人员接受救生训练，随时注意水中客人情况，发现异常及时采取有效措施。池边备有救生圈，配有 2 倍于池宽的长绳和长竿救生钩。对带小孩的客人，要提醒其注意安全。整个服务过程中，杜绝客人衣物丢失或溺水等安全责任事故的发生。

5. 提供优质服务

①很多星级酒店游泳池免费提供给本酒店的住客进行运动，一般不接待非住客。

②客人进入游泳池一般凭房间钥匙或星级酒店发的证件，服务员带领客人到更衣室更衣；客人来到游泳池，要准确记录客人姓名、房号、到达时间、更衣柜号码；贵重物品要客人自己保管好，需要加锁的要为客人锁好，钥匙由客人保管。

③进入游泳池前应先淋浴。擦太阳油者必须淋浴后方可入池游泳。

二、电子游戏室服务

①以良好的仪容仪表开始一天的工作，到岗后把所有物品摆放整齐，做好卫生工作。

②游戏室内的游戏机外壳、台面桌边、茶几要用专用清洁剂擦拭干净。检查设备是否灵敏，是否有接触不良现象，是否存在电线短路隐患。

③客人到来，主动迎接，安排客人游戏，并介绍游戏规则。做好客人消费登记工作，若客人较多，安排客人等候顺序。

④服务过程中应做好巡场工作，注意观察客人状况，主动提供技术指导，使之正确使用游戏机，发现问题及时处理。

⑤维护游戏室秩序和安全，若客人之间发生纠纷，应主动调解，必要时报告保安部解决。

⑥若客人初次玩电子游戏机，可为客人做示范。

⑦发现设备故障，立即维修或报工程部维修。

⑧客人离去时，注意检查四周是否有遗留物品，然后微笑送客，欢迎他们再次光临。

⑨营业结束时，检查游戏设备是否完好无损，清扫室内并把灯关掉。

⑩填写营业日报，按规定做好交接班工作。

三、卡拉 OK 厅服务

①服务员应站立服务，两手握在一起放在背后，面带微笑迎接客人的到来。客人到来后要主动上前迎接，礼貌问好。

②客人入座后，递送歌单、饮料单、点歌卡、铅笔等，主动向客人介绍歌曲内容，并协助客人查找所需曲目。

③客人演唱时，服务员应将设备调整适当，使之音质优美、图像清晰。

④根据客人需要递送酒水，在递送酒水时不能挡住客人视线。要注意随时撤换烟灰缸，将烟灰缸换下时必须用干净烟缸，先盖上用过的烟灰缸，然后再更换。

⑤服务员应巡视卡拉 OK 房，根据客人需要及时补充酒水和食物。

⑥客人离开时，服务员上前告别，并感谢客人的光临。

⑦客人离开后，应迅速清理房间。

四、卡拉 OK 包房服务

①接到预订包房通知后，在客人未进包房前，做好准备工作，如播放音乐、开灯等。

②客人到达后，即通知 DJ（音响）房做好准备，同时上茶并推荐饮料。

③为客人调试音像、音量，客人询问时热心为客人解答。

④客人选曲时详细记下，随即为客人提供选曲，待客人开始唱歌后，暂时退出。

⑤注意包房里面的情况，及时处理音响设备出现的各种问题。

⑥客人离去时，要注意检查音响设备有无损坏，如有损坏立刻报告楼面经理处理。

五、多功能厅服务

1. 多功能厅服务规范服务程序

①去保安部值班室领取大门钥匙。

②换好工作服，签到。

③打扫卫生（大厅、看台、办公室）。

④检查各项设备是否完好，设施有无损坏情况。

⑤检查仪表、仪容。

⑥总结前日工作情况，布置当日工作。及时总结前一段出现的问题，并提出相应的改进措施。

⑦将前一日工作日志交至康乐部办公室。

⑧检查岗位上有无异常情况，做好开业准备。

⑨上岗要求：

A. 精神饱满，彬彬有礼，微笑服务。

B. 热情、礼貌地接待宾客。

C. 耐心解答宾客的问题，与客人对话时眼睛要正视客人，音量适中。

D. 使用敬语，不与客人争辩、争吵。

E. 站姿标准。双手轻握，自然交叉在前或自然下垂于身体两侧，不叉腰、不抱肩、不插兜，不倚靠他物。

⑩下岗后及时反映岗上出现的问题及其他情况。

⑪如有大型活动，岗位设置将有所变化。活动结束时，全体人员列队于门口，欢送客人。

⑫活动结束后，及时清理场地，搞好卫生。

⑬经主管或领班确认无事后，方可签退下班。

2. 多功能厅音响操作服务程序

①到保安部值班室领钥匙。

②打扫 DJ 房室内卫生及喷泉池卫生。

③将前一日工作日志交至康乐部办公室。

④岗前准备：

A. 检查设备情况。

B. 准备当日所需物品。

C. 了解当日活动安排。

⑤上岗要求：

A. 在喷泉表演过程中，控制员不得离开操作间（包括舞会、演出等）。

B. 在喷泉表演过程中，如有客人拥至池边应及时广播予以劝阻，协助厅内服务员的工作。

C. 如遇重大活动，工作要特别认真、负责，活动结束后，及时清理设备、器材。

⑥下岗要求：

A. 检查设备情况并填写工作日志。

B. 清点当日所用物品，并恢复原位。

C. 切断所有电源。

D. 确保一切正常后方可离去。

3．多功能厅旱冰场服务程序

①做好营业前的卫生清洁工作：

A. 旱冰场地面。

B. 不锈钢栏杆。

C. 租鞋部内外。

D. 宾客换鞋座位区。

E. 入口处服务台内外。

F. 花木植物及垃圾桶。

G. 音乐喷泉平台。

H. 小卖部内外。

I. 洗手间内外。

②查对旱冰鞋数量，检修旱冰鞋。

③调整灯光音响设备。

④修束个人仪表，准备营业。

⑤售票人员备足入场券和备用零钱，准时到岗。

⑥服务员负责收票和维持入场秩序，并引导客人到租鞋服务台。

⑦根据换鞋券每券一双发给客人，撕下存根备查。

⑧客人换下的私用鞋交柜台保管，服务员发给客人取鞋号码牌。

⑨客人进入旱冰场，服务员应随时巡视服务。

4．音乐会、文艺演出、时装表演等服务程序

①对上述项目业务上的安排应由康乐部、公关部等有关部门协调配合。必要时成立接待小组，以便安排工作。

②若需要布置场地或改变其他设施，应请工程部和其他部门协助。

③当某项活动项目与餐饮有关系时，应与餐饮部经理共同协商安排工作。

④安排服务员在门口收票并随时提示客人注意事项，维持入场秩序。

⑤厅内服务员应有礼貌地将客人引导到指定的座位上。

⑥注意照顾老幼或行动不便的客人。

⑦请保安部人员协助维持秩序。

⑧服务员注意随时提示客人不要在禁烟区吸烟。

⑨在节目开演前，清洁员必须不断地打扫卫生。

⑩节目演出期间，服务员应维持场内安静。

⑪节目结束后，服务员与保安员共同协助客人有秩序地退场。

⑫服务员迅速清理场地，并协助卫生清洁人员搞好现场卫生，为下一次的活动做好准备。

5. 多功能厅夜总会服务规范

①服务员仪表端庄，穿着清洁整齐的制服，面带微笑，谈吐文雅温柔。

②当客人前来消费时，迎宾员要上前迎接并问候"晚上好"；客人进场后，领位员要根据客人要求和人数带领他们去适当的座位入座。

③服务员面带微笑，上身微向前倾，双手递上饮品和食品价目表请客人选择。

④将客人的饮品单交吧台调配，然后由服务员端给客人，服务员送酒水和食品时注意切不可挡住客人视线。

⑤当客人要吸烟时，服务员应马上掏出打火机为客人点烟。

⑥经常观察烟灰缸，发现有烟灰、烟蒂应尽快更换。

⑦当发现客人的饮品喝光时，要及时询问客人还要不要再叫饮品，如果茶几或饮品台有水渍，应及时用毛巾擦干净。

⑧服务员应经常留意客人的手势，对客人的合理要求，在可做到的范围，都要满足客人。

⑨服务员之间除了工作需要外，不要交头接耳，更不能对客人评头品足。

第五节　健身服务规范管理

一、健身房服务

1. 健身房环境质量

健身房门口客人须知、营业时间、价目表等标志牌齐全，设计美观、大方，中英文对照，文字清楚，摆放位置得当。室内健身器材布局合理，摆放整齐。录像机、电视机、钟表设置合理，便于客人观看使用。健身房内照明充足。适当位置有足够数量的常绿植物调节小气候，室内空气清新。整个环境美观、整洁、舒适。

2. 健身服务员职责

（1）迎接客人

具有较好的专业外语对话能力，仪容整洁，精神饱满，身体健康，待客热情、大方、有礼，能熟练地掌握和讲解健身器材的功能和使用方法，善于引导客人参加健身运动。

（2）介绍、示范健身运动

介绍设备的性能和操作方法。当客人要健身并要求辅导时，服务员应主动示范。带客人做健身操时，口令清晰、姿势正确、动作一丝不苟，并根据客人体质状况。做不同的指导。如客人误场，可为其提供健身操电子版。

（3）注意安全

坚守岗位，严格执行健身房规定。注意客人健身动态，随时给予正确的指导，确保客人安全运动。礼貌劝止一切违反规则的行为。

（4）健身房卫生

负责健身房及更衣室、淋浴室的清洁卫生工作。搞好环境卫生和设备卫生，保持环境整洁和空气清新。

（5）保养器材

负责维护健身设备的正常运行，如发现问题，应及时上报。每天按规定准备好营业用品，需要补充的用品应及时报告领班申领。

二、桑拿浴室服务

桑拿浴的主要作用：一是减肥。如果每天去一次桑拿浴，通过蒸汽热使人大量出汗，对减肥有显著效果。二是消除疲劳。桑拿浴以后，人体血液循环加速，可促进新陈代谢，使人迅速恢复体力。三是可以防治风湿病和皮肤病。

1. 桑拿浴室环境质量

桑拿浴室门口营业时间、客人须知、价目表等标志牌齐全、完好，设计美观大方，安装位置合理，中英文对照，字迹清楚。室内分隔式小桑拿浴室，室温保持在30℃左右。各室内通风良好，空气清新，环境整洁，让客人有舒适感和安全感。

2. 桑拿浴服务

做好桑拿浴室工作，要求服务员具备简单的外语对话能力，对客热情、礼貌、周到、责任心强、服从台班工作安排，与按摩师通力合作。

（1）热心服务

客人到达，主动问好，热情迎接客人，询问有无预订。准确记录客人姓名、房号、到达时间，提供更衣柜号码、钥匙，分配浴室。主动及时提供毛巾、服务用品。客人进入桑拿浴室后，调好浴室温度和沙漏控时器。客人享用桑拿浴期间，每 10 分钟巡视一次，注意客人情况，若有呼唤，随时提供服务。

（2）防止发生意外

服务员要岗位，勤巡查，密切注意客人的动静，每隔几分钟就要从门的玻璃窗口望一望，看看客人浴疗是否适宜，防止发生意外。发现问题及时向台班报告，保证客人安全。

（3）清洁卫生

桑拿浴室的天花板和墙面无灰尘、水渍、印痕，无掉皮现象。地面无灰尘、垃圾和卫生死角，整洁干净。所有金属件表面光洁明亮，镜面无水迹。木板洁净、光滑，无灰尘、污迹和碳化物。

（4）礼貌送客

客人离开时，要提醒客人不要遗忘了东西，拾到遗留物品要立即上交台班或主管。对客人说"谢谢光临"，"欢迎以后再来"，并送客人到门口。

（5）保证设备运转正常

检查桑拿浴室设备的运转情况，如水位、温度需随时调节、补充，抽风机和灯光等设备需随时检查，如有故障，应及时向台班报告维修。

三、保龄球服务

保龄球也叫滚球，是客人较喜欢的一种体育活动。近年来，一些较大的星级酒店里都设了保龄球房。

1. 保龄球场配套设施

①球场入口设服务接待柜台，配齐相应数量的各种型号的保龄球活动专用鞋及电脑记分和结账设备。

②球场旁边要有与接待能力相应档次与数量的男女更衣室、淋浴室、卫生间。

A. 更衣室配带锁更衣柜、挂衣钩、衣架、鞋架与长凳。

B. 淋浴室各间互相隔离，配冷热双温水喷头、浴帘。

C. 卫生间配隔离式抽水马桶、挂斗式便池、大镜及固定式吹风机等卫生设备。

D. 各配套设施墙面、地面均满铺瓷砖或大理石，有防滑措施。

③球场内设吧台及休息区。有些保龄球馆为节省空间，将吧台和服务台设在一处。

④设有保龄球架。

⑤球场门口设营业时间、客人须知、价格表等标志标牌。标志标牌设计美观大方，摆放位置合理，有中外文对照，字迹清楚。

⑥球场内部通道、过道、球道、记分显示、球路显示等设施布局合理，整体协调、美观。

⑦各种器材摆放整齐，适当位置有大型盆树、盆景美化环境，调节空气。

2. 保龄球服务

（1）接待服务

①客人前来打保龄球时，应准确记录客人姓名、房号、运动时间。

②迎接客人，主动问好，运用准确、规范的服务语言询问客人是按每人一局还是按时间租用保龄球道，并介绍球场设施、租金、收费标准以及为客人提供的服务。

③弄清结算方式，记录开始和结束时间。根据客人预订及人数和球道出租情况安排球道。

④在投球道的记分台上为客人设定人数及局数，电脑开好自动记分，天花板上的电视荧屏会自动显示每次投球的积分情况。

⑤如遇客满，商请客人排队等候。

⑥客人玩球时服务员应勤巡视，观察操作设备是否准确，保证自动回球、记分显示、球路显示等正常运作。

⑦及时、准确、礼貌地提醒客人注意球场秩序，向客人讲解保龄球运动知识要清楚、明确。

⑧及时纠正违反球场规则和妨碍他人的行为，迅速排解客人纠纷，始终保持球场秩序井然。在整个服务过程中要做到耐心周到。提醒客人，取球时要辨认自己的球号与颜色，不要取他人用的球。球道两边若有人预备掷球时，应待两旁人掷出后自己再进行。不要在球道上停留过久，球撞击到球瓶时应后退，打出全倒也不要大声喊叫。

⑨有些客人休息时需要饮料、小吃，应主动及时询问需求，做好记录，并迅速提供服务。

⑩活动结束时服务员应礼貌地征求客人意见，是否需延长使用场地的时间，

如客人结束租用，应及时检查有无遗失物品，客人是否归还租用球鞋和球等。

⑪客人离开时应主动告别，并欢迎客人再次光临。

（2）陪练服务

①保龄球室设专门陪练员或教练员，根据客人需要随时提供陪练服务。

②陪练期间，要能将运动知识、规则、记分方法等讲解清楚，示范动作要标准规范。

③掌握客人心理和陪练输赢分寸，以激发客人的兴趣。

④球场组织比赛时，服务要周到。

（3）安全服务

①保龄球场设急救药箱药品，配氧气袋和急救器材。

②客人不适或发生意外，及时采取急救措施。

（4）配套酒吧服务

①配套酒吧提供饮料、快餐服务。

②客人来到酒吧，按照酒吧服务标准迎接、问候、引座、开单，提供酒水饮料服务。

四、网球服务

1. 接待服务

①每日营业前做好网球场、休息区、更衣室、淋浴室与卫生间的清洁卫生工作。

②将设备设施摆放整齐。

③正式营业前准备好为客人服务的各种用品，整理好个人卫生，准备迎接客人。

④客人前来打网球时，要向客人介绍球场设施、开放时间、服务项目等，并准确记录客人姓名、运动时间。

⑤提供更衣柜钥匙、毛巾等用品及时，服务细致。

⑥客人打网球时，视需要及时提供客人要求的各种服务。帮助客人保管好衣物，主动为客人当裁判记分。

⑦客人要求出租或修理球拍，应及时、周到地提供服务。

⑧若客人休息时需要饮料、小吃，应主动及时询问需求，做好记录，并迅速提供服务。

⑨客人离开时，应主动告别，并欢迎客人再次光临。

2．陪练服务

①网球室设专门陪练员或教练员。

②客人要求陪练服务，应热情提供。

③陪练员技术熟练，示范动作规范、标准。

④掌握客人心理和陪练输赢分寸，以提高客人的兴趣。

⑤球场组织比赛时，预先制定接待方案，保证球场秩序良好。

3．安全服务

①网球场设急救药箱药品，配氧气袋和急救器材。

②客人不适或发生意外时，及时采取急救措施。

五、台球服务

①迎接客人，主动问好，运用准确、规范的服务语言。问清是否有预订，并向客人介绍台球场设施、租金、收费标准以及为客人提供的服务。

②根据客人人数、球台出租状况迅速安排球台。要准确记录客人姓名、房号、台球桌号、运动时间。弄清结算方式，并记录开始和结束时间。

③及时提供球杆、台球服务。

④若客满，商请客人排队等候或先进行其他活动。

⑤客人玩球过程中，为初学者提供讲解示范，并及时提供客人需要的其他服务。

⑥若客人休息时需要饮料、小吃，应主动及时询问需求，做好记录，并迅速提供服务。

⑦活动结束时服务员应礼貌地征求客人意见，是否需延长使用场地的时间，如客人结束租用，应及时检查有无遗失物品，客人是否归还租用球杆等。

⑧客人离开时，应主动告别，并欢迎客人再次光临。

第六节　康乐设备规范管理

星级酒店康乐设备管理的基本要求是：康乐设备配套，经济效益好；康乐项目正常运行，并且消耗要低；及时维修并保证维修质量；确保安全运行，杜绝事故发生。

一、康乐设备的管理

1. 康乐设备管理的重要性

康乐设施的完善，康乐器械的现代化和先进性，常常会吸引大量的康乐爱好者。正是由于康乐享受越来越受到旅游者和公众的青睐，星级酒店的经济效益明显增加，很多旅游热点的星级酒店，特别是大城市和经济较发达地区的星级酒店，康乐部的经济收入在整个星级酒店的总营业额中占有很大的比例。

康乐设备的好坏，直接影响康乐业务经营的效果，其主要表现有以下方面：

①加强康乐设备管理是保证星级酒店康乐项目正常运转的首要条件。星级酒店以康乐设备为依托，通过向客人提供各种康乐服务而取得经济收入。康乐设备一旦发生故障，又得不到及时修理，就会影响星级酒店的声誉和正常营业。因此要努力完善康乐设备，加强维修，使之正常安全运行。

②加强康乐设备管理是提高康乐服务质量的重要保证。星级酒店康乐服务质量是指提供的康乐服务能够满足客人需要的一种属性，即服务商品的使用价值。星级酒店康乐服务质量是星级酒店对外形象重要组成部分。

③加强康乐设备管理是提高星级酒店星级的一个重要方面。星级酒店康乐设备配置状况如何，管理得如何，直接关系到星级酒店星级的高低。

④加强康乐设备管理是提高星级酒店康乐项目经济效益的主要措施之一。只有管好、用好、维护好各种康乐设备，才能充分发挥其作用，提高星级酒店的经济效益。

2. 康乐设备管理的特点和任务

（1）康乐设备管理的特点

康乐设备管理有以下特点：

①商品性强，管理要求高。星级酒店的康乐设备一是使用的人多，破损率高；二是维修保养要求高。因此应加强设备的检修保养，使其始终处于完好无损的状态。

②损耗大，更新周期短。这是由星级酒店康乐服务商品是以享受为主的特点所决定的，此外还受流行因素的影响，今天盛行的娱乐项目，过几个月可能就不流行了。

③构成复杂，管理难度大。星级酒店康乐设备的种类和数量繁多，规格型号各异，投资构成区别大，技术性强，使用方法和维修保养要求各异，有的为隐蔽安装设备。这一特点决定了康乐部和工程部须工种多，技术门类齐全，且专业性

强，从而增大了康乐设备管理的难度。

④康乐设备管理是对康乐设备实行的全过程的综合管理。康乐设备管理的工作内容包括康乐设备运动的全过程，即从选择、购置安装、维修保养、更新改造到报废的整个过程。在这中间，缺哪一环都会给康乐设备管理带来负面影响。因此，星级酒店康乐设备是围绕设备物质运动形态和效用发挥而进行的管理工作。

（2）康乐设备管理的任务

星级酒店康乐设备管理是对康乐设备实行的全过程的综合管理，其任务有以下几点：

①正确选购康乐设备。要使所选择的康乐设备达到设施配套高效益、供应低消耗、及时维修高质量和安全生产少事故等要求。

②合理使用康乐设备。星级酒店康乐设备运行管理的基本要求是保证供应，降低消耗。

③保证康乐设备始终处于完好状态。

④加强康乐设备的技术改造。

⑤培训员工。

3. 康乐设备管理的内容

（1）保证康乐设备始终处于完好状态

星级酒店康乐部正常运行的首要条件是康乐设施和设备要始终处于完好状态，以便充分发挥它们的效能。为此，要合理使用、保养设备，及时排除故障。要努力掌握康乐设施和设备的运行规律，配备必要的检测维修设备和技工，保证康乐设施和设备的正常运行。

具体来说，这一任务的核心就是管好、用好、修好康乐设备：

①管好：操作员工自己负责使用的康乐设备及其附件要保管好；未经工程部经理批准，不能改动康乐设备结构；非本康乐设备操作人员，不准擅自操作；员工不得擅离工作岗位，有事必须切断电源、停车；发生事故后应保护现场，并及时向有关人员如实报告事故经过。

②用好：严格遵守康乐设备操作规程。不超负荷使用，不带病运转。不在康乐设备的滑动导轨面上放置计量器具和工具等。

③修好：保证康乐设备按期修理。积极认真做好一级保养，配合做好二级保养，修理前操作员工应主动反映康乐设备情况，并参加试车验收。

（2）保证康乐设备寿命周期费用最经济

康乐设备管理要讲求经济效益，按照盈利原则来降低管理过程中各个环节的费用支出，保证康乐设备寿命周期费用最经济。

（3）更新过时康乐设备

更新过时康乐设备，以便保持星级酒店的良好形象，并使游客感觉有新奇感。必须有计划有步骤地更新康乐设备，不断改造原有康乐设备，提高康乐设备的运行质量。

二、康乐设备的保养与检查

1. 康乐设备的保养

康乐设备的保养，即定期对康乐设备进行系统的检查、清洁、润滑、紧固、调整或更换某些零件。它是康乐设备管理中的重要内容，直接影响康乐设备使用寿命和经济效益。

（1）定期保养

①定期保养的内容

A. 定期检查。由专职维修员工按计划定期对康乐设备进行检查，查明康乐设备技术状态，保证康乐设备达到规定的性能，并为计划修理提供依据。为了搞好定期保养工作，对重点康乐设备还应定期单独进行精度测试。精度测试的方法是将检查项目的精度实测值与规定的允许值进行比较，求出精度指数以查明重点康乐设备的技术性能状况。

B. 定期换油。对有集中式和带油箱的润滑系统和液压系统的康乐设备，按特定的换油计划表，定期、定质、定量地给各系统换油，以保持油的清洁，减少由于油中混有杂质细粒而引起的各系统的磨损。换油工作也可与定期修理结合，以减少康乐设备的停歇时间。

C. 定期清洗。即对那些工作时多垢屑、多粉尘和经常接触腐蚀介质的康乐设备，根据设备的结构特点和工作条件规定清洗间隔期，按规定的项目定期进行清洗。清洗时要拆卸康乐设备的某些零件，清除上面的垢屑、粉尘及磨料等物，用棉纱擦净，用油清洁，然后装好。

②保养工作的要求：

A. 整齐：工具、工件、附件放置整齐，安全防范装置齐全，线路、管道完整。

B. 清洁：康乐设备内外清洁，各滑动面、丝杆、光杆等处无油污、无碰伤、无锈蚀，各部位不漏油、漏气（汽）、漏水、漏电，切屑、垃圾清扫干净。

C. 润滑：按时加油、换油，油质符合要求，油壶、油枪、油杯齐全，油毡、油线清洁，油杆、油窗醒目，油路畅通。

D. 安全：实行定人定时、交接班记录、运行状态记录及日常点检记录等制度，遵守操作规程，不出事故。

③康乐设备维修保养应做到迅速、优质，并应注意以下四个问题：

A. 维修迅速及时。康乐设备维修的速度是指从报修到修复的时间，也包括从报修到维修人员到达现场的时间。

B. 员工作风礼貌协作。

C. 维修效果达到设备正常运转，返修率低。

D. 修旧利废，节约维修费用，提高效率。

（2）三级保养

三级保养即例行保养、一级保养和二级保养。

①例行保养（日常保养）。例行保养的内容是进行清洁、润滑和紧固易松动的螺栓，检查零部件的完整。例行保养的项目和部位较少，大多数在设备外部，由操作工人承担。

②一级保养。一级保养以操作工人为主，维修工人指导配合。一般来说，康乐设备累计运行 500~600 小时要进行一次一级保养。一级保养有以下内容：

A. 根据康乐设备的使用情况，进行部分零部件的拆卸、清洗、修复。

B. 对康乐设备的各个配合间隙进行适当的调整。

C. 清洗康乐设备表面的"黄袍"及油污。金属及其制品锈蚀即通常说的生锈，是金属表面受到周围介质的化学作用或电化学作用而被破坏的现象。防锈就是防止或破坏其产生化学或电化学腐蚀的条件，杜绝使金属锈蚀的一切外界因素，选择适宜的保管场所，禁止将其与酸、盐、碱等物资放在一起，可妥善地进行堆码或密封等。还可采取金属表面涂覆防锈油等，以保护金属表面不受环境中不良因素的影响。

D. 检查、调整润滑油路、清洗油毡、油线、滤油器、滑动导面等，适当加润滑油或润滑脂。

E. 清扫电器箱、电动机，做到电器装置固定整齐，安全防护装置牢靠。

③二级保养。二级保养以检修工人为主，操作工人协助配合。康乐设备累计运行 2400~2500 小时要进行一次二级保养。二级保养有以下内容：

A. 根据康乐设备的使用情况，对设备进行部分解体检查、清洗。

B. 对设备的各主轴箱、变速传动箱、液压箱、冷却箱进行清洗并换油。

C. 修复或更换易损件。

D. 检修设备的电器箱，修整线路，清洁电动机。检查、调整、修复设备精度，校正机座水平。

2. 康乐设备的检查

（1）康乐设备检查的目的

①全面掌握设备技术状况的变化和磨损情况，及时查明和消除隐患。

②针对检查发现的问题，提出改进康乐设备维护工作的措施。

③有目的地做好康乐设备维修前的各项准备工作，以提高康乐设备修理质量和缩短修理时间。

（2）康乐设备检查的类型

①每日检查。即康乐设备的日常点检，是为了事先察觉事故隐患，从而及时采用相应的维修措施，使设备故障损失控制在最小程度。根据星级酒店康乐设备的不同类别，由星级酒店康乐部、工程部共同制定日常点检卡片，确定点检项目。每日检查一般在交接班时由设备操作人员执行，并同日常保养结合起来。康乐部操作工根据点检卡片，利用自己的经验和感觉器官，对设备各部位进行状态检查。

②定期检查。是按计划日程表，在操作者参与下，由维修员工进行的检查。

③功能检查。即对康乐设备的各项功能进行检验和测定。

④精度检查。即对康乐设备的加工精度进行全面检查和测定，以确定设备精度的变化情况。

（3）康乐设备检查的方法

康乐设备检查应根据检查项目的实际情况，分别采取目视、耳听、手摸等方法，以及运用科学的检测仪器、仪表和工具等。康乐设备检测技术又称为康乐设备诊断技术，是指为了准确掌握康乐设备的磨损、腐蚀等情况和及时进行维修，通过仪器、仪表和科学方法对正在运转中的康乐设备进行一系列的检查和测定方面的技术。采用这种技术能够全面、准确地把握康乐设备的磨损、老化、劣化、腐蚀的部位和程度，以及其他有关情况。在此基础上进行早期预报和追踪，可以把康乐设备的定期维修制改变为比较经济、合理的预防维修制。这样，一方面可以在避免康乐设备事故的前提下减少由于不掌握康乐设备磨损情况而盲目拆卸给机器带来的损伤，另一方面也可以减少停止康乐设备运行所带来的经济损失。

三、康乐设备的修理

康乐设备修理是指修复由于正常使用而损坏的设备。通过修理和更换已经磨损、锈蚀的零件，使康乐设备的精度、效能得到恢复。同时，通过修理，有计划地对康乐设备进行改造，以提高康乐设备的性能和质量。

1. 修理的类型

（1）小、中、大修理

康乐设备的修理一般可分为小修理、中修理和大修理三种：

①小修理。简称小修。是对康乐设备进行局部修理，通常只修复和更换少量

的磨损零件，校正并恢复康乐设备的精度，保证康乐设备能够恢复和达到应有的标准和技术要求。

②中修理。简称中修。即对康乐设备进行部分拆卸、分解，更换与修复主要零件和数量较多的其他磨损零件，校正机器设备的基准，以恢复和达到规定的精度、功率和其他技术标准，并保证其能够使用到下一次修理时。

③大修理。简称大修。是对康乐设备进行全面的修理和修复，要把设备全部拆卸，更换和修复全部的磨损零件、部件，校正和调整整个设备，恢复康乐设备的原有精度和性能。

（2）日常维修和紧急维修

①日常维修。日常维修是星级酒店维修人员、康乐部员工以及客人在检查或使用康乐设备时发现故障，工程部派员维修。工程部必须十分重视日常维修工作，做到随叫随到。

②紧急维修。紧急维修是当康乐设备由于意想不到的因素而损坏，需要立即维修抢修、抢险的工作，如停电、电梯或索道失灵等。

2. 修理周期

（1）修理周期的确定

修理周期是相邻两次大修理之间机器设备的工作时间。对新设备来说，是指从投产到第一次大修理之间的工作时间。修理周期根据在不同的星级酒店、不同的康乐设备，考虑以下因素来确定：

①修理对象一旦发生故障，其造成的损失或危险程度的大小；如果损失或危险程度大，其修理周期应尽量短。

②修理对象一旦发生故障，其触犯法律及保险条例可能性的大小，如果可能性大，则修理周期要短。

③修理对象一旦发生故障，对客人和员工影响的大小，如果影响大，则修理周期要短。

④修理对象一旦发生故障，对星级酒店营业影响的大小，如果影响大，则修理周期要短。

（2）修理周期结构和修理间隔期

①修理周期结构。修理周期结构是指在一个修理周期内，大修理、中修理和小修理的次数与排列次序。

②修理间隔期。修理间隔期是相邻两次修理之间设备的工作时间。

第十二章　星级酒店工程部规范管理

第一节　星级酒店设备规范管理

设备的正确使用和维护，在很大程度上决定了星级酒店各种设备的完好程度，并能延长各设备的使用寿命，各种设备如果得不到正确的使用和维护保养，将造成设备的故障率提高，而这些设备的故障往往影响到星级酒店的经营和星级酒店成本的控制。改变这种状态的关键是在于每个员工都正确使用和精心维护所使用的设备，减少设备故障，减少设备的应急维修量，工程部则着重做好重要设备的计划维修，使星级酒店的设备管理实现科学化管理。

设备的使用应实行岗位责任制，核心思想是"谁使用，谁负责"凡有固定人员操作的设备，该员工即为该设备的负责人；由多人操作的设备，则该部门领班（或指定的一人）为设备的负责人；设备的负责人必须对设备的完好负责。设备的负责人必须掌握设备的正确使用方法和维护方法，能发现设备的异常情况，负责设备故障时的报修，负责在其他员工使用该设备时，对他们进行培训。

一、设备管理机构设置

1. 机构设置方式

各星级酒店根据自己的情况，可以选择设备管理的组织机构模式。常见的有如下几种。

（1）按专业系统设置

这种设置是按专业技术门类的不同划分的组织模式。

由于星级酒店在建造时是按专业系统来划分的，因此在星级酒店竣工验收时也往往按专业系统进行。工程部组织机构按专业系统设置，对接管者来说比较容易发现一些设计上的不合理现象和施工遗留问题，也能较快熟悉星级酒店的各种设备和系统，这对参加施工过程的管理者来说更为有利。

在这种组织机构中，各专业组有自己的专业负责人或主管工程师负责本专业的设备管理和维修工作。这种模式的优点是专业技术力量集中，有利于对复杂程度高的设备进行维修，也有利于专业队伍管理和技术水平的提高。缺点是一种设备常常需要两个以上专业技术人员合作，因此人员配置必然增加，且不同工种属不同专业班组管理，增加了横向协调和调配的难度。所以，采用这种模式必须强调专业之间的配合，在订立岗位责任制时，要求分工明确。这种模式一般适用于较大的星级酒店。

（2）按设备所在区域设置

这是一种按设备的系统组成和部门分布来划分的组织模式。

这种模式的优点是在制定出明确的区域和系统责任界限规定之后，便容易使设备管理和维修的责任分明，在具体工作中有利于不同专业工种之间的相互配合和相互学习，同时由于各区域部门都有维修组，能及时与服务需要配合，便于检查，方便部门业务管理。缺点是维修力量分散，遇有较大工程时就显得力量薄弱，且经常发生"大事干不了，调配关口多"的现象，再则是不利于专业化水平的提高。

（3）按管理和维修分别设置

这是一种把设备运行管理机构和设备维护、检修机构分设的模式。

根据设备管理工作的特点，可以把星级酒店设备管理组织机构分为设备运行管理、设备日常维修和计划维修三个部分。这种设置的特点是把设备运行与检修分开，检修中又把设备的日常维修与预防性计划检修分开，这样两方面的工作重点明确，有充分的力量对设备进行计划维修，有利于提高设备日常运行的完好率和维修计划的落实，提高了设备的使用寿命，减少了维修费用。但这种模式要求每个班组的组成要由各种不同工种混合编组，维修人员必须一专多能。日常维修人员要能够在自己负责的日常维修责任区域内采用不同专业工种的技术处理各种技术问题，取得较高的效率。而计划检修组要有较高的技术水平和在一定时期内完成较大检修项目的能力。如果计划检修组的技术力量较强，那么除了承担本星级酒店设备检修任务外，还可以承担外单位委托项目的检修工程。采用这种模式除大型星级酒店（800间客房以上）外，一般星级酒店不易具备条件。

（4）按设备不同类型设置

这是一种与把设备分为一次设备和二次设备相适应的组织方式。

这种管理模式的特点是把发电、变电、锅炉、水泵系统、空调机组动力等能源供给设备集中为一次设备，由动能技术组负责，确保星级酒店用电、用水、用气等源头供应正常。把星级酒店内为客人提供服务和生产用的设备，包括照明线路、音响、电视、洗衣设备、计算机、客房卫生设备、餐厅制冷、健身娱乐等集中为二次设备，由日常服务技术组负责。这种管理模式对于能源管理较为方便，动力能源技术组既是供给动力供给能源的机构，又是控制能源使用以及考核能源使用状况的机构。在星级酒店日常营业中，如果能源供应跟不上，那是能源组的责任；如果有能源而前台设备设施不能保持完好运行，那是维修组的责任，各司其职，相互配合。

（5）按设备运行、维护、综合管理设置

这是目前我国星级酒店采用较多的一种机构设置方式。

许多星级酒店的工程部分为两大部分，第一部分是设备运行值班，第二部分是设备维修保养。这种机构设置方式仅注重于设备的使用和维修。但是，根据设备综合管理的要求，工程部还必须承担对设备运行全过程进行综合管理的职责。因此，星级酒店工程部组织机构应包括运行值班、维护修理和综合管理三大部分。

设备运行值班是指动力、动能设备系统的运行操作和值班。主要工作是搞好设备的日常保养，巡回检查设备的运行情况，监视、记录系统的运行状态，处理一般设备故障。设备运行值班的任务是要确保设备的正常运行，为星级酒店经营提供良好的物质基础；维护修理分计划维修和应急维修，是对设备产生有形磨损后的补偿，以减少故障，延长设备的寿命；综合管理的任务是制订各项计划并组织实施，制定和完善各项规章制度，搞好资产管理和节约能源工作，还要经常对工作进行检查、考核和评比。

2. 工程技术人员的配备

工程部配备多少员工取决于星级酒店的规模，以 300 间客房为例可计算如下：

（1）按可供出租客房算

每 100 间可供出租客房需配备 3.1 个技术人员，那么所需技术人员数为：$300 \times 3.1/100 = 9.3$（人），约为 10 人；技术人员与工人数为 1∶2，那么工程部共需员工 30 人。

（2）按出租客房数算

每 100 间出租客房需配备 4.2 个技术人员，假设该星级酒店的客房出租率是 85%，那么所需技术人员数为：$0.85 \times 300 \times 4.2/100 = 10.71$（人），约为 11 人；按技术人员与工人的比例计算，该工程部需要 33 人。

（3）按客房总数算

有些星级酒店把工程部人数算为客房总数的 10%，按照上面的例子，具有 300 间客房的星级酒店其工程部所需员工数为：$300 \times 10\% = 30$（人）。

现代化星级酒店服务项目增多，设备设施也越来越多，按上述公式计算的工程部人员显然不够用，各星级酒店可视自身情况适当增减。

二、工程部岗位责任制

星级酒店设备管理组织机构是一种管理的框架，在选定了管理框架之后，我们必须根据机构特点和工作要求进一步设置具体的岗位。岗位的合理设置是星级酒店设备管理部门完成任务的保证。各工作岗位要根据其岗位的具体情况制定岗位责任制。

1. 岗位设置原则

岗位设置是组织机构发挥管理效能的重要保障，因此，岗位设置只能从管理和工作的实际需要出发。岗位设置的原则是：

（1）因事设岗

星级酒店的设备管理部门必须因事设岗，避免因人设岗。如果是因人设岗，管理就缺乏主动权，难以管理。

（2）一专多能

星级酒店的设备管理和维修不可能像厂矿那样专业化程度强、分工很细以及人员配备那么多。因此，星级酒店设备部门的技术人员既要熟练掌握所在岗位的专业知识和技能，又要熟悉或一般性掌握相近和相关专业的知识和技能。这样就要求设岗时必须考虑一专多能，避免分工过细。因为分工过细必然出现人员编制的扩大，还会出现相互依赖、效率低下的现象。

2. 各级岗位职责

（1）工程部经理职责（有关设备管理方面）

①贯彻执行星级酒店总经理的指示，负责工程部的全面工作，直接对总经理负责。

②有高度的责任感和事业心，认真钻研技术，讲求质量，做到精益求精。

③负责星级酒店工程维修和技术工作的组织、指导及管理工作。负责星级酒店设备设施的安装验收、安全运行、维修保养和房屋修缮等管理工作。

④制订设施更新、改造工程计划，抓好技术革新、技术改造工作，并组织实施。同时，积极落实对外承包工程项目，努力完成工作指标。

⑤审查编制设备维修计划及设备的月、季、年度保养计划，并做好督促、检查、落实工作。

⑥负责对工程部所有人员的调配和管辖。配合人事部门做好设备使用操作方面的技术培训工作，调动和发挥部门员工的积极性，并按有关制度做好考核、考勤及奖惩工作。

⑦制定各种设备的操作规程，坚持员工未经培训合格不能上岗的原则，以确保设备的安全运行，促进设备管理、设施保养的标准化、程序化和规范化。

⑧深入现场，及时掌握人员和设备的状况，坚持每天现场巡查重点设备运行状况及公共场所的动力设施，发现问题及时解决处理。

⑨与各部门之间密切配合、相互沟通，并深入了解下属管理人员和员工的思想状况，及时纠正不良倾向。经常对下属进行职业道德、星级酒店竞争意识方面的教育，培养员工的工作责任感。

⑩每天记录设备的运作情况及工程维修、保养状况，提交总经理。

⑪督导执行星级酒店节水、节电措施，发挥设备最大效率，降低成本，完成费用指标。

⑫负责防火、防风、防雨工作，保证星级酒店的安全及工作的正常运行。

（2）工程部副经理职责

①工程部经理不在时，履行部门经理的一切职责，当好部门经理的助手。

②制定下属主管、领班工作班次表，以及工作计划及工作进程表。

③负责制订每天工作分配及任务下达项目单，督促所属员工完成当日的各项工作。

④每天巡视检查下属人员完成日间工作情况。

⑤确保每件设施设备能够正常发挥其功能作用，维修后能使设备达到规定的标准。

⑥协助督导外聘人员的工程进度及应该达到的工作质量标准。

⑦确保星级酒店工程管道各种滤网能够按时更换。

⑧审批、检查各部件所需原材料的标准规格，以保证各项工程的及时完成。

⑨检查、建议有关工程部位或客房的设备维修及更换。

⑩完成总工程师和工程部经理交办的其他工作。

（3）班组长（领班）

①负责一个专业技术班的全面工作。负责对本班员工的考勤、考绩工作，根据本班员工的技术水平实施奖励。

②负责各业务部门之间、各班组之间的业务联系。

③负责制订本班组所负责的设备的维修保养计划，并按计划落实工作。

④负责本班组责任范围内的设备的增加、更改、更迁的可行性分析研究及工作实施。

⑤负责向技术业务部门工程师报告工作。

（4）技术工人

星级酒店设备管理部门最基层的员工就是各种技术工人。根据工种的不同，各岗位的职责也有所不同。这里只列举几例。

①配电工

A. 值班电工要树立高度的责任心，熟练掌握星级酒店供电方式、状态、线路走向及所管辖设备的原理、技术性能和操作规程，并不断提高技术水平。

B. 严格保持各开关状态和模拟盘相一致，不经领导批准，值班人员不得随意更改设备的运行方式。

C. 密切监视设备运行情况，定时巡视电器设备，并准确抄录各项数据，填好各类报表，确保电力系统正常运行。

D. 值班人员对来人来电报修要及时登记并赶赴现场修理，工作结束后做好工时和材料的统计工作，并要求使用方签字。

E. 在气候突变的环境下，要加强对设备的特别巡逻，发生事故时要保持冷静，按照操作规程及时排除故障，并按规则要求做好记录。

F. 值班人员违反工作规则或因失职影响营业或损坏设备，要追究当事人的责任。

G. 任何闲杂人等不得进入配电室，参观配电室或在配电室执行检修安装工作，须得到工程部负责人的批准，并要进行登记。

②空调工

A. 上岗期间，全体空调工听从值班班长的调度和工作指令，在领班的指导下完成任务，对动力设备领班负责。

B. 了解设备的运行情况，根据外界天气变化及时进行调节，确保系统正常运行，并做好运行记录。

C. 坚持巡检制度，每班都要定时对外界及各空调区域的温度、相对湿度进行监测。

D. 巡查中发现异常现象及故障要及时排除，如一时处理不了，要在做好补救措施的同时上报主管。

E. 每班都要监视水温、水压、气压以及有无溢漏情况，如遇下雨或消防排水，要注意排水系统的运作，以免水浸设备。

F. 按中央空调及其设备运行周期定期做好计划大修、中修或小修；每年中央空调使用期过后都要进行必要的检修；接到报修任务后，要立即赴现场进行处理，必要时连夜抢修。

G. 值班人员必须掌握设备的技术状况，发现问题妥善处理，搞好中央空调系统和通风系统设备的日常保养和检修，并做好工作日记。

H. 中央空调运行人员要勤巡查、勤调节，保持中央空调温度的稳定，并做好节能工作。

③电梯工

A. 电梯工接班后，应按规定时间和路线对电梯进行检查，内容包括机房、各梯内呼、外呼、楼层指示灯、电梯乘搭舒适感、厅门、桥厢门、轿厢照明、轿厢装修、风扇以及巡视记录表中的所有项目。

B. 为了更有效地对电梯进行日常维护保养，实行电梯的维护保养包干责任制，即将人员分成若干组，每组负责若干部电梯的日常维护保养，内容包括电梯的整流器、控制屏、主机、轿厢及轿厢顶、导轨、厅门及门轨、井道及井道设施、井底等。

C. 除了日常对电梯进行巡检和实行包干责任制以外，还应进行季度和年度安全检查，按升降机试验记录逐项进行检查和试验，并做好试验的详细记录。

④水暖维修工

A. 刻苦钻研专业技术。熟悉、掌握各种管道的分布、走向及操作规程，判断故障准确，处理及时，保证水、气畅通。

B. 坚持巡检制度。有计划地对各种水暖系统运行情况进行认真检查，掌握该系统及其设备的运行状况，做好巡检记录。

C. 持证上岗。定期做好各种运行设备的维修保养工作，对巡检中发现的问题要立即处理，消除隐患。

D. 严格执行交接班制度。值班人员对该系统的设备运行情况未交代清楚不能交班。

E. 对于维修设备、工具及各种易损件要建账保管，做到账物相符。搞好操作间、维修现场的清洁卫生。

⑤维修电工

A. 做好机械的日常维修保养工作。

B. 制订机械维修保养计划，并按计划做好三级保养（月度、季度、年度保养）。

C. 对星级酒店大型关键机械设备，如柴油机、空气压缩机、水泵、大型洗衣机、大型通风设备、厨房设备等，每班必须重点巡检。检查内容有：水位、油位、压力是否正常；各种设备有否漏油、漏水、堵塞的地方；各机的浊度是否正常；机械运转是否正常，是否有异常响声或振动。

D. 保证机械设备的正常运行，提高机械设备的工作效率，降低损耗。

E. 做好技术改造和革新工作，延长机械设备的使用寿命，并注意节能工作。

F. 做好每天的工作日记和工作报表。

⑥制冷工

A. 认真执行星级酒店有关规章制度，按时完成部门经理及领班交办的各项任务。

B. 严格执行操作规程及保养规程，负责制冷设备的安全运行、日常维护、小故障排除和当班异常现象的处理。操作技术要求精益求精。

C. 严格按照规定的时间间隔巡视设备的运行状况，详细、准确地记录运行数据。

D. 定期检查、鉴定制冷设备系统的安全保护装置，如安全阀、压力表等。

E. 严格执行灌氨操作程序，确保安全。按技术要求存放和保管氨瓶，并备有专门库房。

F. 负责所管理设备及其周围场地的整洁。

三、设备管理规章制度

星级酒店设备管理部门所制定的各项规章制度，必须符合国家规定的各项有关法规，并有利于星级酒店设备的正常运行，星级酒店全体员工必须共同遵守，确保硬件对客人的优质服务。

1. 工程部员工管理制度

工程部全体员工不仅要遵守星级酒店的规定，同时也要遵守工程部特殊的规章制度。工程部员工要遵守以下本部规定：

①每位员工上下班时，都要从员工大门进出星级酒店；同时要遵守打卡制度。

②员工在岗工作时间，必须配带工作名签，注意保持良好的仪表仪容。

③员工在进入各自工作区工作时，严禁携带烟和火柴，更不准在工作区吸烟。

④员工在岗工作时，严禁看书或翻阅报纸及杂志，同时不准带任何个人读物进入星级酒店和工程部工作责任区。

⑤在岗员工要有明确的责任意识，出现问题造成重大影响或损失严重者，按员工手册中的有关规定处理。

⑥服从领导，听从指挥，严格执行各项操作规程和规章制度。每项工程，包括平时的维修保养均要按规定的程序进行，不准违章作业。

⑦携带物品离开星级酒店，要经工程部经理办公室检查，得到允许并有工程部经理的签字方能带出星级酒店。

⑧工程部所属员工均要服从紧急工程或紧急事故的临时调遣，这是由工程部的工作性质决定的。

⑨员工因病、因事或其他事宜不能前来上班，要事先告知工程部经理办公室。

⑩每天工作结束，员工要严格按交接班制度交班，填写工作日报表交给领班。

⑪搞好团结协作。

⑫搞好环境卫生。

2．工程部值班制度

①星级酒店工程部实行值班运行管理制度，设立"工程部值班班次运行时间表"，每月由工程师将下月的值班人员名单列出，于月底下发执行。

②各操作室或工作间的检修记录、值班记录每周一送部门经理审阅，周三退回，并存档备查。

③值班人员必须坚守岗位，不得擅自离岗、脱岗，应按规定定时巡查设备运行情况，如脱离岗位巡查、抄表时，要告知另一值班人员。

④值班人员接到维修报告要立即赶赴现场，不得延误。

⑤值班人员在当班或抢修结束后，必须在值班记录或抢修记录上签名，以明确责任。

⑥发现设备故障，值班人员无法处理时，要立即报告部门领导和主管经理，组织力量及时抢修。

⑦凡员工调换班次或请假，均须提前一天提出申请，经本部经理批准后方可生效，否则按无故旷工处理。

⑧值班人员不得利用值班电话擅自打外线，以确保值班电话使用畅通。

⑨早、午、晚及夜间，所有运行设备值班机房必须有人值班。

3．交接班制度

①交班人员须做好交班前的准备，接班人员须提前 15 分钟到岗接班。

②交班人员要将设备运转情况、未完成事宜以及需下班接着做的工作做好记录与交接。

③接班人员要查看交接记录，听取上一班人员关于设备运行情况的汇报。

④检查仪表、工具，并在交接班记录表上签名，查看设备运行情况。

⑤出现下列情况不得交班：

A．经理未到或未经主管同意指定合适的代班人员时。

B．设备故障影响运行或影响营业时。

C．接班人员有醉酒或其他神志不清现象而找不到其他接班人员时。

⑥交接班时检查出的问题由交班者负责。

⑦交接班时未检查出事故，但在接班后又发现了事故，由接班人员负责处理。

⑧出现事故正在处理时禁止交接班，待事故处理完毕后方可交接班。

4. 工作报告制度

（1）下列情况必须报告

①主要设备非正常操作的开停。

②主要设备除正常操作外的调整。

③设备发生故障或停机检修。

④零部件改造、代替或加工修理。

⑤操作人员短时间暂离岗位和维修人员的工作地点。

（2）下列情况必须报告主管

①重点设备除正常操作外的调整和采用新的运行方式。

②主要设备发生故障或停机检修和系统故障及检修。

③领用工具、备件、材料（低值易耗品除外）、加班、换班、补件、病假和外协联系。

（3）下列情况须报告主管经理和总经理

①重点设备发生故障或停机检修以及影响营业的设备故障或施工。

②系统运行方式有较大改变，重点设备主要零部件改变，系统及设备增改工程及外协施工。

③系统及主要设备技术改造或移位安装，领班以上人员岗位调整及重大组织结构调整，部门领导和主管换班。

5. 锅炉系统工作制度

①负责锅炉的日常管理。

②值班人员重点检查项目

A. 检查燃料是否足够。

B. 检查油库温度是否正常。

C. 检查锅炉的水位控制器是否正常，与水处理工一起进行排污工作。

D. 检查水泵运转情况是否正常。

E. 检查电机温度是否正常。

③制订三级保养（月度、季度、年度）计划，并按计划做好保养工作。

④搞好技术革新，做好节能工作。

⑤制定《锅炉设备安全操作规程》并按规程操作。

⑥制定紧急停炉安全措施。

⑦注意防火、防爆、防意外事故发生。

⑧写好值班日记及工作日报表。

⑨搞好锅炉房的清洁卫生工作，保持其整洁。

6. 设备维修手续制度

①设备需要维修的，设备使用部门要填写报修单。

②报修单一式三联，报修部门、工程部、维修班组各一份。

③维修班组接到报修单后，根据报修内容和其重要程度填写开工日期和估计工时，并分派维修工人检修。

④班组收到维修工人送回的报修单后，要核实耗用的材料和实用工时，将报修单汇总后交工程部。

⑤工程部接到各班组交回的第三联报修单后，应和第二联核销，存入员工完工档案，作为每月评奖的依据。

⑥维修工人完成维修工作，需经报修部门签字认可。

⑦核销报修单时如发现缺漏，应追查原因。

⑧一时完不成的项目，应通知使用部门预计完成的具体时间。

7. 工具及物品的领用及管理制度

①星级酒店工程部物品的领用要按计划、实用数和审批手续办理，维修人员需领料时要填写领用单，写明物品名称、数量、日期并签名，经本班组组长签字后交工程部经理审批。

②领用单经库房人员认可后，方可领取所需的维修材料或工具。

③库房工作人员应每周统计各班组的消耗并将资料存档。

④物料用品应勤领少储，防止积压和浪费。

⑤物品及工具的保养应由领用人负责；专用工具由专人使用，不用的工具由保管员负责保管，贵重工具、仪器、仪表由主管负责人保管。

⑥有关工种所需的个人做用的工具，必须填写工具登记卡，若工具损坏需调换，要以旧换新；若工具遗失，需填写工具遗失表，由遗失者照价赔偿。

⑦有关工种需配专用设备和专用工具，要建卡登记，分工保管，责任到人，并定时核对，做到账物相符。

⑧工具和设备要随用随借，并履行借用手续，按时归回。工程部物品不准借给其他部门，特殊情况需办理工具借用手续，经部门领导同意后方可借出，若有损坏或遗失，应视具体情况赔偿。

8. 清洁卫生制度

①认真执行清洁卫生制度，工作间及维修现场要随时清理，杂物必须送到指定地点的垃圾箱内，保持工作场所的整洁。

②机房、工作间、操作室、小仓库的材料、工具、用具、茶杯等要摆放整齐有序，不得乱堆乱放。

③衣帽、工作鞋等要放在个人的更衣箱内。

④卫生包干区域地面不得有积水、杂物，不准随地乱扔杂物、烟头，乱倒茶底等。

⑤各工种维修人员要随时清洁设备上的油污油垢，并注意不要将杂物、砂

石、水泥等倒进排水沟和下水道内，以防堵塞。

⑥工程部所有维修人员仪容、着装要整洁。工作中要注意卫生，交接班中要进行卫生互检互查。

⑦每周要进行大清扫一次，保持室内外环境整洁，卫生达标。

9. 设备事故处理制度

①设备一旦发生事故，影响客人的正常生活和活动时，必须马上启用备用应急设备，采取应急措施挽回损失和影响，并保护现场，及时上报。

②有关领导及有关人员要立即赴现场检查、分析、记录，及时做出处理。

③事故发生后，有关人员要将设备事故报告单送交有关领导，由工程部和有关部门领导解决。

④对于事故责任者，星级酒店要查明原因，根据规定，视情节轻重给予必要的经济处罚和行政处分；如果已触犯刑律，则按法律程序处理。

⑤事故的事后处理要做到四不放过

A. 事故原因不查清不放过。

B. 缺乏切实有效的防范措施不放过。

C. 缺乏常备不懈的应急措施不放过。

D. 事故责任人和员工未受到教育不放过。

第二节　星级酒店设备采购与安装

一、设备采购

1. 设备选型的要素

设备选型的重点是要考虑设备的经济性、适用性、可靠性、节能性与方便性等要素。

（1）经济性

经济性包含两个方面：一是购置设备最初投资少，二是设备维持费省。最初投资费用包括购置费、运输费、安装费和辅助设施费等。设备维持费用包括能耗和原材料消耗、维修和管理费用、劳动力费用等。

分析设备的经济性还应考虑设备的耐久性。耐久性与设备的物质磨损和精神磨损有关。物质磨损指设备运行过程中的机械磨损，精神磨损指设备的技术因科技进步而落后的过程。物质磨损和精神磨损决定了设备的寿命。设备寿命越长，则每年分摊的购置费就越少。

（2）实用性

设备的豪华、舒适、完善程度不仅应与星级酒店的等级相适应，还要与服务项目的等级相适应。在考虑设备的等级性时，还要考虑设备的实用性。凡是直接或间接为客人享用的设备，都要以满足客人的生活需要为主，同时根据星级酒店的等级和服务项目的等级提供相应的享受成分。

（3）可靠性

星级酒店设备的安全可靠性是比较和选择设备的一个必须放在突出地位的指标。这是因为：第一，设备可靠安全与否直接关系到宾客的人身安全；也关系到星级酒店工作人员的人身安全；第二，设备运行可靠与否、故障率高低将决定维修的次数和时间，关系到星级酒店服务的效率，从而影响宾客对服务的满意程度。因此，设备的可靠安全是星级酒店的声誉和效益的重要保障之一。

可靠性的定义是：系统、设备、零部件在规定时间、规定条件下完成规定功能的能力。一般可以可靠度来测量可靠性。可靠度是指系统、设备、零部件在规定的条件下，在规定时间（t）内能毫无故障地完成规定功能的概率。因此它是时间（t）的函数，用 R（t）表示。比较两种设备可靠性的方法是看它们的工作条件和工作时间是否相同。选择设备可靠性可以从设备设计选择的安全系数、贮备设计（即对完成规定功能而设计额外附加系统和手段，使其中一部分出现故障时，整台设备仍能正常工作）、耐环境（温度、湿度、灰尘、振动等）设计、元器件稳定性、故障保护措施、人机因素等方面进行分析。

（4）节能性与方便性

星级酒店的生产性设备每天要消耗大量能源，因此选购设备时必须考虑节能效果，这样才能保证节约成本，提高经济效益。

选择的设备还要易于使用，易于修理。供客人直接使用的设备，应不需要什么专业知识和复杂的记忆。

节能性与方便性常常是分不开的，便于使用和维修的设备的工作效率可以提高，因此能耗也就可以降低。

2. 订货

订货工作必须注意掌握供货单位的信誉和售后服务情况，因为星级酒店设备管理工作离不开社会的支持和合作。从某种意义上说，购买一套设备就是联络一家合作对象，因此必须了解对方，谨慎从事。

（1）订货合同的内容

在检查和审核订货合同条款和条件的时候，既要抓住主要内容，又要防止在细节上的疏漏。设备订货合同一般包括以下几个方面的内容：

①标的：设备的名称、规格、型号、厂家。

②数量和质量：计量单位和数目，设备主机、配件或材料清单，详细技术指标，内外包装标准。

③价款：价格（写明到岸价或离岸价）、结算方式、银行账号、结算时间的规定。

④履行合同的期限、地点和方式：到货期、运输方式、保险条件、交货单位、收货单位、到货地点（到站）、交货和提货日期、商检方法和地点。

⑤违约责任：违约的定义、处理方法、罚金计算方法、赔偿范围和赔款金额、支付办法。

⑥备件、资料：备件清单，技术资料名称及份数。

⑦人员培训：培训人数、培训费用、培训要求目标、培训地点和时间以及受训人员的食住等问题。

⑧安装调试：安装期限和双方责任。

⑨售后服务：售后服务内容、保修期、保修内容及方式、供方在保修期的抵押款。

⑩不可抗拒力和其他不确定因素的解决办法和防备措施。

⑪仲裁：合同的仲裁机构。

⑫双方法定地址、电话和电传号码。

（2）签订合同的注意事项

合同一经签订，即具有法律约束力。签订合同须注意以下事项：

①对技术性和经济性内容要以决策阶段的要求为依据填写清楚。对标准设备有特殊要求的，包括对技术资料文件等的特殊要求和配件备件的要求，经协商后要注明。

②订购标准通用设备时，价格不能超过国家规定的价格和价格浮动的幅度，否则应提出异议。

③合同的主要条款要与国家关于订货合同的规定基本条款一致，与国家有关法规相符合，如果违反国家法规，该合同将失效。

④委托厂家开发提供专用设备的时候，除合同之外，还要另附技术协议书，详细列出技术经济条件，所有条款必须明确，以免验收时双方发生争执。

⑤合同条款要避免互相抵触或出现空档（对某一问题没有明确规定），例如在到货站与星级酒店之间的路途上，货件由谁负责运输。这不但有运费问题，而且有运输保险和责任问题。

⑥合同签订后履行过程中的条款修改要经双方协商，以订立补充协议为依据。个别的小修改要以双方协商的来往函件（电）为依据。

3．到货验收

设备到货后，供需双方与有关部门要及时开箱验收。如发现问题，要向有关方面查询或向责任单位索赔。

①检查包装情况，慎重探明应采取的拆箱方法，严防开箱时损坏设备与附件。

②根据装箱清单清点到货是否齐全，外观质量是否完好无损，填写开箱记录单。

③随机的备品附件、工具、元件资料是否齐全，要造册登记、专人保管。

④核对设备的基础图、电气线路图、设备所占的空间。

二、设备安装调试与信息反馈

1．安装调试

星级酒店设备前期管理中的安装调试是影响设备今后运行效果的一个重要环节。安装调试内容如下：

（1）动力供应

包括水、电、气等线路和管道施工安装。

（2）基础施工

基础施工要根据建筑工程部门制定的《设备安装基础施工规范》进行。

（3）技术准备

必须理解消化技术资料，确定安装方案，准备起吊工具、专用测试工具等。

（4）安装测试

按说明书和机械工业部设备安装验收规范的规定实施。从基础找平开始，每一个安装工序结束转入下一个工序之前都要进行测试并记录。

（5）试车

试车过程是逐步进行的，其所遵循的先后原则是：先单机，后联机；先空载，后负荷；先附属系统，后主机。试车的具体步骤要根据设备种类而定。

（6）验收

①验收的工作内容包括隐蔽工程验收、单项工程验收、图纸资料整理移交、交工验收、安装工程竣工图移交。

②验收的依据。通用设备以国家有关质量标准安装规范为依据；专用设备则要根据合同有关条款设计任务书或技术委托书，并参照国家有关专业标准规定验收。验收时，应邀请有关部门派出人员参加。

（7）技术资料归档

必须归档的技术资料一般有：设备附件工具明细表、设备安装图、零件图、各种系统的安装施工图和控制原理图、隐蔽工程记录图、驱动装置的安装调整记录图、安装试车过程中的各种检测记录、故障处理记录等。

2. 信息反馈

信息反馈工作有利于及时发现设备初期使用的各种问题，及时联系厂家处理并改进设计。其主要内容有：

①对安装试运行过程中发现的问题及时联系处理，以保证现场调试进度。

②按规定做好调试和故障的详细记录，提出分析评价意见，填写设备使用鉴定书，供厂家借鉴。

③检查调试中发现的问题是否可能影响今后运行，如果存在影响今后运行的因素应及早采取对策。

④从设备初期使用效果中总结设备规划采购方面的经验和教训，以利于有关方面积累经验，把今后的工作做得更好。

第三节　星级酒店设备使用和维修

一、设备的使用和维护

1. 设备使用维护管理

（1）对运行操作人员的管理

星级酒店设备是现代科技在旅游服务业中的应用，使用和操作星级酒店设备必须掌握相应的技术才能胜任，因此必须提高运行操作人员的技术水平、工作自觉性和责任心。

①强化对运行操作人员的技术培训。操作人员应学习和掌握设备的原理、结构、性能、使用、维护、修理以及技术安全等方面的理论和实践知识，经理论考试和操作考核合格，由技术管理部门发给操作证方能上岗。

②强化运行操作人员的思想教育。运行操作人员的工作责任心和积极性是用好、管好设备的根本保证，要采取各种教育人和关心人的工作方法，促使职工树立敬业乐业的精神。

（2）对接待部门服务员的要求

①星级酒店前台等接待部门的服务员都必须参加常用设备的使用操作学习培训，以掌握设备结构性能、操作和维护的一般知识，同时要熟记在接待服务中向宾客介绍设备使用方法和注意事项的介绍词，掌握向宾客示范操作的动作和礼节规范。培训合格发给星级酒店承认的合格证并定期考核检查。

②工程部要协同前台等接待部门制定有关服务员对旅游宾客使用的设备的清洁、维护和报修岗位责任规范。

（3）设备使用管理的规章制度

设备使用管理的规章制度包括设备运行操作规程、设备维护规程、操作人员岗位责任制、交接班制度和运行巡检制度等。

（4）对设备环境的要求

星级酒店设备是现代化设备，对工作环境有一定的要求，做好这方面的规范化管理是文明管理和保证设备使用寿命的重要条件。具体要求为：

①机房设计要充分考虑具体设备的特殊要求。

②规划投资要考虑附属设备的配套投资，例如是否需要通风、防震、防静电等条件，是否需要防火、报警、防盗等保安消防设施等。

③制定并推行机房环境的清洁标准和维护规章，并列为岗位责任制的考核内容。

2. 设备日常维修制度

①星级酒店使用部门的设备发生故障，须填写维修通知单，经部门主管签字后交工程部。

②工程部主管或当值人员接到维修通知，应随即在日常维修工作记录簿上登记接单时间，根据事故的轻重缓急及时安排有关人员处理，并在记录本中登记派工时间。

③维修工作完毕，主修人应在维修通知单中填写有关内容，经使用部门主管人员验收签字后将通知单交回工程部。

④工程部在记录簿中登记维修完工时间，并及时将维修内容登记在维修卡片上，审核维修中记载的用料数量，计算出用料金额填入维修通知单内。

⑤将处理好的维修通知单依次贴在登记簿的扉页上。

⑥紧急的设备维修由使用部门主管电话通知工程部，由当值人员先派人员维修，然后使用部门补交维修通知单，当值人员补填各项记录，其他程序均同。

⑦工程部在接单后两日内不能修复的，由当值主管负责在登记簿上注明原因，若影响营业，应采取特别措施尽快修理。

3. 设备点检制度

（1）设备点检的含义和目的

设备点检是一种现代先进的设备维护管理方法，它是应用全面质量管理理论中关于质量管理点的基本思想，对影响设备正常运行的一些关键部位进行经常性检查和重点控制的方法。所谓重点控制，第一是要调查研究重要部位的运行规律和状态，掌握其是否出现异常状况；第二是实行管理的制度化和操作技术的规范化。这里所说的"点"就是预先规定的设备关键部位。"检"就是通过人的感官和运用检测手段进行调查，及时准确地获取设备关键部位技术状况的劣化信息，及早做预防维修。

（2）设备点检的分类方法

设备点检一般分日常点检、定期点检和专项点检。

①日常点检：日常点检每日进行，主要通过感官检查设备运行中其关键部位的声响、振动、温度、油压等，检查结果要记录在点检卡中。

②专项点检：专项点检是有针对性地对设备某特定项目的检测，使用专用仪器工具，在设备运行中进行。

③定期点检：定期点检的周期按设备具体情况划分，有一周、半月、一月、数月不等。定期点检对象是重点设备，点检内容也较复杂，其主要目的是检查设备劣化程度和性能状况，查明设备缺陷和隐患，为大修方案提供依据。定期点检凭感官并使用专用检测仪表工具进行。

（3）设备点检的操作步骤

设备点检是技术性很强的工作，它要根据不同专业设备、不同工作条件区别不同情况进行。

①确定设备检查点和点检路线。在设备的关键部位和薄弱环节上确定设备的检查点。检查点确定后要长期积累数据，因此，一经确定就不要轻易变动。检查点确定后要根据设备分布和类型等具体情况组成一条点检路线，明确点检前后顺序。

②确定点检项目和标准。点检项目既要考虑所反映该点技术状态的若干要素，又要考虑点检人员采用何种方法、使用何种工具才能检查并获得这些信息。点检项目标准要根据设备使用说明书等技术资料并结合以往的实际经验来制定，判定标准要尽可能地定量化，并注明数量界限。

③确定点检的方法。点检的方法一般有运行中检查和停机检查、停机解体检查和停机不解体检查、凭感官和经验检查和使用仪表检测仪器等。检查方法一经确定，点检人员不能自行改变。

④确定点检周期。要由技术人员、维修人员、运行人员、接待部门等有关人员共同研究确定检查点的点检周期，因为点检周期长短必须根据设备的不同特点

和运行时间、设备维修和操作人员的工作经验等因素加以综合考虑。初期可以拟定试行方案，在试行中不断总结修订，最后得出既切合实际又保证质量的点检周期。

⑤建立点检卡。点检卡内容包括检查点和点检路线、检查项目、检查周期、检查方法、检查标准，还有规定的记录符号等内容。它是设备信息管理的重要原始资料，必须妥善保管。

⑥落实点检责任到人。点检工作的成败关键在于点检人员的责任心和技术水平，因此要选好点检人员，对点检人员要有明确的岗位责任制和考核。专职点检员的工作职责是：

A. 负责管辖区内的设备点检工作。

B. 制定设备点检卡，建立本辖区设备台账和点检资料档案。

C. 根据点检信息确定设备故障隐患和原因，提出修理意见，对自己可以解决的问题则动手做故障处理。

D. 编制辖区内设备故障隐患检修计划，提出备件需求报告。

E. 参与大修计划的制订和实施，并检查大修质量记入点检卡。

（4）点检培训

点检培训既是提高点检人员基本素质的重要工作，又是星级酒店普及设备管理点检知识的有力措施。点检培训工作的重点是明确点检作为现代先进的设备管理方法的目的、内容、方法、要求和各岗位应负的责任。对点检专业人员的培训重点在于培养他们的工作责任心和技术能力，明确其职责范围和工作内容；熟悉各种检测仪表的使用和操作技能；从理论和实践上掌握各种设备的结构和原理，关键部件工作原理以及故障的类型和原因；学习点检资料的填写、收集、分析、整理形成书面报告的文字能力和建立技术资料档案的基本功。

（5）点检工作的检查和考核

点检工作要抓住实效，使之真正对设备故障预防和修理工作起到重大作用，就要加强领导，严格检查、考核和奖罚，彻底杜绝谎检、漏检、误检和空检的现象。

二、设备维修

1. 设备维修的方式

星级酒店设备维修应根据设备运行规律，区别各类设备在星级酒店营业中所处的不同地位和运行间隔。维修方式有以下几种：

（1）状态监测维修

这种方法适用于利用率高的重要设备，是一种以设备技术状况监测和诊断信息为基础的预防性维修方式。通过状态监测可获得设备故障发生前的征兆信息，经综合分析做出维修计划后即可适时采取技术措施对设备进行维修。这一方式的特点是能及时掌握时机，使修理工作安排在故障可能发生又未发生的时期，这是最为合理的。

（2）定期维修

定期维修一般用于运行与时间（季节）相关的主要设备上。它是一种以时间周期为基础的预防性维修方式。设备经过一段相对固定时间的运行后，为了保持设备的技术性能，使之恢复实现基本功能的能力而采取的技术措施，就是定期维修。定期维修的特点是所需资源（包括人力资源、物质资源和时间资源）可以计划，间隔时间和进程可以安排。

（3）事后维修

事后维修方式适用于简单低值和利用率低的设备。事后维修是在设备出现故障或者设备基本性能下降到允许范围之下时的非计划性维修。事后维修可以同更换维修结合起来采用。

（4）更换维修

更换维修方式适用于电气设备和提供给宾客使用的设备。更换维修就是以整套预备性标准部件为基础，在掌握了设备故障发生周期的条件下，适时用具有同一种功能的标准部件备份更换下工作设备上相同的标准部件，然后对更换下的旧部件进行检查修理。对于小设备，有时是以整机备份进行更换维修的。这种维修方式的特点是能做到现场操作，时间短，并且避免了部件故障在设备运行时发生。

2．设备修理的类别

星级酒店设备的修理类别可分为大修、中修、小修、项修和计划外修理等类别。

（1）大修

大修是一种以全面恢复设备工作功能而由专业维修队伍承担的大工作量计划维修。这种修理要对设备全部或部分拆卸、分解，修复其标准件，更换和修复磨损的零件，使设备整体达到原来的水平。

（2）中修

中修需要对设备进行部分解体。

（3）小修

小修主要涉及零部件或元器件的更换和修复。

（4）项修

项修即项目修理，就是根据检查获知设备某一功能（项目）故障的原因或位置，采取修理措施，使该项目达到设备整体功能要求的标准。

（5）计划外修理

任何维修系统都难以完全避免突发性故障的发生，因此，要考虑到不可预见的事故和故障的出现并以计划外修理来解决，维修计划要留有机动的余地。

3．设备维修保养策略

（1）制订并落实维修保养计划

制订星级酒店设备的维修保养计划，首先应根据设备说明书和使用手册提出每台设备的保养要求，然后根据设备保养需要做出年保养计划。利用日、周、月保养记录，落实保养要求和保养计划。

进行设备维修保养时，要根据设备技术档案资料确定计划期内需要修理的设备的名称，修理内容、时间、工时、所需材料、设备配件及费用等，编制设备修理程序。每次设备修理均应做好记录，为日后设备的使用和维修积累资料。

（2）维护保养

所谓设备的维护保养，是指设备使用人员和专业技术人员在规定的时间和保养范围内分别对设备进行预防性技术养护，以保持设备完好，减少修理次数和费用开支。星级酒店一般应建立四级保养制度：

第一级：日常保养。以操作人员为主，每天在工作中进行，也称例行保养。

第二级：一级保养。以操作人员为主，维修人员为辅。

第三级：二级保养。以维修人员为主，操作人员参加。

第四级：三级保养。以工程技术人员为主，对设备的主体部分进行解体检查和调整，更换达到规定磨损限度的零件。

第四节　星级酒店工程部岗位职责

一、工程部经理职责（有关设备管理方面）

①贯彻执行酒店总经理的指示，负责工程部的全面工作，直接对总经理负责。

②有高度的责任感和事业心，认真钻研技术，讲求质量，做到精益求精。

③负责酒店工程维修和技术的组织、指导及管理工作。负责酒店设备设施的安装验收、安全运行、维修保养和房屋修缮等管理工作。

④制订设施更新、改造工程计划，抓好技术革新、技术改造工作，并组织实施。同时，积极落实对外承包工程项目，努力完成工作指标。

⑤审查编制设备维修计划及设备的月、季、年度保养的周期计划，并做好督促、检查、落实工作。

⑥负责对工程部所有人员的调配和管辖。配合人事培训部门做好设备使用操作方面的技术培训工作，发挥和调动部门员工的积极性，并按有关制度做好考核、考勤及奖惩工作。

⑦制定各种设备的操作规程，坚持员工未经培训合格不能上岗的原则，以确保设备的安全运行，促进设备管理、设施保养的标准化、程序化和规范化。

⑧深入现场，及时掌握人员和设备的状况，坚持每天现场巡查重点设备运行状况及公共场所的动力设施，发现问题及时解决处理。

⑨与各部门之间密切配合、相互沟通，并深入了解下属管理人员和员工的思想状况，及时纠正不良倾向。经常对下属进行职业道德、酒店竞争意识方面的教育，培养员工的工作责任感。

⑩每天记录设备的运作情况及工程维修、保养状况，提交总经理。

⑪督导执行酒店节水、节电措施，发挥设备最大效率，降低成本，完成费用指标。

⑫负责防火、防风、防雨工作，保证酒店的安全及工作的正常运行。

二、工程部副经理职责

①工程部经理不在时，履行部门经理的一切职责，当好部门经理的助手。

②制定下属主管、领班工作班次表，制订工作计划及工作进程表。

③负责制定每天工作分配及任务下达项目单，督促所属员工完成当日的各项工作。

④每天巡视检查下属人员完成日间工作情况，包括工作量及其定额的情况。

⑤确保每件设施设备能够正常发挥其功能作用，维修后能使设备达到规定的标准。

⑥协助督导外聘人员的工程进度及应该达到的工作质量标准。

⑦确保酒店工程管道各种滤网能够按时更换。

⑧审批、检查各部件所需原材料的标准规格，以保证各项工程的及时完成。

⑨检查、建议有关工程部位或客房的设备维修及更换。

⑩按时完成总工程师和工程部经理交办的其他工作。

三、班组长（领班）职责

①对技术业务部门工程师（经理）负责，负责一个专业技术班的全面工作。负责对本班员工的考勤、考绩工作。根据本班员工技术的好坏，奖勤罚懒。

②负责各业务部门之间、各班之间的业务联系。

③负责制订本班所负责的设备的维修保养计划，并按计划落实工作。

④负责本班责任范围内的设备的增加、更改、更迁的可行性分析研究及工作实施。

⑤负责向技术业务部门工程师报告工作。

四、技术工人岗位职责

酒店设备管理部门最基层的员工就是各种技术工人，根据工种的不同，各岗位的职责也有所不同。这里我们只列举几例。

1. 配电工

①值班电工要树立高度的责任心，熟练掌握酒店供电方式、状态、线路走向及所管辖设备的原理、技术性能和操作规程，并不断提高技术水平。

②严格保持各开关状态和模拟盘相一致，不经领导批准，值班人员不得随意更改设备的运行方式。

③密切监视设备运行情况，定时巡视电器设备，并准确抄录各项数据，填好各类报表，确保电力系统正常运行。

④值班人员对来人来电报修，要及时登记并赶赴现场修理，工作结束后，做好工时和材料的统计工作，并要求使用方签字。

⑤在气候突变的环境下，要加强对设备的特别巡逻，发生事故时，要保持冷静，按照操作规程及时排除故障，并按规则要求做好记录。

⑥值班人员违反工作规则或因失职影响营业或损坏设备，要追究当事人责任。

⑦任何闲杂人等不得进入配电室，更不得在配电室逗留；参观配电室或在配

电室执行检修安装工作，须得到工程部负责人的批准，并要进行登记。

2. 空调工

①上岗期间，全体空调工听从值班班长的调度和工作指令，在领班的指导下，完成任务，对动力设备领班负责。

②了解设备的运行情况，根据外界天气变化及时进行调节，确保系统正常运行，并做好运行记录。

③坚持巡检制度，每班都要定时对外界及各空调区域的温度、相对湿度进行监测。

④巡查中发现异常现象及故障要及时排除，如一时处理不了的，要在做好补救措施的同时上报主管。

⑤每班都要监视水温、水压、气压以及有无溢漏情况，如遇下雨或消防排水，要注意排水系统，以免水浸设备。

⑥按中央空调及其设备运行周期，定期做好计划大修、中修或小修；每年中央空调使用期过后，要进行必要的检修；接到报修任务后，要立即赴现场进行处理，必要时连夜抢修。

⑦值班人员必须掌握设备的技术状况，发现问题妥善处理，搞好中央空调系统和通风系统设备的日常保养和检修，并做好工作日记。

⑧中央空调运行人员要勤巡查、勤调节，保持中央空调温度的稳定，并做好节能工作。

3. 电梯工

①电梯工在接班后按规定时间和路线对电梯进行一次检查，内容包括机房、各梯内呼、外呼、楼层指示灯、电梯乘搭舒适感、厅门、轿厢门、轿厢照明、轿厢装修、风扇以及巡视记录表中的所有项目。

②为了更有效地对电梯进行日常的维护保养，实行电梯的维护保养包干责任制，即将人员分成若干组，每组负责若干部电梯的日常维护保养，内容包括该电梯所属设施：整流器、控制屏、主机、桥厢及桥厢顶、导轨、厅门及门轨、井道及井道设施、井底等。

③除了日常对电梯进行巡检和实行包干责任制以外，还应进行季度和年度安全检查，按升降机试验记录逐项进行检查和试验，并做好试验的详细记录。

4. 水暖维修工

①刻苦钻研专业技术。熟悉、掌握各种管道的分布走向及操作规程，判断故障准确，处理及时，保证水、气畅通。

②坚持巡检制度。有计划地对各种水暖系统运行情况进行认真检查，掌握该系统及其设备的运行状况，做好巡检记录。

③持证上岗。定期做好各种运行设备的维修保养工作。对巡检中发现的问题

要立即抢修，清除隐患，确保维修质量。

④严格执行交接班制度。值班人员对该系统的设备运行情况未交代清楚不能交班。

⑤对于维修设备、工具及各种易损件要建账保管，做到账物相符。搞好操作间、维修现场的清洁卫生。

5. 维修电工

①做好日常机械维修保养工作。

②制订机械维修保养计划，并按计划做好（月度、季度、年度）三级保养。

③对酒店大型关键机械设备每班必须重点巡检。如柴油机、空气压缩机、水泵、大型洗衣机、大型通风设备、厨房设备等。

检查内容有：

——水位、油位、压力是否正常。

——检查各种设备有否漏油、漏水、堵塞的地方。

——检查各机的浊度是否正常。

——机械运转是否正常，是否有异常响声或振动。

④保证机械设备的正常运行，提高机械设备的工作效率，降低损耗。

⑤抓好技术改造和革新工作，注意延长机械设备的使用寿命，注意节能工作。

⑥做好每天的工作日记和工作报表。

6. 制冷工

①认真执行酒店有关规章制度，按时完成部门经理及领班交办的各项任务。

②严格按照操作规程及保养规程，负责制冷设备的安全运行、日常维护、小故障排除和当班异常现象的处理。操作技术要求精益求精。

③严格按照规定的时间间隔巡视设备的运行状况，详细、准确地记录运行数据。

④定期检查、鉴定制冷设备系统的安全保护装置，如安全阀、压力表等。

⑤严格执行灌氨操作程序及方法，确保安全。按技术要求存放和保管氨瓶，并备有专门库房。

⑥负责所管理设备及其周围场地的整洁。

第十三章　星级酒店保安部规范管理

第一节　酒店安全工作概述

一、酒店内部治安管理标准

①不准在院内马路上打球和进行娱乐活动；不准小孩进入大堂、楼层及在马路上玩耍，践踏草坪，发现类似情况应立即制止，防止意外事故的发生。

②车辆进入酒店限速 5 千米/小时，大卡车、货车不准进入酒店，单车、摩托车一律放在指定的地点。

③禁止搬走公家财产，禁止随便动用一切机械设备，若发现酒店各设施、设备有人搬走，要立即上前问清情况后，按规定处理。

④禁止在酒店内乱放易燃、易爆、剧毒等危险物品，严格禁止在大院内乱丢纸屑、果皮、杂物、烟蒂，特别是在大堂、楼层、公共场所乱丢乱吐，发现此情况应立即制止，净化酒店环境。

二、重点部位安全防范

酒店重点防范餐厅、歌舞厅、酒吧咖啡厅、大堂、楼层、机房、配电房、油库、仓库、商场、银行、财务室、车场等部位。

①对衣冠不整者、形迹可疑者、精神病患者谢绝进入酒店。

②对带有危险品、易燃、易爆品进入酒店的客人要劝其将危险物品交保安部代保管。

③必须对进出酒店车场的所有机动车辆做好检查、验证、登记等工作。

④对要害部位的保卫工作，总的要求是不被犯罪分子混入，不被盗窃，不被破坏，不发生重大治安事故和重大泄密事件，确保要害部位的安全。

第二节　保安部职责规范与消防管理规定

一、保安部主管的职责

①负责保安部的日常治安管理，指挥、协调下属的工作，直接对保安部经理负责。

②了解上一班的工作记录内容和提示，并将本班的工作情况记录在册，报送经理审核。

③检查下属人员的装备和个人仪容仪表，布置工作，交代注意事项。

④对所有涉及安全的一般事件，开展调查研究和核实工作。如在本班次时间内无法完成的可移交下一班继续完成。对在本部管辖范围内出现的违法案件，接报后第一时间赶往现场处理，并及时向上级报告。

⑤检查酒店内部安全保障措施的落实情况。

⑥负责对保安员进行日常的业务培训和考核。

二、当值保安主管工作职责

①检查保安员工履行岗位职责情况。

②检查公司大门前及大堂安全情况。

③检查公司公共场所的安全情况。

④检查公司宿舍楼层、环境的安全情况。

⑤检查要害、危险部位的安全情况，尤其要注意深夜后的安全检查。

⑥配合其他部门处理各类安全方面的事件。

⑦每班记清记录，向副经理上呈事件处理报告。

⑧经理、副经理不在时，指挥处理突发事件及暴力事件。

三、保安领班工作职责

①热爱本职工作、秉公执法、办事果断、思维敏捷，能承受压力，以身作则，模范遵守公司的各项规章制度，团结同事，勇于献身。

②在保安部主管的领导下，直接负责本班次、本岗位的安全保卫工作，负责妥善安排在岗值勤人员的岗位，分派工作任务，组织替换岗，保证重点部位警卫人员不离岗。

③负责处理涉及员工生命财产和公司安全方面的调查，具体调查事件事实经过，并呈报主管或经理。

④接到各部门案件报告时，要迅速与当值保安人员奔赴现场，及时采取恰当果断的处理措施，重大问题要及时上报主管部门经理。

⑤负责对重要案件及事故进行调查，核实情节，发现线索，组织追查，及时整理结果并提出处理意见，上报主管部门经理。

⑥负责与客房部门联系，对违反客房须知的宾客进行有效的劝说制止，重大问题报上级领导。

⑦直接负责本班查哨、检查保安员坚守岗位情况，督促检查属下保安员执勤、着装、用餐、替代班等情况，落实部门的通知，及时了解保安员的思想情况及值勤中发生、发现的问题，做好处理登记，并及时上报。

⑧经常检查各项防火安全措施，负责消防器材和防范措施的检查落实工作。重点巡查防范有关的薄弱环节，确保公司的安全。

⑨负责检查、督促本班各岗位保安设备、器材的使用、保管工作，确保完好无损。

四、内保主管工作职责

①熟知公司各项安全管理规定和制度。协助保安部经理督促、检查店内安全制度的落实，预防各类事故的发生。

②经常巡视公司内各重点和要害部位，掌握公司各部位安全动态，并将情况及时向经理汇报。

③协助保安部经理处理公司内发生的各类安全事故。

④在经理领导下，开展对全公司员工的安全及法制宣传教育，定期进行安全演习，对公司在岗的一线员工进行"五防"（防火、防盗、防特、防恶性案件、防自然灾害事故）知识培训。

⑤与各部门的治保委员保持密切联系，指导他们开展群众性安全防范工作。

⑥参加保安部的夜间值班，按照值班人员规则处理好日常内保事务。

五、内保领班工作职责

①开展调查研究，经常深入各部室了解安全制度的落实情况和职工的思想情况，对重点人的思想动态、现实表现及时掌握、及时汇报。

②根据内保主管的安排，调查处理发生在公司内的一般性治安事件。协助治安管理有关部门查处刑事案件和与公司有关的各种重大案件。

③具体指导治保会工作。

④掌握重点线索和重点人情况，做到"四知"，即知本人情况、知家庭情况、知社会交往关系、知现实表现。发现问题，及时报告，并采取安全防范措施。

⑤搜集掌握与本公司保安工作有关的信息，提高预测能力。

⑥完成领导交办的其他任务。

六、巡逻队主管工作职责

①制订公司全面巡视工作方案，报经理审批后组织实施并定期向部门经理汇报工作。

②安排、监督、检查巡逻队领班的工作，处理巡逻工作中出现的问题，并向上级提交情况报告。

③制订重大活动时的巡逻方案，布置力量并亲临现场指导工作。

④每天对公司各区域进行巡视检查，做好巡视记录。每天按规定时间将昨天的巡视记录交部门经理审阅，特殊情况要一事一报。

⑤对巡逻队成员进行培训，提高队员业务素质。

⑥对队员的表现做出公正评估，并及时向部门经理提出奖惩意见。

⑦当公司发生紧急情况时（如火灾、地震、停电、爆炸等）应立即前往出

事现场，并协助部门经理根据公司领导的指示采取必要的行动。

⑧协调好与保安部其他班组、队主管之间的关系，主动配合，协同行动，并协助治安管理部门侦破店内发生的各类案件，提交调查报告。

⑨完成部门经理委派的其他任务。

七、巡逻队领班工作职责

①协助巡逻队主管组织管理本班人员，按巡逻人员职责及工作规范要求本班成员，做好本职工作。

②对本班巡逻人员的工作及巡视路线要经常巡视检查。下班前做好交班记录，如有特殊情况立即向主管报告。

③每天查阅巡逻人员的巡视日记，签字后于每天早上上班前将昨天的巡逻情况报到部门经理处。

④公司发生紧急情况时，要即刻赶到所管区域的重要客人所在地，正在办公室巡逻的人员要赶到总经理办公室及财务办公室，组织人力进行人员撤离和财务现金的保护。

⑤对本班巡逻人员的工作进行检查考核，并将考核情况定期向主管汇报。

⑥组织本班人员学习业务知识，开展岗位练兵，并积极参加公司组织的各种活动。

⑦对本班缺勤人员进行调查，并将结果向主管汇报。

⑧每天组织班前、班后会，布置任务、检查评比仪容仪表。

八、治安警卫班班长职责

①负责一个警卫班的全面工作，直接对治安保卫部经理负责。

②负责对本班保安员的考勤、考绩工作。

③根据保安员履行警卫职责的好坏，进行表扬和批评。

④根据酒店的实际情况和上级指示定位设岗，指定保安员的警卫范围，并负责检查落实。

⑤根据工作需要和经理的指示有权随时调动保安员加强某区段的警卫工作。

⑥负责向治安保卫部经理报告工作。

⑦完成上级和部门经理交办的其他业务。

九、消防主管的职责

①结合本酒店实际，认真贯彻执行"预防为主、防消结合"的方针，搞好防火工作。

②定期检查、落实本部门防范措施。

③全面负责消防中心的管理工作，发现问题及时处理。遇到处理不了的情况，及时向有关领导汇报。

④做好下属人员的考勤、考绩记录。

⑤定期向酒店各部门各级员工进行消防教育。

⑥发生警、火灾及时组织火火抢险和人员疏散。

⑦努力完成上级主管部门交办的其他事项。

十、消防中心领班的职责与业务要求

1. 职责

①协助主任（经理）落实消防工作，直接对消防中心主任（经理）负责。

②负责对部属员工的考勤、考绩工作。

③有权根据员工表现的好坏进行表扬或批评。

④负责对部属员工和义务消防员进行业务技术培训。

⑤负责向消防中心主任（经理）报告工作。

2. 业务要求

①具有一定的消防业务知识，掌握有关消防的法规和制度，自觉做好消防安全管理工作。

②熟悉酒店建筑布局和环境，熟悉和掌握酒店消防设施和设备的使用情况和设置的位置，熟悉防火通道的情况。

③具有高度的责任感和细致的工作作风。

④在火警紧急情况下要沉着冷静、指挥果断，迅速控制火势并做好安全疏散工作。

⑤能协助消防中心主任制订灭火行动计划，协助主任组织专业和义务消防队

员的演习及考试。

⑥负责防火计划的实施。

十一、消防监控室主管工作职责

①协助分管监控的经理，做好日常事务工作，完成各项工作任务。

②管理监控室人员组织记录、录像，培训监控员使用消防报警、防盗报警、监控器等消防器材。

③保护储备的灭火器材。

④将事件录像保存完好，随时为有关方面提供资料。

⑤每一次消防警报监督检查到底，并详细记录。

⑥保证监控室设备完好，督促正常维修工作。

⑦负责本部门人员的考勤、考核工作，并负责消防防范检查及布置工作。

⑧负责督导各级领班及监控人员履行职责，保证各项措施落实到位。

十二、消防监控室领班工作职责

①熟悉国家消防机关及上级有关部门和公司关于消防工作的法规制度及要求，认真完成上级交办的各项消防任务。

②负责消防控制中心的日常管理工作，合理安排消防值班员的班次。

③熟悉公司各种消防设施、器材的设置、性能，掌握消防控制中心的设备情况并能够正确使用。

④制订消防中心的工作计划，对消防中心人员进行必要的培训和考核。

⑤制订和组织实施对消防设备的月检、季检、年检计划。在经理领导下组织贯彻实施。

⑥认真做好消防设备的巡检工作，发现问题及时处理。

⑦了解掌握设备运转情况，对经常发生误报的部位进行分析，并将分析报告上交部门汇总。

⑧协助消防主管做好公司的防火工作。

十三、酒店消防管理制度

①总台报警显示箱，由总台当班服务员 24 小时值班，如听到铃响报警，应立即通知保卫部、工程部值班员，迅速到报警楼层检查。

②如发生火灾，值班员应立即先将楼层总电门关闭，切断电源，防止爆燃。情况严重紧急，应边抢救灭火、边报办公室和打消防火警电话。报警时要准确清楚地说明酒店地点、报警人姓名及联系电话，待消防队把情况听清楚后才可放下电话筒，同时报警人要到路口、通道接应消防车赴现场救火。

③各部门员工知道酒店失火后，应及时赶到失火现场参加扑救，准备灭火的消防栓并立即使用消防栓灭火。有领导在场由领导指挥，如领导不在时，则由在场员工商量决定，采取果断的措施，立即进行灭火和营救工作。

④如发生着火、大火，知情不报或不坚守岗位，离开现场，临阵逃脱者，按其情况严重程度给予行政处分，并追究其责任。

⑤学习消防知识，会用灭火器具和设备。每月检查一次消防设备、地下消防栓和消防水泵，保证设备完整、灵活好用。

十四、酒店防火管理制度

①酒店内部不准存有易燃易爆、有毒和腐蚀性物品，禁止在大楼内及房间阳台燃放烟花、爆竹等。

②客房内不准使用明火如电炉、煤气炉、柴油炉以及大功率的电器设备。确因工作需要应经消防中心同意后方可使用，并做好登记。不准将衣物放在台灯架罩上烘干，不准在房间内生火烧东西。

③配电房内不准堆放物品。不准在布草间、楼层小仓库内吸烟，消防分机旁边不准摆放任何杂物。严禁将洗涤剂放在垃圾、衣物滑道口周围。

④装有复印机、电传机、印刷机的部位禁止吸烟和使用明火。用酒精清洗机器部件时，要保持室内通风，大量清洗机器时，要到室外通风的地方进行。如无法移动机器时，必须打开门窗，保持室内空气流通。沾有油墨和易燃物品的纸张、油布要装在有盖的铁桶里并及时清理。

⑤各通道楼梯出口等部位要经常保持畅通，疏散标志和安全指示灯要保证

完好。

第三节　保安部人员服务标准

一、公共场所保安服务标准

①保持公共场所建筑物和各项设施的坚固安全和出入口、通道的畅通。

②保证公共场所消防设备齐全有效、放置得当。

③夜间营业场所应有足够的照明设备和停电应急设备。

④核定公共场所客容量，不准超员售票。

⑤督促公共场所治安员维持治安秩序，定期研究情况，做好预防工作。

⑥尽可能将公共场所与客房区、工作区划分开来，防止公共场所客人进入客房区和工作区，确保公共场所秩序井然。

二、客房区域保安服务标准

内务巡检员的客房区域除了直接发现各种问题及事故隐患外，还要加强与客房部的协作，收集有关情况，督促各项制度和措施的落实。

①协助客房部门从防火、防盗、防破坏、防事故出发开展工作，确保客房安全。

②加强对新员工进行有关遵纪守法和职业道德的教育。

③配合楼层巡检，设置安全监视设备，确保楼层安全。

三、重要宾客的保卫服务标准

这类保安工作通常由公安警卫部门负责，但酒店保安部门必须积极配合，做到万无一失。

1. 配合有关部门，认真审查酒店的接待人员、服务人员，严防在政治、经济、生活、生理等方面有严重问题或缺陷的人参与。对符合条件的人员，应开列名单和工作情况表，报送警卫部门备查，并对这些人员进行安全、保卫、外事、纪律知识教育。

2. 搞好重要宾客住房和活动线路的安全检查。

①打扫整理完的客房，保安部应派人员进行安全检查，确认合格后，才移交警卫部门负责。

②巡查重要宾客将行经的路线，把有危险嫌疑的人与物临时调开。

③检查清理停车场、电梯、进出口，使之安全畅通；或临时改为专用，并派人员看管。

3. 检查住房和活动路线上各类设备的安全，必要时增配备用设备。

4. 对重要宾客在住店期间所发生的任何安全问题，应组织力量认真清查、及时处理。

四、重大活动保安服务标准

酒店重大活动，通常是指庆典活动、重要宴请、签字仪式、展销会等。这些活动人员车辆集中，人员层次、结构复杂，持续时间长，容易发生安全问题。酒店保安部主管要做好如下工作：

①提出保卫工作方案。

②协同有关部门进行保安检查。

③协同工程部对临时设备进行消防安全检查。

④在关键部位设岗。

⑤设立临时指挥点，协调全面保卫工作。

⑥适当配置救护力量和交通工具，以应急需。

⑦就有些活动进行入场证件的检查。

五、昼夜巡检服务标准

在酒店范围内以巡逻形式进行安全检查，是日常保卫工作的内容之一。昼夜流动巡检，可以弥补固定岗位的不足，在更大范围内防止可能发生的不安全问题。

保安部班长应根据酒店具体情况，在不同的时间，针对不同的场所和部位，有侧重地进行巡检。如：在宾客离店集中、行李运送频繁的早晨；在公共娱乐场所集中开放、参加人员多的时候；在夜深人静时还要对机房、厨房、仓库、保险柜、商场等重地进行重点巡检。

第十四章　星级酒店环境规范管理

第一节　水资源规范管理

一、节水管理

星级酒店节约用水应从三个方面考虑：一是提高员工的节水意识，在使用过程中节约用水；二是分析设备设施耗水情况，积极改造用水设备，减少用水量；三是改变水的使用方法，例如不要长开水龙头洗手、洗涤衣服或洗菜；用过的水可以再洗地或浇花而不必使用清水；使用洗衣机或洗碗机时应集齐衣物或碗碟一起洗涤，以节约用水。

1. 用水管理

用水管理的首要目标是节约用水。由于水资源相对比较廉价，人们的节水意识淡薄，水在使用过程中被大量浪费。所以，用水管理的首要任务是要加强员工的节水意识，通过培训、教育、制度约束等措施来达到节约用水的目的。

（1）加强节约用水宣传

星级酒店应充分利用店报、职工园地广泛宣传水资源的现状，节约用水的意义，介绍各种节约用水的方法。

（2）进行节约用水培训

节约用水有时并不是一件简单的事，例如厨房对结冻的食品往往采用水冲的方法解冻，其实这种方法很浪费水，而解冻的速度并不快；又如怎样减少抽水马桶的抽水量。对于工程部各用水系统的操作工来说，更需要定期进行节约用水和水处理等方面的培训。事实上，培训是一件难度较大的工作。调查发现，星级酒店一般都进行培训，有的星级酒店的培训量还比较大，但收效甚微。分析原因是由于星级酒店并没有很好地了解员工的培训需求，培训的形式、时间安排不够合理，对培训效果也缺乏有效的考核，从而导致培训质量不能尽如人意。

（3）建立节约用水制度

节约用水必须要有制度加以保证，星级酒店应在建立用水计量体系的基础上，对各系统、各部门下达用水指标，提出具体的节水要求，完善设备操作规程，保证各项节水措施的落实。

（4）实施节水奖惩办法

实施节水奖惩办法是促进节水工作持续深入进行的手段之一，星级酒店通过制定指标，每月核算节水实效并据此进行奖惩。一些星级酒店实施节能奖惩办法后收到了较好的效果，促进了节能工作。

（5）实施水的再利用工程

水的再利用是节水的一个重要方面，是开发新的水资源的重要途径之一。无论是生产用水还是生活用水，对水的再利用都有极大的潜力。重复利用率及水循环使用次数的增加实现了水的有效利用。

（6）推广节水设备

推广节水设备的使用能有效地节约用水。星级酒店抽水马桶的水箱容量往往过大，在无法对设备进行改造以前，可以通过调节浮球阀阀杆的角度，以减少每次冲洗的水量等方法解决。更简单有效的方法是在水箱内沉入装满水的饮料瓶。

2. 实现节水的途径

改造用水设备，减少用水量。

星级酒店内有许多设备由于种种原因，使用时耗水量过大，因而造成浪费。为了减少用水量，就要对一些耗水量大、不节水的设备、设施进行改造。星级酒店可采取的措施有以下几种：

（1）控制流量

用水量的多少、水槽注水的时间和流量的大小都与出水嘴的控制有关。例如：

①洗手龙头的口径不宜过大，若口径较大，应换小。

②员工浴室的淋浴头必须装节水型莲蓬头，并且要安装机械式或感应式的出水控制装置，这样可以适时地开关水。

③在一些经济型客房，可以采用淋浴房的形式代替浴缸，用喷头淋浴比用浴缸洗澡节水量达八成之多。

④公共厕所的自动水箱往往不符合节水要求，尤其在夜间，大量的水白白浪费，因此可以改成手动装置。

⑤在冲洗车辆的皮管出水口加装水嘴，以便随时开关。

⑥加大注水容器的水压，可以提高员工的工作效率，但是水压过大则极容易造成系统中水的泄漏。

　　⑦在客用设备和其他一些设备上，水压不宜过大。如果水压过大，则设备难以控制水的流动，并且会溅出许多水，造成水的浪费；特别是在使用热水的时候，还会对客人和员工的安全产生威胁。

　　（2）循环使用

　　①做冷却用的水应通过换热器，冷却后再度使用。

　　②做清洗用的水用后应贮存起来再用。

　　③用蒸气制备生活热水和空调热水时会产生大量的冷凝水，冷凝水是经过处理的软水，并含有热量，应回收再用。

　　（3）利用废水做次要的用途

　　①部分曾经用过的水仍可做冷却用。

　　②废水可做清洗楼梯、地板、仓库及装卸场地用水等。

　　（4）规范操作

　　①在清洁罐、缸、搅拌器及其他器皿时，应确保里面的物品已倾倒干净。

　　②尽量降低清洗及洗涤器的水位，以避免水在操作期间溢出。

　　③炊具、食具上的油污，先用纸擦除再洗涤可节水。

　　④洗涤蔬菜水果时应控制水龙头流量，改不间断冲洗为间断冲洗。

　　⑤使用反向对流的洗涤或清洗方法。

二、水质标准化管理

　　星级酒店的水质状况影响到星级酒店用水和员工、客人及来访者的健康，同时，提高舒适度也是建设绿色星级酒店的重要内容。水质状况还会影响到用水设备的运行，如造成腐蚀、剥落、沉淀，影响设备的运行效率和能耗，并缩短设备和管道系统的生命周期。

　　1. 制订水质改善计划

　　星级酒店首先要进行水质状况调查，确认是否有环境污染发生以及水质污染状况。这项工作一般需要委托专业检测机构或水处理公司进行。由于水处理公司在市场有分工，分为专门针对设备、管理服务的水处理和饮用水系统两类，所以，星级酒店要根据需要进行。

　　在这个过程中，星级酒店还要确定所采用的标准以及现在已经达到的标准。星级酒店所采取的水质标准可以是国家、地方法规或标准，也可以采用星级酒店内部的要求。水质在达到基本要求的基础上可以有很大的变化，星级酒店选择何种标准需要根据自身的状况和条件来确定。在标准确定之后，星级酒店管理层应承诺对标准的执行。

2. 水质的处理

星级酒店在不能达到所规定的水质标准时就要对水质进行处理。城市星级酒店一般使用的是城市管网中的水，这类水在出厂时是符合生活饮用水水质标准的，但水在输送过程中往往会受到污染，而且水在水箱中的储存也非常容易导致水的再次污染，所以星级酒店需要对水质进行处理。许多景区中的星级酒店是自行建设蓄水池，使用当地的深井水或山水、泉水等，这些水也需要进行水质处理。

水质处理时，要先检查已有的水系统的功能状况，针对一些特殊的水质问题需要采取一些特殊措施：

①有悬浮颗粒物：过滤（沙滤）。

②盐分较高：脱盐（离子渗透或离子交换）。

③含铁：去铁（加碱沉淀）。

④酸：取出剩余的二氧化碳，投入碱性液体以提高 pH 值。

⑤腐蚀：加化学剂（如磷酸盐、硅酸盐等）。

⑥硬度高：先确定要求的软化度，降低硬度可以通过对各系统进行混合而实现。

⑦温度高：降温。

⑧有细菌污染：加氢、明矾、硫酸盐等。

⑨有气味：过滤（活性碳过滤）。

为了防止管道腐蚀、水质的生物污染、起泡沫、剥蚀和沉淀的形成，星级酒店应对下列水系统进行深度水处理：锅炉系统、冷却水系统（开放或封闭式的）、供热系统、制冷系统、加湿器、游泳池、防火系统、用于灌溉的非饮用水系统、排污处理（总排放、洗衣房排放、厨房排放）。

在进行水处理时，投药的方法、维护的过程、化学药剂的处理和储存、采样、分析和测试等都需要请水处理专家进行。

第二节　大气污染排放规范管理

一、星级酒店与大气污染

在一些星级酒店密集的城市和景区，星级酒店的建设对当地的大气质量带来很大的影响。这些星级酒店在建造时由于施工技术、管理水平的局限，建设过程产生了大量的颗粒物；建造在景区的星级酒店还要实现"三通一平"，修建道路破坏了许多绿地，而且在筑路的过程中出现大量的扬尘。在星级酒店的经营过程中，由于缺少有效的合作和协调，星级酒店一般都各自为政，建有锅炉、制冷、配电、洗衣、食品加工等各类工作场所。这些机房和工作场所规模较小、效率低，技术力量、管理水平受到限制，不利于污染控制。

1. 星级酒店经营过程中产生的大气污染物

星级酒店在经营过程中对大气状况的影响源自如下方面：

（1） CFCs 物质的使用

在夏季提供冷空调，创造一个凉爽的住宿环境是星级酒店的一种竞争力。因此，大型星级酒店都设置中央空调系统，小型星级酒店会在各个区域和房间设置分散式小型空调机以降低室内温度。除此以外，为客人提供餐饮服务的场所必然会使用冰箱、制冷机、冷库等制冷设备设施来储存食品。目前这些具有制冷作用的设备基本都离不开氟利昂的使用。氟利昂在使用、维护等过程中会产生不同程度的泄漏。各种喷雾罐的使用也是利用氟利昂做液体推进剂，因此每次使用都会有氟利昂释放进入大气，单个喷雾罐的量也许很少，但由于喷雾罐的广泛使用，氟利昂积累的释放量就多了。在星级酒店中比较常用的有各种清洁剂罐、摩丝等。星级酒店使用的一些产品在生产过程中需要大量使用氟利昂，如泡沫绝缘物、包装材料、硬质薄膜、软垫家具等，甚至是计算机芯片。因此，这些物品的使用增加了 CFCs 的使用和释放。

星级酒店无论为客人还是为员工的交通方便，一般都配置一定数量的汽车。汽车尾气排放是目前城市的一个重要污染源。汽车空调泄漏的 CFCs 物质也有相当比例，据资料显示，汽车 CFCs 的泄漏量达 30% 左右。

（2） 矿物燃料的使用

产生蒸气、热水的锅炉将大量使用矿物燃料。由于燃煤锅炉使用较经济，我国大部分星级酒店使用的是燃煤锅炉。燃煤锅炉对环境造成的污染也是比较大的。当煤燃烧时，主要的生成物是二氧化碳、水和热，二氧化碳与全球变暖有关。另一些重要的燃烧生成物是二氧化硫、一氧化氮和粉尘。二氧化硫、一氧化氮与酸雨的形成有关，我国很早就对二氧化硫的排放做了限制。粉尘是由燃煤中的固体物质形成的。不同类型的燃煤，不同的燃烧效率，燃烧排放的污染物的量也不一样。有的地方政府出台政策要求使用燃油锅炉，如杭州市区，虽然燃油锅炉的粉尘减少，但它排放的二氧化碳和氮氧化合物仍然存在，而且燃油锅炉成本较高，在一定程度上影响了星级酒店的经济效益。厨房、洗衣房的燃气设备也存在相同的问题。

星级酒店的许多电力供应都来自于火电站，星级酒店消耗的电能被认为是清洁能源，但这一能源的生产过程却对环境具有很大的影响。如火力发电站是燃煤发电，燃煤将造成大量大气污染物的排放，对星级酒店而言，这是一种间接的污染物排放。作为应急电源的柴油发电机在工作中也存在类似的问题。

（3）碳氢化合物的蒸发

星级酒店中汽油、柴油的使用和泄漏会造成碳氢化合物的蒸发排放，而一些含氯碳氢化合物如杀虫剂的使用也会造成氯碳氢化合物的蒸发排放。

（4）事故中有害物质的排放

星级酒店发生的事故中对环境危害最大的是火灾。火灾中，由于各种材料、物品的燃烧，往往会产生大量的颗粒物和有毒有害气体，污染大气。

（5）气味、气体、烟雾的排放

星级酒店厨房的油烟味和洗衣房异味一般是通过换气扇或通风管排出室外。由于星级酒店的餐饮设施和洗衣房一般都设置在底层，所以，这种排出口一般比较低，对周边环境造成污染。有时，由于通风不利，这些气味还会进入星级酒店大楼内部，造成室内空气污染。

洗手间臭气的排放是由于洗手间的排气不畅，或者由于洗手间没有进行及时的清洁和冲洗造成的。洗手间臭气的排放会影响星级酒店的室内环境。

油漆（特别是喷雾剂）、溶剂等的挥发也会造成室内空气的污染。许多新建或新装修的星级酒店这种污染特别严重。

（6）混合气体的排放

星级酒店使用的装修材料中有大量的三合板、木屑板等，这些材料含有甲醛，甲醛的挥发会造成空气污染。星级酒店游泳池在消毒过程中会有大量的氯气挥发。洗衣房干洗过程中会有干洗油的泄漏，干洗过的衣物挂在室内，也会有少量干洗油挥发，造成空气污染。垃圾房如果没有得到良好的管理也会有恶臭气体挥发。

（7）颗粒物的排放

星级酒店的建筑材料中可能含有石棉、玻璃纤维等颗粒物，洗衣房烘干机等的工作大量排放棉纤维，工程部机房在工作中排放锯屑、金属屑类物质，这些都会影响空气质量。

2. 大气污染物控制

（1）实施大气污染物控制的目的

星级酒店实施对大气污染物排放控制的目的是减少排放物的产生，为员工和客人提供一个健康的环境。同时，通过减少大气污染物排放而减少使用矿物燃料，保存矿物燃料资源，对全球资源保护和可持续发展做出贡献。星级酒店还可以通过减少矿物燃料的使用而降低成本，并延长设备的使用寿命。

（2）减少大气污染物计划

星级酒店为减少大气污染物排放而采取的措施主要是在源头减少排放，即降低消耗，转而使用无害的产品、系统、方法和技术。在这个过程中一般要经过以下几个主要的步骤：

A. 确认产生有害排放物的设备、材料、操作过程。

B. 评估整个建筑物及其内部排放物的危害和浓度。

C. 建立一个可行的计划。星级酒店有关大气污染物排放的计划应考虑到未来的情况，并要求有各阶段的计划。之所以要分阶段，是考虑到星级酒店现有的经济实力和技术水平。

①短期计划。在短期内，星级酒店可以考虑采取以下一些措施：

A. 提高设备和系统的效率，通过减少浪费来减少能源消耗。

B. 用气来代替燃油，用燃油来代替煤。

C. 通过引进技术来减少有毒物质排放。

D. 避免使用用石油的衍生物制造的产品（如塑料袋等）。

E. 可能时，应对一些对环境有害的操作进行改进，如信息的交流通过通信系统进行，以减少对交通工具的使用。

F. 避免使用含有 CFCs 或利用 CFCs 物质制造的产品，例如泡沫、喷雾器、消防设备和溶剂。

在近期，星级酒店最主要的工作是通过提高设备和系统的效率、减少浪费来减少对大气排放污染物。我国的星级酒店由于比较关注前台服务部门的运作，比较关注服务质量，以致出现了一些管理上的误区。例如，为了提高服务质量，投入大量的资金于硬件，设备只要在工作就是好的，而不顾及设备是否是正常运行或高效运行等。又由于长期受计划经济的影响，对星级酒店的管理流于表面，运行中产生的浪费较多。实践表明，星级酒店若能加强运行管理，就能大幅度地降低消耗。

②中期计划。中期计划可以考虑以下内容：

A. 通过良好的保温、热补偿、节能灯、计算机控制（BAS 系统）、节能设备和其他现代技术来降低能耗。

B. 使用新型的更轻、更小的汽车，因为这类汽车可以比一般的汽车减少20% 的汽油消耗；

C. 转为集中供热，例如使用废热。

D. 使用热泵。

在中期计划中，星级酒店应以引进已有的先进控制技术为主。目前我国的星级酒店对系统的运行控制基本以人工为主，或根本就不控制，这给运行效率的提高带来极大的阻碍，也是造成污染的一个重要原因。先进的控制技术不仅能提高客人的舒适度，还能降低运行的成本。

③长期计划。从长期看，可考虑的措施主要有：

　　A. 从使用矿物燃料转为使用可再生能源，例如使用太阳能、风能、水能、生物能。

　　B. 鼓励火电厂供应废热（可高达40%）。

　　C. 鼓励使用氢气技术（因为氢气生成的是水而不是二氧化碳）。

　　星级酒店在长期要考虑对一些技术进行投资，以鼓励这些技术的开发、研制和应用，这项工作将促进全社会的环境保护技术，而这些技术在星级酒店的运用又能给星级酒店带来长期效益。

二、CFCs 排放的管理

　　1. CFCs 的概念

　　CFCs 和 HCFCs 是一组人造的不活泼的气体，具有低毒、不燃且高稳定的特点。这些特点使它们作为制冷剂而被广泛使用，而且它们可以使用很多年。然而，当 CFCs 排放进入大气后，它们会破坏臭氧层，臭氧层可以保护地球免受紫外线伤害。CFCs 的这种作用称为臭氧层破坏度，用臭氧层破坏系数 ODP 表示。ODP 是根据 CFC－11 和 CFC－12 计算的，它们表示为 ODP0.1。虽然 CFCs 在大气中的浓度远低于 CO_2，但它们也有使全球变暖的可能性，用变暖系数 GWP 表示。CFCs 的寿命很长，它们需要几十年才能在大气中分解。

　　2. CFCs 使用的调查

　　为了对现有 CFCs 物质使用进行管理，星级酒店应列出所有现在在运行的制冷设备的清单，包括型号、寿命、工作条件、工作物质、预期使用年限、能耗等，对大量使用制冷剂的设备要优先考虑。制冷剂材料的使用也需要编制清单，内容应包括每台设备中含有的制冷剂的量以及现在储存的量。购买、消耗、处置或更新的制冷剂量应进行登记并受到监控。

　　小型的制冷电气设备如家用冰箱和小型陈列柜可以归为一类。一般来讲，CFCs 物质从这些制冷设备中泄漏的可能性是很小的，而且气体不需要替换。

　　3. CFCs 使用的管理

　　星级酒店应制订一个计划，以逐步转向使用低 ODP 的制冷剂。在制订这个计划时，需要估计现有制冷剂污染的可能性，然后逐步使用替代产品或更新设备。对 CFCs 的管理工作应包括下述内容：

　　（1）维护现有设备以确保对 CFCs 物质的控制

　　负压的制冷机，如那些含 CFC－11 的制冷机，即使得到很好的保养，每年也会有15%的制冷剂泄漏，而使用 CFC－12 的负压制冷机，则每年可能只损失

5%。对 CFCs 实施控制，如泄漏检查，设备维修、释压阀以及 CFC－11 设备中安装的高效净化设备，可以使损失减少到 5%～3%。正在运行的依靠循环或更新制冷剂来维持的设备需随着设备的更新而逐步淘汰。

对现有制冷设备的维护采用储存或循环用制冷剂的做法可能是可行的。储存是指在任何条件下从系统中拿出的制冷剂，不经过处理或测试就储存起来。循环使用是指清洁制冷剂以便再用，通过油的分离以及一次或多次通过一组过滤设备，如可更换衬芯的过滤干燥器，可以降低酸度和减少颗粒物。更换制冷剂要求进行化学分析，并通过一些方法如蒸馏等对它进行处理，以满足产品设计要求。

（2）改装设备以调换制冷剂

对有较长使用寿命的设备，最理想的解决办法是做一些改造，以使用替代型制冷剂。改造设备的时间安排应和设备检查的时间结合在一起，以使改造的成本最小。在设备改造时，最好向设备的原制造商咨询，以获得有关特殊设计要求的信息。如果星级酒店计划对设备进行改造，就需要在改造前做一些破坏性的试验，例如做回流测试以检查冷凝器和冷却塔的完好状况；做震动分析以检查压缩机的状况；做电力测试以检查电机的状况，通过测试来确定制冷机现有的状况。设备的状况在制订计划时是必须考虑的。

（3）替换旧的或低效的设备

由于替换的部件较多，改造的成本可能会占到更新成本的 90%，改造的结果还可能会降低设备的容量和效率。这样替换报废的设备是一个降低能源成本的好机会，并且可以提高运行状况，同时还可减少对臭氧层的影响。初期这一投资会很大，但在长期运行中可以节约能源、维护以及制冷的成本。

（4）制冷的管理方法

星级酒店应采取措施对整个制冷系统进行管理，否则在未来会对星级酒店造成不利的影响，因为 CFC 的预期成本一定会增加。一个战略性的制冷系统管理计划能保证星级酒店遵守环境要求和法规，同时使资金花费最小。

星级酒店采取的制冷管理计划应包含下述内容：

①指定一个制冷管理的负责人或管理小组（星级酒店一般都设有制冷组），担任制冷管理。

②列出所有设备、制冷剂的数量和类型。

③监控制冷剂的使用。

④和原设备制造商保持联系，收集产品信息。

⑤收集最新的相关标准和法规。

⑥检查监控设备和监控过程以确保符合法律法规。

⑦考虑控制、改变制冷剂，要把成本、安全、替代物的风险考虑在内。

⑧实施决策，包括维护和日常的人员培训。

⑨定期检查进度，遵循法规的变化并检测制冷剂的供应。

三、其他大气污染物排放的管理

1. 减少锅炉排放物的措施

①锅炉使用低硫和高黏度的油。

②厨房、洗衣房的电热设备可改为燃气设备。

③根据燃烧记录测量锅炉的燃烧效率，锅炉燃烧效率应在82%～90%，理想的燃烧应呈现蓝色火焰。

④容量过大的锅炉会造成过度的热损失和污染，所以锅炉的容量应适中。

⑤如果在8帕蒸汽压力下温度超过280T，可以考虑安装烟气热补偿装置。

⑥保证锅炉用水的质量，锅炉房应保持干净。

⑦调查是否有以其他热供给代替星级酒店锅炉供热的可能性。

⑧检查锅炉的排放烟气是否进入星级酒店内部，例如风口就安装在附近，如果出现这种情况，应重新选址安装。

2. 减少发电机有害气体排放的措施

①定期维护发电机以确保燃烧充分。

②确定发电机的检查周期，只要可行，检查周期不需要太短。

3. 减少气味、烟雾排放的措施

①出现令人不舒适的气味的地方应进行空气过滤，例如用活性碳过滤可以消除气味。

②确保达到要求的通风率，洗衣房和厨房要求负压。

③卫生间与厨房、洗衣房的要求一样，要通风并保持负压。

4. 仓库、厨房污染物

①按照污染物品的储存要求存放（用小柜等）。

②应建立正确的操作要求，操作过程应满足最小的污染物排放。

第三节　废弃物规范管理

一、废弃物调查

实施废弃物管理首先要从废弃物的清查开始,即对星级酒店产生的废弃物的数量和种类进行评估。做评估时,必须直接对垃圾进行计量、分类,并根据按营业额计算的理论数据进行比较,才能知道无效废弃的物品的量。然后再调查在被使用的物品中有多少是有可能减少的,这要通过对各道工序进行分析才能获得。在这项分析中还要注意区分转化为产品的原料的量和为生产而使用的物品的量,分析它们的合理性。

通过评估,星级酒店还应获得一些基本的数据:平均每位客人每天产生的垃圾量、平均每月办公室产生的垃圾量、每万元营业额产生的垃圾量等。

二、废弃物应分类收集

再循环的实现要从垃圾的分类收集开始。分类收集可以采取两种方式:一是垃圾先集中在一个堆放点,然后由专门人员进行分拣;也可以直接在产生垃圾的地方分类收集,最后分类集中。相比较,后一种方法是最有利的。因为这时垃圾在产生的源头进行分类,其分类更彻底,而且各类垃圾相互不影响,有利于保持垃圾的价值以及资源的再利用。但是这种方法操作起来难度较大,要求每位员工的配合。分类后的垃圾可以卖掉,以便于集中处理或再生产。

三、废弃纸张的收集和再生

1. 确定可再生纸张的潜力

在开始实施对废弃纸张的管理以前,要确定星级酒店是否经常会产生这类废弃物，并估计纸的潜在的废弃量。首先要分析办公室员工平均每人每天废弃的纸张量；其次分析这些纸张中有多少是价值较高的纸；第三，考虑到并不是每位员工都会废弃这么多纸，就要分析有多少员工废弃的纸量达到平均值。把这样三个数字相乘就能得到可再生的废弃纸张的潜力。

2. 设计纸的回收系统

确定星级酒店废弃纸张再生潜力之后，就要建立一个系统对它们进行收集、分类。废纸分类时，应按照它们的不同价值进行区分，不同档次的纸张混合在一起会降低其价值，因为这时纸张的价值只能按照最低档纸张的价值来计算。

由于星级酒店的规模、运行方式各不相同，因此，没有一个废纸的回收系统是可以广泛使用的，但可以遵循以下原则：

①重点关注量多的价值高的纸张，其他类型的纸张可以通过附属的一些措施来收集。

②把废弃的纸张都集中在一个地方，这个地方应是收购者很容易到达的地方。通常可集中于星级酒店废弃物的装卸口，而且必须有足够的空间来存放用于收集的容器。通往收集容器的通道必须清洁、安全，如果需要，要给收购者留有一定的空间。

3. 指定废弃物管理人员

星级酒店需要有一名管理人员来负责废弃物管理计划的实施，该人员需要有一定的组织能力、管理技巧和经验，尤其要有较强的沟通技巧。废弃物管理计划的管理者要尽可能早地介入该系统的建立和实施过程，指导计划和方案的制定，以增加他对该工作的热情和责任感。一个合格而且热心的管理者可以为星级酒店节约更多的资金。

4. 平衡执行废弃物管理计划的收益和成本

许多星级酒店对实施废弃物管理计划有些犹豫，除非他们确信其收益可以弥补支出。所以，为了获得最大的收益，在计划中应包括收入成本分析。

这项分析不能仅仅基于成本的节约、循环利用的效益，还应包括其他方面，如减少废弃物储存的问题，提高企业的形象，降低资源的浪费和污染。

四、无害废弃物的分离

在实施废弃物分离计划以前，要找出哪些材料可以被当地的废弃物处理商收购。这些材料往往是无害的废弃物。

星级酒店的废弃物管理计划中应包括纸、纸板箱、玻璃、塑料、金属、有机废弃物等的回收。

纸板箱需要和纸做适当的分离,纸张的价格和纸板箱的价格是不同的。星级酒店也可以把纸板箱展平、捆好送回给产品供应商,使供应商能直接利用。玻璃需要根据不同的颜色分类,因为它们的成分有所不同。目前有些玻璃瓶,如酒瓶、饮料瓶等,是能得到回收的,经过清洁后可以再次使用,而其他的玻璃瓶可能缺乏回收系统。星级酒店的塑料制品的废弃物并不多,但可以把它分为一类回收。金属物包括铝罐、铜等,还包括厨房等场所废弃的设备及其零配件。

可以在厨房放置一些标识清楚的桶用于装混合的有机废弃物。注意猪、牛、羊肉的骨头不能和鱼骨头放在一起。也不要把玻璃碎片和园林绿化废弃材料中的杀虫剂、除草剂等有毒废弃物放在一起,这种混放会降低有机物的再利用价值。

五、减少垃圾的措施

星级酒店废弃物管理中的一个重要内容是要对垃圾进行有效的分类收集,但从星级酒店自身的效益而言,更重要的是采取措施减少垃圾。下面是一些可以采取的具体的做法。

①不要使用塑料包装袋(除非在对塑料实现回收的地区)。

②破损的毛巾、床单、桌布等,可以备用做(除客房等有规定不能使用者外)抹布,有的可以做围裙。

③通过重复使用来降低使用量。

④避免使用塑料绳。

⑤避免过度包装,如使用塑料泡沫等。

⑥使用布袋或藤篮做洗衣袋和擦鞋袋。

⑦不要使用用聚苯乙烯制作的塑料制品。

⑧使用充电电池或无水银电池。

⑨用毛巾代替纸巾。

六、垃圾房的设置和管理

在设置星级酒店垃圾房时,首先要考虑垃圾房的容量。一般星级酒店的垃圾每天都能得到清运,所以垃圾房能容纳一天的垃圾量就可以了。为了计算一天的垃圾量，星级酒店要对日常的垃圾量进行统计，计算平均每位客人的垃圾量。其次，星级酒店的垃圾房不应是露天的，因为露天的垃圾房环境污染比较严重，尤其是储存有机垃圾时，还要考虑提供低温条件。再次，垃圾房应与星级酒店的出口接近，使垃圾可以迅速运走，但不能设置在主出入口的视线内，以免影响观瞻。垃圾收集和运输的线路要严格设计和规定，使垃圾在室内的时间最少。最后，垃圾房应带有地面排水的洗涤场地。

垃圾房应有专人管理，垃圾要及时清运。如果要在垃圾房进行垃圾分类，对垃圾的分类要求、操作的方法、人员的卫生防护都要做出相应的要求。危险废弃物储存箱应有标识，并注意它的泄漏问题。垃圾房及垃圾箱要保持整洁和卫生，清洗垃圾房的污水不能直接进入排水系统，需要经过处理后才能排放。

第四节　化学品等有害物质规范管理

一、洗涤剂的管理

目前，市场上合成洗涤剂的用量已超过肥皂用量，成为洗涤用品中的主要产品，其中洗衣粉是产量最大的洗涤剂，而液体洗涤剂是发展最快的洗涤产品，这也是目前星级酒店使用最多的洗涤产品。在洗涤产品的生产、使用过程中，由于缺乏监督管理，假冒伪劣产品混入市场，而使用者由于缺乏这方面的知识和相应的指导，在使自身健康受到伤害的同时也对环境造成了危害。

1. 星级酒店合成洗涤剂的分类

星级酒店中使用的洗涤剂主要可以分为厨房洗涤剂、衣用洗涤剂、美容美发用洗涤剂、PA组洗涤剂、皮肤洗涤剂等。

（1）厨房洗涤剂

厨房洗涤剂主要有洗餐具、蔬菜用的洗涤剂，冰箱、冰柜洗涤剂，炉具洗涤剂等。

（2）衣用洗涤剂

洗衣房常用的衣用洗涤剂包括肥皂、一般洗涤剂、干洗剂、去斑剂、织物柔顺剂，各种面料如棉、麻、丝、毛、化纤及各种混纺织物专用的洗涤剂。衣用洗涤剂中，洗衣粉属于重垢型洗涤剂；丝绸、毛、麻等面料多用轻垢型洗涤剂，这些洗涤剂以液体为主。

（3）美容美发用洗涤剂

许多星级酒店都有美容美发中心，在为客人服务过程中使用大量的洗发剂等，一般属于化妆品类。

（4）PA 组洗涤剂

PA 组洗涤剂主要应用于星级酒店公共区域环境卫生的清理，主要的洗涤剂有卫生设备清洗剂、厕所清洗剂、玻璃清洗剂、木质家具清洗剂、金属制品清洗剂等硬表面清洗剂。

（5）皮肤洗涤剂

皮肤洗涤剂主要有沐浴液、洗面奶、洗手液等。皮肤洗涤剂中有一部分也属于化妆品类，而洗手液多为专用洗手液，如医务室医用洗手液、油漆工洗手液等。

2. 洗涤剂的危害

（1）洗涤剂的一般危害

目前洗涤剂已经成为人们生活中不可缺少的日用化学品，只要合理适度使用，通常是安全的。洗涤剂的毒性一般都很低，家庭用洗涤剂，如洗发液、沐浴液、餐具洗净液、洗衣粉等，在一定的限量下使用是安全的。但工业用洗涤剂和家庭用洗涤剂有很大的不同。家庭用的清洗剂中主要配有表面活性剂，为了加强洗涤作用，只加入了少量的碱盐、氧化剂和其他助洗剂，对人体的危害较小。而工业用清洗剂要求作用快、去污强度大，往往使用强酸、强碱、强氧化剂和生物化学物质等，这些洗涤剂如果未清洗干净，就会引起中毒事故。长时间接触洗涤剂的洗碗工也有可能受洗涤剂的影响，导致健康状况下降。

（2）洗涤剂的致癌和致畸作用

洗涤剂中含有 LAS、AS、ABS、SAS 等表面活性剂，可以产生致癌作用。

工业清洗剂中常添加亚硝酸钠、三乙醇胺等以提高洗涤力度，还能除锈，保持光洁度，但是它们可以分解成亚硝胺，亚硝胺能引发肿瘤。

（3）洗涤剂对人体黏膜的损伤

使用清洗剂去除污垢的操作，有许多是手工进行的，在这个过程中，洗涤剂会对人体的皮肤造成不同程度的损伤。

洗涤剂对皮肤黏膜的刺激作用是最常见的一种皮肤损害，接触洗涤剂后，皮肤出现瘙痒、针刺感、感染，甚至引起全身症状。一般来说，洗涤剂的浓度越大，出现损伤的可能性也越大。如果出现上述症状，应立即停止使用，至症状完全消退。

洗涤剂对眼黏膜的刺激作用也是非常大的。当洗涤剂溅入眼睛时，它的碱性物质会和眼睛的蛋白质等发生反应而影响视力。无论何种洗涤剂，都会对眼睛产生不同程度的损害，特别是重垢型洗涤剂，造成的损伤更大。

（4）洗涤剂对环境的影响

洗涤剂对环境的污染主要是通过生活污水排放到环境中造成的。洗涤剂在水中会产生大量的泡沫，妨碍空气与水的接触，造成水中溶解氧含量降低，水质变坏，直接或间接对水生生物产生各种有害作用。

洗涤剂和它的表面活性剂还易被土壤吸附，污染地下水。它们对锌有加合作用，对铜和汞有协同作用，对某些农药有增毒作用，这也会对环境造成污染。

3. 洗衣用洗涤剂的使用和管理

星级酒店每天要清洗大量的衣物和棉织品，洗涤剂的用量很大，所以需要在这方面引起注意。正确的使用和管理可以减少对人体健康和环境的损害。

（1）洗涤剂的选择

①在购买洗涤剂时要选用优质产品，注意标签上是否有生产企业、质量检验合格证号、卫生许可证号、生产日期、产品有效期、使用方法和注意事项。有关的使用方法和注意事项应制成操作要求，对员工进行相应培训。

②要注意洗涤剂的外观，特别是液体洗涤剂是否均匀，是否有沉淀或悬浮物，变质洗涤剂不能使用。

（2）洗涤剂的正确使用

①相关人员出现皮肤刺激反应、过敏反应，包括光毒反应或光敏反应后，应立即对人员的伤害部位进行处理，并立即停止使用洗涤剂。

②应避免皮肤主要是手部皮肤直接接触浓的洗涤剂，特别是重垢型洗涤剂，尽量缩短与高浓度洗涤剂接触的时间，或将其稀释后再用。使用强碱、强酸性洗涤剂的最好方法是戴橡胶手套、戴防护眼镜。

③倾倒洗涤剂时要小心，不要溅洒，特别是应避免使粉状洗涤剂飞扬，以免对眼睛和呼吸道黏膜产生刺激作用。

④工作结束后，要用水将皮肤上的洗涤剂尽量冲洗干净，以免残留的洗涤剂继续对皮肤产生刺激作用。长时间接触洗涤后，应适量涂抹油性较大的护肤用品。

⑤所有装有洗涤剂的容器要整齐摆放，贴上标签，注明危害性。装过洗涤剂的空容器也不能随意丢弃，以免误用。

⑥操作干洗机的员工应戴好防护面具，干洗机操作系统应密封，场地通风状况应良好，以尽快将空气中的有机溶剂排出室外。

二、多氯联苯的管理

1. 多氯联苯概述

多氯联苯是人工产物，它热稳定、绝缘良好、无色且不溶于水。多氯联苯相对不活泼，很难起化学反应或与其他化学物质发生反应。多氯联苯有从重油状液体到蜡状固体等一系列形态。由于它们不燃、不导电，因而被广泛应用于变压器和其他电气设备如电容器、开关上。

多氯联苯释放进入环境后不易被生物降解，它们的半衰期达 20～100 年，在生物组织内有很强的留存和积累的趋势，而且很容易在食物链的捕食动物与被捕食动物之间传递。经实验证明，多氯联苯在动物体内会导致癌症，虽然目前缺少系统的分析，但多氯联苯对人体的危害是可以肯定的。

2. 多氯联苯的控制

目前已经有许多国家建立了有关使用、标识、储存、记录和处置多氯联苯的法规，因此生产和操作者都负有法律责任，星级酒店也有调查、通告和采取措施的责任。

（1）多氨联苯使用情况的调查

星级酒店对多氯联苯的调查主要有以下步骤：

①检查变压器铭牌上的数据和技术服务手册，确定该变压器是否含有多氯联苯，如果不能确认，可以找供应商确认。目前，从变压器的使用类型看，油浸式变压器含多氯联苯的可能性较大，干式变压器一般不含多氯联苯。

②如果确认变压器含有多氯联苯，则要进一步检查设备及它的阀是否漏油。

③检查电容器的铭牌数据和服务手册，确认电容器是否含多氯联苯。星级酒店中有许多地方用到电容器。大的电容器用于功率因素补偿，安装在主要的配电屏或主要设备的附近。小的电容器经常作为日光灯的启辉器。当发现设备中确实含有多氯联苯时，星级酒店应采取相应的措施。最佳的方法是替换含有多氯联苯的设备，替换下来的设备需请专业厂家处理。

（2）多氨联苯泄漏时应采取的措施

如果星级酒店设备经常发生多氨联苯泄漏，可以考虑采取以下措施：

①实施对变压器的修理和维护，以减少泄漏，直到变压器被替换，这是首先要采取的措施；在泄漏设备的下面安装风扇，保持良好的通风；请专家评估设备泄漏的情况和移动的状况。

②根据水泥底座的污染程度，请专业人员处理受到污染的材料或其他设备，

处理过程应在专门的工厂中进行。

三、使用和接触石棉的控制

石棉是指属于天然蛇纹岩类岩状矿物的一组纤维状矿物硅酸盐的总称。

石棉对人体健康不利。石棉是晶状结构的一组物质，以平行的纤维束形式存在。当受到损坏时，这些纤维束便会分离成小的独立的纤维，长期浮游在空气中。这些小纤维一旦被人吸入或摄取，就会长期积聚在人体内，因为它不会被分解破坏或被排出。石棉在人体内的长期积聚会使之逐渐形成"石棉肺"，即肺内组织纤维化而使肺部结疤。同时人们还发现了由此原因引发的癌症，如胸膛癌、腹膜癌及肺癌。与石棉有关的疾病症状可能在处于高浓度空气中大约 10～40 年后才出现。由于人们发现了石棉纤维的上述危害，所以石棉在 20 世纪 60 年代开始被禁止使用。

但是，20 世纪 90 年代以前建造的建筑中可能会有含有石棉物质的材料。

星级酒店首先要确认员工工作过程中接触石棉的所有活动，对含石棉的物质进行全面的清查。人们一般不能凭外观或颜色来确定某物料是否含有石棉。因此，比较安全的做法是将所有可疑物料都视为含有石棉的物料处理，除非有些物料已经确认不含石棉。其次还应考虑员工接触石棉的频度、持续的时间和程度，以及工作方式和工作场所的条件。

当发现星级酒店内有含石棉的材料时，就需要了解这些材料是否状况良好。如果这些材料仍留在原来的位置，并且没有受到破坏，比较合适的做法是不要将该含石棉的材料拆除。但是，如果需要在这些场所内进行保养、翻新、拆卸或其他任何工程，而这些工程会破坏含有石棉的材料，那么星级酒店必须在施工前依照空气污染管理条例的规定将受到工程影响的含石棉物料拆除。

如果星级酒店需要拆除内部的含石棉材料，或者需要进行任何涉及使用或处理含石棉物料的工程时，必须做好如下工作：

①请专业人员进行石棉物料状况的调查，编写调查报告并制订石棉物料削减计划。计划应包括为工人提供一切必要的保护的说明、限制石棉粉尘飘散到空中的措施以及对含石棉废弃物的处置办法。

②在含石棉物料上施工时，至少提前 1 个月确定施工的可行性并制定具体的实施方案。施工应由专业施工队进行。

③在施工过程中，星级酒店要请专业人员并指定专门的管理人员监督石棉削减计划的实施情况，同时要请石棉检验所等机构对石棉物料进行抽样分析。

④在施工过程中，实施正确的工程管理措施和作业方法，包括工作场所卫生，使可能接触石棉的工作符合有关条例的规定。

⑤星级酒店需要制定专门条例或程序，包括职责和授权，用于使用石棉、某些类型的石棉、含石棉的产品及某些工作程序。星级酒店还应制订和执行可行措施，以防止和控制员工接触石棉，保护其免遭石棉造成的危害。

⑥在星级酒店的某些工作程序中应全部或部分禁止使用石棉或含石棉的产品。特别应禁止使用青石棉或含此种纤维的产品。如有可能，星级酒店应使用经科学鉴定无害或危害较小的其他材料、产品或替代技术取代石棉或含石棉的产品。

⑦星级酒店应规定员工接触石棉的限度或以评价工作环境为目的的其他工作过程中接触石棉的标准。随着技术进步和科学的进展，这些接触限度或其他接触标准应确定并定期审查和修订。在施工过程中，星级酒店要采取措施保证工人的健康，使之不处于危险中。同时应采取防护措施禁止石棉以任何形式散布，保证接触限度或其他接触标准的遵守或者减少接触至确实可行的低水平，确保员工和客人的健康。

⑧当星级酒店采取的措施不能使人员接触石棉处于接触限度之内或未能符合规定的其他接触标准时，星级酒店应在工人不负担费用的情况下提供、维修及更换适当的呼吸防护设备和特种防护服装。呼吸防护设备应符合规定标准，并只能作为补充、临时、应急或例外措施加以使用，而不能代替技术控制。

⑨拆毁含有易碎石棉的绝缘材料的建筑或装置，或从易产生悬浮在空中的石棉的建筑或装置中取出石棉，必须由专业人员进行。

⑩星级酒店在采购物品时应注意对石棉的生产者和供应者以及含石棉产品的制造者的生产过程的考察，以促进这些厂商按照规定的要求进行操作，并以易懂的文字和方法在容器，以及产品上贴上适当的标签。

控制石棉使用的重要的目的是保护员工健康，所以星级酒店应制定相关的保护措施。在制定措施时要特别注意以下问题：

①在现场工作的员工的工作服可能会受到石棉粉尘污染，所以星级酒店应根据有关条例提供适当的工作服，但不得在工作场所外穿用，污染的服装应受到控制并及时清洁。使用过的工作服和特别防护服装的运输和清洁应按有关的要求在有控制的条件下进行，以防止石棉粉尘的飘散。禁止员工将工作服、特种防护服装和个人防护设备带回家中。星级酒店应负责对工作服、特种防护服装和个人防护设备的清洁、维护和存放。

②星级酒店应为接触石棉的工人提供在工作场所进行适当清洗、洗澡或淋浴的便利。

③星级酒店应为员工创造安全的工作环境，为此应定期测定工作场所中悬浮

在空中的石棉粉尘的密度，并按规定的间隔和方法监督工人与石棉的接触状况。

④工作环境和工人接触石棉情况的监督记录应在规定的期限内予以保留。有关工人或监督机构应能查阅这些记录。

⑤正在或曾经接触石棉的工人应进行必要的体检，以监视其与职业危害有关的健康情况并诊断因接触石棉引起的职业病。健康监督措施不应导致工人收入的损失，星级酒店应无偿提供并尽可能在工作场所中进行。体检结果应及时通知员工。

⑥如果医生证明员工继续从事接触石棉的工作已影响到其健康，星级酒店应向有关员工提供能保持其收入的其他工作。

⑦星级酒店应及时与有关部门沟通，了解石棉职业病预防和诊治方面的信息。

⑧星级酒店应做出适当安排，促进所有关于接触石棉的健康危害及其预防和控制方法的信息传送和教育工作。保证接触或可能接触石棉的员工知晓与其工作有关的健康危害，使其得到预防措施和正确操作方法的指导。

四、食品污染

餐饮服务是星级酒店的一项重要服务内容，所以污染食品会影响到客人的健康，而星级酒店也会因为食品中毒等事件影响正常经营和发展，因此星级酒店必须注重食品质量。

（1）食品污染的种类

食品污染主要来自四个方面：一是工业废弃物污染农田、水源和空气，导致有害物质在农产品中聚积；二是随着农产品使用量的增加，一些有害的化学物质残留在农产品中；三是食品生产、加工过程中，一些化学色素、化学添加剂的不适当使用，使食品中有害物质增加；四是贮存、加工不当导致的微生物污染。

（2）食品的农药污染问题

农民缺乏对农药残留特性和规律的认识，在某些农作物上使用禁用农药是造成食品农药污染的一个重要原因。目前，常用的农药中，甲胺磷、久效磷、对硫磷、甲基对硫磷、甲拌磷、氧乐果等高毒农药占总农药用量的一半以上。这些有机磷、氨基甲酸酯农药都是胆碱酯酶抑制剂，对人具有较高的毒性，人们由于食用了含有高毒农药的食品而发生急性食物中毒的事件时有发生。蔬菜是含有高毒农药的主要食品。由于蔬菜的生育期短，有的可以生食（如黄瓜等），还有的蔬菜（如青菜、茄子等）其食用部分裸露在外，如果沾附剧毒农药，会直接造成人畜中毒事故。因此，中华人民共和国农业部、卫生部《农药安全使用规定》指出，高毒高残留农药如甲胺磷、甲基对硫磷、对硫磷、克百威、杀虫脒、氧乐果等农药，均不得在蔬菜上使用。施用于蔬菜的农药应是高效、低毒、低残留的品种，如敌敌畏、西维因、杀灭菊酯和微生物农药。喷过农药的蔬菜一定要在安全期间隔后才能采收上市，以保证食用者的安全。

第十五章　星级酒店标准化管理案例

第一节　星级酒店标准化服务案例

一、×××大酒店客房服务"六快"

五星级的×××大酒店与 ISO9004 - 2 国际标准——《服务指南》接轨，通过强化服务的时间观念来提高服务质量，推出了充分体现服务效率的"十二快"服务，其中，涉及客房服务的有：

①接听电话快。铃响两声内接听电话。

②客房传呼快。2 分钟。楼层服务员配 BP 机，凡向客房服务中心提出的任何要求，服务员必须在 2 分钟内送到客房，如送开水、茶叶等。有些在 2 分钟内提供不了的服务，服务员也必须在 2 分钟内到达客房向客人打招呼，然后尽快解决。

③客房报修快。5 分钟内处理好小问题。如更换灯泡、保险丝、垫圈以及设施设备运转中的各种操作性问题等。这就要求酒店设有 24 小时分班值岗的"万能工"，包括通水、暖、电、木、钳等各个工种。对于重大问题，一时不能解决的，也要安慰客人，并给予明确的回复。

④客房送餐快。10 分钟。酒店规定，员工电梯必须首先保证送餐服务，即使有员工想去低于送餐的楼层，也必须让送餐完毕后再返下。

⑤回答问询快。立即。为此，酒店就客人常常问到的问题，对员工进行全员培训。

⑥投诉处理快。10 分钟。小问题，10 分钟内圆满解决；大问题，一是先安慰客人，稳住客人，10 分钟内给予回复。

二、××酒店让客人100%满意的经验

　　××酒店坐落在××市××路××号，这是一个环境十分优美、宁静，交通又十分方便的地方。

　　××酒店是一家集吃、住、娱、购、行于一身的现代四星级酒店。从开业以来，接待了众多的顾客，包括众多的外国国家元首、政府首脑和要员，成为国外政要首选下榻的酒店，赢得了海内外客商和旅游者的青睐。从而获得了较好的经济效益和社会效益。

　　××酒店是怎样取得上述成绩的呢？他们在实践中深深体会到坚持服务质量标准，是搞好服务质量的保证，酒店从上到下都有一套完整的质量管理标准（标准手册）。为把标准变成员工的自觉行动，把标准的各项要求落以实处，以质量求效益，他们主要抓了7项工作：

　　1. 充分发挥领导的带头作用和监督作用。酒店实行总经理领导下的部门经理负责制，一级抓一级，级级负责，总经理及各部门经理是进行质量管理的带头人，各级领导带头执行质量标准。在方法上强调走动巡视，即要求各级领导少坐办公室，多到基层各部门走动。勤检查，亲自掌握一线的第一手资料，并在巡视过程中督促员工按质量管理要求办事。部门经理之间允许和有权进行交叉监督和纠正其他部门员工的违规行为，使全体员工处于各级经理（直接主管的或不直接主管的经理）监督之下，随时保持良好的工作状态。

　　2. 做好员工的思想工作，启发员工不断改善和提高服务质量的自觉性。员工是酒店的主体，只有员工把质量标准变成自己的自觉行为，酒店的服务才有可靠保证。他们利用各种形式做好员工的思想工作。

　　他们还形成了五个一样的服务规范；即：对内外酒店服务一样热；对普通和重点客人服务一样周到；对熟人和不认识的客人服务一样和蔼；白班和夜班对客服务一样尽职；有领导监督和没有领导监督坚持一样的标准。"五个一样"行为规范的实行使客人投诉率始终保持在万分之五以下。

　　3. 以客人为镜子，自觉听取客人的批评意见。酒店的宗旨是酒店至上，服务第一。酒店质量高低通过顾客亲身体验来检验。他们建立了一套与客人保持联系，随时收集客人反馈的信息网络。在客房、前厅和餐厅等设置客人意见书；建立大堂副理主动征求客人意见制度和销售、公关部门登门拜访制度，坚持部门经理及店务委员会早上班制度，每天提前15分钟上班，利用约20分钟时间通报前一天的质量和管理情况和问题。每周召开一次部门经理会，全面检查一周来的工

作和营业情况。

4. 加强员工培训，确保酒店在竞争中的人才优势。他们开展了开业前培训、岗前培训、在岗培训、在岗位练兵培训、交叉培训、骨干培训、酒店间员工交换培训；并利用××酒店管理网的优势每年选送部分员工到其他酒店进行对口学习培训。还根据海外专家国内化的需要，选素质好、懂管理的优秀员工与海外专家结成"帮学对子"，由海外专家根据××酒店某个管理人员的水平设置培训计划，把他们的管理经验传授给指定的中方员工使中方人员尽快达到海外专家的水平。通过这一行动在不到一年的时间里，使酒店的海外专家由31人减少到11人。现在酒店里的外籍管理人员仅剩下3人，其余均由中方人员管理、而且中方人员超过了原培训他们的外籍员工的水平。

5. 不断更新服务设施，为客人提供安全舒适的生活环境。酒店把工程部视为酒店的心脏，十分关心对工程部的管理，除选准选好的工程部总工程师外，还指派驻店经理指导工程部工作，加强对工程部的领导，使××酒店工程部在中国20多家酒店中成为人员最少、效率最高的先进单位，在维护星级酒店设施设备的完好率方面成绩显著，多次受到××集团总部质量检查官员的赞扬。他们还不满足于现状，从客人追求安全舒适出发，每年投入300余万元用于设施的维护和更新改造。并改装了中餐厅和多功能厅，增设了危险物品堆放库和行李房，增添了安全和消防设施，更换了新的健身设施，开辟了商务楼层——商务俱乐部，并保证各类设施设备的正常运转。不仅保持了××酒店的硬件标准而且还有所提高，每年都通过了××集团的质量检查。

6. 充分发挥党、工、团组织在质量管理中的参与作用。他们通过党、工、团组织，始终把培养思想素质、业务素质过硬的员工，培训具有国际水准的服务人员作为目标，不懈地进行经营性的培训工作。根据青年特点，采取多种易被青年人接受的活动方式进行教育培训工作。先后开展了优质服务"百日微笑"竞赛活动、"四比、四看"竞赛活动（比服务质量，看谁对客服务主动、热情、周到；比服务态度，看谁微笑强；比仪表仪容，看谁遵守店纪店规好；比服务效果，看谁得到的客户评价好）。在"四比四看"活动中，表彰树立最佳质理管理部门一个、班组3个、最佳个人40名。通过以上活动，调动了全体员工的积极性，保证了酒店高质量的服务水准，使客人进店有宾至如归的感觉，住店后有一个"温暖如家"的感受，离店时有"依依惜别"之情，让××酒店在客人心目中留下美好的回忆。

7. 推行"到我为止"服务，让客人方便让客人100%满意。××酒店并不满足于上述成就，他们还开展了"到我为止"服务活动，为客人排忧解难，绝不推诿，负责到底，帮助解决问题。员工们付出艰辛让客人享受温暖，让客人对服务100%满意，同时也强化了自身的服务意识，增长了才干。

三、××酒店——微笑牌微笑

服务员微笑培训班在××酒店，从狭义讲，微笑有价，佩戴"微笑牌"的员工都能得到相应的奖励；从广义讲，微笑无价，微笑服务给××树立起的"形象品牌"，所带来效益是不能仅仅使用金钱来评估的。酒店因此而成为第一家荣获"五星钻石奖"的中国酒店。

走进××酒店，你会发现不少员工的胸前挂着一枚或蓝或红的小铜牌，牌子上是一张可爱的笑脸——两只弯弯的月亮似的笑眼，一张唇角上翘的嘴。这是××酒店开创的"微笑牌评比制度"，挂牌的是被评选出的"微笑服务员"，初次评上的挂蓝牌，多次评上的挂红牌。××酒店把自己的服务形象概括为"微笑、问候、起立、让路"，微笑放在首位。××人是这样看待微笑的：微笑不仅是一种仪表，一种职业需要，而且是员工对客服务心理的外在体现，同时也是客人对酒店服务形象最直观的第一印象。笑意写在脸上，客人挂在心上，是一种服务品质。

因此，在××，微笑被视为保持服务水准的关键环节之一，也是基础培训的内容。××设有专门的"微笑培训班"，此班开设之初，一些管理人员和员工认为仅仅因为不会微笑就要下岗去学习，未免小题大作。但是参加过培训班的员工逐渐体会到了"微笑服务看似简单，做起来却不容易，形成习惯不容易。对于一个酒店的服务形象，微笑服务必不可少，对于提高酒店的经济和社会效益，微笑服务同样必不可少。"

微笑也是服务质量检查的内容。酒店有一个由副总经理牵头、各有关部门经理参加组成的服务质量管理委员会，这个委员会定期在部门推荐的基础上，以检查结果为依据，评选出一线各部门的"微笑服务员"，并佩戴"微笑牌"。

四、自助登记——××酒店的"一分钟搞定"服务

据不完全统计，顾客们对于酒店前台服务的投诉主要集中于办理登记手续耗时太多上，尤其是那些已经办理了预订手续的客人，仍然需要花费同样多的时间而享受不到任何优先办理。

已经办理预订手续的顾客依然得耗费大量的时间办量登记手续，很大程度上

应归因于登记办理的管理过程的人工控制，而在原有的技术条件下，即使是一些世界级的大酒店也未必能完全解决这个问题，一直到××酒店的"一分钟搞定服务"推出后，人们才算是找到了解决的办法。

××酒店在××高科技公司的协助下研制出一种"一触即可"的自助登记系统，该机器由键盘、显示器、读卡仪、打印机和钥匙传送器构成，并安装在一个特制的黑色架子上。

住客插入信用卡和身份证明，确认了姓名、房间类型选择后，机器便自动传送出1~2把钥匙，同时还打印有房号及客房路线图的登记单。

整个手续办理的过程简捷省时，一般来说，凡有预订的客人只需60秒钟，而事先无预订的也只需不到90秒。比较原来的人工登记，确实便利了不少。

除了入住登记外，这套系统还可以用来查阅客人消费记录、办理结账离店手续，同时酒店也可以更加有效地分派员工加强对客服务。"一分钟OK"的"一触即可"服务自推出以后，迅速得到了广大商务酒店的青睐，因为商务客人大都喜欢便捷、有效、高质量的服务。

五、假日饭店一切为顾客着想，服务不断创新

为顾客着想，使旅游者外出期间过得愉快，是威尔逊创建第一个假日饭店的出发点。所以，处处从顾客的实际需要出发，为他们提供周到的服务成为了假日饭店公司的座右铭。假日饭店提出"把顾客当成朋友"而不是"顾客是上帝"，从一开始就把注重细节作为一个基本原则。假日饭店是第一个免费为家庭旅游者提供小孩床的饭店；它是第一个在每间客房内都提供免费电视和电话的饭店；它第一个在其汽车旅馆的走廊上放置自动售货的冷饮机和制冰机，不仅方便了顾客，还为他们节约了叫人把饮料或冰块送进房间的小费；它在汽车旅馆里建起"狗舍"，以方便外出旅游离不开爱犬的主人。对顾客的需求体贴入微。每个假日饭店里都至少有一名医生和一名牙医，24小时随叫随到。每间客房必须放一本《圣经》，服务员每天还要为房客把《圣经》翻新一页。在欧洲的一些假日饭店，每个饭店都有一位牧师，倾听客人的诉说，为客人排除心理上的困惑。

随着旅游业的发展，旅游者的构成及其对住宿施的要求都发生了很大变化，假日集团专门花费200万美元进行了一次全面调查，根据调查结果对客房设施进行了调整。假日饭店首先推出了国王号大床，并在每间客房的床头边安装了室内灯光、空调、收音机和电视机的总控制开关台，设置了闭路电视服务，写字台宽大、灯光充裕，并为了客人消遣、放松和交际的方便，室内设有冰箱和微型酒

吧。这些举措都是假日饭店的首创，成为全世界各家饭店争相效仿的模式。为了满足公务旅游者的需求，假日饭店紧跟时代潮流，在客房内提供各种先进的办公设备，备有各种电源插孔，提供秘书服务，提供各种报纸，使公务旅游者能在客房内便可得到大量信息与数据，受到公务旅游者的欢迎。

假日饭店坚信："使客人高兴是饭店的本分，这也是使假日饭店颇受欢迎的原因所在。提供物有所值与友好的服务是假日公司的天职。"

假日集团是一个全球性的饭店集团，集团所属饭店遍及世界 50 多个地理位置不同、经济状况各异、制度相差甚远的国家和地区。如何管理好这些饭店，保证它们的服务都能达到统一的标准确实存在诸多困难，美国《时代》周刊把它描绘成"用火柴棒搭起一座埃菲尔铁塔，还不准用胶水"。

威尔逊参照了标准石油公司的标准提出了饭店的服务质量标准，即硬件上要舒适、方便与安全。威尔逊先生要求饭店一定要重视维修，要保持饭店的崭新和洁净，让客人有一种舒适感、安全感。同时要求饭店是一个家庭和社会综合体，既有家庭里的舒适、方便、安全，又像社会娱乐场所，消除客人远离社会所造成的孤独感。软件上要求服务友善、好客与乐于助人。友善即要求员工把顾客视为朋友、家人，要热情、诚恳地对待每一位客人；好客要求员工要热情周到，注意礼貌礼节，对客人热情相邀，在交往中体现一见如故、恋恋不舍的感情；乐于助人是让员工时时刻刻都把客人的要求当成自己的要求，一切服务要快捷、超前，有较强的服务意识，而非等待与被动服务。

假日集团编印了《假日饭店标准手册》，每个假日饭店都有一本，各自有自己的编号，严格保密，不得遗失或外传。《手册》对饭店的建造、室内设备、服务规程详细地作了规定，任何饭店非经总部批准不得更改。

假日集团注重保证服务质量，严格按统一标准提供服务，建立严格的检查制度，对不合格者实施严惩，取消集团成员资格。早在 20 世纪 70 年代初，假日就组成由 40 人的专职调查队，每年对所属旅馆进行四次抽查。抽查极为严格仔细，对饭店各个环节的 500 多个项目进行检查。床垫必须定期变换位置，卫生间的马桶要用牙医的变角镜来检查。检查采用严格的计分制，满分为 1000 分，一处不符合卫生标准即扣 40 分。抽查结果总分少于 850 分者，予以警告，并限期 3 个月内进行改正。到期仍未改正，解雇经理；如为特许经营饭店，则由国际假日饭店协会收回假日饭店标志，并将其从假日饭店系统除名。该饭店不准再称之为"假日饭店"，也不许再利用假日饭店的预订系统。

在处罚后进的同时，也积极表扬先进，树立榜样。每年假日公司在世界范围内搞一次评选活动，从全球所有假日饭店中评出 50 个最佳饭店（包括经营和服务），再从中评出最佳 10 大饭店，分别授予称号，并对全联号的最佳饭店颁发特别奖（Superior Hotel Award）。

假日饭店的成功与其创始人凯蒙斯·威尔逊的经营思想密切相关，没有他的远见卓识，便不会有泊车旅馆这一全新的饭店模式；没有他的处心积虑的运筹，也无法想象今日假日帝国的辉煌。他所倡导的经营理念影响着一代代的饭店人。最后，来共同分享凯蒙斯·威尔逊先生留给我们的宝贵财富。

凯蒙斯·威尔逊的20条成功格言：

①每天只工作半天，前12小时与后12小时并无太大差别。（Work only a half a day；it makes no difference which half－it can be either the first 12 hours or the 12 hours.）

②工作是打开所有机会大门的万能钥匙。（Work is the master key that opens the door to all opportunities.）

③工作态度对于一个人的成功或失败比工作能力起着更大的作用。（Mental attitude plays a far more important role in a person's success or failure than mental capacity.）

④记住我们所有人在攀登成功阶梯的时候每次只能攀登一步。（Remember that we all climb the ladder of success one step at a time.）

⑤有两种方法达到一棵橡树的顶端。一种方法是坐在一棵橡树果实上等待它长大，另一种方法是爬到橡树顶端。（There are two ways to get to the top of an oak tree. One way is to sit on an oak and wait；the other way is to climb it.）

⑥别害怕冒险。记住一块坏表每24小时至少有两次时间是正确的。（Do not be afraid of taking a chance. Remember that a broken watch is exactly right at least twice every 24 hours.）

⑦快乐的秘密不是做自己喜欢做的事，而是喜欢自己所做的事。（The secret of happiness is not in doing what one likes，but in liking what one does.）

⑧把这句话从你的词汇表中删除掉，"我认为我不行"换成"我知道我行"。（Eliminate from your vocabulary the words，"I don't think l can" and substitute，"l know l can."）

⑨评估一项事业时，将机会排在安全前面。（In evaluating a career，put opportunity ahead of security.）

⑩记住成功需要一半运气和一半头脑。（Remember that success requires half luck and half brains.）

⑪人必须敢于冒险成就一番事业。（A person has to take risks to achieve.）

⑫人们不会尽力做超过自己所得的工作，也不会得到超过自己所付出的报酬。（People who take pains never to do more than they get paid for，never get paid for anything more than they do.）

⑬只要你足够聪明能找到合适的人为你工作，那么没有什么工作是很难的。

（No job is too hard as long as you are smart enough to find someone else to do it for you.）

⑭机会经常降临。每次你用训练有素的耳朵听到它，用眼睛看到它，用手抓住它，用头脑利用它，它就会来敲你的门。（Opportunity comes often, It knocks as often as you have an ear trained to hear it , an eye trained to see it, a hand trained to grasp it, and a head trained to use it.）

⑮你不能拖延工作——在两天时间里，明天就会成为昨天。（You can not procrastinate – in two days, tomorrow will be yesterday.）

⑯卖掉你的手表，买一台闹钟。（Sell your wrist watch and buy an alarm clock.）

⑰一个成功的人会基于自我激励完成他的个人职责。他开发自我，因为他掌握了自身潜力迸发的关键。（A successful person realizes his personal responsibility for self – motivation. He starts himself because he possesses the key to his own ignition switch.）

⑱不要盲目担心。你不可能改变过去，但你确实可能由于过分担心将来而毁灭现在。记住，我们担心的事有一半不会发生，而另一半反正无论如何也会发生。那么，还担心什么呢？（Do not worry. You can't change the past, but you sure can ruin the present by worrying over the future. Remember that half the things we worry about never happen, and the other half are going to happen anyway. So, why worry?）

⑲使你快乐的不是你有多少，而是你享受多少。（It is not how much you have but how much you enjoy that makes happiness.）

⑳信仰上帝，遵守圣经十诫。（Believe in God and obey the Ten Commandments.）

第二节　星级酒店经营管理案例

一、香港××酒店的成功经验——现代化的经营管理

香港××酒店在世界旅游最佳酒店评选中多次被评为前十佳，并多次被评为十佳之冠。其经营成功的奥妙在哪里？主要经验是什么？这是人们十分关注的问

题，这些经验对我们有何启迪？

香港××酒店地理位置十分优越，前临维多利亚港，凭栏远眺，两岸景致尽收眼底。两层楼高的落地玻璃环绕的海外墙，顾客置身其间，看看栉比鳞次的海上交通，悠闲地感受着轻快的都市节奏。

完善的现代化服务设施、设备；多种多样的服务项目。完善的商务中心，为宾客提供商务的业务协助；多类型的康乐设施，如游泳池、露天按摩浴池、健身中心与美容室，使忙碌工作一天的旅客得以舒展身心。酒店有四个不同风格的餐厅及两个酒吧，顾客大可随意地低斟浅酌，欣赏东方之珠的璀璨夜色。酒店更拥有全港最庞大的旬拿（DainIers）车队，加上酒店内名店林立的市场、花店、朱古力饼屋，顾客可得到交通及购物各方面的便利。××酒店拥有客房602间（套），装饰高雅别致，又进行了新的改造，随着所有套房工程竣工及12间行政套房落成，海景房间的改善工程亦相继完成，旅客可以饱览香港岛及九龙、尖沙咀一带的美妙海景。所有房间均由国际知名设计师负责设计，全酒店217间（套）海景房在颜色运用及布质选料上，重新引入了另一个崭新的现代化的概念。著名的泰丝被用作房内的床罩及吐唇；浴帘及墙纸从日本进口；地毯则来自本地供应商××公司；床边柜旁亦重新装上石英钟。房间重新装上葡萄牙云石，盥盆前的放大镜、浴室镜等，加上柔和的灯光，使室内看来更光亮，秉承××浴室一直以来宽敞优雅的特色。

酒店相当重视内部与外部间的信息交通，每一房间内至少设有两部电话，均接拨国际直通服务网络，一部置于床边，另一部放于房间写字台上，多线路电视机提供卫星电视、CNN、酒店电影等节目。若住客需要，酒店亦特别为他们安装放影机、传真机等。所有电报及传真消费可24小时在酒店内接收与发出。

客房写字台旁边安装了多选择电压插头，可配合欧美多类型的电脑使用，而无须使用变压器。

由于酒店内各房间均同样提供高效率及体贴入微的细致服务，酒店管理层认为没有必要再另设立"商务楼层"，每层均有房间客服24小时当值，照顾住客生活上的每一细节，如洗熨、皮鞋洗擦等，让顾客可更集中精力在商务洽谈上。

为了更全面照顾商客各方面的需要，位于酒店大堂的商务中心每日由早上8时开放至晚上11时，周末及公众假期则由早上10时营业至晚上8时。中心提供私人会议室及各方面的秘书服务，如速记打字、私人电脑、多语言翻译、电报、传真、影印等，路透社更与酒店联络线路，商客对最新的国际与财经大事即可一目了然。中心更协助商客即时印制私人名片，让顾客可把酒店的地址作为他的临时联络处。

此外，中心附设的参考图书馆摆放了多份国际杂志、报纸、期刊、索引等，甚至是本地机构的资料、商务法则条例、政府条文、船务用中国贸易须知等，图书馆内均包括有关资料。

酒店礼宾部亦提供客商所需的有关服务，如处理订购及预订机票、邮递包裹、餐厅及戏剧欣赏订位，建议购物、游览、娱乐好去处及其他不同方面的查询。

酒店内有高级完善的美容中心及全面的健身器材，室外有奥林匹克标准型暖水泳池，日光浴阳台及三个室外按摩浴池，可使运动者同时饱览维多利亚港的景致，游泳池及按摩浴池都在早上 6 时 30 分开放至晚上 8 时，方便商务人士得以尽量享用以上设施。

酒店健康美容中心有 6 间独立房间，每一房间均特设桑拿、按摩浴池、蒸汽浴、按摩及紫外光浴等专业设备。使用一小时全面服务则可享有半小时按摩服务及所有房内设施而不另收费，此外，面部按摩、一系列电脑化健身设备及不同重量的哑铃，切合不同人士的体格要求。

此外，酒店有容纳达 1900 人的大型会议厅，全酒店共有 9 个海景会议室及 1 个 900 平方米的大礼堂，有各项会议所需的设施。

为配合商客分秒必争的办事效率，交通安排亦很重要，28 辆专职司机服务的豪华房车，包括 2 辆劳斯莱斯、23 辆甸拿汽车及 3 辆长身奔驰轿车，负责顾客往来及机场接送的服务。

酒店共有 4 个不同风格的餐厅和 2 间酒廊，全部依傍海港景色。

布仑餐厅是香港首屈一指的欧陆餐厅，餐厅本身及藏量丰富的酒窖在国际间已屡获殊荣，餐厅摆放的古典名书不胜枚举，配合晚上悠扬悦耳的轻音乐演奏，增添浪漫优雅气氛。夜幕低垂，都市万千华灯闪烁，有如彩钻莹光。餐厅现代化的装饰加上××自置的藏珍品典雅地配衬在一起，精巧高贵的 14K 细金瓷器及人造玻璃杯均来自德国著名出口供应商。到访布仑餐厅的宾客，都可先品尝一杯香槟加兰草莓酒及新鲜出炉的印度面包和鹅干酱。餐谱上分别有自选及套餐菜式。布仑总厨喜以不同的合时香草入馔，带给食客一种清新的感受。

令鉴赏家赞叹不已的是布仑餐厅的酒窖，酒窖在温度调节下，储藏醇酒数目达 8000 枚，种类超过 350 种，号称全东亚最大餐厅酒窖。宾客可以随意进出，酒窖管事乐于提供任何酒类以供选择。

屡获殊荣的布仑餐厅酒窖，酒源来自世界各地，其中若干罕有酒类从伦敦索斯比的拍卖行投得，更有一系列来自加州、法国、意大利、德国、澳洲名酿。其中还摆设了一瓶 1830 年的力娇酒。

毫无疑问，香港××酒店之所以有今天的伟绩，这自然与酒店总经理×××先生的苦心经营是分不开的，这与他善于根据市场的需求、宾客的需求与活动规律、酒店特性，不断改革创新，办出特色，狠抓员工队伍素质建设，关心员工生活等经营管理同样是分不开的。

二、××饭店集团的经营特色

通过 30 年对豪华饭店的运作，××集团已成为饭店业的一个主要革新者。××集团提供了许多其他饭店不曾提供的免费服务。××集团发展了许多服务项目，使得商务旅游更加有效率，从而获利。同时这些服务项目也使得度假旅游避免了许多纷扰，从而更加宜人。

为满足商务和休闲旅游者的需要，××饭店推出并发展了许多独特的服务和礼节，并形成其饭店的显著标志，包括：

①欧式风格的"金钥匙"服务。××饭店是北美地区第一个应用"金钥匙"服务的饭店，对饭店服务的全过程都设置了一个全新的标准。同时，饭店 24 小时为旅游者提供食宿和委托代办业务。

②房内物品。××饭店是第一个提供诸如名牌洗发水等房内物品的饭店，提供头发干燥剂、印有公司标记的毛料睡衣、护发产品和洗涤剂及其他住店客人在房内所需物品。

③私人的委托代办业务。××饭店为其所有客人提供免费的委托代办服务，无论当时旅游者是否住在该饭店内。

④私人预订。饭店为经常性客人提供高效的预订服务。

⑤××高级套房。××饭店给某些官员提供了比通常情况大一半的客房，为他们创造一个全新的工作室。在该工作室中，官员可以方便地办公和开展一些非正式会议及社交活动。

⑥"无须行李"方案。××饭店为住店客人准备了许多必需品，这就使得客人有许多物品不需随身携带，从而减少了他们丢失个人物品的可能。

⑦免费的儿童监护方案。饭店全天为蹒跚学步的幼儿到 10 岁的儿童提供免费的照顾，这方便了那些在旅行中的父母，使得他们有更多的可自由支配的时间，而不会因照顾孩子影响工作。监护儿童的方案包括教育、体育活动和娱乐。

⑧免费的早到/晚出休息间。为解决旅游者早到或晚出的不便，饭店在其健身房隔壁为客人提供一间类似图书室的休息间，客人可摆放行李，使用健身房和娱乐设施，并淋浴和换洗。

⑨"冰毛巾"的服务。饭店的所有住店客人，在游泳池或海滩休息娱乐时均能享受到被提供洁净的冰毛巾的免费服务。

⑩"独特"的餐厅。饭店努力改变人们印象中饭店餐既贵且质量低的状况，所以特别重视饭店餐饮的质量。

⑪"家常菜"。饭店推出的家常菜系列使得旅游者能品尝到一些像在家里吃到的简单、卫生的饭菜。

⑫多样化的美食。饭店推出了一种新的使人健康的食谱。食谱中主要是一些低热、低胆固醇、低盐的食物，同时又不牺牲食物的色和味。

⑬免费的送纸服务。饭店是北美第一家免费给客人提供报纸的饭店，他们通常将报纸和早餐一起送给客人。

⑭装有电话的浴室。当××饭店集团率先在其所有饭店的浴室装上电话时，它又给了世人一个惊喜。饭店在其所有高级套房和一般房间的浴室中都装有电话，这已经成为了××饭店的一大特色。饭店高级套房都有三部电话，一部在卧室，一部在桌上，另一部在浴室。三部电话中有两部是双线的，可以发传真。

⑮全天 24 小时的送餐服务。饭店全天 24 小时提供商业服务，包括室内传真服务和手机出租服务，等等。

⑯通宵的洗衣服务。饭店的客人可以在第二天早上将头天晚上送洗的衣服取回，方便客人适时地参加重要会议和社交活动。

⑰全天 24 小时的送餐服务，饭店全天 24 小时随时向客人提供此项服务。

⑱1 小时熨衣服务。××饭店集团所有饭店向其客人提供此项服务。

⑲设有健康俱乐部和疗养地，饭店有很多康乐设施。饭店为那些注重健身的客人提供了健身服装。这样就使那些客人可以轻装上阵，锻炼身体。客人还可以按照饭店所提供的不同路线，不同距离的地图进行慢跑锻炼，那些喜欢独处的客人还可以要求酒店将健身器材置于他们的房间里。

⑳给客人留下持久的印象。住在饭店的旅游者可以从饭店买到许多价格适宜的小礼品。

㉑专为听力受损的人设计了数码显示系统。为了方便听力有问题的客人，××集团专门设计了一套有助于听力不便的人发送和接收信息的系统。

㉒一天两次的清扫服务。饭店将此作为一项重要制度。

㉓凉鞋或高尔夫球鞋通宵修理服务。饭店为住店客人提供免费的修鞋服务。

㉔免费的通宵擦鞋服务。饭店在其所有的酒店推出此项方便商务旅游者的服务。

㉕在休息室免费提供咖啡。每天早晨 5~8 点，××集团的所有酒店都会向其客人免费提供咖啡。

附录一：

星级酒店各部门、各岗位名称英汉对照

董事总经理	Managing Director
总经理	General Manager
副总经理	Deputy General Manager
驻店经理	Resident Manager
总经理行政助理	Executive Assistant Manager
总经理秘书	Executive Secretary
总经理室	Executive Office
机要秘书	Secretary
接待文员	Clerk
人力资源开发部	Human Resources Division
人事部	Personnel Department
培训部	Training Department
督导部	Quality Inspection Department
计财部	Finance and Accounting Division
财务部	Accounting Department
成本部	Cost – control Department
采购部	Purchasing Department
电脑部	E. D. P.
市场营销部	Sales & Marketing Division
销售部	Sales Department
公关部	Public Relation Department
预订部	Reservation Department
客务部	Rooms Division

前厅部	Front Office Department
管家部	Housekeeping Department
餐饮部	Food & Beverage Department
康乐部	Recreation and Entertainment Department
工程部	Engineering Department
保安部	Security Department
行政部	Rear – Service Department
商场部	Shopping Arcade
人力资源开发总监	Director of Human Resources
人事部经理	Personnel Manager
培训部经理	Training Manager
督导部经理	Quality Inspector
人事主任	Personnel Officer
培训主任	Training Officer
财务总监	Financial Controller
财务部经理	Chief Accountant
成本部经理	Cost Controller
采购部经理	Purchasing Manager
采购部主管	Purchasing Manager
电脑部经理	EDP Manager
总出纳	Chief Cashier
市场营销总监	Director of Sales and Marketing
销售部经理	Director of Sales
宴会销售经理	Banquet Sales Manager
销售经理	Sales manager
宴会销售主任	Banquet Sales Officer
销售主任	Sales Officer
客务总监	Rooms Division Director
前厅部经理	Rooms Division Director
前厅部副经理	Assistant Manager

大堂副理	Chief Concierge
礼宾主管	Guest Relation Officer
客务主任	Chief Reception Officer
接待主管	Chief Receptionist
接待员	Receptionist
车队主管	Chief Driver
出租车订车员	Taxi Service Clerk
行政管家	Executive Housekeeper
行政副管家	Assistant Executive Housekeeper
办公室文员	Order Taker
客房高级主管	Senior Supervisor
楼层主管	Floor Supervisor
楼层领班	Floor Captain
客房服务员	Room Attendant
洗衣房经理	Laundry Manager
餐饮总监	F & B Director
餐饮部经理	F & B Manager
西餐厅经理	Western Restaurant Manager
中餐厅经理	Chinese Restaurant Manager
咖啡厅经理	Coffee Shop Mananger
餐饮部秘书	F & B Secretary
领班	Captain
迎宾员	Hostess
服务员	Waiter, waitress
传菜	Bus Boy, Bus Girl
行政总厨	Executive Cheif
中厨师长	Sous Chief（Chinese Kitchen）
西厨师长	Sous Chief（Western Kitchen）
西饼主管	Chief Baker
工程总监	Chief Engineer
工程部经理	Engineering Manager
值班工程师	Duty Engineer

保安部经理	Security Manager
保安部副经理	Asst. Security Manager
保安部主任	Security Officer
保安员	Security Guard
商场部经理	Shop Manager
商场营业员	Shop Assistant

附录二：

星级酒店前厅部常用术语英汉对照表

A

adjoining room	相邻房
advanced deposit	预付定金
all – purpose cleaner	多功能清洁剂
arrival time	抵达时间
average room rate	平均房价
air conditioner	空调
ash tray	烟灰缸

B

bath tub	浴缸
bath mat	脚巾
bath robe	浴袍
bath room	卫生间
basin	洗脸盆
booking lead time	预订提前期
bed board	床头板
bed pad	床褥
bedstead	床架

bedspread	床罩
bed – side table	床头柜
bell boy	行李员
black tea	红茶
blanket	毛毯
brochure	小册子
bulb	灯泡
business center	商务中心

C

cancellation	取消预订
carpet	地毯
car sickness	晕车
cashier	收银员
check – in	入住登记
check – out	结账登记
cleaning bucket	清洁桶
cloak room	衣帽间
clothes hangers	衣架
comb	梳子
confirmed reservation	确认类预订
cross – training	交叉培训
complain	投诉
commercial rate	商务房价
connecting room	连通房
coupon	票证

cut – off date	留房截止日期

D

day use	非全天用房
DDD（Domestic Direct Dial）	国内直拨电话
departure time	离店时间
dining room	餐厅
DND（Do Not Disturb）	请勿打扰
double occupancy	双开率
double room	双人房
double – double room	两张双人床的房间
deluxe suite	豪华套房
double locked（DL）	双锁房
desk lamp	台灯

E

executive floor	行政（商务）楼层
eiderdown	鸭绒被

F

fadeless	不褪色的
FIT	散客
Front Office	前厅部
Front Desk	总台
full house	房间客满

G

group	团队

guaranteed reservation	保证类预订
guest history record	客史档案

H

hair dryer	吹风机
handkerchief	手绢
house credit limit	赊账限额
house use	酒店内部用房

I

IDD（International Direct Dial）	国际直拨电话
iron	熨斗
ironing board	熨衣板

J

jasmine tea	茉莉花茶
job description	工作说明书

L

lamp shade	灯罩
laundry service	洗衣服务
late check – out	逾时离店
lobby	大堂
log book	工作日记
lounge	休息室

M

maid's cart	客房清扫工作车

MUR（make up room）	请速打扫房
master folio	团队账单
message	留言
mop	拖把
mattress	床垫

N

| night audit | 夜间稽核 |
| no show | 没有预先取消又没预期抵店的订房 |

O

occupied（Occ.）	住客房
Out of Order	待维修房
over – booking	超额预订

P

package	包价服务
pick up service	接车服务
pillow case	枕套
presidential suite	总统间
pressing	熨烫

Q

| quilt | 被子 |

R

| registration | 住店登记 |
| rack rate | 客房牌价 |

room forecast	订房预测
rooming list	团体分房名单
rollaway bed	折叠床
room attendant	客房服务员
room status	房间状态
room change	换房
rotary floor scrubber	洗地机
rubber glovers	防护手套

S

sewing kit	针线包
service directory	服务指南
sheer curtain	纱窗帘
sheet	床单
shoe shine paper	擦鞋纸
shower curtain	淋浴帘
shower head	淋浴喷头
shrinkable	缩水的
silk fabrics	丝绸织品
skipper	逃账者
skirts	裙子
sleep out	外宿客人
single room	单人间
socks	袜子
socket	插座
soiled linen	脏布草

sprinkler	洒水器，洒水车
stain	污迹
stationery folder	文具夹
suit	西服
sweater	毛衣
switch	开关

T

tap	水龙头
tariff	房价单
towel rail	毛巾架
twin room	双张单人床的双人房
triple room	三人房

U

unshrinkable	不缩水的
underpants	内裤
up – seelling	试图将高质高价客房出租给客人

V

vacant dirty	未清扫的空房
vacuums	吸尘器
VIP	贵宾

W

waiting list	等候名单
wake – up call	叫醒电话
walk – in	未经预订而直接抵店的客人

wall lamp	壁灯
wet vacuums	吸水机
woolen fabrics	毛料织品

附录三：

星级酒店客房部常用英语

客房部常用术语

A

adjoining room	相邻房
adapter	插座
all – purpose cleaner	多功能清洁剂
arrival time	抵达时间
air conditioner	空调
ash tray	烟灰缸
attendant	客房服务员

B

baby sitting service	照看婴儿服务
bath tub	浴缸
bath mat	脚巾
bath robe	浴袍
bath room	卫生间
basin	洗脸盆
bed board	床头板
bed pad	床褥
bedstead	床架
bedspread	床罩
bed – side table	床头柜
bed – side lamp	床头灯

bell boy	行李员
black tea	红茶
blackout drapes	厚窗帘
blanket	毛毯
brochure	小册子
bulb	灯泡
business centre	商务中心

C

captain	领班
carpet	地毯
cashier	收银员
check – in	入住登记
check – out	结账离店
chemical fabrics	化纤服装
cleaning bucket	清洁桶
cloak room	衣帽间
clothes hangers	衣架
comb	梳子
complain	投诉
commercial rate	商务房价
connecting room	连通房
cotton cloth	棉布服装
coupon	票证

D

day use	非全天用房
DDD（Domestic Direct Dial）	国内直拨电话
departure time	离店时间
dining room	餐厅

DND（Do Not Disturb）	请勿打扰
double room	双人房
double – double room	两张双人床的房间
deluxe suite	豪华套房
double locked（DL）	双锁房
dry cleaning	干洗
desk lamp	台灯

E

electric shaver	电动剃须刀
executive floor	行政（商务）楼层
eiderdown	鸭绒被

F

fadeless	不褪色的
FLT	散客
Front Office	前厅部
Front Desk	总台
full house	房间客满

G

group	团队

H

hair dryer	吹风机
handkerchief	手绢
house credit limit	赊账限额
house use	星级酒店内部用房

I

IDD（International Direct Dial）	国际直拨电话
iron	熨斗

ironing board	熨衣板

J

jasmine tea	茉莉花茶
job description	工作说明书

L

lamp shade	灯罩
laundry service	洗衣服务
laundry bay	洗衣袋
laundry list	洗衣单
late check – out	逾时离店
lobby	大堂
log book	工作日记
long staying guest（LSG）	常住客
lounge	休息室

M

maid's cart	客房清扫工作车
MUR（make up room）	请速打扫房
message	留言
mop	拖把
mattress	床垫

N

no show	没有预先取消又无预期抵店的订房
night table	床头柜

O

occupied（Occ.）	住客房

Out of Order（OOO）	待维修房
over–booked	超额预订

P

package	包价服务
pick up service	接车服务
pillow case	枕套
plug	插头
presidential suite	总统间
pressing	熨烫

Q

quilt	被子

R

rack rate	客房牌价
razor	剃刀
rooming list	团体分房名单
rollaway bed	折叠床
room attendant	客房服务员
room status	房间状态
room change	换房
rotary floor scrubber	洗地机
rubber glovers	防护手套

S

sewing kit	针线包
service directory	服务指南
sheer curtain	纱窗帘
sheet	床单

shirt	衬衫
shoe shine paper	擦鞋纸
shoe polishing	擦鞋服务
shower curtain	淋浴帘
shower head	淋浴喷头
shrinkable	缩水的
silk fabrics	丝绸织品
skipper	逃账者
skirts	裙子
sleep out	外宿客人
slippers	拖鞋
single room	单人间
socks	袜子
socket	插座
soiled linen	脏布草
sprinkler	花洒
stain	污迹
stationery folder	文具夹
suit	西服
supervisor	主管
sweater	毛衣
switch	开关

T

tap	水龙头
tariff	房价单
tea table	茶几

tie	领带
towel rail	毛巾架
twin room	双张单人床的双人房
transformer	变压器
triple room	三人房

U

umshrinkable	不缩水的
underpants	内裤

V

vacant dirty	未清扫之空房
vacuums	吸尘器
VIP（very important person）	贵宾

W

wake – up call	叫醒电话
wall lamp	壁灯
wet vacuums	吸水机
woolen fabrics	毛料织品